특수교육학개론

장애·영재아동의 이해

김동일·손승현·전병운·한경근 공저

Special Education

학지사

❖ 머리말

교육의 질과 학교의 교육 역량을 높이고자 창의적인 개혁을 할 때, 쉽게 간과되었던 가장 큰 걸림돌은 학습자에 대한 비현실적 시각이다. 지금까지 교과서, 교육과정, 교육정책, 제도를 구안하면서, 정작 학교교육의 참여자에 대한 깊은 성찰은 부족하였던 것이다. 이제껏 상상 속의 '평균적 학습자'를 상정하고 현실의 학습자에 대한 실제적인 고려 없이 교육, 특히 교사교육에 대한 개혁을 해 온 것에 대하여 반성해 보고 새로운 교육의 비전을 나누어 보고자 한다.

이 책은 예외적인 학습자, 더 나아가 남다른 학습자, 궁극적으로는 독특한 교육적 요구를 지닌 학습자에 대한 우리 모두의 관심을 높이고자 기획되었다. 학교는 모든 아동들의 존엄성을 존중하고, 학습권을 보장해야 한다. 특히, 독특한 교육적 요구를 지닌 아동은 장애학생뿐만 아니라 영재성을 가지고 있는 학생들을 포괄하며, 특수교육은 이러한 아동들의 독특한 교육적 요구를 만족시키기 위해 특별하게 계획된 교육이다.

특수아동들은 많은 시간을 일반학급에서 교육 받고 있기 때문에 특수교사는 물론 일반교사도 특수아동에 대해 이해하고, 특수교육을 위한 준비가 되어 있어야만 한다. 이 책은 예비교사들이 전반적인 특수교육 및 통합교육을 이해하고, 각기 다른 특수아동들의 특성 및 교수방법에 대해서 스스로 학습할 수 있도록 구성되어 있다. 뿐만 아니라, 다양한 교수전략 및 협력 모형 등을 제시하여 실질적인 교육환경에서의 적용을 도모하였다. 그리고 마지막에는 교육 사례를 들어 예비교사들의 이해를 돕고 있다.

이 책의 내용을 구성하는 데 4인의 집필자가 2년 동안 편집 모임을 통하여 비교적 통일된 방향으로 집필하였으나 각 장의 기술 형태와 개념 제시 양식이 약간 다를 수 있다. 이러한 독특성은 새롭게 형성되고 발전되어 가는 이 분야의 모습과 저자의 개성이 드러난 것으로 보아 주기를 바란다.

그러나 4인의 저자들이 같이 모여서 특수교육에 대한 저서를 공동으로 작업한 첫 번째 시도이므로 아직 여러모로 부족한 부분이 많은 것을 먼저 고백하여야 할 듯하다. 집필자의 설명과 개념 전달이 되지 않는 부분이 있다면 독자들께서 많은 충고와 제언을 주어 다시 구성할 수 있도록 허락을 얻고자 한다.

이 책이 나오기까지 학지사 김진환 사장님과 편집부 직원들의 정성과 끊임없는 노력에 감사드리며, 직접적으로 혹은 간접적으로 집필진의 주위에서 자신의 희생을 감내하며 도와준 많은 이들에게 사의를 표한다. 마지막으로 서로 다른 집필자들을 엮고 내용을 편집하면서 새로운 '장애아동과 영재아동을 아우르는 특수교육' 영역을 개척하고 정리하는 데 수고를 마다하지 않은 손지영, 이기정, 최선, 김이내, 신재현 선생에게 깊은 고마움의 말을 전하고자 한다.

2010년 3월

김동일, 손승현, 전병운, 한경근

❖ 차 례

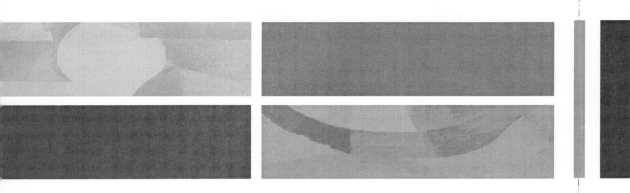

PART 01 특수교육의 기초

제1장
특수교육의 개념

사 례

　찬호는 태어날 때 별다른 문제가 없었지만, 그의 어머니는 찬호가 자라면서 또래에 비해서 언어 발달이 좀 늦는다는 느낌을 받았다. 그러나 별다른 문제가 있으리라고는 생각하지 않았다. 만 3세가 되어서 어린이집에 보냈는데 또래보다 좀 더 자기중심적이고 고집이 세서 친구들이 같이 놀기를 거부하여 주로 혼자 놀곤 하였다. 교사는 찬호가 별도의 특수교육이 필요할 것 같다고 제안하였으나, 어머니는 찬호가 좀 더딜 뿐이라고 생각하고 교사의 제안을 받아들이지 않았다. 어머니는 찬호의 언어가 좀 늦게 발달한다고 생각되어 오후에 언어치료실에 보내어 교육을 받게 하기도 하였는데 그다지 효과가 있는 것 같지 않았다. 그렇지만 커다란 문제없이 유치원에 다녔다.

　초등학교 입학 시 담임교사는 여러 가지 진단 및 관찰을 한 후에 특수학급에 입급하여 부분적으로 찬호에게 적절한 공부를 하게 하는 것이 좋겠다고 권유하였으나, 어머니는 일반학급에서 일반 또래들과 함께 공부하기를 원하였다. 그러나 학년이 올라가도 찬호는 공부에 전혀 흥미를 가지지 못하고 자신이 관심 있는 놀이기구에만 관심을 가지고 있었다. 그리고 교사가 제지하면 큰 소리를 지르면서 자해행동을 하곤 하였다. 결국 또래 아이들도 찬호를 싫어하게 되었고, 담임교사는 자신의 전문성 부족을 염려하면서 특수학급에서 찬호에게 맞는 별도의 특수교육을 받게 하는 것이 좋겠다고 다시 어머니에게 제안하였다. 이에 찬호 어머니는 찬호를 위한 특수교육보조원 배치를 요청하며 일반학급에서 교육받기를 주장하였다. 그렇지만 마음 한켠에서는 통합교육이 정말 찬호의 미래를 위한 것인지 고민에 빠지게 되었다.

1. 특수아동의 이해

1) 특수아동의 정의 및 출현율

모든 사람은 평등하게 태어났으므로 누구나 평등하게 대우받아야 한다. 평등하게 대우한다는 것은 모든 사람에게 평등하게 기회를 주고 부족함을 보상해 주는 것을 의미한다. 그러므로 교육에서의 평등함은 교육을 받을 수 있는 기회를 평등하게 주고, 그 아동이 어떠한 한계가 있든 그 한계 범위 내에서 보상교육을 받게 하는 것을 의미한다.

모든 아동은 공통점도 있지만 각자 나름대로의 개인적인 차이를 가지고 있다. 이러한 개인적인 차이에는 개인 간 차만이 아니라 개인 내 차도 존재한다. 어느 나라를 막론하고 학업적인 면이나 행동적인 면 등 특정 부분에서 남들보다 뛰어난 아동들이 있다. 어떤 아동은 개인 내적으로 언어능력은 남보다 뛰어나지만 수학은 남보다 뒤떨어질 수 있다. 교육적인 측면에서 볼 때, 보편적으로 또래아동들이 보이는 성취 수준에서 많이 벗어난 아동은 일반적인 교육방법과는 좀 다른 교육방법이나 교육내용을 요구하게 될 수도 있다. 이렇듯 일반적인 교육보다는 각 아동의 특성에 적합한 교육방법을 요하는 아동을 특수교육 요구아동(special educational needs)이라고 한다.

특수아동(exceptional children)이 일반아동과는 다른 교육적 배려가 필요하다는 관점에서 장애아동뿐만 아니라 영재아동도 포함된다. 그러나 '장애인 등에 대한 특수교육법'에서는 특수교육대상자를 시각장애, 청각장애, 정신지체, 지체장애, 정서·행동장애, 자폐성장애, 의사소통장애, 학습장애, 건강장애, 발달지체의 10개 범주에 포함된 장애아동만을 대상으로 하고 있다. 따라서 우리나라에서 사용하는 특수아동이란 용어에서 '특수'는 '장애'를 의미한다고 하겠다.

'장애' '장애인'에 대한 명칭은 시대에 따라 다른데, 이는 단순히 이름의 변경만을 의미하는 것이 아니라 장애인을 바라보는 사회적 관점과 그들을 위한 교육 목적과 방법의 변화까지도 포함한다. 또한 지금 정의하고 있는 장애에 대한 명칭이나 진단기준도 장애인에 대한 사회적·교육적 관심의 변화에 따라 얼마든

[그림 1-1] 장애의 수준과 지원체제

지 달라질 수 있음을 알 수 있다.

WHO(2001)는 국제 장애 분류(ICF)에서 장애에 대한 일반적인 개념을 신체손상(impairment), 기능장애(disability), 사회적 불이익(handicap)이라는 용어로 설명하였다. 이를 장애의 개념과 요구되는 주된 지원 수단과 관련시켜 요약하면 [그림 1-1]과 같다(전병운, 유재연, 2008).

특수아동은 장애에 대한 정의와 판별 기준, 아동의 가변성, 부모의 인지와 태도, 교육담당 행정관의 요구, 학교와 교사의 인지와 태도, 표집의 오차 등으로 인해서 그 출현율을 추정하기가 쉽지 않다(김승국, 1995). 그러나 특수아동의 출현율은 특수교육 전문가나 행정가들에게는 관심의 대상이다. 특수아동의 출현율을 알아보는 일은 특수교육에 대한 전반적인 정책 방향이나 그것을 위한 근거자료를 제시하기 위해 매우 중요한 일이기 때문이다. 2001년 국립특수교육원에서 조사한 6~11세의 특수교육 요구아동의 출현율 조사에서(정동영, 김형일, 정동일, 2001)는 해당 학령기 아동 대비 2.71%로 나타났다. 장애 범주별 출현율은 시각장애 0.03%, 청각장애 0.06%, 정신지체 0.83%, 지체부자유 0.19%, 정서·행동장애 0.15%, 자폐성 발달장애 0.15%, 언어장애 0.05%, 중복장애 0.01%, 건강장애 0.07%, 학습장애 1.17%로 나타났다.

좀 더 최근의 특수교육 요구아동 실태조사에서는 특수교육 대상학생이 모두 6만 2,903명으로 나타났다(국립특수교육원, 2007). 여기에 특별지원 학생 1만 6,468명, 취학유예 아동 중 장애를 이유로 취학의무를 유예한 아동 5,115명, 장기질병 3,589명, 보육시설 8,681명 등을 합하여 특수교육 요구학생은 총

| 표 1-1 | 특수교육 요구학생의 장애 영역별 출현율

장애 영역	시각 장애	청각 장애	정신 지체	지체 장애	정서장애 (자폐 포함)	언어 장애	학습 장애	건강 장애	계
명 (%)	1,911 (3.03)	2,844 (4.52)	33,301 (52.94)	6,966 (11.07)	9,036 (14.36)	1,071 (1.70)	6,733 (10.70)	1,041 (1.65)	62,903 (100)

9만 6,792명으로 나타났다. 그러나 특별지원 요구학생의 선별 타당도나 선별 오차를 고려한다면 실제 특수교육 요구학생의 수는 그보다 더 상회할 것으로 보인다.

특수교육 요구학생을 장애 영역별로 제시하면 〈표 1-1〉과 같다. 표에 제시한 바와 같이, 정신지체학생이 52.94%로 전체 장애학생 중 가장 높은 출현율을 보이며, 그다음으로 정서장애, 지체장애, 학습장애 학생 순으로 높은 출현율을 나타내었다.

2) 특수아동의 분류

현재 특수아동의 분류는 '장애인 등에 대한 특수교육법'에서 제시하고 있는 특수교육대상자의 분류체계가 있고, '장애인복지법'에서 분류하는 장애 영역이 있다. 이 두 법령에서 제시하고 있는 장애 분류에는 약간의 차이가 있다. '장애인 등에 대한 특수교육법'에서는 아동이 가지고 있는 장애가 학습하는 데 어려움이 있는지에 따라 분류한다. '장애인복지법'에서 제시하고 있는 장애 영역은 일상생활을 영위하는 데 어려움이 있는지에 따른 분류라고 할 수 있다. 이를 비교해 보면 〈표 1-2〉와 같다.

| 표 1-2 | 특수교육 관련법의 장애 영역 비교

장애인 등에 대한 특수교육법 (2007)	장애인복지법 (2007)	미국 장애인교육법 (IDEA, 2002)
시각장애	시각장애	시각장애
청각장애	청각장애	농(deafness) 농–맹
정신지체	지적장애	정신지체

지체장애	지체장애	지체장애 (orthopedic impairment)
	뇌병변장애	외상성 뇌손상 (traumatic brain injury)
정서 · 행동장애	–	정서장애
자폐성장애(이와 관련된 장애를 포함한다.)	자폐성장애	자폐(autism)
의사소통장애	언어장애	말/언어장애
학습장애	–	특정학습장애
건강장애	신장장애 심장장애 호흡기장애 간장애 안면장애 장루장애인 및 요루장애 간질장애	기타 건강장애
발달지체	–	발달지체
그 밖에 대통령령으로 정하는 장애	정신장애	중복장애 (multiple disabilities)
11개 영역	15개 영역	12개

장애인 등에 대한 특수교육법 시행령(2008)에서는 다음과 같이 장애 영역별 특수교육대상자 선정 기준을 제시하고 있다.

1. 시각장애를 지닌 특수교육대상자

시각계의 손상이 심하여 시각기능을 전혀 이용하지 못하거나 보조공학기기의 지원을 받아야 시각적 과제를 수행할 수 있는 사람으로서, 시각에 의한 학습이 곤란하여 특정의 광학기구 · 학습매체 등을 통하여 학습하거나 촉각 또는 청각을 학습의 주요 수단으로 사용하는 사람

2. 청각장애를 지닌 특수교육대상자

청력 손실이 심하여 보청기를 착용해도 청각을 통한 의사소통이 불가능 또는 곤란한 상태이거나, 청력이 남아 있어도 보청기를 착용해야 청각을 통한 의사소통이 가능하여 청각에 의한 교육적 성취가 어려운 사람

3. 정신지체를 지닌 특수교육대상자

지적 기능과 적응행동상의 어려움이 함께 존재하여 교육적 성취에 어려움이 있는 사람

4. 지체장애를 지닌 특수교육대상자

기능 및 형태상 장애를 가지고 있거나 몸통을 지탱하거나 팔다리의 움직임 등에 어려움을 겪는 신체적 조건 또는 상태로 인해 교육적 성취에 어려움이 있는 사람

5. 정서·행동장애를 지닌 특수교육대상자

장기간에 걸쳐 다음 각 목의 어느 하나에 해당하여 특별한 교육적 조치가 필요한 사람
가. 지적, 감각적, 건강상의 이유로 설명할 수 없는 학습상의 어려움을 지닌 사람
나. 또래나 교사와의 대인관계에 어려움이 있어 학습에 어려움을 겪는 사람
다. 일반적인 상황에서 부적절한 행동이나 감정을 나타내어 학습에 어려움이 있는 사람
라. 전반적인 불행감이나 우울증을 나타내어 학습에 어려움이 있는 사람
마. 학교나 개인 문제에 관련된 신체적인 통증이나 공포를 나타내어 학습에 어려움이 있는 사람

6. 자폐성장애를 지닌 특수교육대상자

사회적 상호작용과 의사소통에 결함이 있고, 제한적이고 반복적인 관심과 활동을 보임으로써 교육적 성취 및 일상생활 적응에 도움이 필요한 사람

7. 의사소통장애를 지닌 특수교육대상자

다음 각 목의 어느 하나에 해당하여 특별한 교육적 조치가 필요한 사람
가. 언어의 수용 및 표현 능력이 인지능력에 비하여 현저하게 부족한 사람
나. 조음능력이 현저히 부족하여 의사소통이 어려운 사람
다. 말 유창성이 현저히 부족하여 의사소통이 어려운 사람
라. 기능적 음성장애가 있어 의사소통이 어려운 사람

8. 학습장애를 지닌 특수교육대상자

개인의 내적 요인으로 인하여 듣기, 말하기, 주의집중, 지각(知覺), 기억, 문제 해결 등의 학습기능이나 읽기, 쓰기, 수학 등 학업 성취 영역에서 현저하게 어려움이 있는 사람

9. 건강장애를 지닌 특수교육대상자

만성질환으로 인하여 3개월 이상의 장기입원 또는 통원치료 등 계속적인 의료적 지원이 필요하여 학교생활 및 학업 수행에 어려움이 있는 사람

10. 발달지체를 보이는 특수교육대상자

신체, 인지, 의사소통, 사회ㆍ정서, 적응행동 중 하나 이상의 발달이 또래에 비하여 현저하게 지체되어 특별한 교육적 조치가 필요한 영아 및 9세 미만의 아동

이상과 같이 장애의 범주는 우리나라의 특수교육법과 미국의 장애인교육법(IDEA)이 약간의 차이를 보일 뿐이다. 그 차이점을 비교해 보면, 우리나라에 비추어 미국은 청각장애와 시각장애를 동시에 가지고 있는 경우를 농-맹, 외상성 뇌손상, 중복장애로 따로 분류하고 있다. 발달지체는 학령전기 아동의 경우에 특정 장애로 분류하기 어려운 아동을 지칭하지만, 일부 아동은 정신지체나 자폐성장애 또는 정서장애로 진단받을 수도 있다.

현재 우리나라 특수아동에 대한 진단은 장애인복지법에 의한 분류에 따라 병원에서 이루어지도록 규정하고 있는데, 특수교육법과 장애인복지법 간 장애 분류의 불일치로 인하여 진단 결과와 특수교육 현장에서 교육하는 데 혼선을 빚는 경우가 있다.

장애에 대한 진단명을 부여하는 것은 장애와 관련된 전문가 간 의사소통, 행정적인 지원체제, 전문가들의 연구에 대한 도움 등과 같이 장애학생 교육의 외적 상황에서 긍정적인 작용을 할 수 있다. 하지만 정작 학생을 직접 가르치는 교사나 또래들에게는 부정적인 선입견을 갖게 하는 부정적인 영향을 가지고 있다. 이것은 장애에 대한 진단명이 장애학생 교육에서 부정적인 함축(connotation)을 제거하는 데 전적으로 도움이 되지 않는다(Hastings & Remington, 1993)는 것을 의미하기도 한다.

진단명에 의존하지 않기 위해서 사용하는 발달지체라는 용어는 장애의 분류가 적절하지 않다는 관점에서 주로 학령기 이전의 학생을 대상으로 하여 특정 장애 명칭을 부과하지 않기 위하여 사용되었다. 발달지체라는 용어는 미국 공법 99-457이 1986년에 개정되면서 점차 그 사용이 확산되었다(최진희, 1996). 이러한 용어가 광범위하게 사용되는 것은 지나치게 경직된 진단명을 사용함으로써 초래

될 수 있는 부정적인 낙인(stigma)에 대한 여과 효과(filtering effect)를 제공한다고 할 수 있다(전병운, 유재연, 2008).

2. 특수교육의 이해

1) 특수교육의 정의

특수교육은 학자에 따라 다르게 정의하고 있다. 특수교육법에서는 "'특수교육'이란 특수교육대상자의 교육적 요구를 충족시키기 위하여 특성에 적합한 교육과정 및 특수교육 관련 서비스 제공을 통하여 이루어지는 교육을 말한다."라고 정의하고 있다. 김승국(1996)은 특수교육이 "정상에서 이탈된 아동에게 알맞게 학교 교육과정을 조정하거나 재구성하는 것"이라고 하였다.

Smith(2004)는 특별한 욕구를 지닌 개별아동에게 적합한 맞춤식 개별화 교육을 제공하는 것을 특수교육의 기본 개념으로 가정하였다. Heward(2003)는 특수교육을 개별적으로 계획하고, 특별히 고안하며, 집중적으로 제공하고, 목표 지향적인 성격을 지닌 교수라고 정의하였다(이소현, 박은혜, 2006 재인용). 또한 미국 교육부에서는 특수교육을 "장애를 가진 아동의 독특한 요구에 맞게 특별히 디자인된 교수를 말한다."라고 제시하고 있다.

요컨대, 특수교육은 일반교육과 상반되는 개념으로 특별한 교육을 의미하며, 특수교육을 필요로 하는 아동을 대상으로 교육의 목표, 내용, 방법을 그들에게 맞게 조절하거나 수정하여 가르치는 교육을 의미한다. 즉, 각 아동의 장애 특성에 따라 일반교육에서 잘 사용하지는 않지만 아동에게 필요한 특별한 프로그램이나 학습 보조도구를 활용하여 각 아동을 위해 설정된 목표에 도달하도록 교육하는 것을 의미한다. Heward(2003)는 특수교육이 구체적으로 예방(장애로부터 발생하는 문제나 장애가 심해지는 것을 막음), 교정(독립적이고 성공적으로 기능하게 하기 위하여 학업, 사회성, 직업 등의 기술을 교수함), 보상(장애를 가졌어도 성공적으로 기능하게 하기 위하여 기술 및 도구의 사용을 가르침)의 역할을 하여야 한다고 하였다.

따라서 각 아동에게 적합한 특수교육을 하기 위해서는 각 아동에게 적합한 프로그램을 계획하는 것이 무엇보다도 중요하다. 개별아동에게 적합한 프로그램이란 개별화교육 프로그램(IEP)을 말한다. 그리하여 특수교육은 아동에게 적합한 개별화교육 프로그램을 작성하고 그 내용에 따라 가르치는 것이라고 할 수 있다.

2) 특수교육의 원리 및 서비스 전달체계

1975년 미국의 전장애아교육법(PL 94-142)의 제정은 장애를 가진 아동과 특수교육 요구아동에게 적절한 무료 공교육(FAPE)을 하기 위해 시작되었는데, 이는 현재 장애인교육법(IDEA)으로 불리고 있다. 공법 94-142에 진술되어 있는 목적은 다음과 같다. "이 법의 목적은 모든 장애아동들이…… 그들의 독특한 요구에 맞게 고안된 특수교육 관련 서비스를 적절한 무료 공교육으로 이용할 수 있으며, 장애아동과 부모 또는 보호자의 권리를 보호하고, 정부는 이를 지원하며 교육의 효율성을 확인하고 평가하여야 한다."

전장애아교육법은 이러한 목적에 따라 장애아동 교육에 대한 여섯 가지 원리, 즉 ① 완전수용(zero reject) ② 비차별적 평가(nondiscriminatory evaluation) ③ 개별화교육 프로그램(IEP)과 무상의 적절한 공교육(free, appropriate public education: FAPE) ④ 최소제한환경(least restrictive environment) ⑤ 적법절차(due process) ⑥ 부모 참여(parental particpation)를 제시하고 있다. 먼저, 완전수용이라는 것은 학교가 장애를 가진 모든 아동들을 아무도 배제하지 않고 교육하는 것이다. 비차별적 평가는 인종, 문화 및 언어 관련 편견이 없는 다양한 진단과 평가방법을 사용하여 장애아동을 판별하는 것이다. 무상의 적절한 공교육은 모든 장애아동이 무상의 공교육을 받도록 하는 원칙이다. 개별화교육 프로그램은 아동의 개별 교육적 요구에 따라 교육을 실시하는 것을 의미한다. 최소제한환경은 장애의 정도와 특성 등을 고려하여 분리교육이 필요한 예외적인 경우를 제외하고는 가능한 한 일반아동과 함께 공부할 수 있는 환경에 배치하도록 하는 것이다. 적법절차는 장애아동과 부모들의 권리를 보장하기 위하여 진단과 배치 시 적법한 절차와 부모의 동의를 구하는 것이다. 마지막으로 부모 참여는 교육환경의 배치, 개별화교육 프로그램의 목표 및 관련 서비스 등에 부모가 의사를 표현하도록 하는 것이다. 미국의 장애인교육법은 개정을 거치면서 그 내용이 변화되어 왔지만, 위의 여섯 가지 주요 원리는 1975년 이래로 변하지 않고 계속 적용되고 있다. 1990년 IDEA로 명칭이 바뀐 이후로도 몇 개의 장애 범주가 추가되고 전환교육계획, 장애아동의 문제행동에 대한 기능평가와 긍정적 행동지원의 내용 등이 추가되었을 뿐 기본적인 특수교육의 원리는 유지되고 있다.

특수아동을 위한 특수교육 서비스는 개별아동의 요구에 따라 달라진다. 특수교육의 서비스 체계는 일반학급, 즉 가장 제한을 덜 받는 환경에서부터 가장 제한을 많이 받는 가정이나 시설에 수용되어 교육을 받는 경우까지를 포함한다. 특수아동은 최소제한환경, 즉 일반학급에 배치하는 것이 가장 이상적이지만 아동의 필요와 여건에 따라 좌우되는 것이 현실이다. [그림 1-2]는 가장 제한을 덜 받는 교육환경에서부터 가장 제한을 많이 받는 교육환경을 위계적으로 배열한 것이다. 이러한 장애아동 배치는 고정적이거나 영구적인 것이 아니다. 장애아동 교육은 통합교육을 원칙으로 하고 있기에 이러한 서비스 체계 안에서 통합교육을 위한 준비 정도나 개별아동의 요구 충족 정도에 따라 이동이 가능하다는 것을 고려하여야 한다.

[그림 1-2]에서 보는 바와 같이 특수아동의 배치 및 교육적 서비스는 다양한데, 위로 올라갈수록 제한을 많이 받는 분리교육 체제이며, 아래로 내려올수록 제한을 덜 받는 통합교육 체제라고 할 수 있다. 현재 우리나라의 특수아동은 대부분 일반학급, 시간제 특수학급, 통합제 특수학교에 배치되어 있으며, 소수는 전일제 특수학급, 기숙제 특수학교에 배치되어 있다. 그리고 일부는 가정, 시설,

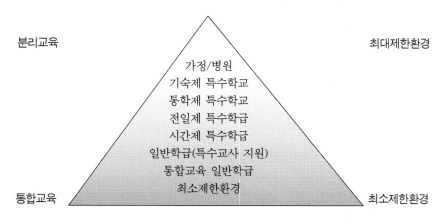

[그림 1-2] 특수교육 서비스 체계

병원에 거주하며 순회교사에 의해 특수교육을 받고 있다.

　결과적으로 최소제한환경에 배치하여야 한다는 의미는 무조건 일반학급에 배치하는 것을 의미한다기보다 아동의 발전을 위하여 교육적으로 가장 적합한 환경이 어디인지를 판단하여 배치하는 것을 의미한다. 일반학급에 배치하는 것이 아동의 발전을 위해 도움이 된다고 판단될 때는 그에 적절한 교육적 환경을 마련해 주고 일반학급에 배치하여야 하며, 아동의 필요에 따라 특수학급에서 특별한 도움이 필요하다고 판단될 때는 특수학급에 배치하여야 한다. 특수학교에 배치하는 것은 특수학급에 배치하는 것보다 더 효과적이라는 것을 아동의 교육적 배치 팀이 결정하는 경우여야 한다. 즉, 모든 아동은 일반학급에 배치하는 것을 원칙으로 하되, 타당한 이유가 있는 경우에는 분리 가능하다는 것을 염두에 두어야 할 것이다.

　우리나라 특수교육 대상학생의 학교 배치 현황은 〈표 1-3〉과 같다. 이 표를 통해 특수교육 대상학생은 특수학교보다 특수학급에 더 많이 배치되어 있으며, 아직까지 특수교육 혜택을 거의 받지 못하는 일반학급에도 배치되어 있다는 것을 알 수 있다. 또한 일반학급에 배치되어 있는 학생들 대부분은 물리적으로만 통합되어 있고 심리·사회적 통합과 교육적 통합은 어려워, 실제로는 특수교육 서비스를 거의 받지 못하고 있는 실정이다. 게다가 특수학급에 배치되어 있는 학생들도 대다수 부분 통합교육으로 운영되고 있는데, 아동의 일반학급 교사가

| 표 1-3 | **특수교육 대상학생의 학교 배치 현황** (단위: 명)

장애유형	시각장애	청각장애	정신지체	지체장애	정서장애	언어장애	학습장애	건강장애	계
특수학교	1,518	1,550	14,010	3,061	3,074	221	8	46	23,488
특수학급	252	752	16,850	2,512	4,943	447	6,164	621	32,541
일반학급	141	542	2,441	1,393	1,019	403	561	374	6,874
계	1,911	2,844	33,301	6,966	9,036	1,071	6,733	1,041	62,903

출처: 국립특수교육원(2007). 특수교육요구학생 실태조사. 박성우, 권택환, 우이구, 김의정, 김형일, 한현민. 국립특수교육원.

자신의 학생이기보다는 특수교사가 책임져야 할 학생으로 생각하고 있는 경우가 많아 통합학급에서는 거의 방치되고 있는 실정이다.

3) 특수교육 관련 법령

특수교육과 관련된 가장 근본적인 법적 내용은 헌법이다. 헌법 제31조 제1항에 의하면 대한민국의 모든 국민은 능력에 따라 균등하게 교육을 받을 권리를 가진다. 그리고 제4항에 따르면 교육의 자주성, 전문성, 정치적 중립성 및 대학의 자율성은 법률이 정하는 바에 의하여 보장된다. 즉, 모든 국민은 능력이 어떠하든지 교육받을 권리를 가진다는 의미이고, 장애를 이유로 교육받을 권리를 박탈당해서는 안 된다는 것이 헌법의 기본 정신이다.

따라서 헌법의 기본 정신에 위배되는 어떠한 법규나 제도를 만들어서도 안 될 뿐만 아니라 그 정신에 위배되는 법령이나 제도의 개선을 요구할 수 있다.

교육기본법 제3조에 따르면 모든 국민은 평생에 걸쳐 학습하고 능력과 적성에 따라 교육받을 권리를 가진다. 또한 동법 제4조에서는 모든 국민은 성별, 종교, 신념, 사회적 신분, 경제적 지위, 신체적 조건 등을 이유로 교육에 있어서 차별을 받지 아니한다고 규정하고 있다. 이는 장애를 가졌다고 해서 교육을 받는 데 차별을 받지 말아야 함을 명시한 것이라고 할 수 있다.

교육기본법 제18조에는 국가 및 지방자치단체는 신체적·정신적·지적 장애 등으로 인하여 특별한 교육적 조치가 필요한 자를 위한 학교를 설립·경영하여야 하며, 그들의 교육을 지원하기 위하여 필요한 시책을 수립·실시하여야 한다고 규정하고 있다. 이 또한 장애를 가진 학생들의 교육을 국가에서 책임져야 함을 분명히 하고 있는 것이다. 더불어 초·중등교육법 제55조는 특수학교의 목적에 대하여 설명하고 있다.

4) 장애인 등에 대한 특수교육법

'장애인 등에 대한 특수교육법'의 목적은 교육기본법 제18조에 따라 국가 및 지방자치단체가 장애인 및 특별한 교육적 요구가 있는 사람에게 통합된 교육환경을 제공하고 생애주기에 따라 장애 유형, 장애 정도의 특성을 고려한 교육을 실시하여 그들이 자아실현과 사회통합을 하는 데 기여함을 목적으로 한다.

이 법에 제시된 '특수교육'이란 "특수교육대상자의 교육적 요구를 충족시키기 위하여 특성에 적합한 교육과정 및 관련 서비스 제공을 통하여 이루어지는 교육을 말한다."라고 정의하고 있다. 따라서 특수교육은 특수교육대상자에게 적합한 교육과정과 관련 서비스를 어떻게 제공할 것인가가 핵심이라고 할 수 있다. 즉, 특수교육은 교과교육 및 특별활동, 재량활동 시간에 따라 교육목표, 교육내용 및 교육방법, 평가방법을 제시하고, 교육을 실시하며, 이를 적절하게 수행할 수 있도록 특수교육과 관련된 서비스를 제공하는 것을 의미한다.

장애인 등에 대한 특수교육법 제2조 제2항에서 제시한 관련 서비스는 인적·물적 자원을 제공하는 것으로서 상담지원, 가족지원, 치료지원, 보조인력 지원, 보조공학기기 지원, 학습보조기기 지원, 통학지원 및 정보접근 지원 등을 의미하는 것으로서, 단순히 교육매체를 지원하는 소극적인 지원과는 거리가 멀다. 따라서 특수교사가 특수교육을 성공적으로 이끌기 위해서는 이들 지원을 효과적으로 관리할 수 있는 능력이 무엇보다 중요하다고 할 수 있다.

장애인 등에 대한 특수교육법의 대상자 선정은 교육장 또는 교육감이 하도록 규정되어 있다. 그러나 추후 대통령령에 의해 필요에 따라 장애의 범주가 조정될 수도 있을 것이다.

이 법 제3조에 의하면 유치원, 초등학교, 중학교 및 고등학교 과정의 교육은 의무교육으로 하고, 전공과 과정과 만 3세 미만의 장애영아 교육은 무상으로 하고 있다. 다시 말하면, 만 3~17세의 특수교육대상자는 의무교육을 받을 권리가 있다. 다만 출석일 수의 부족 등으로 인하여 진급 또는 졸업을 하지 못하거나 혹은 취학의무를 유예하거나 면제받은 자가 다시 취학할 때는 해당 연수를 더한 연령까지 의무교육을 받을 권리가 있다.

특수학교의 학급과 각급 학교의 특수학급의 설치와 관련하여 유치원 과정의 경우에는 특수교육대상자가 1인 이상 4인 이하인 경우에는 1학급을 설치하고, 4인을 초과하는 경우에는 2개 학급 이상을 설치하도록 되어 있다. 초등학교와 중학교의 경우에는 특수교육대상자가 1인 이상 6인 이하인 경우 1학급을 설치하고 6인을 초과하는 경우는 2개 학급 이상을 설치한다. 그리고 고등학교의 경우에는 특수교육대상자가 1인 이상 7인 이하인 경우 1학급을 설치하고 7인을 초과하는 경우는 2개 학급 이상을 설치해야 한다.

장애인 등에 대한 특수교육법의 실효성을 위하여 이 법 제38조에는 벌칙 규정이 있다. 즉, 장애를 이유로 특수교육대상자의 입학을 거부하거나 입학전형 합격자의 입학을 거부하는 등의 불이익의 처분을 한 교육기관의 장, 시·군·구 특수교육위원회나 시·도 특수교육운영위원회 또는 특별지원위원회의 확정된 결정을 위반한 자, 장애를 이유로 특수교육대상자 또는 보호자의 수업 참여를 배제하거나 교내·외 활동 참여를 배제한 자는 300만 원 이하의 벌금에 처해진다. 특수교육진흥법에서는 주로 각급 학교의 장이 500만 원 혹은 1,000만 원의 벌금에 처해질 수 있었으나, 장애인 등에 대한 특수교육법에서는 벌금이 하향 조정된 대신 벌금에 처해질 수 있는 대상자가 확대되었으며, 학교장뿐만 아니라 교사 등도 벌금에 처해질 수 있게 된 것이 특징이다.

다른 특징은 특수교육진흥법에 없던 보호자에 대한 의무가 신설된 것인데, 현실적으로 보호자가 그 의무를 다하기 위해서는 국가기관은 보호자에게 전문가를 통한 계속적인 교육을 필수적으로 해 줘야 함을 의미한다 하겠다.

5) 특수학교 교육과정

특수학교 교육과정은 크게 유치원 교육과정, 기본교육과정, 국민공통기본교육과정, 선택중심 교육과정으로 나누어진다. 특수학교 교육과정은 일반학교 교육과정과는 달리 기본교육과정을 별도로 편성·운영하고 있다.

유치원 교육과정은 일반유치원 교육과정과 내용은 같게 구성되어 있지만 필요에 따라 기본교육과정의 내용을 건강생활, 사회생활, 표현생활, 언어생활, 탐구생활의 5개 영역으로 편성하여 사용할 수 있도록 규정하고 있다.

기본교육과정은 특수학교 교육과정의 특수성을 나타내는 교육과정으로 국민공통기본교육과정과 고등학교 선택중심 교육과정을 적용하기 어려운 학생, 즉 장애정도가 심해서 일반학교 교육과정을 도저히 따라가기 어려운 학생을 위한 교육과정이다. 기본교육과정은 주로 정신지체를 기본적으로 가지고 있으며 그 외의 장애를 중복으로 가지고 있는 학생에게 적용된다. 따라서 기본교육과정은 주로 정신지체 특수학교나 정서장애 특수학교에 재학 중인 학생이 그 적용 대상이다. 그리고 지체장애 특수학교, 시각장애 특수학교, 청각장애 특수학교에 재학 중인 학생 중 국민공통기본교육과정을 적용하기에는 장애가 중도·중복된 학생을 대상으로 할 수 있다. 더불어 일반학교 특수학급에 배치되어 있거나 일반학급에 배치되어 있지만 장애 정도가 중증인 학생에게도 적용할 수 있다. 기본교육과정은 초등학교 1학년부터 고등학교 3학년(12학년)까지의 12년 동안 편성·운영할 수 있다.

국민공통기본교육과정은 일반학교 교육과정과 같은 내용으로 구성되어 있는데, 그 내용을 그대로 적용할 수도 있으나 학생의 장애 유형이나 특성에 따라 그 내용 또는 방법을 변형하여 적용할 수도 있다.

모든 특수학교 교육과정은 일반학교 교육과정과 마찬가지로 교과, 재량활동, 특별활동으로 구성되어 있다. 그러나 그 내용이나 방법은 학교나 개인의 특성에 따라 조정할 수 있다. 특히 기본교육과정은 필요에 따라 교과를 통합하여 운영할 수 있으며, 기본교육과정에 제시되어 있는 수준 Ⅰ, Ⅱ, Ⅲ은 학교급별 수준이 아니므로 학교급별과 학년에 구애됨 없이 학생의 능력에 따라 선택하여 운영할 수 있다.

개정된 특수학교 교육과정의 성격은 다음과 같다.

① 국가 수준의 공통성과 지역, 학교, 개인 수준의 다양성을 동시에 추구하는 교육과정이다.
② 학습자의 자율성, 창의성 및 사회 적응력을 신장하기 위한 학생 중심의 교육과정이다.
③ 교육청과 학교, 교원, 학생, 학부모가 함께 실현해 가는 교육과정이다.
④ 교육의 과정과 결과의 질적 수준을 유지·관리하기 위한 교육과정이다.
⑤ 특수교육대상자의 특수성을 고려한 교육과정이다.

이러한 측면에서 볼 때, 비록 국가 수준에서 교육과정의 목표와 내용 등이 제시된다고 할지라도 획일적인 방법에 의한 교육이 이루어져서는 안 되며, 교육과정 전체를 통하여 다양성이 존중되어야 한다. 모든 특수학교는 특수교육대상자의 장애 특성 및 정도에 따른 교육적 요구와 학교의 실정을 고려하여 기본교육과정, 국민공통기본교육과정을 병행 운영할 수 있다. 그러나 교과, 재량활동, 특별활동에 배당된 시간은 연간 34주를 최소한의 시간으로 정하였으므로 이 기준에 미달되지 않도록 편성하여야 한다.

특수학교 교육과정은 특수학교에만 적용되는 것이 아니다. 일반학교에 재학하고 있는 특수교육 대상학생에게도 적용할 수 있다. 엄밀히 말하면, 특수학교 교육과정이 아닌 특수교육 교육과정이라는 용어가 더 적절하겠다. 교육과정에서 중요한 것은 학생 개개인에게 적합한 교육을 하기 위하여 어떠한 교육과정을 어떻게 적용하는 것이 좋은지를 선택하는 것이다.

3. 우리나라 특수교육의 역사

특수교육의 역사는 시대에 따른 장애인에 대한 관점이나 철학을 의미하기 때문에 장애인에 대한 그 시대의 관점과 사회상을 반영한다고 볼 수 있다. 특수교육의 역사 및 발달과정을 이해하는 것은 현재 특수교육의 모습을 이해하는 데 도움을 줄 뿐만 아니라 앞으로 특수교육이 나아가야 할 방향을 설정해 주기 때문에 의미 있는 일이라 할 수 있다.

특수교육의 역사는 시대 구분에 따라 달리 설정될 수 있다. 우리나라 특수교육의 성립 시점과 시대 구분은 학자에 따라 약간씩 다르다. 여기에서는 변호걸(2005)이 제시한 시대 구분에 따라 살펴보기로 한다. 변호걸은 한국의 자생적인 특수교육 형태를 수용하고 한국 특수교육의 역사적 성립과 발전과정의 형식과 내용에 주목하면서, 근대 특수교육의 도입과 성립 및 발전과정을 중심으로 고전적 특수교육기(1445~1876 개항), 근대 특수교육 이식기(1876~1945), 특수학교 설립기(1945~1977), 특수교육 진흥기(1977~현재)로 나누고 있다.

1) 고전적 특수교육기

우리나라 특수교육은 조선시대부터 이루어졌다. 『세종실록』에 의하면 세종 27년(1445)에 고려 때부터 설치되어 있던 서운관(書雲觀)에 훈도 4~5명을 두고

총명한 맹인 10명에게 3일에 한 번씩 음양학을 가르쳤다고 전해지고 있다. 서운
관은 세조 12년 관상감으로 바뀌었고, 음양학도 명과학으로 바뀌었다. 조선 중
기에 명통사가 없어졌기 때문에 임진왜란 이후 맹인들 스스로 맹청을 설립하여
점복교육을 하였으며, 갑오경장(1894)으로 맹청이 없어질 때까지 조선의 맹인은
중인의 대우를 받으며 점복업에 종사하였다. 맹인은 고려 때부터 점복업에 종사
하여 왔지만 그것을 위하여 구체적인 교육기관에서 교육을 받았다는 구체적인
자료는 없다. 따라서 기록에 의한다면 형식적인 교육기관으로서 우리나라 최초의
특수교육기관은 서운관이라 할 수 있으며, 서운관에서 맹교육을 시작한 1445년
을 우리나라 특수교육이 시작된 해로 볼 수 있다(김승국, 1996).

2) 근대 특수교육 이식기

우리나라에 근대 특수교육이 처음 소개된 것은 유길준의 『서유견문』(1889)이
다. 유길준은 『서유견문』을 통해 서구의 장애인 교육에 대해 비교적 자세히 소
개함으로써 개화기에 장애인도 교육이 가능하다는 사실을 새롭게 인식시키는 데
크게 공헌하였다. 대체로 우리나라의 근대 특수교육은 외국 선교사들에 의해 문
화적 이식 속에서 태동하였다(변호걸, 2005).

우리나라 근대적 형태의 특수교육은 Rosetta Sherwood Hall이 오복래(또는 오
복녀)라는 맹여아를 대상으로 본격적인 점자지도를 시작한 1898년(1894년 또는
1900년이라는 주장도 있음)을 그 효시로 삼고 있다. 1894년 Hall은 미국 감리교
선교사로 평양에 파견되었으며, 의료 선교 중에 맹여아를 발견하여 잠시 점자교
육을 실시하였다. 그 후 남편이 사망하여 미국에 다시 돌아갔다가, 한국에 맹교
육을 소개할 목적으로 뉴욕 점자를 배우고 1898년 돌아와 전에 잠시 가르쳤던
맹여아에게 점자교육을 다시 실시하였다. 이후 Hall은 1900년에 전진소학교
(1896년 설립)에서 특수학급 형태로 4명의 맹여아에게 점자교육을 하였다.

Hall은 맹교육만이 아니라 농교육에도 관심을 가졌다. 우리나라 농교육의 설
립은 Hall의 구상과 Rockwell의 재정적 후원에 의해 시작되었다. 농교육의 성립
연도에 대해서는 이견이 있으나, 여러 자료를 비교해 볼 때 체계적인 농교육을
시작한 해는 1910년인 것으로 추정된다(변호걸, 2005: 46-47).

이와 같이 우리나라의 근대 특수교육의 성립은 외국 선교사들에 의해 이루어 졌다. 그러나 한일합방이 되자 일제 조선총독부는 1912년 제생원 관제 및 규칙 을 제정·공포하였고, 1913년 제생원에 맹아부를 두고 맹학생 16명과 농학생 8명으로 구성된 복지시설형 특수교육기관을 설립·운영하기 시작하였다. 이때 서울과 평양에서 각각 특수교육을 받던 맹학생들과 농학생들이 제생원에 통합 되었다.

이러한 가운데 특수교육에 대한 자각과 반성이 한국인 스스로에서 일어났다. 특히 박두성 선생의 『훈맹정음』 제정 및 반포(1926년 11월 4일)는 한국 특수교육 사에 매우 중요한 역사적 사건이라고 할 수 있다. 『훈맹정음』은 맹인들에게 역 사적 복음인 동시에 우리 민족에게는 자주의식을 고취하여 특수교육에 대한 이 해를 증진하는 계기가 되었다. 이러한 자각으로 1935년 한국인으로서는 최초로 이창호 목사에 의해 평양 광명맹학교가 설립되었으며, 이후 1938년 제생원 졸업 생 손용주의 원산맹학교 설립 등으로 이어지게 되었다(변호걸, 2005).

3) 특수학교 설립기

해방 이후 제생원이 국립맹아학교로 개편·설립되었으며, 해방 후 최초로 1946년 이영식 목사에 의해 사립학교인 대구 광명학교가 설립되었다. 그 후 대 한민국 정부가 수립되고 교육법이 제정되면서 특수교육은 제도권 내에서 발전 을 거듭하게 되었다. 교육법 제81조에서는 모든 국민의 교육권을 규정하였고, 제6항에 특수학교의 설치를 명시하였다. 이러한 교육법에 기초하여 1949년 정 신지체아를 위한 중앙각심학원이 설립되었다.

교육법의 제정으로 법적으로 특수학교 설립을 위한 기반은 마련되었지만, 교 육법 제98조에 학령아동이 불구, 병약, 교육 불안전 또는 기타 부득이한 사유로 인하여 취학이 불능한 경우에는 대통령령이 정하는 바에 따라 그 의무를 면제 또는 유예할 수 있도록 유예 조항을 삽입하여 특수교육의 발전을 저해하는 근본 원인이 되었다고 할 수 있다.

실제로 1977년 특수교육진흥법이 반포되기 전까지는 실질적인 법적·제도적 정비의 미비로 많은 어려움을 겪어 왔다. 이러한 가운데 정부는 1968년 특수교육 5개년계획을 수립하였다. 1967년에 최초로 국가 수준의 교육과정인 맹학교 교육과정과 농학교 교육과정이 고시되었으며, 1974년에는 정신지체 교육과정, 1983년에는 지체부자유 교육과정이 고시되었다. 이들 교육과정은 개정을 거듭하여 오늘의 교육과정에 이르고 있다. 그리고 1964년에 우리나라 최초로 연세대학 세브란스병원 부속 지체부자유학교가 설립되었으며, 1969년에는 서울 월계국민학교에 약시 특수학급이, 1971년에는 대구 칠성국민학교에 정신지체 특수학급이 처음으로 설치되었다.

4) 특수교육 진흥기

1977년 '특수교육진흥법'이 제정·반포된 후 우리나라의 특수교육은 일대 전환기에 들어섰다고 할 수 있다. 이전까지는 형식적 수준에 머물고 있던 특수교육이 이 법의 제정을 계기로 제도에 있어 질적 변화와 발전을 거듭하게 되었다. 그 배경에는 국제적 흐름에 따른 권고의 영향이 있었다고 할 수 있다.

1970년대에 들어서서 UN은 장애인에 대해 관심을 기울이게 되었다. 1971년에 정신지체인 권리선언, 1976년에 장애인 권리선언을 공포하고, 1976년에는 1981년을 '세계 장애인의 해'로 지정하기로 결의하면서 모든 나라에 장애인에 대한 교육 및 복지에 관한 정책 수립을 요구하였다. 이러한 세계적인 흐름에 따라 '특수교육진흥법'이 제정되었으며, 여러 차례 개정을 거듭하며 우리나라의 특수교육 진흥을 이끌어 왔다.

특수교육진흥법 제정 당시에 3개 대학에 설치되었던 특수교사 양성기관은 2007년에 40여 개로 증가하였다. 아울러 한국 특수교육 연구와 교사교육 그리고 정책을 담당하는 국립특수교육원이 설립되었으며, 교육부(현 교육과학기술부)에 특수교육 정책을 담당하는 전담 부서가 설치되었다.

2007년 '장애인 등에 대한 특수교육법'이 새로 제정되면서 특수교육진흥법은 폐지되었지만, 특수교육진흥법은 우리나라 특수교육을 진흥하는 데 결정적인 역할을 하였다고 할 수 있다. '장애인 등에 대한 특수교육법'은 모든 장애학생에게 실질적인 학습권을 보장하기 위한 취지를 담고 있으며, 특수교육 대상학생의 지속적인 확대, 행정·재정적 토대 구축의 의의를 가지고 있다.

4. 우리나라 특수교육의 쟁점

지금까지 우리나라의 특수교육은 교육의 기회균등이라는 관점에서 아동의 장애 특성이나 정도에 관계없이 교육의 혜택을 받을 수 있도록 하는 양적인 개념에 초점을 두어 왔다.

2007년 5월 '장애인 등에 대한 특수교육법'(이하 특수교육법)의 제정은 우리나라 특수교육의 발전에 또 다른 전환점이 되고 있다고 하겠다. 특수교육법에서는 일반학생들과는 달리 유치원, 초등학교, 중학교 및 고등학교 과정의 교육을 의무교육으로 하고 있으며, 3세 미만의 영아는 무상교육으로 규정하고 있다. 또한 특수교육대상자의 범위를 확대하여 모든 특수교육대상자가 의무교육 또는 무상으로 교육을 받을 수 있게 하였다. 특수교육대상자는 기존의 시각장애, 청각장애, 정신지체, 지체장애, 정서·행동장애, 의사소통장애, 학습장애 외에 자폐성장애, 건강장애, 발달지체를 추가로 제시하고 있다.

특수교육의 과정에서의 많은 논쟁점 중에 가장 이슈가 되고 있는 것은 통합교육과 개별화교육이라고 할 수 있다. 오랜 시간 논의되어 왔고 시행되어 왔지만 아직도 논쟁은 계속되고 있다. 여기에서는 통합교육과 개별화교육 그리고 특수교사 양성에 대한 기본 개념 및 앞으로 나아가야 할 방향을 중심으로 논의해 보고자 한다.

1) 통합교육

우리나라에서는 1994년에 '특수교육진흥법'을 전면 개정하면서 통합교육을 정의하였고, 2007년에 '장애인 등에 대한 특수교육법'이 제정되면서 통합교육을 구체화하고 있다. 특수교육법에서 통합교육의 여건 조성에 필요한 사항을 규정하여, 우리는 그동안 외국의 통합교육 체제를 답습하며 겪어 온 시행착오에서 벗어나 우리 실정에 맞는 통합교육을 실현할 시기에 와 있다고 하겠다.

특수교육법에서는 "통합교육이란 특수교육대상자가 일반학교에서 장애 유형, 장애 정도에 따라 차별을 받지 아니하고 또래와 함께 개개인의 교육적 요구에 적합한 교육을 받는 것을 말한다."고 정의하고 있다.

최근 들어서는 이러한 통합교육의 개념을 부분통합의 개념을 제외한 완전통합교육(full inclusion)의 개념으로 바꾸어야 한다고 주장하고 있다. 완전통합이란 일반주도 특수교육의 한 형태로서 일반학급에서 일반교사와 특수교사가 협력하여 특수교육 요구아동을 가르치는 것이다. 그러나 이러한 개념은 아동의 장애 정도, 학급환경, 일반학급의 학생 수 등으로 인하여 현실적이지 못하다는 지적을 받고 있다. 따라서 아직까지 우리나라의 통합교육은 최소제한환경의 원칙에 의한 개념 정립을 따르는 것이 바람직하다고 볼 수 있다. 통합교육이라는 의무감으로 특수교육 요구아동을 배려할 수 없는 교육환경에 아동을 배치하는 것은 아동에게 오히려 더 큰 고통을 남겨 줄 수 있다. 결국 대부분의 특수교육 요구아동에게 정상화의 개념에 따라 완전통합교육을 하기 위한 철저한 준비가 필요하다.

통합교육은 장소의 통합, 사회적 통합, 교육과정의 통합으로 나누어 생각할 수 있다. 장소의 통합은 특수교육 요구아동과 일반아동이 같은 장소에서 교육을 받게 하는 것이며, 사회적 통합은 특수교육 요구아동과 일반아동이 빈번하고 집중적인 접촉을 하게 하는 것이다. 그리고 교육과정의 통합은 일반학교 교육과정의 틀을 가지고 특수교육 요구아동을 지도하는 것이다.

학교에서의 통합교육은 더 나아가 사회에서 자신의 능력에 적합한 역할을 수행하는 데 결정적이라고 할 수 있다. 그것은 특수교육 요구아동의 부모라면 누구나 바라는 바다. 그러나 이러한 이념과 바람만으로 통합교육의 효과를 볼 수 있는 것이 아니다. 준비되지 않은 통합교육은 특수교육 요구아동의 발달에 악영향을 줄 수 있으며 치유할 수 없는 상처를 줄 수도 있다. 따라서 통합이 이루어지기 전에 반드시 다음과 같은 조건들을 고려하여야 한다.

① 특수교육 요구아동의 발달 수준과 장애 유형
② 특수교육 요구아동과 일반아동 간의 비율
③ 교사와 아동 간의 비율
④ 일반아동의 연령과 준비도
⑤ 교사의 훈련 정도와 인간관계

⑥ 교육 프로그램

⑦ 물리적 조건

이와 같은 요인들은 성공적인 통합교육에 모두 작용한다. 그렇지만 가장 중요한 요인은 아동의 통합교육과 관련 있는 주변 사람들(즉, 일반아동, 일반교사, 특수교사, 아동의 부모) 그리고 지역사회에서 특수교육 요구아동을 받아들이는 태도다. 이에 대해 김승국(2000)은 다음과 같은 개선 방안을 제시하고 있다.

① 주류학교의 일반교육 교사가 특수교육 요구아동을 이해하고 수용하게 하며, 그들의 교육에 대한 책임을 지고 그들을 위한 교육 준비를 하게 하며, 특수교육 교사나 기타 전문가의 자문을 받아들이게 한다.

② 주류학교의 교장·교감, 장학사 등이 통합교육을 적극적으로 지원할 수 있게 한다.

③ 주류학교의 일반아동이 특수교육 요구아동을 이웃으로 받아들이게 한다.

④ 일반아동의 학부모나 기타 보호자가 특수교육 요구아동의 주류학교 통합이나 특수교육기관의 설치를 수용하게 한다.

⑤ 특수교육 요구아동이 통합 동기를 갖게 하고, 주류학교에서 대처하기에 충분한 정서적 힘을 가지게 한다.

⑥ 특수교육 요구아동의 부모가 통합교육에 대한 긍정적 태도를 가지고 가정에서 자녀에게 필요한 지원을 하게 한다.

⑦ 지역사회의 태도, 목표, 실제가 통합교육에 도움되도록 변화시킨다.

이상과 같이 개선되기 위해서는 연수나 훈련 기회 제공 등으로 태도 개선에 도움이 되는 정보를 제공하거나, 특수교육 요구아동을 위한 봉사활동에 참여하도록 하거나, 특수교육 요구아동과 일반인이 같이 활동할 수 있는 프로그램을 개발·운영하도록 한다. 그리고 일반아동에게는 동료교수나 협력학습에 참여하게 하거나 교육의 일환으로 특수교육 관련 과제를 수행하게 한다.

일반적으로 특수아동의 약 85%는 일반아동과 빈번하고 집중적인 사회적 접촉을 할 수 있다. 그러므로 학교에서는 통합교육의 효과를 높이기 위해서 사회적 통합 프로그램을 개발·운영해야 한다.

　특수교육 요구아동의 특성에 따라 또는 교과 및 활동 영역에 따라 다르기는 하지만, 전체적으로 볼 때 특별지원이 없는 상태에서도 교육과정의 내용 중 약 40% 이상은 특수교육 요구아동과 일반아동이 같이 배울 수 있다. 그리고 아동의 요구에 따라 특별지원을 한다면 교육과정의 통합 가능성은 더욱 높아질 것이다. 그러므로 특수교육 요구아동이 일반아동이 하는 경험과 같은 경험을 하게 함으로써 통합교육의 효과를 극대화하기 위해서는 그들에게 일반/주류 교육과정을 조정·운영해야 한다. 그러나 교육과정의 통합이 곤란한 아동을 위해서는 별도의 교육과정을 개발·운영해야 한다. 교육과정의 조정이란 개개 학생의 요구를 충족시키기 위해 교육과정 요소 중 하나 또는 그 이상을 변경하거나 보충하는 것을 의미한다. 교육과정의 요소로는 ① 내용, ② 교수전략, ③ 교수환경, ④ 학생의 행동 등이 있다.

2) 개별화교육계획

　개별화교육 프로그램(individualized education program: IEP)은 특수교육에서 가장 중요한 부분이다. 따라서 개별화교육계획(individualized education plan: IEP)은 개별화교육 프로그램을 수행하기 위한 계획이라고 볼 수 있다. 장애아동의 경우 전통적으로 아동의 장애 정도에 따라 일반학급, 특수학급, 특수학교 등으로 나누어 교육하여 왔다. 그러나 이는 장애아동을 장애 분류나 장애 정도별로 구분한 것뿐 아동의 개인차를 고려한 교육체계라고 말하기 어렵다. 특수아동은 개인 간 차뿐만 아니라 개인 내 차가 심하기 때문에 개인의 특성과 욕구에 맞는 교육이 이루어져야 한다는 것이 특수교육의 핵심이다.

　우리나라에서도 장애아동의 개인적인 요구와 필요에 따라 개별화교육의 중요성을 인식하여 각 특수교육기관에서 아동의 특성과 교육 여건에 따라 아동의 능력에 맞는 교육을 실시하기 위해 노력하여 왔다. 2007년에 제정된 장애인 등에 대한 특수교육법 제2조에 의하면, "개별화교육이란 각급학교의 장이 특수교육대상자 개인의 능력을 계발하기 위해서 장애 유형 및 장애 특성에 적합한 교육목표, 교육방법, 교육내용, 특수교육 관련 서비스 등이 포함된 계획을 수립하여 실시하는 교육을 말한다."라고 정의하고 있다. 동법 제22조에는 장애아동의 개별화교육을 의무화하도록 규정하고 있다. 그리고 동법 시행령 제4조에는 개별화교육지원 팀 구성, 개별화교육계획 작성 내용, 방법 및 평가방법을 제시하고 있다. 그러나 개별화교육계획 작성방법에 관한 구체적 절차는 명시하고 있지 않아서 이에 대한 구체적인 지침이 요구되고 있다. 더구나 아동 평가도구의 미비, 학급당 과다 인원 수, 분리교육 위주의 교육정책, 일반교사의 특수아동에 대한 이해 부족 등 교육환경이 열악하여 개별화교육이 실효를 거두기 어려운 실정이라고 할 수 있다.

미의회는 장애인교육법(IDEA)에 제시한 기존의 IEP에 관한 문제점을 해소하기 위하여 법안을 개정하였다(IDEA, 1997). 그 핵심 내용은 부모 역할의 강화, 일반 교육 과정에의 접근 보장, 불필요한 서류 요구의 축소 등이다. 우리나라에서도 IEP 작성에 대한 문제점을 보완하여 우리의 교육 여건에 맞는 IEP의 작성 및 승인, 평가가 이루어지도록 방안을 제시하여야 할 것이다.

3) 특수교사 양성

우리나라 특수교사의 양성은 1950년 국립 맹아학교에 설치된 사범과에서 시작되었다. 대학에서는 1961년 한국사회사업대학에서 특수교육과를 설치하였으나, 공식적으로 대학에서 특수교사를 양성한 것은 1971년 이후다(김승국 외, 1997).

그 후 교육법이 개정됨에 따라(1993, 1999, 2000) 교육대학 및 사범대학 특수교육과를 졸업한 자, 대학의 특수교육 관련학과 졸업자로서 소정의 교직과정을 이수한 자, 그리고 일반교사 자격증을 가지고 교육대학원 및 교육부장관이 지정한 대학원에서 석사학위를 취득한 자에게 특수교사 자격을 주도록 규정하고 있다. 이에 따라 현재는 대학의 특수교육과 및 특수교육 관련학과와 대학원 특수교육 전공에서 특수교사 자격증을 발급하는 이원화 체제로 운영되고 있다. 2008년을 기준으로 볼 때, 전국의 39개 대학교와 36개의 교육대학원에서 특수교사를 양성하고 있다. 이와 같은 특수교사 양성학과의 양적 확대는 단기적으로는 바람직하게 보일지 몰라도 전반적인 특수교사의 질적 저하를 초래하게 될 것이라는 우려가 높다(김동일, 이태수, 2003; 김삼섭, 2003; 정정진, 1997, 2003).

교육의 수준은 결코 교사의 질을 넘지 못하며 교육의 성패는 교사에게 달려 있다는 사실을 상기할 때, 교육의 질적 향상은 교과교육을 담당하는 교사의 우수성에 달려 있다고 하겠다. 날로 변화 속도가 빨라지고 있는 미래 사회에 적응할 수 있는 젊은이들을 육성해 내려면 학생들에게 어떤 내용을 가르칠 것이며 그것을 어떻게 가르칠 것인가가 열쇠가 된다. 그들이 장차 필요로 하는 지식, 기술, 태도, 사고력 및 판단력 등은 그들이 어떤 내용을 경험했으며, 어떤 방법으로 문제를 해결하고, 어떤 '의사결정'에 접근해 보았느냐의 총체적 경험에 달려 있다.

그러므로 이제는 특수교육 교사 양성 자체에 대한 논의보다는 교사 양성 프로그램의 질적 문제, 즉 현행 교사 양성 대학의 교육과정 등 교육체제가 우수한 교사 양성을 위해 적절한지에 대한 논의가 이루어져야 할 것이다. 지금까지 살펴본 특수교육의 정의, 현황, 법과 정책, 역사를 통해 볼 때, 앞으로는 특수교육대상자와 교사 양성에 있어서 양적 확대에만 치중할 것이 아니라 기왕에 마련된 제도와 정책들이 우수한지를 질적으로 평가하고, 정비하며, 필요하다면 보완·수정하여 제자리를 잡아갈 수 있도록 노력을 기울여야 할 것이다.

> ### ▶ 요약
>
> 특수아동은 일반교육보다는 각 아동의 특성에 적합한 교육방법을 요하는 아동을 말한다. 특수아동은 일반아동보다 다른 교육적 배려가 필요하다는 관점에서 장애아동뿐만 아니라 영재아동도 포함된다. 그러나 '장애인 등에 대한 특수교육법'에서는 특수교육대상자를 시각장애, 청각장애, 정신지체, 지체장애, 정서·행동장애, 자폐성장애, 의사소통장애, 학습장애, 건강장애, 발달지체 등 10개의 범주에 포함된 장애아동만을 대상으로 하고 있다.
>
> '특수교육'이란 특수교육대상자의 교육적 요구를 충족시키기 위해서 특성에 적합한 교육과정 및 특수교육 관련 서비스 제공을 통하여 이루어지는 교육을 말한다. 따라서 각 아동에게 적합한 특수교육을 하기 위해서는 각 아동에게 적합한 프로그램을 계획하는 것이 무엇보다도 중요하다. 개별아동에게 적합한 프로그램이란 개별화교육 프로그램(IEP)을 말한다. 즉, 특수교육은 아동에 적합한 개별화교육 프로

그램을 작성하고 그 내용에 따라 가르치는 것이라고 할 수 있다. 우리나라의 특수 아동은 대부분 일반학급, 시간제 특수학급, 통합제 특수학교에 배치되어 있으며, 소수는 전일제 특수학급, 기숙제 특수학교에 배치되어 있다. 그리고 일부는 가정, 시설, 병원에 거주하며 순회교사에 의해 특수교육을 받고 있다. 우리나라의 특수교육은 헌법, 교육기본법 등 특수교육 관련법과 구체적인 내용은 '장애인 등에 대한 특수교육법'에 따라 운영되고 있으며, 이 법령을 지키지 않으면 처벌을 받도록 규정하고 있다.

특수학교 교육과정은 크게 유치원 교육과정, 기본교육과정, 국민공통기본교육과정, 선택중심 교육과정으로 나누어진다. 특수학교 교육과정은 일반학교 교육과정과는 달리 기본교육과정을 별도로 편성·운영하고 있다.

우리나라 특수교육의 역사는 발전과정과 시대 구분을 중심으로 고전적 특수교육기, 근대 특수교육 이식기, 특수학교 설립기, 특수교육 진흥기로 나누어 설명할 수 있다.

학습 문제

- 장애인 등에 대한 특수교육법에 제시되어 있는 특수교육대상자를 분류하시오.
- 우리나라 특수교육 서비스 체계를 도식화하고 그 특징을 기술하시오.
- 일반학교 교육과정에 비추어 특수학교 교육과정의 특징을 기술하시오.
- 우리나라 특수교육을 시대 구분에 따라 분류하고 그 특징을 제시하시오.

관련 사이트

- 국립특수교육원 http://www.knise.kr/
- 국립특수교육원 장애이해 사이트 https://edu.knise.kr

참고문헌

국립특수교육원(2007). 특수교육요구학생 실태조사. 박성우, 권택환, 우이구, 김의정, 김형일, 한현민. 국립특수교육원.
김동일, 이태수(2003). 특수교육과의 교육과정 분석―특수교육교사 양성의 질적 제고를 위한 소고—. 이화여자대학교 특수교육연구소, 특수교육, 제2권, 제2호, 5-33.

김삼섭(2003). 특수교육 교사 양성의 현재와 미래. 한국특수교육학회 춘계학술대회자료집, 3-17.

김승국(1995). 특수교육학. 서울: 양서원.

김승국(2000). 특수교육 개혁의 방향. 2000년도 특수교육학회 춘계 학술 심포지움.

김승국, 김영욱, 박원희, 신현기, 전병운, 김호연(1997). 특수교사 양성을 위한 교육과정 연구. 단국대학교 특수교육연구소, 특수교육요구아동연구, 제7집, 1-41.

변호걸(2005). 특수교육의 역사적 이해. 신현기 외, 특수교육의 이해. 서울: 교육과학사.

이소현, 박은혜(2006). 특수아동교육. 서울: 학지사.

전병운, 유재연(2008). 특수교육과 교과교육. 서울: 교육과학사.

정동일, 김형일, 정동일(2001). 특수교육요구아동 출현율 조사 연구. 안산: 국립특수교육원.

정정진(1997). 특수교육교사 양성의 발전 방향. 한국교사교육, 14(2), 103-123.

정정진(2002). 특수교사 양성체제의 발전 방향. 한국교원교육연구, 제19권, 제1호, 83-111.

정정진(2003). 특수교육 교사의 양성체제. 한국특수교육학회 학술대회 자료집, 51-79.

최진희(1996). 장애 영아 가족 지원 프로그램 개발 및 적용 연구. 특수교육논총, 13(1), 1-16.

Hasting R. P., & Remington, B. (1993). Connotations for labels for mental handicap and challenging behavior: A review and research evaluation. *Mental Handicap Research, 6,* 237-249.

Heward, W. I. (2003). *Exceptional children: An introduction to special education* (7th ed.). New Jersey: Merrill/Prentice-Hall.

Smith, D. D. (2004). *Introduction to special education: Teaching in an age of opportunity* (5th ed.). Boston: Allyn and Bacon.

제2장
통합교육의 이해

미디어를 통해 본 한국의 통합교육 현실
통합교육 그것이 알고 싶다

• 한국장애인 통합교육의 현실

이제 시행된 지 10년이 넘었지만 우리나라의 통합교육은 아직도 걸음마 수준에서 벗어나지 못하고 있다. 가장 큰 문제는 선생님들과 관련되어 있다. 대부분의 선생님들은 장애학생의 이해할 수 없는 언행에 인내의 한계를 느끼며 때때로 분노하게 된다. 다른 많은 학생들을 가르치며 장애학생에게 제대로 된 수업을 한다는 것은 분명 힘든 일이다. 하지만 학부모의 입장에서 선생님들의 하소연은 특수교육을 모르는 데서 오는 한계일 뿐이다. 실제로 특수교육 전문가들은 우리나라 일반교사들의 특수교육에 대한 재교육의 필요성을 역설한다. 장애학생들이 때때로 보이는 납득할 수 없는 행동들이 장애로 인한 것임을 인식하고 참으며 그것이 고쳐지도록 교육해 주어야 한다는 것이다.

어떤 전문가는 과거 초등학교 영어교육을 실시하면서 전체 초등학교 선생님들에게 영어교육 연수를 했듯이 모든 선생님들에게 특수교육 연수를 실시할 것을 주장하기도 한다.

다음으로 통합교육을 위해 꼭 필요한 특수학급이 설치되지 않은 학교가 아직도 많다는 점을 꼽을 수 있다. 특히 상급학교로 진학할수록 특수학급이 있는 학교가 아주 적어지기 때문에 통합교육을 받아오던 학생들도 통합교육을 포기하고 특수학교로 가거나 아예 학업을 포기하는 경우가 발생한다. 몇 시간씩 통학하며 학교에 다닐 엄두를 내지 못하기 때문이다. 또한 특수학급이 있는 학교로 진학한다고 해도 입시 위주의 수업이 이루어지는 교육 현실에서 장애학생 개개인에게 장애 정도에 따라 별도의 수업을 해 주는 개별화 수업은 요원한 이야기일 뿐이다. 그래서 장애학생을 둔 학부모들은 학교를 감옥이라고 말한다.

• 통합교육은 왜 필요한가

발달장애를 겪고 있는 영화 〈말아톤〉의 실제 주인공 형진이나 수영선수로 유명한 진호는 발달장애 자녀를 둔 부모들의 최종 목표점이다. 자신의 자녀들이 사회에 나가 일반인들과 자연스레 어울리며 살아가는 것, 그 목표를 이루기 위해 장애자녀를 둔 많은 부모들은 통합교육을 시키고 있다. 전문가들은 통합교육이 많은 장애인에게 그 어떤 치료보다 훨씬 더 효과가 좋은 치료법이 될 수 있다고 말한다. 일반학생들과 어울리고 부딪히며 듣는 말이나 익히는 행동들이 장애학생들에게는 훌륭한 자극제가 된다는 것이다. 실제로 우리는 취재 중 통합교육을 통해 자녀가 뜻밖의 성취를 이뤘다고 말하는 많은 학부모들을 만날 수 있었다.

이렇듯 통합교육은 많은 장애인들에게 그 인권을 보장하고 사회성을 키우는 데 큰 역할을 할 수 있을 뿐만 아니라, 일반인들에게도 장애인이 차별하고 놀림을 받아야 할 대상이 아니라 똑같은 사람으로서 함께 사회에서 어울리고 도와주어야 할 사람이라는 사회 통합적 인식을 함양시키는 데도 큰 도움이 된다. 따라서 통합교육은 더 많은 장애인들이 혜택을 받을 수 있도록 부족한 점을 다듬고 보완해서 확대 시행할 필요가 있다.

〈그것이 알고 싶다〉에서는 많은 학교에서 갈등을 일으키고 있는 통합교육의 문제점을 알아보고 그 개선 방안과 나아갈 방향에 대해서 알아본다.

출처: KBS 〈그것이 알고 싶다〉, 2006. 5. 6.(383회) 내용 중.

최근의 특수교육은 통합교육의 강화 추세가 가장 큰 특징이라고 할 수 있다. 특수교육은 더 이상 분리교육을 전제로 이루어지는 교육이 아닌 통합교육 중심의 체제로 발전되어야 한다는 과제를 가지고 있다. 따라서 이 장에서는 선택이 아닌 의무사항으로서의 통합교육 체제를 구축하기 위해 통합교육의 개념과 당위성을 역사적·사회적 요구의 차원에서 알아보고, 현재까지 이루어진 통합교육이 장애아동과 일반아동에게 끼친 영향을 긍정적 측면의 혜택과 실행상의 어려운 점을 포함한 부정적 측면으로 나누어 살펴보고자 한다. 마지막으로는 최근 통합교육의 이슈와 동향, 통합교육의 원리에 대해서 소개하고자 한다.

1. 통합교육의 개념과 배경

1) 통합교육의 정의와 역사적 배경

통합교육은 한마디로 규정하고 이해하기 어려운 개념으로 특수교육 관련 문헌에서도 다양하게 정의되고 있다(Kauffman & Hallahan, 1995). 통합교육의 개념에 대해 학자들마다 약간의 차이가 있으나, 대부분 일반교육과정에 특수학생을 포함시키는 것을 공통으로 하고 있다. 통합교육이란 장애학생과 비장애 혹은 일반학생들이 함께 생활하고 배움으로써 서로를 이해하고 편견 없이 상호 협조하여 공동체 의식을 함양하고자 하는 교육환경을 의미한다. 통합교육은 철학적으로는 다양한 학생들, 가족, 교육자, 지역사회의 구성원들이 함께 수용하고 소속감, 공동체 의식에 기반한 학교나 다른 사회적 기관을 만들어 가는 것이다(Bloom, Perlmutter, & Burrell, 1999). 통합교육과 관련된 다른 용어로는 정상화, 최소제한환경, 주류화, 통합(혹은 포함), 완전통합 등이 있다.

(1) 정상화

정상화(normalization)는 모든 인간이 문화적으로 정상적인 수단을 사용해야 한다는 철학적 신념(Biklen, 1985)에서 비롯되었다. 1960년대부터 전 세계적으로 장애인들이 가능한 한 정상적인 사회에서 함께 생활해야 한다는 움직임이 일어나고 있었다. 장애인도 정상적인 생활의 범위에 드는 모든 생활을 가능한 한 정상적인 방식으로 경험할 수 있도록 모든 기회를 제공하여야 한다는 규정을 말하는 것이다. 정상화란 우리가 지적장애 및 여타의 결함을 가진 이들에게 일상생활 조건과 삶의 형식을 가능한 한 그들이 속한 공동체와 문화 내에 존재하는 정상적인 환경과 동일하거나 적어도 비슷하게 만들어 주어 비장애인들과 차이가 나지 않고 올바른 행동을 할 수 있게 하는 것을 의미한다. 이 원리는 장애인복지의 기본 개념으로, 스웨덴에서는 1960년대에 장애인의 사회 참여를 목적으로 하는 운동이 일어났다.

이후 1975년 미국에서는 장애아동의 교육에서 무상교육, 최소제한환경의 제공, 개별화교육계획의 수립 의무화 등을 골자로 하는 전장애아동교육법 (Education for All Handicapped Children Act: EHA)이 입법화되었다.

(2) 최소제한환경

최소제한환경(least restrictive environment: LRE)이란 전장애아동교육법(EHA)에 명시된 법적 용어로 장애학생을 교육할 때 다양한 교육서비스 전달체제를 마련해야 하며 장애학생들이 또래의 학생들과 최대한 상호작용할 수 있는 환경을 만들어 줘야 한다는 것이다. 최소제한환경의 의미는 일반학급에서 교육을 받거나 관련 서비스를 받는 것이 충분하지 않을 때에만 특수학급이나 특수학교, 거주시설에서 교육을 받는 것이다. 또한 학생이 자신의 집에서 가장 가까운 곳에 있는 학교를 다닐 수 있어서 또래 친구들과 가까이서 상호작용할 수 있는 환경에서 교육을 받는 것이다. 장애학생들에게 적합한 특수교육 서비스를 제공하면서 최소제한환경을 중심으로 하는 미국의 전장애아동교육법(EHA, 1975) 이후로 특수교육에서는 획기적인 전환점을 맞이해 통합교육이 정착되고 확산되는 계기가 되었다. 최소제한환경에서 장애학생을 교육할 때는 다양한 교육서비스 전달체제를 마련해야 한다.

(3) 주류화

주류화(mainstreaming)는 Will(1986)에 의해 주장된 일반교육주도(regular education initiative: REI)의 흐름과 함께 장애학생이 특수교육 환경에 속해 있지만 일반교육 환경에 주로 배치되어 교육을 받게 하는 방식을 말한다. 일반교육주도는 일반교육과 특수교육을 재편하여 많은 장애학생이 전일제 일반학급으로 되돌아가 특별한 보충지도가 아니라 효과적으로 수업활동에 참여하였으며, 일반교육은 더 많은 지원을 요구하는 학생을 포함한 모든 학생에게 통합되어 전보다 더 나은 서비스를 제공하는 교육체제를 구축하였다(Reynolds, Wang, & Walberg, 1987). 주류화 운동은 모든 학생의 요구를 충족시키기 위해 분리된 특수교육 체제를 일반교육과 하나의 교육체제로 만들 것을 주장한다. 특히 학업적 주류화는 장애학생이 일반학생과 같은 방식으로 과제를 수행해야 한다는 것을 의미한다. 그러나 다른 측면에서 보면 일반교육주도형이나 주류화는 단순히 경도장애학생의 교육에 대한 일반교육과 특수교육 간의 책임 분할을 인정하며, 점진적으로 통합시킬 필요성을 인정하는 것이다(Zigmond & Baker, 1995).

(4) 통합교육

주류화의 흐름은 1990년대에 이르러 특수교육 내에서 통합교육(inclusion) 혹은 완전통합(full inclusion)으로 이어졌다. 통합교육은 장애학생을 최대한 일반교육 교실에서 교육시키기 위해 모든 노력을 다하는 것이다. 일부 통합교육을 주장하는 사람들은 장애학생을 분리시키는 교육제도에서 벗어나 중도장애아동까지 포함하여 완전통합을 이뤄야 한다고 주장한다(Stainback & Stainback, 1992). 그러나 한편으로는 통합교육을 하는 것이 타당하지만 완전통합을 통해 장애아동 개개인의 요구를 충족시켜 주기 위해서는 우선 필요한 서비스 체계를 갖추어야 한다고 주장한다(Fuchs & Fuchs, 1994). 완전통합에 대한 찬반 논란이 있기는 하지만 그 기본 원리나 취지는 장애아동을 일반교육에서 일반아동과 함께 교육시키기 위해 학교교육을 재구조화하여야 한다는 점에서는 일치하고, 협력과 소통을 통해 장애학생에게 적절한 교육을 제공하여야 한다고 믿는다. 즉, 장애학생이 최대한 일반학급에 배치되는 것을 지지하며, 각 학생의 개별화된 교육적 요구를 충족시키기 위해 필요한 수업이나 관련 서비스를 제공해야 한다는 것이다. 그러나 모든 장애학생에게 동일한 배치와 수업을 강요하는 정책에는 여전히 논란이 있다고 볼 수 있다(Baker & Zigmond, 1995).

(5) 통합교육의 시대적 · 사회적 요구

통합교육의 기본 개념의 발달을 살펴보면 통합교육의 역사와 통합교육에 대한 시대적 · 사회적 요구를 알 수 있다. 통합교육의 요구는 앞에서 살펴본 미국의 경우와 같이 법적 요구와 맞물려서 역사적으로는 패러다임의 전환과 같은 사회적 통합 요구와 함께 생각해 볼 수 있다. 현재 국제사회의 특수교육 혁신 요구는 국제기구에서 장애의 개념을 확장하고 모든 학생의 교육 접근권 및 적합한 교육 지원을 요구하고 있는 것을 통해 알 수 있다. 예를 들어, OECD(1999)는 장애, 학습 곤란, 불이익(disadvantaged) 학생의 일반교육 접근성을 보장하기 위한 지원을 요구하고 있다. 또한 세계의 패러다임 변화로 다양성이 강조되었고, 이에 장애를 가진 사람도 인간으로서 존엄한 가치를 가지며 전 생활 영역에서 또래 아동과 함께 통합되어 교육을 받을 권리가 있다는 것이 당연시되고 있다. 다문화교육의 차원에서 보면, Banks(1999)는 학교에서의 다양성 차원을 다문화교육의 관점에서 다양한 문화, 사회계층, 민족, 인종 집단 학생들이 학교에서 배울 때 동등한 기회를 경험하도록 하기 위한 교육으로 보고 있다.

최근 미국에서는 1997년 장애인교육법(IDEA '97)이 재개정된 이후 장애학생이 일반교육 환경에서 교육을 받고 참여하는 것을 더욱 강조하고 다양한 중재 연구들이 이루어지게 되었다(정주영, 신현기, 2003) 국내에서도 특수교육의 장면이 일반교육의 전체 구조 속에서 모든 학생들을 위한 교육이라는 전제하에 장애학생도 다양한 교육의 수혜자로 간주하기 시작하였다. 장애학생을 일반교육 체제 안에서 교육시키고 참여시키기 위해 교수 및 평가의 조정 및 지원을 통한 교수적 수정에 많은 관심을 보이고 있다(박승희, 1999; 정주영 신현기, 2001 등). 이후 2004년 재개정된 IDEA와 연방정부의 특수교육 정책의 5대 중점 과제 중의 하나로 '일반교육과정에의 접근'이라는 국가적인 요구와 더불어 '학교의 재구조화'가 이슈가 됨으로써 장애학생의 교육적 통합이 함께 논의되었다고 볼 수 있다. 일반교육과 특수교육의 양 분야에서 '모든 학생을 위한 교육과정 접근'을 강조하고, 연구에 기반한 효과적인 교육 실제를 적용할 것을 강조하며 제안하고 있다. 또한 교육체제와 학교체제의 개혁 방향으로서 장애학생을 포함한 모든 학습자를 도와주기 위한 프로그램을 개발하여야 한다는 도전을 받고 있다. 일반교육과정 안에서 모든 학생의 학습 요구를 충족시켜 주기 위해 제정된 낙오아동방지법(No Child Left Behind Act: NCLB)과 모든 학생이 표준에 도달해야 한다는 표준 중심 개혁(standards-based reform)에 의해 장애학생의 성취에 대한 기준은 높아지고 있다. 이러한 움직임은 미국뿐 아니라 전 세계적인 추세로, 유네스코에서도 장애학생을 포함한 모두를 위한 교육을 2015년까지의 과제로 추진하고 있다(UNESCO, 2007).

2) 통합교육의 단계 분류

통합교육의 단계는 역사적 배경과도 관계가 깊다. 미국과 한국을 포함해서 통합교육의 역사와 세계적 추세를 살펴보면, 먼저 법적으로 물리적 통합을 보장해야 한다는 것을 규정하고 있다. 장애학생이 일반학교에 통합되었을 때 따르는 여러 가지 문제점과 어려움을 해결하기 위해서는 법적 근거에 따른 여러 가지 지원이 있어야 사회적, 정서적, 교육적 통합이 가능하게 된다는 것이다. Wood(2006)는 통합교육을 물리적 통합, 사회적 통합, 정서적 및 행동적 통합 그리고 교육적 및 학업적 통합의 네 단계로 나누고 있다.

(1) 물리적 통합

물리적 통합은 장애학생을 일반학생과 함께 일반학교 내 일반학급이나 특수학급에 배치한다는 장소적 의미를 가진다. 물리적 통합은 일반학생들과 아주 근접한 곳 혹은 같은 곳에 장애학생을 배치하고 그곳에서 가르치고 상호작용할 수 있도록 한다. 그러나 물리적 통합을 한 후에도 두 집단 간에 실질적인 접촉 혹은 상호작용이 일어나지 않거나 최소한의 상호작용만 일어날 가능성이 있다(Wood, 2006). 한국에서는 현재 전체 초등학교의 절반 정도에 특수학급이 설치되어 있고, 특수학급에서만 교육을 받는 전일제 아동 비율이 점차 줄어들고 있으며, 주지 교과시간 이외의 시간에는 일반학급에 통합되어 교육을 받는 시간제 아동의 비율이 대부분을 차지하고 있다. 이로 보아 물리적인 통합이 점차 증가하고 있다고 할 수 있다(교육과학기술부, 2008). 학교에서 물리적 통합을 향상시키기 위해서는 일반학급에 장애학생이 배치되는 것뿐 아니라 반대로 학습도움실이라고 부르는 특수학급을 일반교사와 일반학생에게 개방하여 상호작용의 기회를 더 많이 갖게 하는 것이 도움이 된다. 또한 일반학급에서 장애학생의 자리를 따로 배치하는 것보다, 일반학생 사이에 자리를 배치하여 장애학생의 도우미 역할을 하도록 하고 그 학생에게는 봉사 점수를 부여할 수도 있다.

(2) 사회적 통합

사회적 통합은 같은 학급에 배치되어 있는 또래들과 개인적으로 상호작용을 하고 이러한 긍정적 상호작용을 통해 일반학생들과 관계를 형성할 수 있도록 만들어 주는 것이다. 이를 통해서 학생들은 교과 수업시간, 점심시간이나 쉬는 시간, 특별활동 시간에 사회적 통합을 위한 활동들을 계획할 수 있다(Wood, 2006).

그러나 현실적으로는 물리적 통합이 이루어진 후에도 대부분의 장애학생이 일반학급 내에서 함께 교육을 받고 생활하기 위한 사회적 기술이나 의사소통 기술이 부족하여 학급 내에서 사회적 상호작용을 하는 데 어려움을 겪고 있는 것으로 나타나고 있다(이소현, 1996). 따라서 장애학생을 대상으로는 사회성 기술을 지도하는 것이 필요하고, 일반학생을 대상으로는 장애이해 교육을 실시하여 서로 간에 이해를 증진시키는 것이 필요하다. 또한 학급의 모든 행사에 장애학생도 포함시켜 1인 1역할을 부여하는 방법을 도모하고, 교사를 대상으로는 통합교육의 필요성과 효과에 대한 연수를 실시하며 특수교사와 일반교사 간 협력을 강화할 필요가 있다.

(3) 정서적 및 행동적 통합

정서적 통합은 장애학생들이 같은 학급 내에서 행해지는 활동의 목적이나 가치들을 공유하고 다른 학생들과 감정적으로 연결되어 있는 상태를 말한다. 분리된 상태에서 교육을 받던 학생들이 통합되었을 때는 일반학생들과 다른 정서를 경험하거나 또래들에게서 받는 소외감을 경험할 수 있다. 이때 정서적 통합이 이루어지지 않는다면 일반학급 혹은 학교 내의 장애학생은 마치 외딴 섬처럼 존재할 수밖에 없는 것이다. 정서적 통합과 관련하여 행동적 통합은 장애학생이 통합된 상태에서 또래들과 같이 규칙을 준수하고 다른 또래들에게 적절한 행동을 하는 것을 말한다(Wood, 2006). 환경이 바뀌면서 장애학생에게 요구되는 규칙이나 일과, 학급 내에서 따라야 할 행동의 절차는 달라지게 된다. 따라서 그들이 기대에 맞는 행동을 할 수 있도록 규칙을 잘 가르치고 부적절한 행동에 대해서는 적절한 행동 규준을 가르치고 적절한 행동을 조성하는 것이 무엇보다 중요한 과제인 것이다.

(4) 교육적 및 학업적 통합

교육적 혹은 학업적 통합은 장애학생이 모든 교육적 활동을 일반학생과 똑같이 수행해야 하거나 수행할 수 있는 것은 아니지만 유사한 활동이나 일반아동이 받는 교육의 내용과 일관된 수행을 하는 상태를 말한다(Wood, 2006).

교육과정적 통합이라고도 소개된 학업적 통합에서는 장애학생이 일반학급에서 공부할 때 교수방법이나 교육내용의 수정 없이 얻을 수 있는 교육적 효과가 한 정되어 있기 때문에 그들이 참여할 수 있는 교육과정과 교수적 측면의 수정이 절대적으로 필요한 상황이다(박승희, 2003). 그러므로 일반교사와 특수교사는 일 반학급의 진도에 맞추어 장애학생의 개별화교육 프로그램을 확인하고 장애학생 이 참여할 수 있는 방법을 모색해야 한다. 통합교육이 지향하는 바가 모든 학생 을 위한 교육이니만큼, 모든 학생들의 요구나 흥미, 능력에 맞게 포괄적이고 통 합된 교육과정으로 국가 교육과정을 수립해야 하고, 이를 실행하는 학급 수준의 교육과정적 통합에 대한 지원을 제공해야 한다. 장애학생을 위한 교육과정과 교 수적 측면의 방법론적 제안은 7장에서 다루고 있다.

3) 한국의 통합교육

국내에서 통합교육에 대한 관심이 고조되기 시작한 것은 앞서 살펴본 것처럼 국외 움직임의 영향을 많이 받았다.

(1) 한국 통합교육의 역사

한국의 통합교육은 1970년대 중반 초등학교에 특수학급이 설치되기 시작한 이 래 특수학급의 증가와 특수학급 담당교사의 확대와 같이 양적이고 물리적인 측 면에서 많은 발전을 가져왔다(박현옥, 김은주, 2004). 통합교육이 공식적으로 한국 에서 발전되기 시작한 것은 1994년 특수교육진흥법에 통합교육 내용이 포함되 면서부터라고 볼 수 있다. 1990년대 이후부터 통합교육의 개념 및 철학, 당위성 이나 인식에 관한 연구를 비롯하여 지속적인 연구가 진행되면서 통합교육의 질 적인 향상을 위한 논의와 노력이 이루어져 왔다. 그러나 한국의 통합교육은 30년 이 넘는 역사를 지니고 있지만 그에 대한 지원은 아직도 미진하다. 1990년대 초 반까지 전일제 특수학급보다는 시간제 특수학급의 운영을 촉구하면서 물리적 통 합을 이루기 위한 노력이 진행되었으나, 1990년대 중반에는 장애인식 개선 프로 그램을 비롯한 사회적인 통합에 많은 관심을 기울이면서 다양한 프로그램이 개 발되었다(박승희, 1999). 1994년에는 특수교육진흥법이 전면 개정되는 과정에서 통합교육에 대한 교사와 부모, 전문가들의 의견을 반영하여 통합교육을 법적으로 명시하고 장애학생을 일반학교에 통합시키기 위한 제도적 장치를 마련하게 되었다(정주영, 신현기, 2003). 1990년대 중반 이후에는 통합교육에 관한 연구의 관심이 통합교육의 방법론적인 면으로 전환되는 근거를 여러 연구를 통해 볼 수 있다(박승희, 1996).

2008년 통계자료에 의하면, 7만 1,484명의 특수교육 대상학생 중 일반학교의 특수학급에 재학하고 있는 장애학생은 전체 특수교육 수혜 학생의 67.3%인 4만 8,048명이며, 일반학급에 있는 1만 277명의 학생을 더하면 더 많은 수의 학생이 통합교육을 받고 있는 것을 알 수 있다. 이렇듯 통합교육을 받는 장애학생의 수가 양적으로 확대되면서 통합교육의 질적 향상에 대한 문제가 제기되고 있다(교육과학기술부, 2008). 그러나 전문가들은 전체 특수교육대상자 추정 수의 50% 정도가 개인의 교육적 요구에 적합한 교육 기회를 제공받지 못하고 있다고 지적한다(신현기, 2008). 따라서 다음에서는 한국에서 헌법을 비롯해 장애학생들의 개인적 요구에 적합한 교육을 보장하도록 규정하고 있는 법적 근거를 살펴보고자 한다.

(2) 한국 통합교육의 법적 근거

장애인 등에 대한 특수교육법(2008, 이하 특수교육법)에 의하면, "통합교육이란 특수교육대상자가 일반학교에서 장애 유형 및 장애 정도에 따라 차별을 받지 아니하고 또래와 함께 개개인의 교육적 요구에 따라 적합한 교육을 받는 것을 말한다."(제2조 6호) 이를 실행하기 위하여 제21조 제1항에 "각급 학교의 장은 교육에 관한 각종 시책을 시행함에 있어서 통합교육의 이념을 실현하기 위하여 노력하여야 한다."라고 명시하여, 국·공립 및 사립 일반유치원을 포함한 각급 학교가 특수교육대상자의 입학은 물론 그들이 적절한 교육을 받을 수 있도록 준비를 갖추어야 할 것을 규정하고 있다. 통합교육은 다양한 교육적 필요와 능력을 지닌 학생들이 함께 교육받는 것으로, 그 특징은 장애학생과 일반학생이 사회적 활동이나 교육활동에서 의미 있는 상호작용을 하는 것이다.

이 밖에도 장애학생의 교육에 대한 권리와 통합교육을 규정하고 있는 관련법 조항은 다음과 같다.

- 헌법 제31조 제1항(모든 국민은 능력에 따라 균등하게 교육을 받을 권리가 있음)
- 교육기본법 제3조(모든 학생의 학습권 보장)
- 교육기본법 제4조(교육의 기회 균등: 교육에 있어서 차별을 받지 아니함)
- 초·중등교육법 제59조(통합교육: 특수교육대상자가 일반학교에서 교육을 받고 자 하는 경우 통합교육의 실시에 필요한 시책을 강구하여야 함)
- 특수교육법 제2조 제6항(일반학교에서 특수교육대상자를 교육하거나 특수교육기 관의 재학생을 일반학교의 교육과정에 일시적으로 참여시켜 교육하여야 함)
- 특수교육법 제10조 제3항(거주지와 가까운 일반학교에 배치)
- 특수교육법 제13조 제2항(특수교육대상자의 입학전형 및 수학 등에 있어서 적합 한 편의를 제공)
- 특수교육진흥법 제15조 제2항(일반학교의 장은 특수교육대상자가 당해 학교에 입학하고자 하는 경우에는 그가 지닌 장애를 이유로 입학의 지원을 거부하거나 입 학전형 합격자의 입학을 거부하는 등의 불이익한 처분을 하여서는 아니 됨)

2. 통합교육의 당위성과 효과

　모든 학생의 교육적 요구를 충족시키기 위한 교육을 한다면 장애학생뿐 아니 라 일반학생들도 질 높은 교육을 받을 수 있다. 그러나 일반학교에서 장애학생 들의 교육을 담당하지 않는다면 장애학생의 교육 기회는 낮아질 가능성이 높다. 법에서 규정하고 있는 것처럼, 장애학생을 위한 통합교육의 당위성은 장애학생 을 위한 교육 기회의 확대 및 보장과 도덕적 당위성에서 출발한다. 즉, 장애학생 도 학교나 지역사회와 같은 통합된 환경에서 다른 학생들과 더불어 교육을 받고 생활하며 상호작용을 함으로써 사회에서 필요한 사회성 기술과 일상적 기능을 배울 수 있어야 하는 것이다. 또한 장애아동은 장애가 없는 일반학생들이 다니 는 학교 중 거주지와 최대한 가까운 곳에 있는 학교에 다닐 권리를 보장받아야 한다.

　한편, 통합교육의 시행 효과가 장애학생과 일반학생 모두에게 혜택을 준다는 사실 또한 간과할 수 없다(Baker & Zigmond, 1995). 국내·외의 여러 연구와 통합교육의 실천적 실제를 살펴보았을 때, 장애학생은 통합교육을 통해 사회성이 발달될 뿐 아니라 학습과 태도적인 측면도 향상될 수 있었다. 그리고 일반학생들에게도 부정적 효과보다는 긍정적 효과가 나타났다(박현옥, 김은주, 2004; Salend, & Duhaney, 1999). 구체적으로 성공적인 통합교육의 결과를 장애아동과 일반아동의 학업성취도의 향상, 사회성의 향상 등으로 나누어 보면 다음과 같다.

1) 장애아동에게 주는 효과

(1) 교육적 결과

여러 학자들은 통합교육이 장애를 가진 아동에게 제공하는 교육의 질을 향상시킬 수 있다고 제안한다. 통합환경에서 교육을 받는다는 조건 자체가 학업 수행 향상을 보장해 주지는 못하지만, 적절한 교육과정과 교수적 수정을 제공하였을 때 통합교육 상황에서 장애학생들의 학업 수행이 향상되는 것으로 나타났다(Baker & Zigmond, 1995; Banerji & Dailey, 1995; Salend & Duhaney, 1999). 다섯 개의 사례 연구를 통해 조사된 결과에서도 분리교육보다는 통합교육을 실시한 학교의 학생들이 높은 학업성취를 보였다(Baker & Zigmond, 1995). 학습장애와 같은 경도장애학생은 통합교육을 받은 후에 읽기와 쓰기에서의 학업성취도가 높아졌고, 일반학생과 비슷한 수준으로까지 향상되는 결과를 보였다(Banerji & Dailey, 1995). 통합교육을 많이 받을수록 개별화교육 프로그램의 목표 달성도는 높아지고(Hunt, Goetz, & Anderson, 1986), 장애학생은 수업에 적극적으로 참여하였다(Hunt, Staub, Alwell, & Goetz, 1994). 그러나 일부 연구 결과는 통합교육의 효과에 대해 의문을 제기하기도 한다. 장애학생들이 통합교육을 받고 있지만 제대로 된 교육 혹은 장애학생들의 요구에 맞는 '특별한' 교육을 받지 못할 때에는 학업적 요구가 적절히 충족되지 않는다고 보고하고 있다(Baker & Zigmond, 1995).

중등학교 장애학생을 대상으로 한 연구에서도 통합 상황에서 교육을 받은 학생들이 학업성취도가 더 높고 취업이나 진학과 같은 다음 단계로의 전환에 있어서도 더 좋은 결과를 보이는 것으로 보고하고 있다(Forgan & Vaughn, 2000; Rea, McLaughlin, & Walther-Thomas, 2002). 그러나 중등학교에 장애 정도가 심한 정신지체나 중도장애학생이 포함되었을 때, 그들은 미국 교육에서 요구하는 졸업

자격증을 받고 졸업하는 경우가 감소하거나 지역사회에서 필요한 기능적 생활기술을 습득하는 데 어려움을 보이기도 한다(Billingsley & Albertson, 1999; Katsiyannis, Zhang, & Archwamety, 2002).

(2) 사회적 결과

통합교육을 통해서 얻는 가장 중요한 교육적 효과의 하나는 장애아동의 사회성 발달의 촉진과 행동 또는 자아개념이 좋아지는 것이다. 그들은 생활연령의 또래들과 함께 생활함으로써 나이에 맞는 적절한 행동을 자연스럽게 보고 따라 할 수 있다. 또한 그들은 각 상황에 맞는 행동을 배우게 되고, 일반아동이 경험하는 것을 똑같이 경험함으로써 다양한 경험의 폭을 확장할 수 있다.

장애학생의 또래와의 상호작용과 또래 사이에서의 수용 정도를 보기 위해 연구자들은 학급을 관찰하고 사회관계도를 분석하고 장애학생의 사회성 능력을 평정하였다. 연구 결과 중도장애학생과 일반학생이 통합 상황에서 교육받았을 때 학생들 간 상호작용이 증가하였으며, 일반학생들이 장애학생을 수용하는 정도는 장애학생의 사회성 능력 정도와 관계없이 높았다. 또한 통합교육을 받은 중도장애학생들의 교우관계가 더 폭넓고 사회적 상호작용도 더 많은 것으로 나타났다(Fryxell & Kennedy, 1995; Salisbury, Gallucci, Palombaro, & Peck, 1995). 다른 연구에 의하면 학습장애, 학습부진 및 일반학생들을 대상으로 통합 상황에 배치된 학생들의 사회적 기능을 조사하였더니 학습장애학생에 대한 또래의 사회적 선호도와 자아개념이 향상된 것으로 나타났다(Vaughn, Elbaum, & Schumm, 1996). Hunt, Alwell, Farron-Davis와 Goetz(1996)에 따르면, 장애학생과 의사소통하는 법, 상호적 활동이나 친구 맺기, 촉진하기, 장애학생의 행동 해석하기 등과 같은 사회적 관계를 향상시키기 위한 프로그램을 사용한 결과 또래 간 사회적 상호작용이 증가하고 보조교사나 담당교사가 도와주는 행동은 줄어드는 것으로 나타났다. 중도장애학생의 경우는 사회적 결과에 더 초점을 맞추어 통합교육의 효과를 보고 있다(Fryxell & Kennedy, 1995).

이상의 결과를 요약해 보면, 통합교육을 받을 수 있도록 배치하면 학업성취도나 사회적 측면에서 장애에 따라 다양한 결과가 나타날 수 있다. 장애학생은 시험 결과나 읽기 수행능력, 개별화교육 프로그램의 목표 달성, 행동이나 동기, 성인 사회로의 전환에서 대체로 향상된 것으로 보고하고 있다. 그러나 모든 장애학생이 언제나 통합교육 상황에서만 더 좋은 결과를 보여 준다고 결론짓기는 어려운 측면도 있다. 어떤 경우에는 경도장애학생도 특별히 계획된 프로그램을 분리된 상황에서 지원해 주는 것이 더 좋은 결과를 가져올 수 있다. 또한 장애학생과 일반학생 간 사회적 상호작용이나 사회적 지원이 더 많이 이루어진 것도 사실이지만 여전히 도움을 주는 행동이 주를 이룬다는 점도 간과해서는 안 될 것이다.

2) 일반아동에게 주는 효과

장애아동의 통합교육 시에 대부분의 부모나 교사들은 장애아동이 일반학급에 입급됨으로써 일반아동들이 장애아동을 모방하여 좋지 못한 행동을 할 것이라는 것과 장애아동으로 인하여 학업성취도가 떨어질 것이라는 우려를 보인다(Palmer, Fuller, Arora, & Nelson, 2001). 따라서 통합교육 프로그램의 효과성을 고려할 때는 중요한 요인으로 일반학생의 학업적·사회적 행동에 미치는 영향을 보아야 한다. 연구에 의하면 일반아동의 학업성취나 학습에 참여하는 시간이 통합교육 상황에서 향상된 결과를 보여 주고 있다(Hollowood et al., 1994; Hunt et al., 1994; Saint-Laurent et al., 1998 등).

(1) 교육적 결과

연구자들은 일반학생에게도 통합교육이 도움이 되었다는 연구 결과를 밝히고 있다. 연구 결과에서는 대체로 통합교육을 받은 일반학생의 학업성취가 통합교육을 받지 않은 일반학생들의 학업성취에 비해 비슷하거나 더 좋은 것으로 나타났다. Holowood 등(1994)은 통합교육이 일반학생의 학습 참여시간과 교사로부터 받은 관심과 집중시간에 미치는 영향을 연구하였다. 그 결과, 중도장애학생을 통합 상황에 배치하였을 때 일반학생에게 할애되는 시간이나 그들이 학습활동에 참여한 시간에는 영향을 미치지 않는 것으로 나타났다. 또한 통합교육을 통한 일반학생들의 학업성취도 향상 정도를 조사한 연구에서는 학업성취도나 읽기 점수, 수학 점수를 통합 전과 후로 나누어 비교해 보았을 때 차이가 없었고(Sharpe,

York, & Knight, 1994), 통합교육에서 협동학습을 받은 일반학생은 수학 학업 수행에 향상을 보였다(Hunt et al., 1994). 일반적으로 통합교육의 효과에 관한 연구는 초등학교에서 많이 이루어졌으나, 중학교에서도 비슷한 결과가 나타나고 있다.

(2) 사회적 결과

통합교육의 사회적 영향을 밝히려는 연구는 통합교육이 일반아동에게 미치는 영향도 조사하고 있다. 일반아동들은 장애아동과 함께 공부하는 것을 긍정적으로 보게 되고 장애를 비롯한 다양성에 대한 이해가 높아지며, 중도장애학생의 통합 결과로 일반아동의 장애학생에 대한 태도 변화가 주로 나타난다(Fryxell & Kennedy, 1995; Scruggs & Mastropieri, 1994). 일반아동들은 통합교육에서 장애아동을 통해 인간의 다양성과 존엄성을 생각해 볼 수 있고, 장애아동과의 상호작용 경험으로 장애인도 자신과 비슷한 점을 많이 지니고 있는 한 개인이라는 것을 받아들이게 되며, 학교라는 지역사회가 장애아동도 포함하고 수용해야 한다는 일종의 사회적 책임감을 학습하게 된다(Fisher, Pumpian, & Sax, 1998). 또한 장애학생과 함께 교육받으면서 자존감이 향상되고 바람직한 행동도 증가된다(Staub & Peck, 1994). 이와 같이 통합교육을 통해 일반아동의 경우 다른 사람을 배려하는 마음과 태도 발달에 도움이 되며, 장애인에 대한 두려움이나 오해가 감소되어 장애인을 자연스럽게 대할 수 있게 된다. 또한 자신의 건강함에 대해 감사하는 마음을 가지게 되고 다른 사람을 도울 기회를 갖게 되어 더욱 다양한 사회적 행동을 발달시킬 수 있다.

3) 통합교육의 제한점 혹은 어려움

장애학생이 통합되었을 때 항상 긍정적인 결과만 나타나는 것은 아니다. 일반학급에서 교육을 받는 장애학생의 경우 부정적 경험을 많이 한다는 것도 사실이다. 특히 교사가 장애학생을 위해 적절히 교수적 수정을 해 주지 못하거나 그들을 위한 특별한 조치를 해 주는 것에 대해 두려움이 있다면 장애학생이 일반학급에 배치됨으로써 낙인의 영향을 초래하기도 한다. 따라서 주로 교사를 대상으로 설문조사를 하여 통합교육이 실행되기 어려운 점들을 밝히고 있다. 설문 및 인터뷰 조사 결과 밝혀진 통합교육의 제한점 혹은 어려운 점은 다음과 같다(이대식, 김수연, 이은주, 허승준, 2006; 이소현, 박은혜, 2006).

- 장애아동의 행동적인 특성으로 행동 문제가 나타날 수 있으며, 장애아동에 대한 거부감이나 편견을 가질 수 있다. 교사들이 가장 많이 호소하는 장애학생의 수업 중 방해행동은 손을 두드리거나 자리에서 자주 일어나는 등의 행동으로 교사의 지도가 필요한 행동을 자주 보인다. 장애아동이 학업 및 사회적 관계에서의 실패 경험을 통해 사회적으로 위축되거나 상호작용이 곤란한 경우 일반아동들은 장애아동을 거부할 수 있다. 따라서 효율적이고 적절한 학습환경을 조성하는 데 어려움이 따르므로 장애아동에게 또래의 시도에 반응하는 특정한 사회적 기술을 가르칠 필요가 있다.
- 장애아동을 과잉 보호하는 부모의 태도나 일반아동의 부모가 통합을 반대하거나 자신의 자녀와 장애아동이 교우관계를 맺는 것을 반대하는 경우 통합교육의 부정적 측면이 부각될 수밖에 없다. 성공적인 통합교육이 가능하기 위해서는 또래 학생뿐 아니라 부모를 포함한 학교 내 관계자들이 사회적인 통합의식을 가져야 한다. 장애학생을 배려하고 그들의 학습권을 인정하지 않는다면 장애학생이 사회에서 사는 것은 더욱 어렵고 이로 인해 장애학생은 적절한 생활능력을 가질 수 없게 된다. 따라서 모든 인간에 대한 배려심을 가지고 편견을 없애는 것이 선행되어야 한다.
- 장애아동들은 일반학급 교사와 또래들이 보이는 부정적이거나 일관성 없는 태도로 사회적 어려움을 경험하게 된다. 일반학급 교사가 장애학생을 방치하거나 문제가 생길 때 무조건 특수학급으로 보낸다면 장애학생에 대한 또래의 왜곡된 인식과 차별을 초래할 가능성이 높다. 따라서 교사 자신도 장애학생을 이해하고 합리적이고 인간적으로 대할 수 있어야 하며, 교사의 태도에 따라 또래 학생들의 태도도 많이 달라질 것이다.
- 교사와 부모 간 협력의 부재로 인한 어려움이 있다. 일반교사들이 특수교육에 대한 이해가 부족하여 장애학생에게 적절한 교육적 서비스를 제공해 주지 못하거나 부모와의 의사소통을 제대로 하지 못하는 경우에 장애를 가진

자녀를 학교에 보낸 부모가 느끼는 장벽은 커질 수밖에 없다. 따라서 장애
아동 부모도 교사와의 협력을 통해 자녀 양육에 필요한 교수법과 적절한 행
동관리 기법 및 효과적인 의사소통 방법을 습득하도록 도와주는 것이 필요
하다. 교사들 또한 부모와 협력함으로써 장애학생이 가진 개인사와 가정환
경을 더 잘 이해할 수 있다(안도연, 2008).

3. 통합교육의 최근 이슈와 과제

최근 통합교육에 대한 관심이 증대하면서 국내외 통합교육에 대한 연구를 정
리하여 한국 사회에서 제기되고 있는 통합교육의 최근 이슈와 과제를 밝히는 논
문들이 증가하고 있다(김동일, 정광조, 2005; 박현옥, 김은주, 2004; 전병호, 2006).
최근 통합교육에 대한 국내 연구의 동향을 분석해 보면, 대부분의 연구에서 현
재 통합교육에 대한 관심이 증가하여 최근 6～7년 동안 통합교육 관련 국내 학
위논문과 학술논문의 수가 증가하고 있으며, 통합교육 정책에 대한 논의로부터
태도 연구나 놀이 및 사회성 발달 프로그램에 대한 연구가 꾸준히 유지되고 있
음을 알 수 있다(전병호, 2006). 한편, 이 장의 첫 절에서 제시한 것과 같이, 교육
적 통합을 위한 실질적이고 구체적인 교육과 학습 프로그램의 개발과 같은 교육
적 실제와 함의에 대한 논의는 계속 유지될 것으로 예상할 수 있다

논문을 비롯한 국내·외 통합교육 관련 문헌 분석을 통해 한국 통합교육의 과
제를 정리해 보면 다음과 같다.

1) 통합교육의 양적 확대와 장애이해 교육의 확대

1994년 이후 통합교육 관련 논문은 지속적으로 증가 추세를 보이며 통합교육
의 의미를 점검하고 있다. 앞서 통합교육의 단계 분류에서 본 것처럼, 통합교육
은 단순히 장애학생을 일반학생들과 함께 배치하여 교육받게 하는 물리적 통합
의 범위를 넘어 사회적 통합과 정서적 통합을 이루기 위해 장애이해 교육을 확
대하고 있다. 2003년 국립특수교육원에서는 장애이해 교육의 확대를 위해 학교

급별로 교과서를 분석하여 교육과정 내에서 수업시간 혹은 재량시간에 일반학생들에게 장애이해 교육을 할 수 있는 내용을 추출하였다. 그리고 그 내용을 수업의 형태로 활용할 수 있는 지도안을 만들어 전국 유치원과 초·중·고등학교에서 통합교육을 위해 일반학생에게 장애학생 이해증진 교육을 실시하도록 하고 있다.

2) 통합교육의 질적 향상을 위한 노력

초기 통합교육 실행을 위한 노력이 물리적 통합과 사회적 통합에 좀 더 초점이 맞추어져 있었다면, 최근에는 학업적 통합을 위한 교육과정과 교수법상의 변화를 다루고 있는 논문이 다수를 차지한다. 장애학생을 위한 교육방법도 이전의 기술중심, 단순 내용 추출중심, 일반아동과 같은 주제이지만 내용을 단순하게 혹은 쉽게 만드는 교수적합화와 교수적 수정 모델에 대한 연구뿐 아니라 다중지능의 활용, 차별화 교수, 보편적 학습설계, 구성주의적 교수접근 방법에 따른 장애학생 교육에 대한 관심으로 더 다양해지고 확대되고 있다(민천식, 2001; 박승희, 2003; 박주연, 2009; 손승현, 2006; 신현기, 2008; 정동영, 2008). 이를 위해 통합교육을 근간으로 한 일반교육 개혁 내지는 조직의 개편 및 운영, 행정적 지원과 재정적 확충의 확대에 대한 필요성을 계속해서 제안하고 있다.

3) 교사 간 협력의 필요 및 통합교육 담당교사 양성체제

통합교육에 필요한 여러 가지 전제 조건 중에서 가장 중요한 것은 통합교육을 담당할 일반교사들이 장애아동들을 가르치기 위하여 적절한 교육과정과 교수적 수정을 적용할 수 있도록 양성하는 것이다. 성공적인 통합교육의 필수 요소 중 하나로 꼽히는 것은 통합학급을 담당하는 일반교사와 특수교사 간의 바람직한 협력이다(이대식, 2002). 교사들의 협력에 대한 지각을 조사한 결과, 신진숙(1998)은 교사들이 대체로 통합교육을 위해서는 특수교사와 일반교사의 두 집단이 협력해야 하는 것과 문제해결 팀을 만드는 것에 대해 긍정적인 반응을 보인다고 한다. 그러나 교사들은 협력의 중요성은 인식하고 있지만 학급교사로서의 전문성에 도전을 느끼거나 특수학급 교사의 행동을 기꺼이 받아들이지 않고, 중요하다고 생각하지만 필요성에 대한 인식이나 실제적으로 협력활동을 하는 것에는 부담을 느끼는 것으로 나타났다. 이에 일반교사와 특수교사의 협력교수를 발전시키려면 학교장의 지도성, 의사소통의 향상, 협력교수를 할 수 있는 환경의 조성이 필요하며 (권주석, 2001), 실제로 협력한 사례를 더 적극적으로 보급하고 협력할 수 있도록 연수 등을 통해 교육을 제공하고 행정적으로 지원하는 것이 필요하다.

4) 특수교육의 연속적 지원체제 미흡

우리는 한국의 실정과 현실에 맞는 통합교육의 모형을 계속 모색해야 하고, 어떤 방법이 장애학생들을 위한 것인지를 조사하고 실행해 본 후 좀 더 체계적인 통합교육 프로그램을 계획하고 지속적인 교육적 조치를 취할 필요가 있다. 장애학생들은 학습도움실 혹은 특수학급에서 개별화교육을 받는 과목 이외의 교과는 통합학급에서 담임교사의 교육을 주로 받는다. 그러나 통합학급을 담당하는 교사는 특수교육 대상아동들의 개별적 특성에 따라 교육하기가 힘들다. 따라서 통합학급에서도 기본적인 교육적 효과를 얻기 위해서 특수교사, 특수교육 대상아동의 학부모, 학급 친구들, 통합교사가 함께 그 아동의 교육적 요구를 지원해 주는 것이 필요하다. 또한 통합교육을 시도하였으나 일반학교 생활에 적응하지 못하고 어려움을 겪는 경우 특수학교에서의 적절한 도움과 특수학교와의 적절한 연계가 필요하다.

구체적인 통합교육의 준비와 내용 면에서 우선 성공적인 통합교육을 위해 필요한 교육과 장애인들에 대한 사회적 인식 개선 및 행·재정적 지원, 학교환경과 수업 방법 및 내용상에서의 구체적인 뒷받침들이 전제되어야 하나 이에 대한 전반적인 기초조사와 구체적인 대책 마련이 부족하다(김남순, 2004).

4. 통합교육의 원리와 지원

통합교육은 추상적이고 철학적인 개념으로 그 정의를 내리는 것이 쉽지 않다.

다만, 통합교육이라는 범주 아래 제시되는 주요한 원리와 내용에는 공통되는 요인들이 있다. 다음에서 제시하는 요인들은 교사들이 보편적으로 지각하는 학교의 문화와 가치, 태도와 관련이 있다.

1) 통합교육의 원리와 지원

McLeskey와 Waldron(2007)은 실제 통합교육을 하고 있다고 주장하지만 분리교육의 특징을 유지하는 학급이 너무 많다고 지적하면서, 일반학급에서 장애학생을 포함한 다양한 학생들이 보이는 개인차를 수업시간이 학교생활에서 자연스럽게 튀지 않게 수용할 수 있을 때에 통합교육이 성공할 수 있음을 제안하고 있다. 말하자면 통합교육을 통해 궁극적으로는 개인차가 일반학급에서 극히 자연스럽고 정상적인 것으로 받아들여지는 것이다. 그들은 이것이 가능하도록 하는 데 다음의 네 가지 원리를 제안하고 있다.

(1) 통합학급은 차이를 정상적인 것으로 수용하는 것이다

이 원리를 실행하기 위해서는 먼저 교사 및 학교 관계자들이 생각하는 정상의 범위가 어느 정도인가를 고려해 봐야 할 것이다. 학생들이 보이는 학업상의 특성과 행동적인 특성이 정상 범위에 속하느냐 그렇지 않느냐를 결정하는 것은 교사의 인식에 따라 달라질 수 있다. 성공적인 통합은 사람들이 '정상(normal)'이라고 생각하는 범위를 가능한 한 넓게 잡는 관용을 가지고 필요한 지원을 제공할 때 가능한 것이다.

(2) 통합학급에서의 지원은 자연스럽고 눈에 띄지 않아야 한다

위에서 언급한 관용의 범위를 넓히기 위해서는 협력교수와 같은 형태로 학급에 자원을 추가하거나 학생들의 학습내용과 학습방법을 변화시키는 방법이 있다. 그러나 이러한 지원을 해 주거나 변화를 주는 경우 그것이 학급의 일상생활에 적합하고 모든 학생들에게 효과적이라는 것을 교사가 인식해야 하며, 현재 수업의 질을 높일 수 있는 방법들이 자연스러우면서도 강요되지 않은 환경 속에서 제공되어야 한다.

(3) 장애학생의 하루 일과는 가능한 한 또래의 일과와 비슷해야 한다

장애학생은 특수교육 관련 서비스를 받기 위해 다른 곳으로 이동하는 경우 수업내용이 단절되거나, 지속적인 교우관계에 어려움을 보이거나, 수업시간의 축소로 인해 덜 배우거나, 장소가 달라짐에 따라 겪게 되는 적절한 행동 기준의 변화와 기준에 따른 적절한 행동 습득의 어려움, 일관성 있는 지원의 단절을 경험할 수 있다. 따라서 가능한 한 전형적인 일반교실 환경에서 하루의 일과를 보내면서 또래 학생들과 유사한 생활 리듬을 지킬 수 있도록 지원해야 한다. 이를 위해서는 일반교사와 특수교사가 서로의 역할에 대해서 잘 알고 있어야 하며, 모든 학생이 전형적인 일과 속에서 유사한 선택을 할 수 있도록 해 줘야 한다.

(4) 모든 학생이 학업과 사회 공동체로서의 학급의 일원이 되어야 한다

일반학급에서는 보다 다양한 학생들이 학업을 수행하고 사회적으로 관계를 맺는 데 있어서 제외되지 않으며 학급 구성원으로서 생활해야 한다. 이 원리에 따라 장애학생은 또래 학생과 같은 공동체 안으로 들어오도록 노력하는 동시에 공동체의 중심이 일반학급 밖으로 나가도록 함으로써 통합을 성취할 것을 제안한다. 또한 학생이 보이는 능력의 차이보다는 학생 개개인이 가지는 다양성이 중시되고 모든 학생이 학습 공동체의 일원으로서 배우고 사회 공동체로서 관계를 맺을 수 있도록 지원해 주는 것이 필요하다.

2) 통합교육을 위한 지원

이상의 통합교육의 중요한 원리들이 잘 실행되기 위해서는 다음과 같은 지원이 이루어져야 한다(Voltz, Brazil, & Ford, 2001).

- 통합교육을 받는 모든 학생들이 서로를 인정하고 학생들 개개인이 보이는 차이를 존중해야 한다.
- 통합교육을 받을 수 있는 물리적 환경을 조성해야 한다.
- 통합교육을 받는 장애학생과 일반학생의 행동이 서로에게 문제가 되지 않도록 적절한 규칙이 있어야 하고, 그 규칙을 따르도록 교육을 받아야 한다.

- 교육적 서비스는 따로 분리된 장소나 시간에 받기보다는 협력교수나 보조 원, 통합교사의 노력으로 통합교육 교실이나 학교에서 적절한 서비스를 받 아야 한다.
- 통합교육을 시행하면서 생길 수 있는 문제들은 협력적으로 팀을 이루어 해 결해야 한다.

김성애(2005: 47-76)는 통합교육이 효율적으로 이루어지도록 하기 위해서 필요한 지원을 내면적 지원과 외면적 지원으로 나누고 있다. 내면적 지원은 교사가 통합교육에 대한 긍정적 인식과 태도를 가지고 통합교육의 일차적인 주체로서 장애학생의 교육에 대한 책임을 가지고 수업과 학급을 운영하는 것이다. 외면적 지원은 행정적 지원과 제도적 지원을 학교 차원, 교육청 차원 그리고 국가 차원으로 나누어 각 차원에 적합한 내용의 지원을 하는 것이다. 학교 차원에서의 통합교육 지원은 통합교육을 위한 학교 재구조화의 실천이다. 학교장과 교사 및 학교 직원을 포함한 학교 교육자의 통합 의지는 통합교육의 성공적인 운영을 위한 근원적 지원이 될 것이다. 특히 일반교사의 장애학생에 대한 이해와 관심은 교육에 대한 책임성과 교육의 질적 제고를 위해 반드시 필요하다. 특수교사 역시 자신이 맡은 특수학급 대상아동에게만 교육의 관심을 쏟을 것이 아니라 통합학급의 모든 아동이 협력하고 상호작용할 수 있도록 효율적인 통합수업을 위해 일반교사와 함께 협력해야 할 것이다. 다음으로 교육청 차원의 지원은 학교 재구조화에 따른 교육과정 및 교수-학습 운영이 효율적으로 이루어질 수 있도록 행정적으로 지원하는 것이다. 교육청에서는 교사의 통합교육 수행 자질과 실천력 향상을 위해 통합교육에 관한 이론적 근거, 다양한 교수-학습 기술 그리고 교육과정의 운영과 수정 전반에 관한 교사교육을 지원해야 할 것이다. 마지막으로 정부 차원 지역 교육청 및 학교가 통합교육을 잘 실행할 수 있도록 법적 근거를 마련하고 통합교육 행정을 총체적으로 지원하는 것이다. 이와 같이 통합교육을 위한 지원은 다양한 차원에서 이루어져야 한다.

이상에서 살펴본 바와 같이 통합교육을 실행할 때 학교와 교사에게 이슈가 되는 질문들을 정리해 보면 다음과 같다.

• 장애학생을 학교에 통합시키기 위해 어떤 자원, 교수적 수정(조절, 적합화), 프로그램을 활용하는 것이 필요할까?
• 특수한 요구를 가진 학생들을 위해 교수를 어떻게 바꿔야 할까?
• 모든 학생들이 배우기 위해 일반교사와 특수교사가 어떠한 역할을 담당해야 할까?
• 특수학생의 학업성취의 향상과 배치의 적절성을 평가하기 위해 고려해야 할 것은 무엇일까?

이 책의 다음 장들에서는 이 장에서 제시한 지원이 이루어지기 위한 구체적인 방법들에 대해 더 자세히 논의할 것이다. 그러나 여전히 통합교육이 방법론적으로 어떻게 이루어질 수 있을까를 고민할 때는 다음 질문들에 답해 보면서 교사 자신의 통합교육에 대한 가치와 태도를 점검해 볼 필요가 있다.

통합교사로서의 태도와 가치관을 점검할 수 있는 질문

1. 장애학생이 학급에서 학습활동에 일반학생과 함께 참여하는가?
2. 일반학생과 장애학생이 자주 상호작용하는가? 상호작용의 질은 어떠한가? 누가 상호작용을 주도하는가?
3. 장애학생과 교수자의 상호작용은 어떠한가? 일반학생과 상호작용할 때와 그 횟수와 질에 있어서 유사한가? 각 학생의 교육적·사회적 요구가 어느 정도 충족되고 있는가?
4. 장애학생이 다른 학생들에게 괴롭힘을 당하거나 따돌림을 당하는가? 그런 일이 일반학생에게 일어나는 것보다 더 자주 일어나는가?
5. 장애학생들이 일반학급에 있는 것을 즐기는가? 좋아하는가?
6. 일반학생들이 자발적으로 학급에서 일어날 수 있는 다양한 활동에 장애학생을 포함시키는가?
7. 일반학생들이 장애학생의 생각과 의견을 존중하는가? 장애학생들은 일반학생의 생각과 의견을 존중하는가?
8. 장애학생들은 통합학급을 '자기 반'이라고 생각하는가? '진짜 선생님'이라고 생각하는가?
9. 일반교사와 특수교사가 학급 학생들에 대해서 대화할 때 '선생님 반 아이들'이

라고 하는 대신 '우리 아이들'이라는 표현을 사용하는가?

10. 장애학생들의 성적을 산출할 때 일반교사도 함께 책무성을 가지는가? 장애학생에게 문제가 생겼을 때 일반교사와 특수교사가 그 문제를 해결하는 데 있어서 어려움을 공유하는가?

출처: Voltz, D., Brazil, L., & Ford, A. (2001). What matters most in inclusive education: A practical guide for moving foward. *Intervention in School and Clinic, 37*(1), 28.

요약

통합교육의 개념은 한마디로 정의하기는 어렵지만 장애학생과 일반학생들이 함께 생활하고 배움으로써 서로를 이해하고 편견 없이 상호 협조하여 공동체 의식을 함양하고자 하는 교육환경을 의미한다.

통합교육은 역사적으로 정상화, 최소제한환경, 주류화, 완전통합교육 등의 용어로 불리며, 전 세계의 시대적·사회적 요구에 따라 발달하고 진보하고 있음을 알 수 있다.

통합교육은 장애학생과 일반학생이 통합교육을 통해 받는 혜택을 통해 그 효과성을 입증하고 있다. 그러나 장애학생과 일반학생 모두에게 교육적으로나 사회적으로 긍정적인 효과가 나타나는 반면, 여전히 통합교육 실행에 어려움을 주는 부정적인 차원도 있다는 것을 기억하고 제한점을 개선하기 위한 노력이 필요하다.

통합교육의 최근 이슈와 과제를 분석한 결과, 한국의 통합교육은 양적 확대에 따른 사회적·정서적 지원뿐 아니라 질적 향상을 위한 교육적·학업적 지원을 위한 다양한 접근이 시도되고 있다. 또한 교사 간 협력이 필요하며, 통합한다 하더라도 개별 학생들의 요구를 충족시켜 주기 위해 특수교육의 연속적 지원체제를 갖추는 것이 필수적이다.

마지막으로 통합교육의 원리와 지원을 살펴보고, 궁극적으로 특수교사와 일반교사 모두 모든 학생들이 한 학교 혹은 학급에서 더 잘 배울 수 있도록 하기 위한 질문을 포함하고 있다.

학습 문제

- 장애학생의 통합교육에 영향을 미친 국내 관련법을 간단히 기술하시오.
- 통합교육의 다섯 단계에 대해 예를 들어 논하시오.

관련 사이트

- 한국통합교육 연구회 http://www.inclusion.co.kr
  통합교육 관련 동영상 수업자료 및 통합교육 자료를 제공한다. 통합교육의 효과적인 사례를 비롯해 자료실에 탑재된 통합교육에 관한 정보를 나눌 수 있다.
- 국립특수교육원 http://www.kise.go.kr
  장애이해 관련 교과자료 및 교수적 수정을 위한 자료, 통합교육과 관련된 법령 등 장애학생을 지원하기 위한 다양한 자료를 제공하고 있다.

참고문헌

교육과학기술부(2008). 제3차 특수교육발전5개년계획: '08-'12. 교육과학기술부.

권주석(2001). 특수학급 학생의 통합교육 활성화를 위한 협력교수 방안에 관한 연구. 발달장애학회지, 5(1), 33-47.

김남순(2004). 한국의 통합교육 정책분석. 특수교육학연구, 39(2), 199-219.

김동일, 정광조(2005). 국내 '통합교육프로그램' 학위 논문의 최근 연구 동향. 특수교육학연구, 40(2), 333-353.

김성애(2009). 통합교육 지원체계. 한국통합교육학회 편, 통합교육(2판). 서울: 학지사.

민천식(2001). 교수-학습 개선의 배경에 대한 이론적 고찰. 특수교육저널: 이론과 실천, 2(2), 111-128.

박승희(1996). 일반학급에서 장애학생의 통합교육을 위한 특수교육교사의 역할. 초등교육연구, 10, 177-197.

박승희(1999). 일반학급에 통합된 장애학생의 수업의 질 향상을 위한 교수적 수정의 개념과 실행방안. 특수교육학연구, 34(2), 29-71.

박승희(2003). 한국 장애학생 통합교육: 특수교육과 일반교육의 관계 재정립. 서울: 교육과학사.

박주연(2009). 통합교육현장에서 적용 가능한 보편적 학습 설계의 개념과 원리 탐색. 지적장애연구, 11(1), 237-253.

박현옥, 김은주(2004). 통합교육에 관한 국내 연구 동향 분석. 특수교육학연구, 38(4), 285-309.

손승현(2006). 학습장애학생을 위한 교육적 통합. 학습장애연구, 3(2), 93-108.

신진숙(1998). 완전통합교육에 대한 교사의 인식 연구. 특수교육학회지, 19(1), 71-95.

신현기(2008). 모든 학생을 위한 교육표준에 대한 가정과 그에 기반한 교육의 실제에 대한 검토. 특수교육연구, 15(2), 3-31.

안도연(2008). 통합교육 환경 내에서의 특수교사의 협력 유형 분석. 특수교육연구, 15(1), 89-109.

이대식(2002). 초등학교에서의 성공적인 장애아 통합교육을 위한 일반교사 교육의 방향—통합교육에 대한 특수교사와 일반교사들의 인식에 근거하여. 초등교육연구, 15(1), 167-187.

이대식, 김수연, 이은주, 허승준(2006). 통합교육의 이해와 실제: 통합학급에서의 효과적인 교육방법. 서울: 학지사.

이소현(1996). 21세기를 향한 특수아동 조기교육의 과제 및 전망. 특수교육논총, 13(2), 1-31.

이소현, 박은혜(2006). 특수아동교육. 서울: 학지사.

전병호(2006). 국내 통합교육관련 실험연구논문의 내용분석. 초등특수교육연구, 8(1), 123-144.

정동영(2008). 통합학급의 장애학생을 위한 차별화 교수전략 탐색. 지적장애연구, 10(4), 163-187.

정주영, 신현기(2001). 경도 장애 초등학생의 통합교육 방법으로서 교수적합화에 대한 이론적 접근. 정서학습장애연구, 17(2), 251-283.

정주영, 신현기(2003). 통학급내 정신지체 학생의 교수적 지원에 대한 특수학급 교사의 인식과 실제. 특수교육학연구, 38(2), 219-250.

Baker, J., & Zigmond, N. (1995). The meaning and practice of inclusion for students with learning disabilities: Themes and implication from five case studies. *Journal of Special Education, 29*(2), 163-180.

Banerji, M., & Dailey, R. (1995). A study of the effects of an inclusion model on students with specific learning disabilities. *Journal of Learning Disabilities, 28*, 511-522.

Banks, J. (1999). Multicultural education in the new century. *School Administrator, 56*(5), 8-10.

Biklen, D. (1985). *Achieving the complete schools: Strategies of effective mainstreaming.* New York: Teacher College Press.

Billingsley, F. F., & Albertson, L. R. (1999). Finding a future for functional skills. *Journal of the Association for Persons with Severe Handicaps, 24*(4), 298-302.

Bloom, L A., Perlmutter, J., & Burrell, L. (1999). General educator: Applying constructivism to inclusive classrooms. *Intervention in School and Clinic, 34*, 132-136.

Fisher, D., Pumpain, I., & Sax, C. (1998). High school students attitudes about and recommendations for their peers with significant disabilities. *Journal of the Association for Persons with Severe Handicaps, 23*(3), 272-282.

Forgan, J. W., & Vaughn, S. (2000). Adolescents with and without LD make the transition to middle school. *Journal of Learning Disabilities, 33*(1), 33-43.

Fryxell, D., & Kennedy, C. H. (1995). Placement along the continuum of services and its impact on students' social relationships. *Journal of the Association for Persons with Severe Handicaps, 20*(4), 259-269.

Fuchs, D., & Fuchs, L. S. (1994). Inclusive school movement and radicalization of special education reform. *Exceptional Children, 60*, 294-309.

Holowood, T. A., Salisbury, C. L., Rainforth, B., & Palombaro, M. M. (1994). Use of instructional time in classrooms serving students with and without severe disabilities. *Exceptional Children, 61*(3), 242-253.

Hunt, P., Alwell, M., Farron-Davis, F., & Goetz, L. (1996). Creating socially supportive environemnts for fully included studetns who experience multiple disabilities. *Journal of the Association for Persons with Severe Handicaps, 21*(1), 53-71.

Hunt, P., Goetz, L., & Anderson, J. (1986). The quality of IEP objectives associated with placement in integrated versus segregated school sites. *Journal of the Association for Persons with Severe Handicaps, 11*(2), 125-130.

Hunt, P., Staub, D., Alwell, M., & Goetz, L. (1994). Creating socially supportive environments for fully included students who experience multiple disabilities. *Journal of the Association for Persons with Severe Handicaps, 21*, 53-71.

Katsiyannis, A., Zhang, D., & Archwamety, T. (2002). Placement and exit patterns for students with mental retardation: An analysis of national trends. *Education and Training in Mental Retardation and Developmental*

Disabilities, 37(2), 134-145.

Kauffman, J. M., & Hallahn, D. P. (1995). *Illusion of full inclusion: A comprehensive critique of a current special education bandwagon.* Austin, TX: Pro-Ed.

McLeskey, J., & Waldron, N. L. (2007). Making differences ordinary in inclusive classrooms. *Intervention in School and Clinic, 42*(3), 162-168.

OECD (1999). *Inclusive Education at Work. Students with Disabilities in Mainstream Schools.* Paris: OECD/CERI.

Palmer, D. S., Fuller, K., Arora, T., & Nelson, M. (2001). Taking sides: Parent views on inclusion for their children with severe disabilities. *Exceptional Children, 67*(4), 467-484.

Rea, R. J., McLaughlin, V. L., & Walther-Thomas, C. (2002). Outcomes for students with learning disabilities in inclusive and pullout programs. *Exceptional Children, 68*(2), 203-222.

Reynolds, M. C., Wong, M. C., & Walberg, H. J. (1987). The necessary restructuring of special and regular education. *Exceptional Children, 53*, 391-398.

Saint-Laurent, L., Dionne, J., Giasson, J., Royer, E., Simard, C., & Pierard, B. (1998). Academic achievement effects of an in-class service model on students with and without disabilities. *Exceptional Children, 64*, 239-253.

Salend, S. J., & Duhaney, L. M. G. (1999). The impact of inclusion on students with and without disabilities and their educators. *Remedial and Special Education, 20*(2), 114-126.

Salisbury, C. L., Gallucci, C., Palombaro, M. M., & Peck, C. A. (1995). Strategies that promote social relations among elementary students with and without severe disabilities in inclusive schools. *Exceptional Children, 62*, 125-137.

Scruggs, T., E., & Mastropieri, M. A. (1994). The construction of scientific knowledge by students with mild disabilities. *Journal of Special Education, 28*(3), 307-321.

Sharpe, M. N., York, J. L., & Knight, J. (1994). Effects of inclusion on the academic performance of classmates without disabilities. *Remedial and Special Education, 15*(5), 281-287.

Stainback, S., & Stainback, W. (Eds.) (1992). *Curriculum considerations in inclusive classroom: Facilitating learning for all students.* Baltimore: Paul H.

Brookes.

Staub, D., & Peck, C. A. (1994). What are the outcomes for nondisabled students? *Educational Leadership, 52*(4), 36-40.

UNESCO (2007). *EFA Flagship on the Right to Education for Persons with Disabilities: Towards Inclusion.* Phnom Penh, Cambodia: UNESCO.

Vaughn, S., Elbaum, B. E., & Schumm, J. S. (1996). The effects of inclusion on the social functioning of students with learning disabilities. *Journal of Learning Disabilities, 29*(6), 598-608.

Voltz, D. L., Brazil, N., & Ford, A. (2001). What matters most in inclusive education: A practical guide for moving forward. *Intervention in School and Clinic, 37*(1), 23-30.

Will, M. C. (1986). *Educating children with learning problems: A shared responsibility: A report to the Secretary of Education.* Washington, DC: U.S. Department of Education.

Wood, J. (2006). *Adapting instruction to accommodate students in inclusive settings.* Upper Saddle River, NJ: Merrill/Prentice Hall.

Zigmond, N., & Baker, S. (1995). Concluding comments: Current and future practices in inclusive schooling. *The Journal of Special Education, 29*, 245-250.

제3장
통합교육을 위한 교육환경 조성

　내년이면 초등학교에 입학하게 되는 뇌병변 3급 판정을 받은 지영이의 어머니는 걱정이 태산이다. 지영이는 뇌성마비로 어려서부터 걸음걸이가 불안정했다. 휠체어를 타거나 보조기구를 사용할 필요는 없지만 자주 넘어지고 계단을 오르내릴 때는 핸드레일이 꼭 필요하다. 지영이는 신체적인 어려움 외에도 또래의 아동들보다 인지적인 발달이 다소 지체되어 있는 상태이기 때문에 입학 이후의 교과학습에서도 개별적인 도움이 필요한 상황이다. 특수학교의 입학을 고려해 보기도 했지만, 지영이의 어머니는 지영이의 학교생활이 또래 아이들과 같은 공간에서 동일한 경험을 하면서 앞으로 살아갈 세상에 대한 준비의 시간이 되어야 한다고 생각했다. 지영이가 다른 아이들과 경쟁하여 우수한 학생이 되는 것을 원하는 것이 아니라 그저 다른 아이들과 섞여 사회의 구성원으로서 인정받는 것이 지영이 어머니의 바람이다.

　하지만 걸음걸이가 불안정한 지영이가 아이들이 뛰노는 복도에서 매일 넘어지지는 않을까, 발음이 부정확한 지영이가 아이들에게 놀림을 당하게 되지는 않을까, 수업시간에 활동에서 소외당하지는 않을까 하는 염려에 집 근처의 특수학급이 있는 초등학교를 직접 가 보기로 했다. 1학년 교실들은 다행히 1층에 있어서 1년 동안은 계단을 오르내릴 일이 많지 않을 것 같았다. 특수교사와 상담을 하고 학교를 둘러보고 나니 안심도 되었지만 한편으로 새로운 걱정들이 생긴다.

　"올해는 통합학급 선생님들이 무척이나 협조적이어서 도움반 아이들이 즐겁게 생활했어요. 올해 같이 운이 좋으면 좋겠지만 학교는 매년 분위기가 너무 달라요."

　지영이가 6년 동안 새로운 담임 선생님을 만나고 친구들을 만날 때마다 마음을 졸이며 운이 좋기만을 바라야 하는 것일까? 학년이 올라가면 교실들도 윗층에 있을 텐데, 지영이가 매일 책가방을 메고 계단을 오르내릴 수 있을까?

장애학생과 일반학생이 같이 어울려 생활하는 통합교육을 실시하기 위해서는 다양한 준비 작업이 필요하다. 장애학생들이 특수한 교육적 요구로 인하여 생기는 물리적·심리적 장벽을 낮추거나 없애기 위해서는 교육 주체(학생, 교사, 학부모)들의 관심이 필요하다. 체계적인 준비를 위해서는 학교환경의 물리적인 변화를 비롯한 교육과정 및 지도방법에서 변화가 요구될 뿐만 아니라 일반학생과 학부모의 인식 개선 또한 요구된다. 이 장에서는 이러한 교육환경의 변화를 살펴보고, 이를 뒷받침하는 장애인 등에 관한 특수교육법에 대해 살펴보고자 한다.

1. 일반교육 환경의 개선

통합교육의 물결과 함께 이미 교육 현장에는 많은 수의 장애아동들이 일반교육 환경에서 교육을 받고 있다. 특수교육대상자로 분류된 아동의 상당수는 시간제 특수학급에서 교육을 받고 있으며, 일부 아동은 완전통합 형태의 교육을 받음으로써 수많은 시간 혹은 모든 시간을 일반학급에서 보내고 있다. 하지만 단순히 일반학생들과 같은 공간에 있다는 것이 장애학생들의 교육을 보장한다고 말하기는 어렵다. 가령, 일반학급에 통합되어 있는 약시 아동에게 아무런 지원이 없이 모든 시간을 일반학급에서 교육받게 한다면 큰 글자의 교과서를 제공했을 때와는 현저하게 차이 나는 저성취를 보일 수밖에 없을 것이다. 통합되어 있는 장애학생들이 일반학급에서 의미 있는 교육활동에 참여하도록 하려면 그들을 위한 전반적인 배려가 필요하다.

1) 유니버설 디자인(보편적 설계)

오늘날 학교 현장에는 과거 어느 때보다도 다양한 특성을 보이는 학생들이 한 공간에 모여 있다. 교사들은 이렇게 다양한 특성을 보이는 학생들을 동일한 높은 교육목표를 가지고 지도하는 데 어려움을 호소하고 있다. 한 교실 안에도 다음과 같은 다양한 특성을 보이는 학습자들이 공존하기 때문이다.

- 난독과 같은 학습장애를 지닌 학생
- 국제결혼 가정의 자녀(언어 문제를 호소하는 학생)
- 행동 및 정서 문제를 보이는 학생
- 동기가 저하되어 있거나 참여를 거부하는 학생
- 감각 혹은 지체 장애의 문제를 보이는 학생

교사들은 모든 학생이 성공적인 학습 경험을 하기를 원한다. 하지만 한 가지 목표와 방법으로 모든 학생들에게 만족할 만한 교육적 결과를 얻어내기는 어렵다. 교사들은 어떻게 각기 다른 개별학생의 요구에 부합하는 교육을 실시할 수 있을까?

미국의 응용특수공학센터(Center for Applied Special Technology: CAST)[1]에서는 학습을 위한 보편적 설계(universal design for learning: UDL)를 다양한 학습자들의 지도방법의 해결책으로 제시하고 있다. 학습을 위한 보편적 설계는 유연한 학습목표 설정, 교수방법, 교수자료, 학습자의 특성에 맞게 조정된 평가방법 등에 대한 청사진을 제공한다. '보편적'이라는 말은 단순히 모든 사람에게 동일한 기준 혹은 방법을 적용한다는 말이 아니다. 오히려 다양한 학습자의 개별 요구에 부합하는 다각적인 접근법을 의미한다.

보편적 설계는 본래 건축에서 사용되기 시작한 개념이다. 이는 '모든 사람을 위한 디자인(design for all)' '범용(汎用) 디자인'이라고도 불린다. 배리어프리(barrier free) 디자인된 도구, 시설, 설비 등은 장애가 있는 사람뿐 아니라 건강한 사람들에게도 유용한 것이다. 장애 유무에 상관없이 모든 사람이 무리 없이 이용할 수 있도록 도구, 시설, 설비를 설계하는 것을 보편적 설계라고 한다. 최근에는 공공 교통기관 등의 손잡이, 일용품 등이나 서비스, 주택이나 도로의 설계 등 넓은 분야에서 쓰이는 개념이다. 현재 보편적 설계는 건축 분야에만 국한되지 않고 다양한 제품의 개발 및 서비스 제공에 사용되고 있다.

고층건물이 아닌 건물에서도 승강기 설치 및 경사로 설치 등을 하는 것이 우

---

[1] 1984년에 설립된 미국의 비영리 단체로, 혁신적인 테크놀로지 기반 학습자료 계발 및 학습을 위한 보편적 설계로 국제적인 주목을 받아 왔다.

리가 쉽게 발견할 수 있는 보편적 디자인의 예다. 승강기 혹은 경사로의 설치는 지체장애인뿐 아니라 노약자들의 이동을 수월하게 해 주는 물리적 배려라고 할 수 있다. 최근 전원, 세정 등의 기능 버튼이 있는 조작부를 떼어 내어 변기 좌우 어느 쪽이든 원하는 곳에 붙일 수 있는 비데 제품이 판매되기 시작했다. 왼손잡이 고객들을 위한 보편적 설계의 개념을 도입한 제품의 예시다. 우리 생활 속에서 발견할 수 있는 또 다른 예로는 캔 표면에 맥주임을 알려 주는 점자가 있는 제품, 아동용 변기 설치 화장실, 시각장애인을 위한 웹페이지의 음성 서비스, 청각장애인들을 위한 자막 방송 등이 있겠다. 너무나도 당연하게 소수의 사람들로 하여금 권리를 포기하거나 불편함을 감수하도록 요구했던 사회는 이제 모든 사람들이 어우러져 살아가는 모습으로 변화되고 있다고 말할 수 있다.

이러한 보편적 설계는 우리의 교육 현장에도 동일하게 적용될 수 있다. 이는 두 가지 측면에서 살펴볼 수 있다. 첫째, 학교환경을 모든 학생에게 접근성을 허용하는 공간으로 설계하고 보수하는 것이다. 현재 장애인·노인·임산부 등의 편의증진 보장에 관한 법률에 의해서 우리나라 대부분의 학교 건물에는 승강기가 설치되어 있거나 설치 작업 중에 있으며 장애인 화장실 및 경사로의 설치가 진행 중에 있다. 보편적 설계에 발맞추어 가는 학교 현장의 변화는 손쉽게 발견할 수 있다. 특수학급의 경우 지체장애아동들의 용이한 움직임과 이동을 위하여 온돌로 교실 바닥을 개조하는 경우가 많으며, 소근육 운동에 어려움이 있는 학생들을 위하여 일반 모니터가 아닌 터치스크린을 보유하고 있는 경우가 많다. 교실문에 턱을 제거하여 휠체어가 자유롭게 이동할 수 있도록 하고 큰 글자의 교과서를 비치하는 등 학교 현장의 물리적인 환경을 개선하는 작업은 보편적 설계에 입각한 하드웨어적 변화다.

물리적인 측면과 함께 고려되어야 하는 것이 실질적인 교육과정 및 교수방법적인 측면에서의 보편적 설계다. 교육과정 실현을 위한 패러다임으로서 학습을 위한 보편적 설계(UDL)는 학습자들이 향상된 학습 결과를 도출하고자 하는 의도로 응용특수공학센터(CAST)에 의해 처음 고안되었다(CAST, 2000; Hackman & Rauscher, 2004). 이는 위에서 언급하였던 것과 같은 다양한 건축물 및 생활용품에서와 마찬가지로 교육내용에 모든 학생들이 접근할 수 있도록 교육과정 및 교재를 학생들에게 가장 적합한 형태로 제공하는 것이다. 보편적 설계의 원리를 교육에 적용하는 것은 교수, 학습, 평가, 관리방법 등의 여러 측면에서 장애를 포함한 다양한 수준과 특성을 가진 학생들을 처음부터 고려하여 융통성 있게 교육환경을 설계하는 것이다.

　보편적 설계의 개념이 교육환경에 적용되면서, 장애학생뿐만 아니라 문화, 언어, 배경 지식, 학습양식 등이 서로 다른 학생들에게 맞는 융통성 있는 교수전략과 교수자료의 필요성도 강조되었다. 즉, 비단 뚜렷하게 보이는 장애에만 초점이 맞추어진 것이 아니라 다양성의 범위를 넓혀 장애를 포함한 학습자의 다양한 특성과 요구를 충족시키도록 교수가 보편적으로 설계되어야 함을 의미하는 것이다.

　Rose와 Mayer(2002)는 UDL 원리를 구현하는 원리 및 교수방법을 〈표 3-1〉과 같이 제시하고 있다.

| 표 3-1 |　UDL의 원리와 교수방법

UDL의 세 가지 원리	UDL 원리를 적용한 교수방법의 예
1. 복합적인 내용제시 방법 (multiple methods of presentation)	• 복합적인 예 제공 • 정보의 중요한 특징 강조 • 복합적인 매체와 형태 제공 • 배경 지식 및 맥락에 대한 정보 제공
2. 복합적인 표현방법 (multiple methods of expression)	• 융통성 있는 수행 모델 제공 • 연습을 지원하는 기회 제공 • 지속적이고 관련된 피드백 제공 • 기술 시연을 위한 융통성 있는 기회 제공
3. 복합적인 참여방법 (multiple options for engagement)	• 내용과 도구의 선택사항 제공 • 적절한 목표 수준 제공

출처: Rose & Mayer (2002).

　일반교육 혹은 특수교육 현장에서 UDL 환경을 조성하려면 교사들이 위의 세 가지 원리에 입각한 자료 및 방법을 사용하여야 한다. 교육과정에 해당하는 교재들이 전자화되어 있다면 개별학생의 요구에 부합하여 자료 수정이 용이할 것이다.

　다양한 형태로 자료를 제시한다면 동일한 내용에 대해 학습장애를 포함하는 모든 학생들이 교육내용에 접근할 수 있도록 접근성을 보장하게 될 것이다. 예를 들어, 사회 교과서는 전자화되어 있을 경우 다음과 같은 이점이 있다.

- 음성 출력 소프트웨어를 사용하여 교과서의 내용을 들을 수 있다. (읽기에 어려움을 보이는 학생의 접근을 가능케 한다.)
- 대화, 음악, 음향 효과 및 동영상 자료를 포함할 수 있다. (다감각을 이용하여 학습할 수 있도록 도움을 준다.)
- 크기, 색상, 여백 및 강조의 정도를 다양하게 할 수 있다. (기억을 돕는다.)
- 개인적으로 출력이 가능하다. (모든 학생에게 도움이 된다.)
- 복사하여 도식자 혹은 다른 형태로 변형하여 활용할 수 있다. (정보의 조직을 어려워하는 학생에게 도움을 준다.)

2) 교육과정과 교육방법의 다양화

학습을 위한 보편적 설계에서 언급된 것과 같이 학교 현장에 존재하는 다양한 학습자들에게 기존의 획일화된 교육과정 및 교육방법을 사용한다면 의미 있는 학습을 보장하기 어렵다. 미국 매사추세츠 주의 경우 학습자의 교육적 요구에 따라 교육과정을 수정하도록 하는 교육과정 수정계획(curriculum accommodation plans: CAP)을 각 지역 교육청이 수립하도록 의무화하고 있다. 교육과정 수정계획은 일반교육 환경에서 학생들의 독특한 교육적 요구를 반영할 수 있도록 한다.

일반학교에서 통합되어 교육받고 있는 특수교육 대상아동들에게는 일반교육과정의 의미 있는 참여를 보장하기 위해 교수적 수정과 개발이 필수적이다. 장애학생들의 일반교육과정 접근을 보장하기 위해서는 다음과 같은 세 가지 접근방법이 고려될 수 있다(박승희, 2004).

(1) 내용 단순화 접근

내용 단순화 접근은 장애학생이 참여할 수 있는 수준까지 일반교육과정 내용을 단순화사키는 것이다. 내용을 단순화할 때는 단순히 교사가 가르치기 쉬운 내용으로 수정을 가하는 것이 아니라 해당 아동의 개별화 목표에 부합하는 의미 있는 내용을 지도할 수 있도록 세심한 주의를 기울여야 한다.

| 표 3-2 | 내용 단순화 접근의 예시

제7차 교육과정에서 제시하고 있는 목표	내용 단순화 접근	기능적 기술 추출 접근
지리 영역: 고장, 지방 및 국토 전체와 세계 여러 지역의 지리적 특성을 체계적으로 이해한다.	•다른 문화와 다른 나라 사람과 관련된 그림을 오려서 세계 지도 위 적절한 곳에 붙인다. •지하철 노선표를 보고 자신이 사는 고장의 역에 표시한다. •입체모형 지도를 보고 산맥을 지적하거나 이름을 말한다.	•자신의 집 주소를 말한다. •대중교통수단을 이용하여 목적한 곳으로 이동한다. •도서관에 가서 지역사회에 관한 화보집을 본다. •황사 경보에 따라 외출을 줄인다.
역사 영역: 우리 문화와 민족사의 발전상을 체계적으로 이해하며, 이를 바탕으로 인류생활의 발달과정과 각 시대의 문화적 특색을 파악한다.	•역사적으로 유명한 사람들의 사진과 활동 및 업적을 연결한다(세종대왕, 유관순, 유명한 운동선수, 예술가). •한국의 전통 의상과 외국의 의상을 구분한다.	•달력을 보고 국경일을 표시한다. •설날에 세배를 한다.
사회생활 영역: 현대사회의 성격 및 민주적 사회생활을 위하여 시민의 역할, 권리 및 책임을 이해한다.	•교통 법규를 알고 지킨다. •학급회의 시 반 전체의 의견을 결정하기 위해 사용하는 다수결 원칙을 안다.	•쓰레기 분리수거를 한다. •급식시간과 조회시간에 줄을 선다. •화재 경보 시 안전 규칙을 따른다.

출처: 박승희(2002), 장애학생의 교육과정적 통합을 위한 일반학교의 학교수준 교육과정계획 모형. 특수교육학연구, 37(1), p. 217.

(2) 기능적 기술 추출 접근

일반교육과정 내용에서 기능적 기술들을 추출하여 개별학생의 교육적 요구 및 수준에 부합하는 기술의 지도에 초점을 맞추는 것이다. 일반교육과정 내용에 평행되는 기능적 교육과정을 구성할 수 있다. 예를 들어, 일반아동이 설명문과 논설문의 차이점에 대해 학습한다면, 정신지체아동은 기능적 읽기를 목표로 수업에 참여하는 것이다. 자칫 일반교육과정과 무관하며 아동에게 무의미하게 너무나 쉬운 과제가 제시될 수 있으므로 기능적 기술 추출에 있어서도 세심한 주의가 요구되고 지침이 마련되어야 한다.

(3) 근본 기술 접근

근본 기술(foundation skills)은 교수할 여러 기술들 중 가장 근본이 되는 기술들을 의미한다. 교육목표 영역들 중에서 근본 기술들을 추출하여 각 학급 장애학생의 개인적·교육적 흥미, 욕구, 능력 수준을 고려하여 개별학생에게 기대되는 성과를 판별해 낼 수 있다.

3) 교수적합화

교수적합화(curricular adaptation)는 일반교육 환경에서 장애학생에게 성공의 기회 및 의미 있는 교육과정 참여를 도모하는 교수 제공방식, 교수 집단의 크기, 피드백 방법을 변화시키는 것으로 정의할 수 있다(Scott, Vitale, & Masten, 1998). 교수적합화에 대한 자세한 내용은 7장에서 다루기로 한다.

4) 현장에서의 적용

| 표 3-3 | 지적장애 및 발달장애 학생들을 위한 교수수정 전략

전 략	지적장애 및 발달장애 학생들을 위한 가능성 및 연구 결과*	학급에서의 적용방법
도식자 (graphic organizer)	• 다양한 교과목에서 교수적합화의 방법으로 사용 가능하다. • 구어로 전달하는 것보다 시각적인 도식자를 제공하는 것이 더욱 효과적이다. • 목적 등을 도식자를 통해 간결하게 전달해 주면 학생들의 이해를 도울 수 있다. • 다양한 모둠 형태로 학생들의 참여를 유도할 수 있다.	• 학급 전체의 큰 개념 설명을 위해 시각적으로 도식자를 제공한다. • 읽기에 어려움을 보이는 학생들을 위해 사진 혹은 그림을 도식자로 제공한다. • 유인물 혹은 과제로 빈칸을 남겨 두어 학생들이 완성할 수 있도록 한다. • 복잡성 정도를 줄이고, 명확한 상징을 제시하며, 충분한 여백이 있는 도식자를 제공한다. • 도식자를 소그룹 활동으로 활용하여 학생들 간 상호작용을 최대화시킨다. • 도식자의 활용도를 증대시키기 위하여 멀티미디어 테크놀로지를 사용한다.

의미 단위로 묶기 (chunking)	• 다양한 교과목에서 교수적합화의 방법으로 사용 가능하다. • 학생들의 주의력 및 기억력을 증대시키는 데 도움이 된다. • 도식자 활용 및 자기관리 기술 등과 같은 다른 전략들과 함께 사용할 수 있다. • 직접 교수할 수도 있으나 학생들의 좀 더 적극적인 참여를 위해 교사의 중재를 점차 줄여 간다. • 시각적 촉진 및 테크놀로지를 사용하면 더욱 효과적이다.	• 관련 요소를 하나의 단위로 묶을 수 있도록 도식자와 함께 의미 단위로 묶기를 사용한다. • 읽기에 어려움을 보이는 학생들을 위해 사진 혹은 그림을 사용한다. • 사진 혹은 그림을 사용하여 IEP와 관련된 학생이 선호하는 활동이나 목표를 의미 단위로 묶어 낼 수 있는 기회를 제공해 준다. • 의미 단위로 묶기 활동을 다른 자기 주도적 학습방법과 함께 사용한다. • 학생의 활동을 증대시키기 위해 교사 주도적 교수를 점차 줄여 간다.
기억술 전략 유형: 심상법, 어휘 기반 (키워드, 페그워드, 글자전략), 복합 기억술	• 지적장애 혹은 발달장애 및 적응행동에 문제를 보이는 학생들의 개별적인 요구에 적절하다. • 인지적인 새로운 정보를 그림 혹은 청각 자극을 통해 기억하는 것은 효과적이다. • 행동 문제와 자기조절 및 긍정적 행동지원에 효과적이다. • 각기 다른 수준의 교육과정 수정, 조절 및 보완에 적용될 수 있으며, 학습 장면 및 비학습 장면에서도 적용 가능하다.	• 새로운 정보 중 익숙한 것을 찾아내고 새로운 정보를 의미 있는 방법으로 제공할 수 있는 시각적 조직자를 제공한다. • 학생이 교실에서 행동을 조절할 수 있게 해 주는 선행 촉진 통제전략을 사용한다. • 굵은 글씨 혹은 색을 다르게 한 글씨로 키워드가 강조된 유인물을 제공한다. • 기억술을 자기교수법(자기대화법), 문제해결 및 목표 설정 시 포함한다. • 기억술은 다음 영역들에서 수정 및 적용이 가능하다. 　- 주제어 전략: ① 시작 시점에서 학생들로 하여금 주제어 관련 어휘를 인식하도록 하는 것이 아니라 주제어 자체를 인식하도록 한다. ② 학생들의 의미 있는 경험 혹은 친숙한 환경과 연결된 주제어를 사용한다. ③ 주제어 전략을 목표 및 문제 확인 시 사용한다. ④ 주제어를 구어적 촉진과 카드 혹은 사진과 같은 시각적 이미지와 함께 제공한다. 　- 페그워드 전략: ① 페그워드 단독으로 사용하기보다는 가능하다면 주제어 전략과 함께 사용하는 것이 좋다. ② 페그워드를 익숙한 노래 혹은 멜로디에 집어 넣는다. 　- 글자 전략: ① 학습자의 학습방식, 능력, 요구를 고려한 그림 혹은 시각적 카드를 이용하여 짧은 질문을 만든다. ② 학급에서 의미 있는 활동에 활용할 수 있는 글자 기억법을 자기교수법 및 문제해결 방법 등과 함께 지도한다. ③ 문자를 시각적인 카드와 구어 촉진과 함께 제공한다.

목표 설정	• 교육과정 수정에 활용될 수 있다. • 문제해결 전략 안에 포함시킬 수 있다. • 지적장애학생들은 목표를 세우거나 달성하는 데 필요한 기술을 비학습 장면에서 향상되는 기술들이더라도(예: 직업 및 행동 영역) 학습할 수 있다. • 학생들이 자신의 선호에 따른 목표를 스스로 세우게 함으로써 학생의 동기를 유발하는 데 사용할 수 있다. • 시각적인 구조화 체계와 함께 사용할 수 있다.	• 학급활동의 다양한 내용에서 분명한 목표를 제시한다. • 학습 동기를 높이고 참여도를 증가시키기 위하여 학생 스스로가 자신의 선호 및 관심에 따라 개인적인 목표를 설정하도록 한다. • 자신의 선호에 대해 잘 표현하지 못하는 학생들을 위하여 시각적인 단서를 사용하여 표현할 수 있는 선택의 기회를 제공한다. • 학생들이 일반학급에서의 자신의 목표를 인지할 수 있도록 IEP 모임에 참석하게 한다. • 목표의 우선순위를 분명하게 하기 위하여 구어적 촉진, 도식자 혹은 의미 단위로 묶기 방법을 사용한다. • 또래와 소그룹으로 학급의 목표를 설정할 기회를 제공한다.
문제해결 방법	• 교육과정 보완으로 사용할 수 있는 방법이다. • 목표 설정에 사용할 수 있다. • 학급의 다양한 활동에 일반화할 수 있다. • 전환교육, 직업교육 및 지역사회와 여가활동 등과 같은 비학습적 내용과 관련된 학생들의 개별 목표 달성을 돕는다. • 지시 따르기와 학급에 기여하기와 같은 학습 관련 목표 달성에도 효과적이다. • 자기교수법 등과 같은 다른 전략들과 함께 사용한다면 더욱 효과적이다.	• 학생들에게 IEP의 목표에 관련된 문제를 선택할 기회를 제공하여 그들의 학습 영역에서의 문제점을 발견하도록 돕는다. • 학생들이 그들의 문제나 목표에 대해 표현할 수 있도록 그림 혹은 시각적 단서를 사용한다. • 자기결정력과 같은 문제해결과 관련된 체계적인 학습 프로그램을 사용한다. • 효과적인 문제해결 학습을 위해 자기교수 전략, 자기 모니터링, 기억전략을 함께 사용한다. • 학생이 일상생활에서 직면할 수 있는 자연적인 맥락에서 문제해결 기술을 교수한다. • 학생에게 문제 해결에 대한 상을 선택할 수 있는 기회를 준다. • 학생들이 또래와 소그룹 안에서 문제해결을 할 수 있도록 한다.

출처: Division on Developmental Disabilities (2006). *Education and Training in Developmental Disabilities, 41*(3),

2. 통합교육에 대한 인식의 변화

통합교육을 실시하기 위해서는 특수교육 대상아동뿐 아니라 그 아동을 둘러싸고 있는 제반 환경의 변화 및 지원이 필요하다. 특히 장애아동이 속하게 되는 일반학급의 교사와 일반학생들의 태도와 지원은 물리적인 통합을 넘어 의미 있는 상호작용 및 학습이 일어나는 데 필수적이라고 할 수 있다.

1) 일반아동을 위한 통합교육 준비

성공적인 통합교육의 주요한 목표는 장애아동의 사회성 기술 발달과 그들이 또래아동들로부터 정서적으로 받아들여지고 지지받는 것이다. 또래관계의 형성은 단순히 장애아동이 물리적으로 같은 공간에 배치받는다고 해서 형성되는 것이 아니다. 교사들은 비장애 또래아동들이 장애아동을 이해하고 잘 받아들일 수 있도록 하여 긍정적인 상호작용이 일어날 수 있는 기회를 제공해 주어야 한다. 또래아동들은 특수교육 대상아동의 장애에 대해 이해할 때 장애아동을 더욱 잘 수용하고 지지적으로 행동할 수 있다. 또한 비장애아동들이 장애에 대해 올바르게 이해하고 성공적인 통합교육 장면에서 교육받을 때, 비장애아동들에게도 ① 자아개념의 증진, ② 다른 사람에 대한 배려와 관용의 증가, ③ 인간의 차이점에 대한 이해의 증가, ④ 개인적 원칙의 발달, ⑤ 장애인과의 관계에 대한 가치부여로 편안하고 수용적인 우정의 경험, ⑥ 사회적 지원망의 증가, ⑦ 긍정적인 교육 경험, ⑧ 개인적인 성숙, ⑨ 또래관계에서의 위치 향상 등의 혜택이 있는 것으로 보고되고 있다(이진화, 2004).

이전에 장애인들을 접할 기회가 부족했던 비장애학생들은 장애학생들을 만났을 때 장애학생과 자신과의 차이점에 기반하여 장애학생을 자신과는 다른 사람이라고 인식하고 '차별의식'을 갖게 될 가능성이 높다. 따라서 교사는 비장애학생이 자신과 다른 모습의 장애학생의 특성을 다양성의 일종으로 인식하고 그들을 받아들이도록 준비시켜야 한다. 이 세상에 존재하는 어느 누구도 동일한 모습으로 존재하지 않음을 인식하게 하며, 이러한 다양성의 연장선상에서 장애를 인식하도록 하는 것이 중요하다. 이는 비단 장애학생뿐 아니라 학급에서 공부를 잘 하지 못하거나 외모 때문에 놀림을 받는 아동들에 대해서도 긍정적인 인식을 하도록 도움을 주는 인식의 전환이라고 할 수 있겠다.

통합학급으로 선정된 경우 학기 초의 통합학급 적응기간의 시기에 특수교사 혹은 일반교사가 장애인식 교육을 실시하는 것은 무척 중요하다. 학기 초에 형성된 태도는 일반적으로 지속적으로 유지되기 때문이다. 단 한 번의 장애이해 교육으로 큰 성과를 기대하기는 어렵지만, 학기 초 장애이해 교육의 실시 여부

| 표 3-4 | 일반아동과 장애아동의 지속적인 상호작용을 유도할 수 있는 방법

1. 학생들에게 다른 친구들에 대해서 다섯 가지 정보를 조사하게 한다. 여기에는 좋아하는 TV 프로그램, 가족의 숫자, 취미, 기르고 있는 동물의 수 등이 포함된다. 학생들 간 나눔의 시간을 제공한다.
2. 친구 피라미드 만들기: 피라미드의 가장 아래부터 제일 중요한 친구의 이름을 적으면서 가장 위의 칸까지 이름을 적는다. 가장 위의 칸에는 도움을 필요로 하는 친구(언어 혹은 학습 등의 측면에서)의 이름을 적게 된다.
3. 좋은 친구들의 특성을 목록으로 만들어 본다. 목록 작성이 끝나면 장애를 가지고 있는 친구도 목록 안에 있는 특성을 가질 수 있는지 논의해 본다. 이러한 작업을 통해서 장애학생들과도 좋은 친구가 될 수 있음을 비장애학생들이 깨달을 수 있다.
4. 새로운 2명의 친구 사귀기: 학생들이 새롭게 2명의 친구를 사귀도록 도전 과제를 제시한다. (장애학생들과 친구 맺기를 권장한다.) 2개월 동안 새롭게 사귄 친구와의 활동을 기록하게 한다.
5. 두 개의 칼럼을 사용해 본다. 첫 번째 칼럼에서는 학생들에게 좋은 친구의 자질은 무엇인지 질문한다. 두 번째 칼럼에서는 왜 좋은 친구를 사귀려고 하는지 질문한다.
6. 장점과 단점에 관한 표를 학생들이 함께 만들어 보도록 한다. 소그룹으로 각자 만든 표를 비교해 본다.
7. 구어로 의사소통하는 데 어려움이 있는 학생들을 지원해 주는 활동도 있다. 다음과 같은 내용의 카드 혹은 목차를 만든다. 과제를 하는 데 도움이 필요하다, 친구의 책을 빌리고 싶다, 물을 마시고 싶다, 누군가가 나를 괴롭힌다, 어떤 친구와 함께 놀고 싶다, 점심 먹는 것을 깜빡했다, 쉬는 시간이 언제인지 알고 싶다, 몸이 좋지 않아서 엄마가 데리러 와 주면 좋겠다, 피자를 먹기로 한 날인데 두 조각의 피자를 먹고 싶다, 구두끈이 풀어졌는데 누가 도와줬으면 좋겠다, 시청각실에 가고 싶다, 선생님이 나를 쳐다봐 주면 좋겠다 등등. 학생들이 구어를 사용하지 않고 목록에 적힌 내용을 표현해 보도록 한다.
8. 시각장애학생을 이해하기 위하여 교실 안에서 안대를 하고 몇 가지 임무를 수행해 보도록 한다. 연필 깎기, 수학책 찾기 등의 활동을 해 볼 수 있다.

출처: http://specialed.about.com/od/integration/a/awareness.htm

는 장애아동에 대한 비장애아동의 태도에 큰 영향을 끼친다.

　지속적으로 성공적인 통합교육을 위해 일반교사가 일반학급에서 실시할 수 있는 장애 인식 개선 및 상호작용을 유도할 수 있는 방법들은 〈표 3-5〉와 같다.

| 표 3-5 | 장애인을 대하는 기본적인 태도

청각장애인에 대한 에티켓	지체장애인에 대한 에티켓
• 청각장애인과 대화를 나눌 때에는 입 모양을 크게 하여 천천히 말하거나, 글로 쓰거나, 수화를 사용하여 의사소통을 할 수가 있다. • 청각장애인을 만났을 때 듣지 못한다고 생각하며 함부로 말하거나 반말을 사용하는 일은 삼가야 한다. • 청각장애인과 함께 일할 때에는 눈으로 알아볼 수 있도록 시범을 보임으로써 지시를 하거나 설명하도록 한다. • 청각장애인들은 다른 일반 근로자들 앞에서 충고를 하거나 야단을 치면 자신을 무시하는 것으로 오해하는 경우가 있다. 그러므로 청각장애인을 조용한 곳으로 따로 불러 당사자의 실수를 자세히 설명해 주는 것이 바람직하다. • 청각장애인이 전화를 걸어 줄 것을 요청하면 그가 원하는 내용을 분명히 파악한 후에 응해 주도록 한다. • 청각장애인과 함께 있는 곳에서 일반인들끼리 그를 힐끗힐끗 쳐다보면서 속삭이는 것은 오해를 불러일으킬 수 있기 때문에 가능한 한 삼가는 것이 좋다. • 청각장애인과 수화를 할 때, 수화 동작 범위는 가슴 높이에서 양 어깨를 한계점으로 필요에 따라 큰 동작과 같은 동작으로 절도 있게 하는 것이 의사소통하는 데 도움이 된다.	• 휠체어 이용자 등 지체부자유인이 거리에서 곤란해하는 것을 보면 먼저 말을 걸어 도울 일이 없는가를 물어본다. 일반적으로 지체부자유인들이 다른 사람의 도움을 요청하지 않는데도 무턱대고 도울 필요는 없다. • 휠체어 이용자가 계단을 오르자고 할 때에는 2~3명이 호흡을 맞추어 가능한 한 평형을 유지한 채로 들어 옮겨야 한다. • 길거리에서 휠체어나 목발 이용자를 만나면 먼저 지나갈 수 있게 옆으로 비켜 준다. • 휠체어나 목발을 이용하는 장애인은 비가 올 때 우산을 사용하기가 어려워 곤란을 겪기 쉽다. 이때 옆에 있는 사람이 자연스럽게 우산을 받쳐 주는 것도 더불어 살아가는 모습일 것이다. • 언어장애가 있는 뇌성마비인이 말을 하는 모습이 다소 답답하게 느껴지더라도 끝까지 관심을 보이면서 들어주도록 한다. • 지체부자유인 중에는 신체적 결함을 보상하고자 하는 무의식적 행동, 즉 방어 기제가 나타나는 경우가 많다. 예를 들어, 다리가 불편한 지체부자유인이 팔힘을 자랑하는 것을 흔히 볼 수 있다. 이때 비웃거나 비아냥거리지 말고 그의 태도를 받아들여 주도록 노력한다.
정신지체인에 대한 에티켓	시각장애인에 대한 에티켓
• 정신지체인도 우리와 똑같은 인격을 지닌 한 사람이다. 이웃을 대하듯이 거리낌없이 먼저 말을 걸거나 인사를 하면 정신지체인 또한 친숙하고 반갑게 대할 것이다. • 정신지체인은 괴상한 사람이나 정신분열증 환자가 아니다. 정신지체인을 만났을 때 이상한 눈빛으로 흘끗흘끗 쳐다보거나 소리를 지른다거나 피하는 일이 없도록 한다.	• 시각장애인과 인사할 때는 먼저 이름을 말한 다음 악수를 청하면 더 친밀감이 생길 수 있다. • 시각장애인이 길을 물었을 때, 방향은 구체적으로 정확하게 말해 준다. '여기' '저기' 등 애매한 표현은 피하고, "오른쪽으로 5m를 간 다음 다시 왼쪽으로 10m 정도 가세요."와 같이 가르쳐 주는 것이 가장 도움이 된다.

- 정신지체인에게 '병신' '바보' '머저리' 등의 표현을 삼가야 한다. 그들은 병신이 아니며, 다만 발달이 늦은 사람일 뿐이다. 또 정신지체인에게 손가락질을 하거나 놀리지 않도록 한다. 정신지체인을 보며 수군거리지 않는 것도 기본적인 예의에 속한다.
- 한자리에 오랫동안 우두커니 서 있는 아동, 혼자서 길을 헤매는 정신지체아동이 있으면 다정한 표현으로 아동에게 신상을 물어보고, 이름표나 소지품에 적힌 연락처로 알려 그가 가정이나 학교로 안전하게 돌아갈 수 있도록 도와준다.
- 정신지체인도 부족하나마 일할 수 있는 능력이 있다. 그의 능력에 맞게 단순화시키거나 세분화하여 반복 연습하면 충분히 잘할 수 있다. 따라서 인내심을 가지고 일하는 과정을 지켜보고 격려한다.
- 정신지체인과 대화를 나눌 때는 쉬운 말로 된 짧은 문장을 사용하여 천천히 말하고, 그들의 말을 끝까지 들어준다.

- 시각장애인을 안내할 때에는 흰 지팡이의 반대편에서 팔을 잡게 하고, 반보 앞에서 팔을 잡게 하며, 반보 앞에서 걷는 편이 좋다. 흰 지팡이는 시각장애인의 눈과 다름없기 때문에 지팡이를 든 손을 만지거나 잡아끌거나 밀어내는 것은 피해야 한다.
- 시각장애인과 식사를 할 때에는 식기의 위치와 내용물을 작은 소리로 설명하고, 음식물의 위치는 시계 방향으로 설명해 주는 것이 좋다.
- 시각장애인은 영화나 TV 시청과 전혀 관계가 없다고 생각하는 것은 잘못이다. 내용을 간단히 설명해 주면 일반인과 같이 즐길 수 있다.
- 시각장애인을 의자에 앉게 할 때에는 의자 등받이에 손을 갖다대고 확인시키는 것이 좋다.
- 시각장애인에게 돈을 건네줄 때에는 화폐 단위를 설명해 주어야 한다. 지폐의 경우는 한 장 한 장 단위를 설명해 주어야 하며, 동전을 건네줄 때에는 일일이 그 단위를 말해 주어야 한다.

출처: 국립특수교육원 장애이해 사이트 http://edu.kise.go.kr/

진정한 통합교육이 이뤄졌다고 말하기 위해서는 학급의 모든 구성원이 학급에 소속감을 느낄 수 있는 분위기가 형성되어야만 한다. 모든 학생의 통합을 지원해 주는 활동들은 매일의 일과 속에서 지속적으로 일어나야 한다. 이러한 활동들을 통해서 비장애학생들이 장애학생들을 바라보는 태도는 급격히 변할 수 있다. 하지만 이러한 바람직한 변화를 위해서는 일반교사 및 특수교사의 지속적인 노력이 뒷받침되어야만 한다.

2) 학부모를 위한 통합교육 준비

Daniel과 King(1997)의 연구에 따르면 통합교육을 받게 되는 장애아동들의 부모들은 통합교육에 대해 상당한 두려움을 갖고 있는 것으로 나타났다. 체계적인 학부모의 지지와 관심은 통합교육에서 필수적인 요소이므로, 학부모들은 통합교육에 있어서 자신들의 중요성을 인식하여야만 한다(Grove & Fisher, 1999).

학부모들은 교육 문제부터 친구들과의 관계 등 다양한 문제에 대해 염려하게 된다. 잘 준비된 교육을 통하여 학부모들의 이러한 우려는 줄어들게 되고, 지속적인 활동과 교육을 통해 교사와 학부모는 파트너로서의 관계를 형성해 나갈 수 있다. 학기 초 학부모 간담회를 실시하여 특수교사와 일반교사의 협력관계 구축 상태와 통합교육의 목표와 방향을 설명해 주고, 학부모들이 궁금해하는 것들에 대해서 충분한 이해를 도모하도록 한다. 간담회 이외에도 교사와 학부모는 지속적인 상담과 가정통신문 혹은 알림장 등을 통해서 긴밀하게 아이의 학교생활에

| 표 3-6 | 장애아동 학부모의 염려와 해결방법

---

1. **다른 아이들이 장애 때문에 우리 아이를 놀리지는 않을까?**
   ☞ 비장애학생들을 대상으로 하는 지속적인 장애이해 교육 및 장애체험 프로그램 등에 대해서 학부모들에게 이야기해 준다. 만일 해당 장애학생이 건강상의 문제를 지니고 있다면 학부모 혹은 보건교사를 통하여 아이들에게 장애학생의 상태에 대해서 이해시키도록 하는 시간을 마련한다.

2. **통합되어 교육받다 보면 특수교사로부터 개별 교수를 받을 시간이 없어지는 것은 아닐까?**
   ☞ 매 학년도 초기 IEP 작성 회의가 이루어질 때 학부모가 반드시 참여하여 의견을 이야기하도록 한다. 학생의 개별적인 요구에 근거하여 학생에게 가장 적합한 배치를 하도록 한다. 가령, 학생이 심각한 읽기장애를 보인다면 읽기 관련 시간에는 특수학급에서 소그룹 혹은 개별 교수를 통해 읽기전략에 대해 학습하게 하고, 기타 교과의 시간에는 일반학급에서 지원을 받으며 교육받게 하는 것이다. 또한 개별 장애학생의 학부모와의 상담시간을 따로 갖는다. 이러한 개별 상담시간을 통해 학부모들의 시각에서 아이를 바라보았을 때 얻을 수 있는 정보들을 수집할 수 있다.

3. **특수교사는 어떤 방법으로 일반교사에게 우리 아이의 특수교육적 요구를 설명하고 의사소통할 것인가?**
   ☞ 특수교사가 해당 장애학생을 만나게 되는 모든 교사들(담임교사, 교과 담당교사, 보건교사 등)과 정기적으로 만나고 아동에 대해서 의사소통하고 있다는 사실을 부모에게 공지하도록 한다.

4. **우리 아이가 일반학급에서 진정한 구성원으로 받아들여질까?**
   ☞ 장애아동이 일반학급에서 활동하면서 구성원으로 잘 참여하고 있는 모습들의 사진이나 비디오 자료들을 학부모에게 제공할 수 있다. 또한 학급에 학부모가 직접 방문하여 아동의 교육 장면을 참관할 수 있도록 기회를 제공하는 것도 학부모들의 염려를 줄여 주는 방법이 될 수 있다.

출처: Daniel, L. & King, D. (1997). Impact of inclusive education on academic achievement, student behavior and self-esteem, and parental attitudes. *The Journal of Educational Research, 91*(2), 67-80.

대하여 의견을 주고받도록 한다.

장애학생의 부모를 준비시키는 것과 동시에 일반아동의 학부모를 준비시키는 작업도 이루어져야 한다. 부모들이 지니고 있는 태도와 생각은 자녀들의 태도에 영향을 미치기 때문이다. 일반아동의 학부모들은 장애아동의 행동 특성이나 학업 태도가 자녀들에게 부정적인 영향을 끼치지는 않을까 우려하기 쉽다. 또한 장애아동으로 인하여 학급의 분위기가 소란스러워지거나 교사의 부담감이 증가하여 일반아동들에게 신경을 덜 쓰게 될 것을 염려한다. 이러한 염려는 통합교육의 목표와 성공적인 통합교육을 통하여 얻게 되는 장애아동 및 일반아동의 혜택에 대해 잘 설명하여 줌으로써 사라질 수 있다. 통합교육을 통해 일반아동들은 자아개념의 향상, 사회적 인식의 증진, 타인에 대한 인내력 향상, 사람들 사이의 차이점에 대한 두려움 감소, 개인적 가치관 개발, 상호 간의 수용관계 등의 유익함을 나타내게 된다(Alepr & Ryndak, 1994). 이와 같은 유익함들에 대한 연구 결과 및 현장에서 교사가 직접 느끼는 혜택들에 대해서 지속적으로 일반학생들의 학부모들에게 알려 줄 필요가 있다. 학기 초에는 전교의 학부모를 대상으로 통합교육에 대한 가정통신문(〈부록 3-1〉 참조)을 발송하여 학부모들에게 통합교육에 대해서 안내할 수 있다.

3) 일반교사를 위한 통합교육 준비

교사의 태도는 학급 내 학생들의 태도에 결정적인 영향을 미친다. 일반교사의 준비 정도와 태도에 통합교육의 성패가 달려 있다고 해도 과언이 아니다. 일반교사의 경우 특수교육 대상아동에 대해 올바로 이해하고 있지 못한 경우가 많으며, 그런 정확하지 않은 인식은 부정적인 태도 혹은 특수교육 대상아동과의 부정적인 관계 형성에 영향을 끼칠 수 있다. 또한 통합교육에 대한 잘못된 인식으로 인해 비장애아동들에게도 잘못된 태도를 갖게 할 수 있다. 특수교사는 특수교육에 대하여 사전 지식이 부족하고 경험이 없는 통합학급 교사에 대하여 사전 연수를 실시하거나 지원을 해 줄 수 있다. 특수학급에서 하는 일에 대한 명확한 정보를 제공하여 일반교사가 특수학급에서 충분하게 도움을 받을 수 있도록 하며, 서로 간에 협력적인 관계 형성을 할 수 있도록 해야 한다.

학기 초 통합학급 교사 간담회를 통하여 일반적인 특수학급의 역할과 지원 내용에 대해서 소개하고 기본적인 오리엔테이션을 실시할 수 있다(〈부록 3-2〉 참조). 또한 통합학급에서 일어날 수 있는 다양한 상황에 대한 올바른 대처 방안들에 대해서도 학기 초에 일반교사들이 인지할 수 있도록 다양한 자료를 제공한다(〈부록 3-3〉 참조).

이러한 자료들을 제공하는 것 이외에도 필요에 따라 수시로 의사소통의 시간을 확보해 통합학급 교사와 특수교사가 긴밀한 관계를 유지하여 장애학생의 학교생활 적응을 지원할 수 있어야 하겠다.

3. 장애인 등에 대한 특수교육법

1장에서 다루어진 것과 같이, 특수교육의 역사는 각종 관련법의 제정과 깊은 연관이 있다. 사회적 목소리와 움직임이 법에 반영되면서 제도적 장치가 마련되고 실질적인 교육 현장의 변화를 가능케 했기 때문이다. 1975년 미국의 전장애아교육법(PL 94-142)의 통과로 인하여 최소제한환경의 개념이 특수교육에 도입되고 통합의 움직임이 일어났다.

우리나라의 경우 1978년 특수교육진흥법[제정 1978. 8. 30. 대통령령 제9150호]이 제정된 이후 수차례의 개정을 거쳐 2007년 장애인 등에 대한 특수교육법[제정 2007. 5. 25. 법률 제8483호]이 제정되었고, 2008년 5월 26일을 기준으로 실행되기 시작하였다. 특수교육진흥법을 통하여 물리적인 통합교육의 법적인 근거가 마련되었다고 말한다면, 새롭게 제정된 장애인 등에 대한 특수교육법은 물리적 통합을 넘어서는 심리적인 통합교육의 근거를 제시하고 있다.

새롭게 제정된 장애인 등에 대한 특수교육법의 주요 변화 및 특징들은 다음과 같다.

• 특수교육 영역의 재설정 및 관련 서비스 정의 신설　특수교육진흥법에서 제시하였던 특수교육의 영역인 '교과교육, 치료교육, 직업교육'의 세 가지 영역이 '교육과정 및 특수교육 관련 서비스'의 두 가지 영역으로 재설정되었다.

치료교육은 관련 서비스 영역으로 대체되었으며, 직업교육은 진로 및 직업교육으로 변화하였다.

• 개별화교육 정의 신설   특수교육진흥법에서 다루지 않았던 개별화교육의 정의가 신설되었다. 장애인 등에 대한 특수교육법에서는 개별화교육을 "각급 학교의 장이 특수교육대상자 개인의 능력을 계발하기 위하여 장애 유형 및 특성에 적합한 교육목표, 교육방법, 교육내용, 특수교육 관련 서비스 등이 포함된 계획을 수립하여 실시하는 교육"이라고 정의하고 있다.

• 진로 및 직업 교육 신설/진로 및 직업 교육 내용 구체적 명시   진로 및 직업 교육에 대한 개념이 새롭게 정의되면서 관련 기관의 협력에 대해 명시하고 있다. 직업재활훈련 및 자립생활훈련을 진로 및 직업 교육의 내용으로 규정하고 있다. 장애인 등에 대한 특수교육법의 새로운 큰 특징 중 하나는 기존의 특수교육진흥법과는 달리 학령기 이후의 장애인들의 삶에도 관심을 보이고 있다는 것이다. 평생교육 및 고등교육에 대한 구체적 정의와 영역을 제시하고 있다.

• 무상 · 의무교육 연한 확대   기존의 초등학교부터 중학교 과정까지의 의무교육 연한이 유치원부터 고등학교 과정까지로 확대되었다. 또한 만 3세 미만의 장애영아의 교육 및 전공과 교육의 무상교육을 새롭게 명시하였다.

• 차별행위의 대상 확대   특수교육진흥법에서는 입학 거부 혹은 수학을 위한 편의시설 제공 여부를 차별로 지적하여 교육 현장에서 특수교육 대상학생이 교육 장면에 포함될 수 있도록 물리적인 교육 기회를 보장하였다. 반면, 장애인 등에 대한 특수교육법은 단순한 물리적인 교육 기회의 제공을 넘어서서 교육과정에의 참여 보장을 도모하고 있다. 구체적으로 관련 서비스, 수업 참여 및 교내활동, 개별화교육지원 팀의 참여, 대학의 입학전형 절차 등에서의 차별을 명시하고 있다.

• 특수교육지원센터 설치 규정 신설   기존의 특수교육진흥법에 명시되지 않은 채 설치되어 그 역할과 활동의 범위가 명확하지 않았던 특수교육지원센터의 설치 · 운영 등에 대하여 규정하고 있다. 특수교육지원센터는 특수교육대상자의 조기 발견, 진단 및 평가, 정보관리, 특수교육 연수, 교수-학습 활동의 지원, 특수교육 관련 서비스 지원, 순회교육을 담당하게 된다. 특수교육지원센터는 하급 교육행정기관이나 특수학교, 특수학급이 설치된 일반 초 · 중 · 고등학교 또는 관할 지역의 관공서(장애인복지관 포함) 등 특수교육대상자를 비롯한 지역 주민의 접근이 편리한 곳에 설치되어야 한다.

• 특수교육대상자 명칭 변경 및 확대

특수교육진흥법	장애인 등에 대한 특수교육법
시각장애	시각장애
청각장애	청각장애
정신지체	정신지체
지체부자유	지체장애
정서장애 (자폐성 포함)	정서 · 행동장애
	자폐성장애
언어장애	의사소통장애
학습장애	학습장애
심신장애 · 신장장애 · 간장애 등 만성질환으로 인한 건강장애	건강장애
-	발달지체
기타 교육인적자원부령이 정하는 장애	그 밖에 대통령령으로 정하는 장애

• 장애유아에 대한 구체적인 교육지원 방법 명시   장애유아 무상교육에 대한 구체적인 교육지원 방법들이 명시되어 있다. 장애유아는 특수학교의 유치원, 영아 학급 또는 특수교육지원센터에 배치받을 수 있으며 순회교육 대상에도 포함된다.

• 통합교육 지원방법 명시   특수교육대상자를 배치받은 일반학교의 장은 교

육과정의 조정, 보조인력의 지원, 학습보조기기의 지원, 교원연수 등을 포함한 통합교육계획을 수립·시행하여야 한다.

• 학급 설치 기준 명시, 학급당 학생 수 감축

	특수교육진흥법	장애인 등에 대한 특수교육법
기준 명시	시행령 위임	법률상 제시
유치원	12명	4명
초등/중등	12명	6명
고등	12명	7명

• 각종 특수교육 관련 서비스 내용 명시: 가족지원, 보조인력 지원, 통학지원 등
가족지원 규정의 내용이 신설되면서 가족상담 등에 대한 가족지원의 내용이 추가되었다. 치료지원에는 물리치료 및 작업치료를 제공하도록 명시하였으며, 보조인력 제공도 명시하고 있다. 또한 각종 학습보조기기 및 보조공학기기 등의 설비 제공에 대한 내용이 제시되고 있다. 기존의 특수교육진흥법에서는 기숙사 설치 혹은 통합버스 운영을 통하여 특수교육대상자들의 취학 편의를 강구하였으나, 장애인 등에 대한 특수교육법에서는 통학 차량 지원, 통학비 지원 및 통학 보조인력 지원 등으로 통학지원 대책을 확대하고 있다.

• 고등교육 관련 내용 신설   장애학생들의 대학생활 지원에 대한 특별지원위원회 및 장애학생지원센터 설치에 대한 규정을 제시하고 있다. 장애학생지원센터에서는 각종 학습보조기기, 보조공학기기의 지원, 교육 보조인력 지원, 취학 편의, 정보 접근, 편의시설 등을 지원하여야 한다.

• 장애인 평생교육시설 설치 규정 신설   국가 및 지방자치단체의 장애인 평생교육시설 설치 규정에 대해 제시하고 있다. 기존의 특수교육진흥법에서 관심을 갖지 않았던 비학령기 장애인의 교육에 대해 언급하고 있다.

▶요약

　　피상적인 통합을 넘어서 진정한 통합교육이 실현되기 위한 교육 현장의 모습들과 이를 제도적으로 지원하는 장애인 등에 대한 특수교육법의 핵심 내용들에 대하여 눈여겨볼 필요가 있다. 특히 모든 사람들의 접근성을 보장하는 건축 분야의 개념에서 파생된 '보편적 설계(universal design)'에 입각한 교육환경 개선은 학교 현장에서 장애학생들의 물리적인 통합을 비롯하여 교육과정에 실질적인 참여를 가능하게 한다.

　　또한 학교 안에서 장애학생이 만나게 되는 모든 사람들의 인식 개선이 필수적이다. 비장애 또래, 일반교사 및 학부모 등의 태도는 성공적인 통합교육의 성패를 좌우할 수 있다. 장애학생을 둘러싸고 있는 사람들에게 체계적인 준비를 할 수 있도록 지원해 주며 적절한 도움을 주어야 한다.

▶학습 문제

• 학습을 위한 보편적 설계에 대해서 설명하시오.
• 통합학급의 비장애학생들을 대상으로 하는 장애이해 교육을 위한 수업 지도안을 제시해 보시오.
• 통합학급의 일반교사들을 대상으로 하는 전달연수에 포함되어야 할 사항들을 제시해 보시오.

▶관련 사이트

• 국립특수교육원 장애이해 사이트 http://edu.kise.go.kr

▶참고문헌

박승희(2002). 장애학생의 교육과정적 통합을 위한 일반학교의 학교수준 교육과정계획 모형. 특수교육학연구, 37(1), 199-235.
박승희(2004). 한국통합교육 실제에서 교육과정적 통합의 방법론. 국제세미나 자료집, No. 11.

손지영(2008). 장애 대학생을 위한 e-러닝 설계 전략 연구—보편적 설계(Universal Design)를 중심으로. 서울대학교 박사학위청구논문.

Daniel, G., & King, A. (1997) Impact of inclusive education on academic achievement, student behavior and self-esteem, and parental attitudes. *The Journal of Educational Research, 91*(2), 67-80.

Grove, A., & Fisher, D. (1999). Entrepreneurs of meaning parents and the process of inclusive education. *Remedial & Special Education, 20*(4), 208-215.

Lee Suk-Hyang, Amos Betty A., Gragoudas Stelios, Lee Youngsun, Shogren Karrie A., Theoharis Raschelle, & Wehmeyer Michael L. (2006). *Education and Training in Developmental Disabilities, 41*(3), 199. University of Kansas Sue Watson, http://specialed.about.com/od/integration/a/awareness.htm

▶ 〈부록 3-1〉

1. 학기 초 전교생 대상 가정통신문 예시

가정통신문
장애아동 통합교육에 관한 안내

학부모님께

희망찬 새 학기가 시작되었습니다. 만물이 움트는 새 봄에 학부모님의 가정에 행운이 깃드시길 기원합니다.

우리 학교는 개별지도가 필요하거나 장애를 가져서 특별한 도움이 필요한 학생을 위한 학급이 2학급 설치되어 있습니다. 이 어린이들은 귀댁의 자녀와 한 학급에 입급되어 있으면서 국어 · 수학 교과를 중심으로 하여 몇몇 교과시간에는 열린반이나 사랑반에서 공부를 하고, 그 외 교과시간에는 귀댁의 자녀와 함께 공부를 하고 있습니다.

열린반이나 사랑반을 오가며 공부하는 학생들은 귀댁의 자녀와 함께 보내는 시간 동안 귀댁의 자녀와 친구관계를 유지하며 사회성을 길러 나가게 됩니다. 또한 귀댁의 자녀는 다양한 사람에 대한 이해심과 도움을 필요로 하는 친구들을 도와주는 따뜻한 마음을 배워 나가게 됩니다.

다양한 가치가 공존하는 21세기 민주사회에 필요한 태도를 길러 나가며, 자신만 아는 이기적인 사람이 아니라 도움이 필요한 친구를 도와가며 더불어 살아가는 지혜를 가진 사람으로 자라날 수 있도록 학부모님의 지도를 부탁드립니다.

다음의 몇 가지 지도내용 주제를 자녀와의 대화시간에 활용하여 지도해 주십시오. 감사합니다.

● 지도내용 ●

1. 같은 반의 도움이 필요한 학생을 놀리지 않도록 지도해 주세요.
2. 점심을 같이 먹는다든지 놀이를 함께 할 수 있도록 지도해 주세요.
3. 현장학습이나 소풍, 운동회 날 함께 즐겁게 지낼 수 있도록 지도해 주세요.
4. 길이나 복도에서 만나면 인사말을 주고받게 지도해 주세요.
5. 따뜻한 마음으로 친구를 대해 주되, 지나치게 도와주어 자립심을 해칠 정도가 되지 않도록 도와주세요.

200○. ○. ○.
○○학교장

2. 특수학급 업무

특수학급에서 하는 일

1. 특수교육 대상아동 조사 및 의뢰
   ➡ 특수교육 요구아동 조사
2. 개인별 교육과정 수립 및 운영
   ➡ 무엇을, 어떤 방법, 어떤 교재·교구로 가르칠 것인가를 계획
3. 아동지도
   ➡ 철저한 개별화교육
   개별화교육계획(IEP): 아동 개인의 능력에 맞게 재조직된 개인별 교육과정적 성격
   ① 아동의 인적 사항
   ② 과목별 현재 수행 수준 및 행동 특성
   ③ 아동 개인별, 과목별 장기 교육목표
   ④ 아동 개인별, 과목별 단기 교육목표
   ⑤ 아동 개인별, 과목별 주간 교육활동 계획 및 교수방법
   ⑥ 평가계획 및 개인별 누가 기록
   ➡ 교과지도, 생활지도, 정서교육, 관련 서비스 접근 등
4. 장애아동 인식 개선 노력
   ➡ 일반아동과 일반교사를 위한 인식교육
5. 학부모 상담 및 부모교육
6. 통합교육을 위해 통합학급과의 협력
   ➡ 통합학급에서의 적응지원
   ➡ 개별화교육계획을 협력하여 수립하고 교육활동 협의
   ➡ 특수학급 아동별 시간표의 협력적 작성
7. 특수학급 운영 업무
   ➡ 특수교육 관련 공문서 처리

3. 통합학급 교사 대상 안내문

통합학급 선생님께
교실활동 이렇게 해 보세요!

1. 함께 공부하는 태도를 길러 주세요.

통합학급에 장애아동이 배치된 이유는 그 교실에서 이루어지는 다양한 활동을 함께 경험하기 위해서입니다. 교과 내용을 따라갈 수 없을 것이라는 생각을 갖고, 특수교육 대상아동에게는 그 시간에 따로 과제를 주어서 개별적인 도움을 주어야 한다고 생각하셨다면 한 번만 더 생각해 주세요. 물론 따로 과제를 주어야 할 경우도 있을 것입니다. 하지만 통합학급에서는 무슨 활동이든 함께 참여할 수 있도록 도와주세요. 그러면서 한마디라도 해 보고 한 글자라도 함께 써 볼 수 있도록 도와주세요.

〈기본 생활습관 형성〉

장애학생과 일반학생 모두에게 3월달에 꼭 해야 할 일이 있습니다. 장애학생은 특수학급에 입급되어 있더라도 대부분 일반학급에 있게 됩니다. 그래서 3월달은 장애학생에게 통합학급의 분위기 및 규칙을 확실하게 익히게 해야 합니다.

'좀 지나면 특수학급에 가니까……' 하고 그냥 놔두면 일 년 내내 회복할 길이 없습니다. 장애학생은 규칙을 익히기가 어렵지만 일단 배우게 되면 잘할 수 있습니다. 그러니까 처음이 더욱 중요하지요.

(1) 가방 챙기기

공책과 책, 필통을 꺼내 놓고 가방을 책상 옆이나 의자 뒤에 잘 걸어 좋게 해야 합니다. 절대로 다른 사람이 대신 해 주면 안 되고 꼭 스스로 하게 합니다. 물론 교사가 한 번 시범을 보여 준 다음에 해 보도록 한다든지 손을 잡고 같이 할 수 있습니다.

(2) 책 꺼내기

시간마다 책을 꺼내게 합니다. 짝에게 설명해 주고 챙기게 하면 좋습니다. 장애학생이 글씨를 못 읽으면 짝이 꺼내 놓은 책을 보고 또 같은 것을 찾게 합니다. 모르는 것이니까 책을 꺼내든지 안 내든지 별 상관이 없겠지 하고 생각하시면 안 됩니다.

(3) 특수학급에 갈 때

특수학급에 갈 때 정해진 시간에 갈 수 있도록 짝에게 챙겨 주도록 하세요. 특수학급에 갈 때 그냥 가도록 하시지 말고 꼭 선생님께 인사를 하고 가도록 하십시오. 물론 매번 인사를 받는 것이 귀찮을 수도 있지만 오고 갈 때 인사를 하는 습관은 중요합니다.

"선생님 다녀오겠습니다."

"그래, 공부 열심히 하고 이따가 체육시간에 와라."

(4) 할 수 있는 것과 해야 하는 것 구분하기

장애학생의 능력은 학생마다 매우 다릅니다. 그래서 과소평가하거나 과대평가하기 쉽습니다. 일반선생님들께서는 과소평가를 하는 경우가 많으니 일단 '웬만한 것은 할 수 있겠지.' 라고 생각하고 시키면 시간이 걸리더라도 다 할 수 있습니다. 또 일반학교에 아주 심한 중도장애학생이 입급되어 있는 경우는 그리 많지 않으므로 특수학급 교사와 상의하여 할 수 있는 것을 구분하시면 좋습니다. 장애학생에게 '안 해도 된다.' 는 생각이 아니라 '꼭 해야 한다.' 는 생각이 머리에 쏙 박히도록 해야 합니다. 물론 처음에 3월달에 이런 생각이 형성되어야 합니다.

2. 학급·학교 행사의 모든 경험을 함께 나눌 수 있도록 도와주세요.

(1) 학급의 행사에 참여할 때

장애아동이 특수학급에 가서 공부를 하더라도 원적 학급은 일반학급입니다. 교과목의 통합은 어려움이 많지만 학급에서 하는 특별한 행사는 장애아동도 참여하도록 해야 합니다. 예를 들면, 소질·적성 발표, 현장체험 학습, 학급 마무리 잔치, 오락시간, 연극이나 실습 준비 등의 시간은 글자 몇 글자를 배우는 것보다도 훨씬 중요합니다. 만약 이런 시간에 아동이 특수학급에 있다면 짝이 특수학급에 가서 불러오면 좋겠지요.

(2) 학교 행사에 참여할 때

현장체험 학습, 운동회, 학예회 등 학교 행사에도 장애아동은 참여하기가 쉽지만은 않습니다. 그 이유는 장애아동의 능력이 부족한 것과 아울러 참여할 기회가 제공되지 않기 때문입니다. 현장체험 학습은 안전사고의 문제로, 학예회나 운동회는 장애아동이 잘못하는 것이 두드러져 보이기 때문에 보기에 안 좋아서 소홀히 여겨져 왔습니다.

하지만 운동회나 학예회도 보여 주기 위한 행사가 아니라 아동들이 중심이 되는 즐거운 행사여야 한다고 생각하면 장애아동도 못할 이유는 없습니다. 조금 줄이 비뚤어져도, 혼자서만 틀리게 하거나 설령 자주 가만히 서 있는다고 해도 사실 큰일이 나는 것은 아니지요. 장애아동도 운동회나 학예회를 통해 자신이 배운 것을 부모님이나 다른 친구들 앞에서 발표하는 것은 매우 좋은 기회입니다. 학예회나 운동회 등 학교 행사 때 다른 아이들보다 조금만 기대를 낮추고 그 아동에게 맞는 특별한 목표가 주어진다면 장애아동 본인의 성취감은 물론이요, 친구들, 다른 반 선생님 그리고 장애아동의 부모님도 큰 기쁨을 느낄 수 있습니다.

(3) 클럽활동은 어떻게 할까요?

클럽활동 역시 장애아동이라고 해서 참여할 기회가 주어지지 않으면 안 되겠지요. 클럽활동 시간에 100% 온전히 참여하지 못하더라도 시간이 되면 교실을 옮겨서 클럽활동 시간에 출석하고 새로운 경험을 하는 것은 중요합니다. 장애아동이 할 만한 클럽활동을 정해 주세요. 특수교사와 협의하셔도 좋고, 만약 특수교사가 담당한 클럽활동이 있다면 그것으로 정해 주셔도 좋습니다.

3. 자리 앉기의 규칙을 똑같이 적용해 주세요.

(1) 짝이 꼭 필요해요!

장애아동을 특별히 혼자 앉히는 것은 바람직하지 못합니다. 장애아동에게도 짝이

있어야 학급생활을 하는 데도 도움이 되며 다른 아동들도 장애아동을 학급의 구성원
으로 인정하기 쉽습니다.

(2) 교사의 책상 옆에 앉히는 것은?

교사의 책상 바로 앞에 두는 것도 일시적인 것은 괜찮지만 오래 두는 것은 안 좋습
니다. 교사의 책상과 가까이 두면 교사에게도 장애아동의 행동이 너무 눈에 잘 띄어
서 스트레스를 받기 쉽고, 장애아동도 교사의 주의를 끌려고 과잉행동을 할 수 있습
니다. 그리고 장애아동이 다른 아동과 상호작용하는 것보다 교사와 상호작용하는 것
이 더 많아질 수 있습니다.

(3) 특별한 관심을 보이는 아동 찾기

장애아동과 같은 동네에 산다든지 특별히 어린 동생이나 어려운 사람을 잘 도와주
는 품성을 갖춘 아동과 짝을 지어 주면 좋습니다. 시간표 알려 주기나 알림장 챙겨주
기 등 도움을 줄 수 있는 짝을 정해 주면 좋겠지요!

(4) 다른 아동과 똑같이 짝을 바꿔 주기

한 아동하고만 짝을 지어 주면 짝이 된 일반아동이 너무 부담을 가질 수 있고 장애
아동도 여러 사람과 상호작용할 기회가 줄어들게 되므로 돌아가면서 짝이 바뀌는 규
칙을 똑같이 적용할 수 있습니다.

(5) 짝이 힘들어할 때는 선생님께서 중재해 주세요.

짝을 때리거나 물건을 던지거나 하는 행동을 할 때는 "야, 미안해. 많이 아팠지?"
하며 사과하는 법을 알려 주고 학급 규칙을 공평하게 제공해 줍니다.

(6) 짝에게 어떤 말을 할 수 있을까요?

장애아동과 짝이 되었다고 해서 지나치게 칭찬해 주면 스스로 마음이 좋아서 했다
가도 외적인 강화에 의한 것으로 바뀔 수 있습니다. 짝이 된 아동에게는 수시 상담을
통해 장애아동을 이해시키며, 힘든 점을 어루만져 주고, 일기나 편지를 통해 아동과
대화하며 격려하도록 하는 것이 좋습니다.

(7) 모둠으로 앉기를 활용해 주세요.

모둠으로 앉게 하여 친구 행동을 배울 기회를 확대해 줍니다. 협동학습을 하도록
하고 또래교수를 격려하며, 짝 혼자만 장애아동을 돕는 것이 아니라 모둠 구성원 모
두가 도울 수 있도록 하고, 장애아동의 발전에 대하여 모둠 성원 모두에게 강화를 하
도록 합니다.

4. 장애아동에게 특별한 배려는 어느 정도가 좋을까요?

일단 다른 아동들이 교사가 장애아동을 학급의 일원으로 중요하게 생각한다는 것
을 느낄 수 있어야 합니다. 그러나 무조건 장애아동의 행동을 받아주거나 편을 들어
주는 것은 좋지 않습니다. 일반아동과 기준은 다르더라도(조금 낮게 적용하는 것 등)
장애아동에게도 일관되게 학급의 규칙을 적용해야 합니다.

5. '꼭 해야 한다'는 생각이 머리에 쏙! 쏙!

(1) 청소 당번은 어떻게 할까요?

장애를 가졌다는 것과 청소를 안 하는 것은 아무런 상관이 없습니다. 장애아동이 오히려 청소를 방해할 경우도 있겠지만 그것은 처음 부딪히는 상황이기 때문에 보일 수 있는 이상 행동입니다. 청소가 무엇인지 알고 그 분위기에 익숙해지면 다른 아동들이 하는 것을 따라 할 수 있습니다.

(2) 알림장 쓰기는요?

장애아동도 다른 일반아동처럼 알림장을 써야 하는 것은 참 중요하지만 또 소홀히 되기 쉽습니다.

첫째 이유는 대개의 경우 알림장을 쓰는 시간에 장애아동은 특수학급에 있는 경우가 많기 때문입니다. 알림장을 쓰는 시간을 장애아동이 놓쳐 버리지 않기 위해서 알림장을 보조칠판이나 칠판의 한쪽 구석에 미리 써 주시고 하교할 때까지 지우지 않는 것도 방법이 될 수 있습니다.

둘째 이유는 장애아동이 글씨를 아예 못 쓰거나 느리게 쓰기 때문입니다. 장애아동이 글씨를 전혀 모를 때에는 알림장을 전담하여 써 주는 역할을 일반아동에게 줄 수 있습니다. 느리게 쓸 때는 최대한 장애아동 스스로 쓰도록 해 주시고 시간이 모자라거나 중요한 준비물의 경우에 다시 한 번 일반아동이 봐 주도록 하는 것이 좋겠습니다.

알림장 쓰기는 학교와 가정을 연결해 주는 소중한 활동입니다. 쓰는 가운데 규칙을 이해하고 쓰기능력의 향상도 기대해 볼 수 있습니다.

(3) 일기나 숙제는요?

장애아동은 처음에는 일반학급에 가기 싫어 하다가도 한번 맛을 들이면 너무나 가는 것을 좋아합니다. 선생님도 마찬가지로 일반학급 선생님을 담임 선생님으로 알고 무조건 좋아합니다. 아동이 선생님, 특히나 담임 선생님을 좋아하는 것은 당연하겠지요. 그래서 일기나 숙제도 담임 선생님이 검사해 주는 것을 참 좋아합니다. 따라서 일기도 다른 아동들이 낼 때 같이 내고 그다음에 특수학급에서 따로 일기지도를 받는 것이 번거롭기는 하지만 시도해 볼 수 있는 방법입니다.

가정에서 일기 쓰기 방법	
① 가정에서 일기 보고 쓰기	
② 하루 일 이야기 나누며 엄마가 써 주신 것 보고 쓰기	
③ 스스로 말하는 그날의 주요 사건 낱말로 써 보기	
④ 그 날의 주요 사건을 문장으로 이어가기	

장애아동이 숙제를 안 하는 것은 일반아동들에게 자신들과는 다른 열외의 사람으로 비춰질 수 있습니다. 개별화된 숙제 수정을 통해서 장애아동도 숙제를 하게 되면 아동 자신도 성취감을 느끼고 일반아동에게도 인식을 바꿀 수 있는 기회가 될 수 있

습니다.

(4) 아침 자습활동에도 참여하도록 해 주세요.

신문을 이용한 NIE, 그림 그리기와 같은 다양한 활동 속에서도 소외되지 않고 즐겁게 참여할 수 있도록 도와주세요.

숙제 수정방법

① 일반아동과 같은 숙제에서 분량 줄이기
② 일반아동과 같은 내용의 숙제에서 난이도 낮추기
  예) 245+318 → 같은 문제의 숫자 덧쓰기
③ 장애아동에게만 해당되는 숙제 따로 내주기
  예) 시간표에 맞게 가방 스스로 챙기기 등

---

6. 1인 1역을 주세요.

장애아동이 통합학급에서 학급 구성원으로서의 역할을 다하고 급우들에게도 인정받을 수 있는 좋은 방법이 바로 1인 1역입니다. 장애아동뿐만 아니라 크고 작은 여러 가지 문제를 지닌 아동일수록 1인 1역을 주는 것이 더욱 중요합니다. 학급에서 매일 일어나는 일, 규칙적으로 일어나는 일들 가운데에서 역할을 주시면 장애아동도 자신감과 소속감을 가질 수 있으며, 급우들도 장애아동을 자신과 같은 학급의 일원으로 여기게 되는 데 도움이 됩니다. 교사가 장애아동에게 1인 1역을 맡기는 것을 보는 것만으로도 일반아동은 장애아동을 새롭게 보게 될 것입니다.

7. 학급 문화에 동참할 수 있도록 배려해 주세요.

또래 속에서 함께 웃고 놀이하는 즐거운 추억을 많이 만들어 주세요. 일방적으로 돕고 돕는 관계는 쉽게 지치게 됩니다. 서로 돕는 분위기로 '집단 따돌림' 없는 학급 문화를 가꾸어 보세요. 많은 통합학급 선생님들께서 통합학급 문화를 잘 가꾸다 보면 서로 돕고 '집단 따돌림' 없는 학급이 되는 듯하다는 말씀들을 많이 하십니다. 장애아동들을 적극적으로 받아들이시고 품어 주시고 서로 돕는 문화를 일구시다 보면 '수업 방해' 쪽보다는 '서로 돕는 아름다운 학급' 쪽에 더 비중이 옮겨진다는 말씀도 많이 해 주십니다. 우리 아이도 학급 문화의 중심에 설 수 있도록 많이 배려해 주세요.

출처: 손오공의 특수교육 http://special.new21.org/

▶ 〈부록 3-2〉

1. 학부모 진로 상담지

학부모 진로 상담지

학생명		학년/반		상담 일시		담임	
내담자		학생과의 관계		상담 방법	가정방문(　　) 교실상담(　　) 전화상담(　　) 기　타(　　)		
가족 상황 및 관계							
장애명 및 등급	(　　　) (　　)급			기타 장애			
병력 및 약물 복용							
통학방법		자가통학훈련에 대한 요구사항					
행동 면							
의사소통 면							
사회적 태도 면							
독립생활 면							
학습 면							
직업 경험 (현장실습 포함)							
졸업 후 진로 희망							

2. 학생 발달 현황 및 학부모 요구 조사서

<u>학생 발달 현황 및 학부모 요구 조사서</u>

귀댁의 평안과 행복을 기원 드립니다.

우리 학생들이 졸업 후 사회생활을 하는 데 있어서 미리 준비해야 할 것들을 생각해 보시고, 아래의 내용을 구체적이고 상세하게 작성해 주시면 교육활동 계획을 수립하는 데 많은 도움이 될 것 같습니다. 깊은 관심과 협조 부탁드립니다.

20　학년도　　(　　)부　　학년　반　이름:　　　　보호자:

영 역		현재 학생 수준	학부모 요구	비고
1. **직업** (졸업 후 할 수 있는 일 중심으로 기술)				
2. **이동**(대중교통 이용)				
3. **대인관계** (급우, 타인에 대한 태도)				
4. **레크 리에이션**	**스포츠** (즐길 수 있는 종목)			
	오락			
5. **금전관리** (통장, 카드, 현금 관리)				
6. **독립 생활**	**식생활**(식당 이용 포함)			
	의복(의류 구입 포함)			
	청소			
	세탁			
	청결			
7. **건강/안전** (응급처치, 병원·약국 이용)				
8. **자기주장** (스스로 의사결정)				

3. 전환교육을 위한 학부모 요구조사 및 교육계획

전환교육을 위한 학부모 요구조사 및 교육계획

부   학년   반 성명: 보호자: (인) 담임: (인)

다음은 학교에서 사회로의 준비를 위해 장래 성인생활에 필요한 기술을 습득하고 독립생활을 영위하도록 하기 위한 전환교육계획입니다. 우선순위와 뒤의 '장기목표 작성 시 참고할 내용'을 보시고 담임 선생님과 상담하신 후 기록하시기 바랍니다.

※ 부모님께서는 굵은 선으로 표시되어 있는 부분만 기록하시기 바랍니다.

① 주거생활

유 형	선 택 (우선순위 1가지)	주거생활의 장기목표 (보호자 기록)	20○○학년도 교육목표 (담임 기록)	달성 연월일 (담임 기록)
부모의 집				
그룹홈				
주·단기보호센터				
생활시설				
기타				

② 독립생활

유 형	선 택 (우선순위 1가지)	주거생활의 장기목표 (보호자 기록)	20○○학년도 교육목표 (담임 기록)	달성 연월일 (담임 기록)
신변처리				
청소				
물건 구입				
요리				
기타				

③ 여가생활

유 형	선 택 (우선순위 1가지)	주거생활의 장기목표 (보호자 기록)	20○○학년도 교육목표 (담임 기록)	달성 연월일 (담임 기록)
운동				
여가시설 이용				
지역 사회복지관				
실내·외 여가활동				
기타				

④ 직업생활

유 형	선 택 (우선순위 1가지)	주거생활의 장기목표 (보호자 기록)	20○○학년도 교육목표 (담임 기록)	달성 연월일 (담임 기록)
일반고용(회사, 공장)				
자영업(부모를 돕는)				
장애인 직업재활시설				
보호작업장				
미취업				
기타				

⑤ 이동

유 형	선 택 (우선순위 1가지)	주거생활의 장기목표 (보호자 기록)	20○○학년도 교육목표 (담임 기록)	달성 연월일 (담임 기록)
대중교통 이용				
타인의 이동지원				
도보				
기타				

〈장기목표 작성 시 참고할 내용〉

① 주거생활

자기 관리	시설 이용
1. 몸을 깨끗이 씻을 수 있다.	1. 공중전화를 사용할 수 있다.
2. 생리대 사용을 잘 할 수 있다.	2. 은행을 이용할 수 있다.
3. 음식을 골고루 먹을 수 있다.	3. 동사무소를 이용할 수 있다.
4. 잠을 적당한 시간에 잘 수 있다.	4. 경찰서나 소방서에서 도움을 받을 수 있다.

② 독립생활

청소	1. 주변의 물건을 깨끗하게 정리정돈할 수 있다.
	2. 비와 걸레를 사용하여 청소를 할 수 있다.
	3. 청소기를 사용하여 청소를 할 수 있다.
	4. 걸레질을 하여 먼지나 얼룩을 없앨 수 있다.
	5. 쓰레기 분리수거를 할 수 있다.
의복 관리	1. 간단한 의복을 손빨래 할 수 있다.
	2. 세탁기를 사용하여 빨래를 할 수 있다.
	3. 옷을 개어 제자리에 놓을 수 있다.
요리	1. 계란이나 고구마를 삶거나 쪄 먹을 수 있다.
	2. 라면을 끓여 먹을 수 있다.
	3. 식사 예절을 지켜 식사를 할 수 있다.
	4. 식사 후 설거지를 하고 정리할 수 있다.
	5. 자동판매기를 이용할 수 있다.
	6. 식당에서 음식을 주문하여 먹을 수 있다.
신변 처리	1. 혼자서 세수하고 이를 닦을 수 있다.
	2. 혼자서 머리 감고 목욕할 수 있다.
	3. 계절과 장소에 맞게 옷을 입을 수 있다.
	4. 화장실 사용을 바르게 할 수 있다.
금전 관리	1. 돈의 금액을 알 수 있다.
	2. 필요한 물건을 살 수 있다.
	3. 용돈을 관리할 수 있다.
	4. 월급이 무엇인지 알 수 있다.
	5. 스스로 저금할 수 있다.

③ 여가생활

여가 시설	1. 여가활동을 위한 계획표를 작성할 수 있다.
	2. 노래방을 이용할 수 있다.
	3. 놀이시설을 이용할 수 있다.
	4. 극장을 이용할 수 있다.
실내 여가	1. 가게에서 비디오테이프를 빌려 볼 수 있다.
	2. 화분에 꽃이나 식물을 재배할 수 있다.
	3. 취미활동을 할 수 있다.
운 동	1. 경기장에서 경기를 관람할 수 있다.
	2. 짧은 코스의 등산을 할 수 있다.
	3. 다른 사람과 팀이 되어 운동을 할 수 있다.
실외 여가	1. 자전거를 타고 즐길 수 있다.
	2. 가족이나 친구와 함께 나들이를 할 수 있다.

④ 직업생활

작업 태도	1. 작업 지시를 이해하고 수행할 수 있다.
	2. 바른 자세로 작업할 수 있다.
	3. 출근과 퇴근 시간을 잘 지킬 수 있다.
작업 수행	1. 알맞은 작업 속도로 작업을 수행할 수 있다.
	2. 불량 없이 작업의 질적 수준을 유지할 수 있다.
	3. 맡은 바 책임을 끝까지 할 수 있다.
	4. 안전 규칙을 지킬 수 있다.

⑤ 이동

이 동	1. 집의 주소와 동네를 알 수 있다.
	2. 교통질서를 지킬 수 있다.
	3. 버스를 탈 수 있다.
	4. 전철을 이용할 수 있다.
	5. 자율통학을 할 수 있다.

4. 개별화전환교육계획서 양식지

개별화전환교육계획서

작성일자: 작성자: (인)

인적 사항	이 름		학년/반	
	생년월일		장애 등급	
	보호자	성명	관계	
		연락처	HP	
기 간	시작일		종료일	
요구 조사	학부모			
	학생			

진단 평가 결과	검사명	검사일	검사 결과	검사기관
	종합 의견			

지도 계획	영역	가정생활	사회생활	여가생활	진로 탐색	직업 준비	직업생활
	현재 수행 능력						
	장기 목표						

개별화전환교육 내용(생활중심)

영역	영역별 교육 내용			
1. **진로탐색**	장기목표			
	단기목표	1학기		
		2학기		
	학기	관련교과	지도 내용	종합평가
	1학기			
	2학기			
2. **직업준비**	장기목표			
	단기목표	1학기		
		2학기		
	학기	관련교과	지도 내용	종합평가
	1학기			
	2학기			
3. **직업생활**	장기목표			
	단기목표	1학기		
		2학기		
	학기	관련교과	지도 내용	종합평가
	1학기			
	2학기			

개별화전환교육 내용(직업중심)

영역			영역별 교육 내용		
1. 진로 탐색	장기목표				
	단기목표	1학기			
		2학기			
	학기	관련 교과	지도 내용		종합평가
	1학기				
	2학기				
2. 직업 준비	장기목표				
	단기목표	1학기			
		2학기			
	학기	관련 교과	지도 내용		종합평가
	1학기				
	2학기				
3. 직업 생활	장기목표				
	단기목표	1학기			
		2학기			
	학기	관련 교과	지도 내용		종합평가
	1학기				
	2학기				

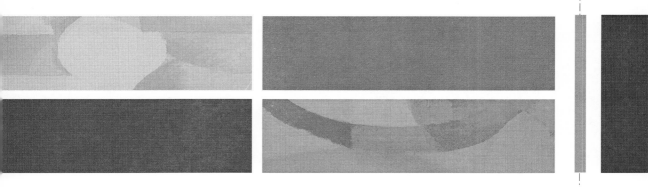

PART 02 특수아동의 이해

제4장
정신지체, 정서·행동장애, 학습 장애, 자폐성장애학생의 교육

박선생님은 9년차 교사로 통합학급을 주로 맡아 왔다. 박선생님의 교실에 통합된 학생들은 주로 경도 정신지체와 학습장애, 정서장애 혹은 자폐성장애로 인해 수업에 참여하거나 다른 학생들과 어울리는 데 어려움을 보인다. 그중에서도 경미는 읽기 능력과 이해력이 부족한 경도 정신지체학생이다. 경미는 다른 친구들과 잘 어울리는 편이며, 수업 진행에도 크게 방해를 주지는 않지만 학습활동에 활발하게 참여하기 위해서는 선생님과 친구들로부터 도움이 필요하다.

주의집중에 어려움을 보이는 경석이는 수업 중에 밖에서 들리는 소리에 매우 민감하게 반응해 선생님이 가르칠 때에 집중해서 공부하는 것이 힘들다. 또 선생님이 내 주는 과제를 종종 잊고 해 오지 않거나 집에 놓고 오는 경우가 많다.

감정의 기복이 심하고 친구들에게 욕을 하거나 공격적인 행동을 하는 정수는 친구들로부터 종종 왕따를 당한다. 친구들과 어울리게 하기 위해서 박선생님은 협동학습을 통해 정수가 친구들과 상호작용할 수 있는 기회를 제공해 보지만 친구들은 정수를 이해하기 어렵고, 정수도 친구들에게 자신의 의견을 적절히 말하거나 친구들의 의견을 듣는 일에 익숙하지 않은 것 같다.

박선생님은 내년이면 10년차가 되는 교사이지만 통합학급을 맡을 때마다 개인차가 크고 때로 학업에서, 때로는 사회적으로 어려움을 겪는 장애학생들을 어떻게 도와줘야 할지 막막할 때가 많다. 박선생님은 어떻게 이 아이들을 도와줄 수 있을까?

앞 장에서 살펴보았듯이 점점 더 많은 장애학생들이 일반학교의 일반학급에 통합되고 있고, 특수교사뿐 아니라 일반교사도 장애학생의 교육에 책임을 공유하고 있다. 특히 장애학생들 중에서 경도 정신지체, 학습장애, 정서 · 행동장애, 자폐성장애를 가진 학생들은 흔히 경도장애(혹은 고빈도 발생 장애)학생으로서 일반학급에 통합되어 교육을 받을 가능성이 크다. 그러나 이 학생들은 중도장애(혹은 저빈도 발생 장애)학생들과 달리 눈에 잘 보이지 않는 장애를 가지고 있어, 학업에 있어서 잘 따라가지 못하거나 다른 친구들과 어울려 지내는 데 문제가 있을 경우 개인의 책임으로 돌려지기 쉽다. 경도장애학생의 경우 장애의 정도는 덜 심각할 수 있지만 그들이 학습이나 사회적 관계에서 겪는 어려움이 심각하지 않다고 보기는 어렵다. 따라서 이 장에서는 경도장애에 해당하는 정신지체, 학습장애, 정서 및 행동장애, 자폐성장애의 정의와 이런 장애를 가진 학생을 어떻게 판별하는지, 그들의 지적 · 정의적 특성은 무엇인지를 살펴보고, 그들을 위한 교육적 지원의 목적과 교육 원칙 및 방법 등에 대해 설명하고자 한다.

1. 정신지체

1) 정신지체의 정의

정신지체라고 하면 대부분의 사람들은 지적 기능이 매우 낮아서 학업성취 수준이 매우 낮고 학습이 불가능하다고 생각할 수 있다. 하지만 정신지체의 75~90% 정도는 경도 정신지체로 지적 기능이 낮다고 하더라도 대부분의 일상적인 학습과 생활기능을 할 수 있다(Field & Sanchez, 1999).

정신지체를 이해하기 위해서는 지적 기능과 적응행동 모두에 주목해야 한다. 즉, 정신지체학생은 지적 기능만 낮거나 적응행동에만 문제가 있는 학생이 아니다. 지적 기능에 있어서는 지능검사 결과가 대체로 70 이하일 때 정신지체인 것으로 간주한다. 그러나 이때 지능지수의 범위는 정확히 70 이하로 결정하는 것이 아니라 50~55에서 70~75일 때 경도 정신지체 혹은 지적장애라고 볼 수 있다. 적응행동 기술은 일상생활에서 독립적으로 기능할 수 있는 능력의 정도를 말한다. 적응행동 기술의 결핍은 주로 사회성, 의사소통 능력, 자기주도 능력, 자조기술, 지역사회 활용, 건강, 안전, 직업과 여가 영역에서의 어려움으로 나타난다. 정신지체학생을 판별할 때에는 지적 능력과 적응행동 기술을 독립적으로 측정하고 관찰해서 종합적인 판단을 내려야 한다.

(1) 미국 지적장애 및 발달장애협회의 정의

미국의 지적장애 및 발달장애협회(AAIDD)에서는 '정신지체(mental retardation)'라는 용어와 동의어로서 '지적장애(intellectual disability)'라는 용어를 사용한다. 지적장애는 지적 기능은 물론 많은 일상적인 사회 및 실제적 기술을 포함하는 적응행동 모두에 심각한 제한을 보이는 특징을 보이며, 18세 이전에 나타난다.

지능이라고도 불리는 지적 기능은 학습, 추리, 문제해결과 같은 일반적인 정신적 능력을 의미하며, IQ 지수가 70에서 75 정도에 있을 때 지적 기능의 제한이 있다고 간주된다.

적응 행동은 표준화 검사를 통하여 개념적 기술, 사회적 기술 그리고 실제적 기술에의 제한을 평가한다. 개념적 기술은 언어와 문해, 금전, 시간, 수 개념, 자기 지시와 같은 기술을 포함한다. 사회적 기술에는 대인 관계 기술, 사회적 책임, 자아 존중감, 사회적 문제해결, 규칙 따르기, 법의 준수 등의 기술을 일컫는다. 실제적 기술은 자기 관리와 같은 일상생활, 작업 기술, 건강관리, 여행/교통, 일정 준수, 안전, 금전 사용, 전화 사용과 같은 활동들을 의미한다.

(2) 미국 장애인교육법(IDEA)의 정의

정신지체는 현저하게 나타나는 평균 이하의 지적 기능과 함께 적응행동의 제한성을 보이는 것으로, 발달시기에 나타나 교육적 성취에 부정적인 영향을 미치는 것으로 정의된다(Individuals with Disabilities Education Improvement Act of 2004).

(3) 우리나라 장애인 등에 대한 특수교육법의 정의

장애인 등에 대한 특수교육법에서는 정신지체를 지닌 특수교육 대상자를 지적 기능과 적응행동상의 어려움이 함께 존재하여 교육적 성취에 어려움이 있는 사람이라고 정의한다.

2) 정신지체의 진단과 평가

장애인 등에 대한 특수교육법 시행규칙에서는 정신지체의 진단 및 평가영역을 지능검사, 사회성숙도검사, 적응행동검사, 기초학습검사, 운동능력검사로 규정한다.

정신지체를 진단하고 평가하기 위해서는 웩슬러 아동용 지능검사, 고대−비네검사, 간편 인물화 지능검사, 사회성숙도검사, 적응행동검사, 기초학습기능검사, 교육진단검사, 한국판 오세레츠키 운동능력검사 등을 사용할 수 있다.

(1) 지적 기능의 평가

정신지체학생의 지적 기능을 측정하는 것은 매우 중요하면서도 논란이 되어왔다. 지능을 정의하고자 할 때 일반적인 합의가 없다는 논란점과 지능을 측정할 때 몇 개의 요인으로 볼 것인가 혹은 정보처리 과정을 어떻게 측정할 것인가와 같은 문제가 있다. 지능은 단일한 능력이 아니라 몇 가지 기능의 복합체라는 관점(Guilford, 1967; Thorndike, 1927; Thurstone, 1938), 순차적 정보처리 과정으로 보는 관점(Das, Naglieri, & Kirby, 1994)과 다중지능이론을 주장하는 관점(Gardner, 1993) 등이 있다. 지적 기능을 조작적으로 정의하면, 특정 평가도구의 측정 표준오차와 도구의 강점 및 약점을 고려하여 대략 평균 2표준편차 이하 또는 그 이상의 표준편차로 정의되는 평균보다 유의하게 낮은 지적 기능을 측정해야 한다. 일반적으로 사용되는 지능검사 척도로는 한국 웩슬러 아동용 지능검사(K−WISC−III), 웩슬러 성인지능척도 III, 카우프만 아동지능검사(K−ABC), KISE 지능검사 등이 있다. 이때 지적 기능의 평가는 타당한 절차를 따라야 하고, 때로는 여러 자원으로부터 정보를 모으는 것이 필요하다.

(2) 적응행동의 평가

적응행동 평가는 개념적, 사회적 및 실제적 적응기술로서 표현되는 적응행동 영역에서 유의한 제한성을 가지고 있음을 측정한다. 적응행동을 측정하기 위한 도구로는 국립특수교육원 적응행동검사(KISE-SAB), 적응행동검사(K-ABS), 사회성숙도검사, 바인랜드 적응행동척도 등을 사용한다. 적응행동의 제한성은 개념적, 사회적, 실제적 적응행동의 세 가지 차원의 측면을 고려하여야 한다. 여기서 적응행동의 유의한 제한성을 조작적으로 정의하자면, 세 가지 적응행동 형태(개념적, 사회적, 실제적) 가운데 하나를, 또는 개념적·사회적·실제적 기술의 표준화된 측정도구의 전체 점수에서 평균으로부터 적어도 2표준편차 이하인 수행을 보여야 한다(AAMR, 2002).

3) 정신지체의 원인

정신지체의 주요 원인은 여러 가지로 볼 수 있고, 정확한 원인을 밝히는 것은 다른 장애와 마찬가지로 매우 어렵다. 의학적으로 밝혀진 원인으로는 출산 전, 출산 중, 출산 후로 나눌 수 있지만 많은 경우는 원인 불명으로 보고 있다. 또한 환경적 요인으로 심리사회적 불리함 혹은 사회적 요인과 환경적 요인의 결합으로 정신지체가 일어날 수 있다고 한다. 특히 유아기에 환경적으로 언어가 발달할 수 있는 환경을 제공받지 못한 것이거나 아동 학대나 방치, 정신적 자극의 부재 등 결핍 요인을 포함한다(Heward, 2009). 미국 정신지체학회(AAMR, 2002)는 정신지체의 원인을 생의학적, 사회적, 행동적, 교육적 요인으로 나누고 각 요인을 출생 전, 중, 후로 나누어 분류하고 있다. 또한 예방책도 위험 요인의 범주별로 나누어 설명하고 있다.

- 생의학적 요인: 유전적 장애 혹은 영양과 같은 생물학적 절차들과 관련된 요인들이다.
- 사회적 요인: 아동에게 주어지는 외부의 자극과 자극에 따른 성인의 반응성과 같은 가족과의 상호작용과 관련된 요인들이다.
- 행동적 요인: 부상의 위험이 있는 활동들이나 어머니의 임신 전 혹은 임신 중 약물 남용과 같은 잠재적 원인 행동들과 관련된 요인들이다.
- 교육적 요인: 정신의 발달과 적용기술의 발달을 촉진시키는 교육적 지원이 가능한 정도와 관련된 요인들이다.

〈표 4-1〉은 정신지체의 위험 요인들과 그에 따른 예방책의 구체적 내용을 통합하여 제시하고 있다. 〈표 4-1〉에서 볼 수 있는 바와 같이, 약물중독이나 환경적 요인으로 인한 정신지체의 발생은 결혼 전 부모교육이나 임신 전 교육을 통해 가난으로 인한 결핍, 질병, 잘못된 식사 등을 예방할 수 있다. 정신지체를 종합적으로 정확하게 이해하기 위해서는 그 원인과 예방이 다차원인 것처럼 개인과 주변과의 상호작용을 반영하는 다차원적이고 생태학적인 접근이 필요하다(AAMR, 2002).

| 표 4-1 | **정신지체의 원인과 예방**

		생의학적	사회적	행동적	교육적
원인	출생 전	• 염색체 이상 • 유전자 장애 • 대사장애 • 뇌발생장애 • 산모 질환 • 부모 연령	• 빈곤 • 산모 영양실조 • 가정 폭력 • 출생 전 관리 결여	• 부모의 약물 사용 • 부모의 음주 및 흡연 • 부모의 미성숙	• 지원 없는 부모의 인지적 장애 • 부모가 될 준비의 결여
	출생 전후	• 조산 • 출생 시 손상 • 신생아 질환	• 출산관리 결여	• 부모의 양육 거부 • 부모의 자식 포기	• 중재 서비스를 위한 의료적 의뢰의 결여
	출생 후	• 외상성 뇌손상 • 영양실조 • 뇌막염 • 발작장애 • 퇴행성 질환	• 장애를 가진 보호자 • 적절한 자극의 결여 • 가정의 빈곤 • 가정 내 만성적 질환 • 시설 수용	• 아동 학대 및 유기 • 가정 폭력 • 부적절한 안전 조치 • 사회적 박탈 • 다루기 힘든 아동의 행동 방치	• 부적절한 부모기능의 수행 • 지체된 진단 • 부적절한 조기 중재 • 조기 중재의 부재 • 부적절한 특수교육 서비스 및 가족지원
예방		• 납중독 선별 • 영양관리 • 태아 보호 및 선별 • 신체적·정신적 건강 관리	• 가정 폭력 예방 • 가족지원 • 정서·사회적 지원 • 학대 방지 • 지역사회 통합	• 부모와 사회적 수용 • 성숙한 자기 관리 • 약물 남용의 방지 • 아이에 대한 부모의 사고와 부상의 방지 • 운동과 체력 단련 • 여가활동	• 사회성 기술 교육 • 성교육 • 부모양육 기술 교육 • 위기에 처한 신생아에 대한 서비스 의뢰 • 조기 중재 및 특수교육 • 고용의 증진

출처: AAMR (2002). *Mental Retardation: Definition, Classification, and Systems of Supports* (10th ed.), pp. 127, 129의 표 재구성.

4) 정신지체의 특성

일반적으로 정신지체는 지적 기능에 제한이 있기 때문에 배울 수 없다거나 일반아동과 함께 교육받을 수 없다는 생각을 한다. 그러나 앞에서도 언급했듯이 정신지체 혹은 지적장애의 75~90%는 경도 정신지체로 기본적인 학습능력을 가지고 있으며, 사회성이나 자조기술도 적절하게 교육받는다면 사회에서 독립적으로 살 수 있는 능력이 충분하다. 따라서 여기에서는 정신지체의 인지적, 정서적, 행동적 특성을 제시하고자 한다.

(1) 인지적 특성

정신지체학생은 인지적 능력과 학습 특성에서 낮은 기억력, 느린 학습 속도, 주의집중 문제, 배운 내용을 다른 영역에 적용할 수 있는 일반화 능력의 부족, 동기 결함을 보인다(Heward, 2009; Turnbull et al., 2003; Wehmeyer et al., 2003).

- 인지적 능력과 학업성취: 정신지체학생은 대체적으로 주의력이 부족하고, 기억력이 뒤떨어지며, 관찰이나 모방을 통하여 배우는 모방학습이나 우발학습의 능력이 부족하다(Heward, 2009). 초인지에서도 낮은 능력을 보이기 때문에 공부를 할 때 자신만의 학습전략을 사용한다거나 추상적 사고 또는 고차원적 사고 능력을 사용하는 데 어려움을 보인다(Thomas & Patton, 1990).
- 언어능력: 언어발달에 있어서 지체되거나 일반학생이 보이는 전형적인 발달의 패턴을 보이지 않는다. 발달적 입장의 관점에서 지체를 보인다는 의미는 경도 정신지체학생의 언어발달이나 인지발달이 어린 일반학생의 발달과 비슷한 발달 형태를 보임을 전제한다. 따라서 이런 경우 언어를 습득하는 속도가 늦고 기능 수준이 낮을지라도 발달의 순서와 단계는 일반아동과 유사하다고 보는 것이다(Zigler, 1999). 그러나 차이 혹은 결핍의 입장에서는 정신지체아동의 인지발달 패턴이 일반아동의 발달과는 질적으로 다르다고 본다. Piaget의 인지발달이론에 따르면 인지적 발달은 아동이 주위 환경과의 상호작용의 결과로 이루어진다. 따라서 교육자의 역할은 아동이 주변 환경과 상호작용할 수 있도록 하고, 발달 단계에 적절한 교재와 기회를 제공해 줘야 한다.

(2) 사회·정서적 특성

정신지체학생은 일반적으로 인지적 능력과 더불어 사회적 기술이 낮은 것으로 보고된다. 일반학생에 비해 또래나 교사와 긍정적인 관계를 맺고 유지하는 능력이 떨어지거나 사회적 관계를 형성하는 데 방해가 되는 문제행동을 보이는 경우가 많다(Beirne-Smith, Patton, & Kim, 2006). 따라서 또래로부터 거부를 당하거나 고립되는 아동은 결국 학교에서 다른 학생들과 상호작용을 하면서 사회적 경험을 쌓거나 경험을 통해 배우는 기회가 적어지게 된다. 게다가 또래로부터 거부를 당할 경우 부정적 정서를 갖게 될 가능성이 높고, 다른 사람과 상호작용하는 법을 몰라 친구를 사귀는 데 어려움이 있을 수 있다(Murray & Greenberg, 2006).

한편, 정신지체학생의 낮은 지적 능력에 비해 사회·정서적 특성은 긍정적으로 기술되는 경우도 있다. 또한 일반학교에 배치된 정신지체학생이 특수학교에 있는 정신지체학생에 비해 사회성이 좋았다는 연구 결과도 볼 수 있다(Zion & Jenvey, 2006). 따라서 정신지체아동이 어릴 적부터 일반아동과 상호작용 기회를 많이 갖고 대화 시작하기, 차례 지키기 등 다양한 사회성 기술들을 연습하고 습득하도록 도와주면 그들의 사회성 발달에 도움이 될 것이다.

(3) 행동적 특성

경도 정신지체학생에게는 주로 주의 산만, 과잉행동, 불안장애, 외상후 스트레스장애, 성격장애 등을 포함하는 매우 다양한 행동적 특성들이 나타날 수 있다. 이러한 행동 특성들은 장애 때문에 나타나기도 하지만, 약물의 영향 혹은 건강 관련 문제들 때문에 부적절한 행동을 보이는 경우가 있다(Beirne-Smith et al., 2006). 따라서 사회·정서적 특성과 함께 행동적 특성으로 정신지체학생들을 일반교육 프로그램에 통합시키기 위한 결정을 하는 데 어려움이 예상된다. 또한 정신지체학생들은 그들의 행동적 특성으로 인해 학업에 어려움을 보일 수 있으므로 그들의 행동 문제에 대해 적절한 중재와 관리 기법들을 교육·훈련받을 필요가 있다(Gumpel, 1994).

이상에서 살펴본 정신지체학생들의 특성에 맞는 지도방법은 다음에서 제시하고 있다.

5) 정신지체학생 지도방법

정신지체학생을 위한 교육방법으로는 주로 교사 주도적으로 이루어지는 직접 교수법, 학생 주도의 자기점검법, 자기교수법 및 자기강화법, 또래 주도적 방법 으로 또래교수를 활용하는 방법, 컴퓨터를 활용하여 개별화된 프로그램을 사용 하는 방법, 자기결정력 증진을 위한 방법 등이 연구에 의해 효과성이 입증된 방 법이다. 이 중에서 직접교수, 일반적 학업기술의 습득에 어려움이 있는 경우 사 용되는 기능적 교육과정 그리고 자기결정 기술에 대해 좀 더 자세히 살펴본다.

(1) 직접교수

정신지체학생은 가르치는 내용이 분명하고 체계적일 때 가장 잘 배울 수 있으 며, 과제를 분석하여 작게 나누어 직접적이고 반복적으로 가르치는 것이 중요하 다(Heward, 2009). 정신지체학생을 위한 직접교수의 원리는 다음과 같다.

- 학생의 수행능력 수준 평가: 가장 중요한 교수목표 및 학습목표를 설정하기 위하여 학생의 현재 수행능력을 평가한다.
- 과제 분석: 복잡하거나 여러 단계로 이루어진 목표행동을 쉽게 가르칠 수 있는 하위 과제로 나누어 정신지체아동이 새로운 기술을 쉽게 배울 수 있도 록 과제를 만들어 준다.
- 교수자료나 활동 제작: 정신지체아동이 교실 상황에서 다른 학생들과 더불 어 학습을 할 때에 적극적으로 반응하는 시간과 기회를 많이 줄 수 있도록 교수자료를 만들어 제공한다.
- 학습의 중간발판 단계(mediated scaffolding) 사용: 학습 과제를 수행할 때 일 상적 단서에 자연스럽게 반응할 수 있도록 도와주는데, 점차 교사의 지원과 단서를 감소시켜 독립적이고 자발적으로 할 수 있는 단계에 이르도록 한다.
- 학생의 수행 결과에 대한 후속 결과물 제공: 정신지체학생의 현재 수행과 과거의 수행을 비교해서 학생에게 현재 수행에 대한 정보를 구체적이고 즉 각적으로 제시해 준다. 과제를 성공적으로 수행했거나 더 나은 수행을 보였 을 때는 정적 강화로 긍정적 피드백을 주고, 과제 수행에 오류가 있을 때에

는 오류를 수정해 주는 피드백을 제공해야 한다.
- 학습과정에 유창성을 위한 활동 포함: 정신지체학생이 새로운 기술을 정확하게 수행할 수 있도록 연습할 수 있는 기회를 학습활동에서 충분히 제공해야 한다.
- 일반화와 유지 전략 포함: 아동이 학습한 기술을 다른 환경이나 과제에 적용하는 일반화 능력과 학습을 한 후 어느 정도의 시간이 지나도 지속적으로 그 기술을 적용할 수 있는 능력을 함께 길러 주어야 한다.
- 직접적이고 빈번한 측정을 실시하여 교수계획에 활용한다.

직접교수에 대한 더 자세한 내용은 7장에서 다시 제시하고 있다.

(2) 기능적 교육과정

정신지체학생 교육의 궁극적 목적은 학생이 적절한 학교교육과 관련 서비스를 통해 사회로의 통합과 자립을 이룰 수 있도록 하는 것이다. 정신지체학생이 사회에서 독립적으로 살기 위해서는 학교교육을 통해 어느 정도의 학습능력을 습득하는 것이 필수적이지만, 기능적 교육과정으로 교육활동을 구성해서 일상생활에 바탕을 둔 기능적 생활 중심의 기술을 지도하는 것이 궁극적으로는 최선의 방법으로 제안되고 있다. 정신지체학생을 위한 기능적 교육과정의 영역은 〈표 4-2〉와 같다.

| 표 4-2 | **기능적 교육과정 영역과 예시활동**

영 역	주요 활동
의사소통	전화 사용(약속이나 서비스를 위한 전화, 친구나 친지에게 전화, 위급 시 전화하기, 전화 받기), 상징적 행동(구어, 문어)과 수화 혹은 비상징적 행동(얼굴 표정, 제스처)을 이해하고 표현하기
자기 관리	샤워 혹은 목욕, 머리 손질, 손톱, 치아 관리, 용변 보기 등 신변처리 기술
가정생활	집안 청소(진공청소기 이용, 먼지 털기와 닦기, 정리정돈), 옷 세탁과 관리(세탁 및 건조, 옷 갈아 입기, 정리), 식사 계획 및 준비(메뉴 계획, 식사 준비, 음식 저장), 일과 시간표 짜기

사회적 기술	타인과 협상하고 자기주장하기(룸메이트와 책임 영역 협상하기, 공동 혹은 개인적 물건 영역 협상하기, 이웃과 협상하기, 다른 사람이 중요한 책임을 다하도록 주장하기, 필요한 지원 주장하기), 충동 통제하기
지역사회 활용	지역사회 안에서 이동하기(대중교통 이용하기), 도서관, 공공 편의시설 활용 교육
자기주도	시간관리와 활동 일정표 작성(일과표 준수하기, 달력 이용하기, 알람시계 활용하기)
건강과 안전	식사하기, 병의 처치 및 예방, 위급 시 119에 전화하기, 화재 시 대피하기, 소화기 사용하기, 안전하게 문 열어 주기, 기본적 안전성 고려하기
기능적 교과	읽기, 쓰기, 셈하기를 포함한 개인적인 독립적 생활의 견지에서 기능적인 학업기술 획득
여가	TV 보기, 음악 듣기, 취미생활, 손님 맞이하기, 여가활동
직업	직업기술, 직업을 유지하기 위한 사회적 행동기술

출처: AAMR (2002). *Mental Retardation* (10th ed.). Washington, DC: Author에서 적응행동 기술 영역 내용을 발췌하여 주요 활동을 고안함.

(3) 자기결정 기술

자기결정 기술은 정신지체학생 교육에서 매우 중요하면서도 핵심적인 요소로 간주되고 부각되고 있다(Wehmeyer, Kelchner, & Richards, 1996). 자기결정이란 외부의 영향이나 간섭을 부당하게 받지 않고 자신의 삶의 질에 관한 선택과 결정을 내리는 데 주체적으로 활동하는 것을 말한다(Wehmeyer et al., 2000). 정신지체학생을 가르칠 때에 아동 스스로 효과적인 결정을 내릴 수 없다고 생각하거나 잘못된 의사결정을 내릴 것이라고 가정하기 때문에 중요한 선택을 대신 해 주는데, 이로 인해 성인이 되어서도 스스로 결정하고 책임을 질 수 없게 된다. 그러므로 성인이 되어 사회에서 독립적이고 성공적으로 살기 위해서는 자기결정 능력을 가지는 것이 필수적이다(김성애, 2002). 따라서 정신지체학생이 자율적으로 성장하기 위해 어린 시절부터 다양한 교육 경험과 학습 경험을 쌓을 수 있는 기회를 많이 주고 자기결정 기술과 능력을 갖추도록 도와주어야 한다(Wehmeyer et al., 2000). 임은영, 김자경, 김기주, 김주영(2007)이 사용한 자기결정 기술을 향상시키기 위한 프로그램의 하위 영역으로는 자기인식, 자기관리, 선택하기, 조

| 표 4-3 | **자기결정 프로그램의 하위 영역과 내용**

영 역	내 용
자기인식	자신을 독특한 개인으로서 개념화하는 것으로, 특정 장애로 말미암아 초래된 자신의 제한된 능력을 인식하는 장애 인식을 포함한다.
자기관리	장애아동의 문제행동을 감소시키고 새로운 기술을 가르치기 위한 것으로, 자기교수법, 자기강화법, 자기평가법 등의 중재 유형이 있다.
선택하기	자신이 선호하는 것을 표현하고 선택할 기회를 제공하여 아동이 스스로 선택하게 하는 기술을 말한다.
자기옹호	자신의 권리를 주장하고 타협점을 찾기 위해 상대방의 의견과 절충하는 기술을 말한다.
지원망 구성	장애아동이 가능한 한 독립적인 생활을 하도록 그들을 포함한 모든 사람이 지역사회의 다른 구성원들에게 지원과 도움을 제공할 수 있는 능력을 말한다.
지역사회 활용	장애학생이 성인이 되어 독립적인 기능을 하도록 하기 위해 지역사회에서의 일상생활에 적용할 수 있는 생활기술을 교수하는 것을 말한다.

출처: 임은영 외(2007). 자기결정 프로그램이 초등학교 경도 정신지체 아동의 자기결정력에 나타난 효과. 정신지체연구, 9(2), 25.

기 옹호, 지원망 구성, 지역사회 활용 등이 있다. 각각의 하위 기술 영역을 포함한 자기결정 기술 프로그램은 〈표 4-3〉과 같다.

2. 정서·행동장애

1) 정서·행동장애의 정의

일반적으로 정서·행동장애는 사회적 부적응, 일탈 혹은 비행과 같이 개인적으로 문제를 보이는 상태로 일축해 버린다.

(1) 미국 행동장애협회(CCBD)의 정의

정서 및 행동 장애라는 새로운 용어를 사용하여 장애에 대한 교육적 차원을 명료화하고 있고, 학교에서의 아동 행동에 초점을 맞추고 있으며, 적절한 연령,

인종 및 문화적 규준이라는 맥락에서 행동을 설명하고 있다. 미국 행동장애협회(Council for Children with Behavioral Disorders: CCBD)의 정서 · 행동장애 정의에 따르면, 행동은 일시적인 것이 아니어야 하고, 학교와 관련된 장소를 포함해서 두 곳 이상의 장소에서 발생해야 하며, 일반학급 상황에서 직접교수를 했을 때 반응을 보이지 않아야 하고, 정신분열증, 기분장애, 불안장애나 지속적인 품행 혹은 적응 장애를 포함해야 한다.

(2) 미국 장애인교육법의 정의

심한 정서 · 행동장애는 비교적 장기간에 걸쳐 교육적인 수행에 역기능적 영향을 미치는 다음의 다섯 가지 특성 중에서 1개 또는 2개 이상을 나타내는 상태를 의미한다. 다섯 가지 특성은 ① 지능, 감각 그리고 건강 요인들로 설명할 수 없는 학습의 무능력, ② 또래 및 교사와 원만한 대인관계를 형성하거나 유지하기의 곤란, ③ 정상적인 상황에서 부적절한 행동이나 감정을 가짐, ④ 일상적으로 불행감 혹은 우울을 보임, ⑤ 개인이나 학교 문제와 관련하여 신체 증상이나 두려움을 보이는 상태. 이 용어는 정신분열증을 포함하나 사회 부적응의 경우에는 적용되지 않는다(Individuals with Disabilities Education Improvement Act of 2004).

(3) 우리나라 장애인 등에 대한 특수교육법의 정의

우리나라의 정의도 미국 장애인교육법의 정의와 유사하게 정의되고 있다. 정서 · 행동장애인은 장기간에 걸쳐 다음 각 항목의 어느 하나에 해당하여 특별한 교육적 조치가 필요한 사람을 말한다.

- 지적, 감각적, 건강상의 이유로 설명할 수 없는 학습상의 어려움을 지닌 사람
- 또래나 교사와의 대인관계에서 어려움을 겪는 사람
- 일반적인 상황에서 부적절한 행동이나 감정을 나타내어 학습에 어려움이 있는 사람
- 전반적인 불행감이나 우울증을 나타내어 학습에 어려움이 있는 사람
- 학교나 개인 문제에 관련된 신체적인 통증이나 공포를 나타내어 학습에 어려움이 있는 사람

2) 정서·행동장애의 행동 특성에 따른 분류

정서·행동장애는 행동이 나타나는 유형에 따라 내면화 장애와 외현화 장애로 분류된다. 내면화 장애는 타인보다 자신의 내면에 부정적 영향을 주는 사회적 위축과 관련된 것으로 우울증과 불안장애가 대표적이다. 외현화 장애는 주로 쉽게 관찰할 수 있는 행동으로 보통 학급이나 학교 내에서 문제를 일으키는 주요 원인이 된다.

(1) 내면화 장애

타인보다 자신의 내면에 부정적 영향을 주는 사회적 위축과 관련이 있고 우울증과 불안장애를 보이기도 한다(Lane & Menzies, 2005). 지나치게 수줍어하거나 미성숙하고 위축되어 있거나 우울증을 보이거나 쉽게 성을 내고 진정하기가 어려워 다른 사람과의 상호작용이 거의 일어나지 않는다. 내면화 장애는 그것이 가지는 문제의 심각성에 비해 행동으로 드러나지 않기 때문에 교사나 다른 사람들이 쉽게 알아차리지 못할 수도 있다. 따라서 겉으로 드러나는 행동뿐 아니라 지나치기 쉬운 행동도 잘 관찰하는 것이 필요하다.

(2) 외현화 장애

다른 사람을 향해 밖으로 표현되는 공격적인 행동을 주로 보이는 것으로 주의력결핍 과잉행동장애(ADHD), 품행장애와 적대적-반항장애가 대표적이다(Walker, 1997). 일반적인 행동 유형은 반사회적 행동으로 드러나는 행동으로 불순응, 성질 부리기, 소유물 파괴, 교사나 또래에게 폭력을 쓰겠다고 위협하거나 실제로 폭력을 행사하는 등의 행동을 보인다. 청소년이 되면서 공격적 행동을 보이는 학생은 학교를 중도 탈락하거나 청소년 범죄로 체포되거나 약물중독에 빠질 확률이 높다(Walker et al., 2005).

3) 정서·행동장애의 평가

정서·행동장애를 평가하기 위해서는 적응행동검사, 성격진단검사, 행동발달

평가, 학습준비도검사를 실시하도록 장애인 등에 대한 특수교육법 시행규칙에 명시되어 있다. 그리고 문제행동 영역을 측정하는 도구로는 Burks의 행동평정척도, 아동-청소년 행동평가척도(K-CBCL) 등을 사용할 수 있다. 대부분의 행동평정척도는 교사나 부모, 또래 또는 아동 자신이 작성하여 완성할 수 있는 검목표로 이루어져 있다. 행동을 직접 관찰하여 측정하는 경우, 자연스러운 상황에서 일정한 시간 동안 그 행동이 얼마나 자주 일어나는가, 얼마나 오랫동안 발생하는가, 강도는 어떠한가, 한 번 발생한 행동이 다시 발생하는 데 걸리는 시간은 얼마인가 등을 객관적으로 측정해야 한다. 최근에는 문제행동의 원인을 보다 정확하게 파악하기 위해 행동의 원인과 후속 사건이나 행동의 결과를 측정하고 기록하는 기능평가를 실시한다(김미경 외, 2006). 기능평가에 대한 좀 더 자세한 설명은 뒤의 '정서 · 행동장애 지도방법'에서 기술하겠다.

4) 정서 · 행동장애의 원인

정서 · 행동장애의 주요 원인은 여러 가지로 볼 수 있고, 다른 장애와 마찬가지로 정확한 원인을 밝히는 것은 매우 어렵다. 생물학적 요인으로 신체와 신경의 이상 문제, 병리학적 가족관계에 의한 가정 내의 문제, 학교에서의 바람직하지 못한 경험 등을 그 원인으로 보고 있다(Kauffman, 2005).

(1) 생물학적 요인

뇌기능에 이상이 생길 경우 정서와 행동에 문제가 생길 수 있지만, 대체로 정서 · 행동장애아동들이 두뇌의 형태 장애나 두뇌 손상을 가진다는 증거는 없다(Kauffman, 2005). 오히려 우울증이나 정신분열증과 같은 장애의 경우 유전적 위험 요인이 많다고 한다(Rhee & Waldman, 2002). 그러나 유전적 요인이 정신질환이나 정서장애의 요인이라고 보기는 어렵다. 생물학적 요인에서는 유전 외에도 질병이나 영양 부족, 뇌손상, 약물 남용에 의해 정서 · 행동장애가 일어날 수 있다(Kazdin, 1993).

(2) 기질적 요인

출생 시부터 모든 아동은 다른 기질을 타고나기 때문에 같은 상황에서도 다르게 반응한다. 기질적으로 다루기 어려운 아동은 정서 및 행동 장애를 일으킬 가능성이 높다(이소현, 박은혜, 2006).

(3) 환경적 요인과 복합적 요인

아동의 초기 가정, 지역사회와 같은 양육환경이 열악한 경우 아동의 발달과정에 불리하게 작용할 수 있으며, 학령기에 나타나는 공격적 행동과 또래들의 사회적 거부가 원인이 되어 정서 · 행동장애가 나타날 수도 있다(Pennington, 2002). 열악한 환경 요인에는 가난, 학대와 유기, 일관적이지 않고 잘못된 부모의 양육, 공격적 행동을 보고 모방, 대중매체를 통한 공격성의 학습, 학교에 대한 부정적 태도 형성, 가족사의 변화, 부모의 범죄 등이 있다(Walker et al., 1991). 이와 같은 열악한 환경으로 인해 아동은 부적응 행동이 발달하며, 어른에게 반항하고 강요하는 방식으로 상호작용을 하고, 공격적 행동을 보일 확률이 높게 된다. 복합적 요인으로 가정과 이웃, 학교와 사회의 위험 요인 등 다양한 환경의 나쁜 영향들이 축적되고 복합적으로 상호작용하여 아동의 부적응 행동이 나타난다고 볼 수 있다(Hanson & Carta, 1995; Sprague & Walker, 2000).

5) 정서 · 행동장애의 특성

일반적으로 정서 · 행동장애학생은 사회정서적 문제로 인하여 학업과 사회적 행동에 결함을 보인다. 따라서 여기에서는 정서 · 행동장애학생의 인지적 특성, 사회적 관계와 적응기술, 행동적 특성을 제시하고자 한다.

(1) 인지적 특성

정서 · 행동장애학생은 지능이 대부분 90 정도로 평균 지능보다 약간 낮은 수준을 보이며, 부정적 행동과 정서로 인해 학습의 기회를 잃은 경우가 많아 상위 평균 이상의 높은 지능을 보이는 학생은 비교적 적은 편이다. 일반적으로 낮은 학업성취를 보이고 교실에서 필요한 학업기술에 문제를 보인다. 게다가 읽기와 수학 능력이 낮게 나타날 뿐더러 다른 교과목에도 문제를 보이곤 한다. 학업 문제로 인해 정서・행동장애학생은 종종 학교에서 실패할 확률이 높고 다른 장애학생에 비해 중도 탈락률도 높은 편이다(Coleman & Webber, 2002; Kauffman, 2005).

(2) 사회적 관계와 적응기술

정서・행동장애학생은 사회적 관계 형성 및 유지에 주로 문제를 지니고 있기 때문에 타인과 안정적인 관계를 유지하는 것이 힘들거나 타인과의 관계를 회피하는 경향이 있다. 사회적으로 미성숙하고 위축된 행동을 보이는 학생들은 대인관계를 잘 발달시키지 못하고 사회적으로 고립된 생활을 하기 때문에 사회적 기술이 부족하고 환상이나 공상에 빠지는 특징을 보이기도 한다(Heward, 2009).

(3) 행동적 특성

정서・행동장애학생이 보편적으로 보이는 행동은 공격적, 반항적, 대항적 행동이며, 일반적으로 사람들에게 거부당하거나 따돌림당할 행동을 보인다. 때로는 폭력적이고 파괴적이며 자해적인 행동을 보이기도 한다. 청소년기에는 학교나 사회에서 청소년 비행 문제를 보일 수 있다(Farmer & Cadwallader, 2000). 섭식장애, 배변장애, 우울과 같은 다른 장애가 중복적으로 나타내는 경향이 높아 학습 문제를 지닐 가능성이 높다(DSM-IV-TR, 2000).

6) 정서・행동장애학생 지도방법

정서・행동장애학생을 위한 교육의 지침을 살펴보면, 우선 조직화되고 구조화된 환경을 만들어 주어야 하는데, 아동이 생활할 때 교육 자료와 도구들이 잘 정돈되고 예측 가능하게 배열되어 있어야 한다. 또한 아동과 신뢰를 구축하는 것이 교육에서의 성공 기반이 되기 때문에 아동을 존중해 주고 공감해 줌으로써 긍정적 관계를 형성하는 것이 필요하다.

(1) 행동 변화를 위한 기능적 행동평가

기능적 행동평가는 정서・행동장애아동의 행동에 대해 체계적으로 데이터를 수집하고 평가하는 과정을 통해 문제행동의 원인을 분석하고 변화시키기 위한 방법이다.

- 비형식적 평가: 학교 기록, 부모님 인터뷰, 교사 점검표를 활용한다.
- 직접 관찰 및 측정: 행동이 일어날 때 교실 내 관찰을 통해 행동을 분석한다.
- 가설 설정: 모든 비형식적 평가자료와 관찰자료를 사용해서 가능한 행동의 원인이 무엇인지를 판단해서 중재를 만든다.
- 중재: 기능적으로 대체될 수 있는 행동을 가르친다.
- 평가와 수정: 중재의 성공 여부를 결정할 수 있는 정보를 수집한다.

〈표 4-4〉에 제시된 기능적 행동평가의 예시는 학생들이 학급에서 보이는 문제행동의 선행 사건과 결과를 관찰 및 분석하여 행동의 기능을 추론한 것이다. 문제행동의 기능에 따라 선행 사건이나 결과에 변화를 줌으로써 학생의 문제행동을 예방하거나 긍정적 행동으로 대체할 수 있다.

| 표 4-4 | **기능적 행동평가 예시**

선행 사건(A)	행동(B)	결과(C)	기능(Function)
교사나 친구들의 관심이 멀어졌을 때	가만히 옆에 앉아 있는 친구를 때리는 문제행동을 보인다.	선생님과 친구들은 정수에게 집중한다.	정수는 선생님과 친구들에게 관심을 받는다.
축구공을 가지고 놀고 싶지만 정수의 차례가 되지 않았을 때	공을 내놓으라고 소리를 지르기 시작한다.	친구들은 정수에게 축구공을 건네준다.	정수는 원하는 축구공을 받는다.
어려운 수학 문장제 문제 5개를 15분 동안 풀어야 할 때	짝꿍의 옆구리를 찌르며 방해행동을 하기 시작한다.	친구는 화를 내고 선생님은 정수에게 뒤에 가서 벽을 보고 서 있으라고 한다.	정수는 어려운 문제를 풀지 않아도 된다.

(2) 교육과정 목표

정서·행동장애학생 교육을 위한 교육과정의 목표는 학생의 특성에 따라 달라져야 하겠지만 일반적으로 그들이 어려움을 많이 보이는 영역인 사회성 기술과 학업기술로 나누어 설정할 수 있다(Heward, 2009).

- 사회성 기술: 협동기술, 감정을 표현할 수 있는 적절한 방법, 실패에 대응하는 방법을 가르친다.
- 학업기술: 높은 기대를 가지고 직접적이고 명시적으로 가르친다. 학생의 부정적 행동에만 집중하여 혼내고 벌주는 데 초점을 맞추기보다 학생이 잘할 수 있는 일에 대해, 또 집중적으로 뭔가를 해내었을 때 칭찬을 많이 하면 할수록 정서 · 행동장애학생의 성취률은 높아질 것이다.

(3) 또래교수에 의한 중재와 지원

또래교수는 정서 · 행동장애아동에게 읽기, 쓰기, 수학, 사회성 등을 가르치기 위해 많은 연구에서 사용되었고, 긍정적인 결과가 보고되었다(Cochran, Feng, Cartledge, & Hamilton, 1993; Harper, Mallette, Maheady, Bentley, & Moore, 1995; Spencer, Scruggs, & Mastropieri, 2003). 또래교수법은 또래점검법, 긍정적 또래보고법, 또래교수법, 전학급 또래교수 등 다양한 방식으로 사용될 수 있다. 또래의 행동을 관찰하고 기록하여 피드백을 제공하도록 가르치는 또래점검법, 칭찬 통장과 같은 기록지를 만들어서 또래 아동이 칭찬하는 아동의 긍정적 행동을 가르치고 격려하는 긍정적 또래보고법 등은 간단하게 사용할 수 있는 또래교수법이다(Heward, 2009). 좀 더 체계적으로 계획하고 또래 학생들을 훈련시켜 다양한 학업 영역과 사회성 기술을 가르치는 또래교수법에 대해서는 7장에서 좀 더 자세하게 살펴볼 것이다.

3. 학습장애

1) 학습장애의 정의

학습장애는 대부분의 국가에서 특수교육대상자 중 가장 많은 학생을 포함하는 장애 영역이지만 국내에서는 상대적으로 출현율이 높지 않다. 학습장애의 개념은 역사적으로 1800년대부터 시작하여 변화를 보이고 있다. 현재 사용하고 있는 학습장애라는 용어는 1962년 Samuel Kirk가 *Exceptional Children*에서 처음으로 제안하였는데, 지능이 보통 혹은 그 이상임에도 특정 기능, 특히 한두 가지 기본적인 학습기능에 심한 장애를 보이는 상태를 말한다. 그 특정 영역 중 가장 많이 나타나는 것은 읽기장애이며, 수학이나 쓰기 영역에서 문제를 지닌 경우를 지칭하는 용어로 사용되어 왔다.

(1) 미국 학습장애연합회(NJCLD, 1994)의 정의

학습장애란 듣기, 말하기, 읽기, 쓰기, 추론하기 또는 수학적 능력을 획득하고 사용하는 데 심한 어려움을 나타내는 이질적인 장애 집단을 의미하는 포괄적인 용어다. 이 장애는 개인 내적인 문제이며 중추신경계의 기능장애로 인한 것으로 생애 전반에 걸쳐 나타날 수 있다. 자기조절 행동의 문제, 사회적 지각과 사회적 상호작용의 문제가 학습장애와 함께 나타나지만 그것들이 학습장애를 구성하는 요인으로 존재하지는 않는다. 학습장애는 다른 장애 조건(예: 감각장애, 정신지체, 사회적 불안과 같은 정서장애)이나 환경적 영향(예: 문화적 차이, 불충분한 혹은 부적절한 교육, 심인성 요인)과 함께 일어날 수 있으나 그러한 것들이 직접적인 원인으로 작용하여 나타난 것은 아니다.

(2) 미국 장애인교육법(IDEA)에서의 정의

특정학습장애는 구어나 문어를 이해하고 사용하는 것과 관련된 하나 이상의 기본 심리과정상의 장애를 말한다. 학습장애에는 지각장애, 두뇌 손상, 미세뇌기능장애, 난독증, 발달적 실어증은 포함되나 시각 · 청각 · 운동 장애, 정신지체 등의 결과로 나타난 학습 문제는 제외된다(제외 준거). 특정학습장애는 2006년 기존의 정의에 중재반응모형을 반영하였다. 즉, 지능과 성취 사이의 불일치 준거를 의무적으로 적용하지 않아도 되며, 과학적으로 증명된 연구 기반 교육 및 중재에 대하여 나타나는 아동의 반응을 점검하여 그들의 학령 및 연령 기준을 달성하지 못하고 있는 증거를 확인하도록 하였다.

(3) 우리나라 장애인 등에 대한 특수교육법(2008)의 정의

개인의 내적 요인으로 인하여 듣기, 말하기, 주의집중, 지각, 기억, 문제해결 등의 학습기능이나 읽기, 쓰기, 수학 등 학업성취 영역에서 현저하게 어려움이 있는 상태로 정의되고 있다.

이상에서 제시한 정의는 구체적인 학습장애를 판별하기 위한 기준이나 조작적 정의는 제시하고 있지 못하다. 따라서 학습장애를 평가하고 진단하기 위해서는 학습장애의 특성을 평가할 수 있는 도구를 사용하여 조작적 정의를 제시하는 것이 필요하다.

2) 학습장애 평가와 진단을 위한 조작적 정의 준거

학습장애 판별을 위한 학습 영역 진단도구로는 읽기, 쓰기, 수학 검사로 구성된 KISE 기초학력검사, 학습준비도검사, 기초학습기능검사가 있다. 지능검사 도구로는 웩슬러 아동용 지능검사를 사용하고, 지각-운동 능력 측정을 위해서는 시지각발달검사, 지각-운동 발달검사, 시각-운동 통합발달검사 등을 사용한다.

(1) 기본적 심리과정의 문제
지능검사, 시지각 검사, 청각처리 검사 등의 결과에서 작업기억, 명명 속도, 주의력과 같은 다양한 인지기술에 결함을 보인다.

(2) 불일치 준거
아동의 학습 잠재력과 학업성취 간 불일치를 계산하는 공식은 학습장애를 규정하는 방법으로 오랫동안 사용되어 왔다. 불일치 정도를 결정하는 방법으로는 학년이나 연령 수준에 비교하여 학업성취 수준의 차를 보는 방법, 검사 간 표준점수 불일치를 보는 방법, 회귀에 근거한 불일치를 보는 방법이 있다(Lerner, 2006). 또래의 학년 수준에 비교하여 지체 정도를 볼 경우에는 표준점수의 표준편차가 1.5~2 이상인 경우 학습장애로 판별되어 특수교육을 받을 수 있다. 그러나 학자에 따라서는 초등학교의 경우 1.5학년 이상의 차이, 중학교의 경우에는 2학년 이상의 차이, 그리고 고등학교의 경우에는 2.5학년 이상의 차이를 기준으로 한다(Richek et al., 2002). 지능검사로 측정하는 잠재적 지적 능력과 학업성취도 검사로 측정하는 성취 수준의 차이를 비교할 때에는 두 검사 간의 표준

점수를 비교하여 표준점수 간 차이가 1~2 표준편차 이상인 경우 학습장애로 판별한다. 마지막으로 회귀분석에 근거한 잠재능력과 현 성취 수준 간의 불일치를 비교하는 방법은 지능 점수에 대해 회귀방정식을 사용하여 기대되는 성취 수준을 계산한 다음 실제 성취 수준과의 차이를 비교하는 것이다. 그러나 불일치 접근방법이 갖는 지능검사 자체의 문제, 성취 수준을 측정하기 위해 초등학교 2~3학년이 될 때까지 기다려야 하는 등의 문제에 대해서는 미국은 물론 한국 내에서도 쟁점이 되고 있다(김동일, 정광조, 2008; 이대식, 2001).

(3) 제외 준거

다른 장애(정신지체, 감각장애, 정서장애 등), 문화적 · 환경적 · 사회경제적 불이익에 의한 학습 기회 부족 등과 같은 원인에 의한 학습 문제는 학습장애의 판별 기준에서 제외된다.

(4) 중재반응모형

학습장애학생의 판별을 위해 가장 보편적으로 사용되던 불일치 준거의 문제점이 계속 지적되면서 2004년 IDEA에 의해 여러 학자들이 제안한 중재반응모형(Respose-to-Intervention: RTI)이 학습장애를 판별해야 한다고 제안되었다. 이 모형은 교육이 실제로 이루어지고 있는 교실 현장에서 아동에게 과학적이고 실험에 근거한 방법에 근거하여 가르치고 아동이 반응하는지를 측정하여 학습장애를 판별하는 방법이다(IDEA, 2004). 중재반응모형에 따른 학습장애 진단과정을 보면, 우선 학생들은 과학적으로 타당한 방법으로 수업을 받는다. 둘째, 학생들의 진전도를 점검한다. 셋째, 진전도를 점검한 결과 반응하지 않는 학생들은 좀 더 집중적인 수업을 받게 된다. 넷째, 다시 진전도를 점검한다. 마지막으로 집중적인 중재에도 반응하지 않는 학생들은 학습장애로 판별된다(Fuchs & Deshler, 2007).

3) 학습장애의 원인

학습장애가 발생한 정확한 원인을 밝히는 것은 다른 장애와 마찬가지로 매우 어렵다. 주로 의학적 요인, 유전적 요인, 환경적 요인 등을 원인으로 보고 있다.

(1) 의학적 요인

학습장애와 관련 있는 의학적 요인으로는 조산, 당뇨병, 뇌막염, 심장박동 정지로 인한 뇌손상, 소아 AIDS 감염 등을 들 수 있다.

(2) 유전적 요인

가계조사에서는 일반적으로 학습장애아동의 친족 중 35~40%가 읽기장애를 가지고 있다는 사실을 통해 가계성 유전 가능성에 대한 증거를 발견하였다(Raskind, 2001; Richards, 2001). 또한 쌍생아 연구에 따르면 이란성 쌍생아에 비해 일란성 쌍생아의 경우 쌍생아 중 한 명이 읽기장애를 지닌 경우 다른 한 명이 같은 장애를 지닐 확률이 높다. 그러나 여전히 학습장애가 유전된다는 명백한 증거는 없다.

(3) 환경적 요인

초기의 학습장애에서 주로 강조한 것은 기본적 심리과정에서의 개인 내 차와 학습 곤란에 대한 내재적인 원인으로 환경적 요인은 철저하게 배제되어야 한다고 간주하였다. 그러나 최근 여러 학자들은 환경이 학습에 직접적인 영향을 줄 뿐 아니라 부적절한 영양 등으로 뇌기능장애의 발생 가능성을 높일 수 있어 학습에 간접적인 영향을 줄 수 있다고 주장한다(Fuchs & Fuchs, 2001; Graham, Harris, & Larsen, 2001). 학습장애가 환경적 이유로 인해 특정 가계에서 더 많이 발생할 가능성에 대해서 배제하지 않는다. 예를 들면, 학습장애를 지닌 부모의 일관적이지 않은 부모의 양육방식이나 학교에서의 부적절한 교수가 원인이 되어 아동이 학습장애를 가질 위험에 놓일 수 있다고 가정한다. 또한 신경학적 기능장애를 일으킬 수 있는 환경 요인(빈곤)과 관련이 있다(Hallahan, Lloyd, Kauffman, Weiss, & Martinez, 2005).

4) 학습장애의 특성

일반적으로 학습장애는 개인 간 차이도 크지만 개인 내 차이도 커서 그 유형과 정도가 개인에 따라 매우 다양하다. 개인 간 차이란 어떤 아동은 여러 가지 특성을 동시에 보이지만 다른 아동은 한두 가지 특성만을 보이기도 한다는 것이다. 개인 내 차이란 한 아동이 특정 영역(예: 수학)에서는 강점을 보이지만 다른 영역(예: 읽기)에서는 심각한 문제를 보이는 것이다(Bender, 2008).

(1) 학업적 · 인지적 특성

학습장애아동은 평균 범주의 지능을 보이고 전반적으로 지적 능력이 떨어지지 않으나 인지처리 과정이나 기억능력 등에서 부족함이나 결함을 보인다. 또한 그들은 기억력 수행에 있어서 문제를 보인다. 예를 들면, 일반아동에 비해서 단어 목록을 기억해야 하는 학습 과제를 수행할 때 단어를 의미에 따라 군집화하거나 암송하는 전략, 정교화와 같은 기억전략을 더 적게 그리고 비효율적으로 사용하는 경향이 있다(McNamara & Wong, 2003). 더구나 인지적 전략을 '언제, 왜, 어떻게' 사용할지에 대한 지식이 부족할 뿐 아니라 전략을 사용하는 데 수동적이어서 전략적 지식을 사용해 대충 훑어보기, 참고자료 활용하기, 요약하기, 메모하기 등의 전략을 사용하는 능력이 부족하다(Bender, 2008).

교과학습과 관련된 학업적 특성으로는 읽기, 쓰기, 말하기, 듣기, 셈하기, 추론하기 등의 영역에서 한 가지 혹은 그 이상의 문제를 보인다. 읽기 영역에서는 문장을 읽을 때 단어나 단어의 일부분을 빠뜨리는 생략, 제시된 문장에 없는 단어나 문장을 추가하는 첨가, 주어진 단어를 다른 말로 바꾸어 읽는 대치 등의 단어 재인의 오류를 보인다(Lerner, 2006). 또한 단어를 읽는 속도와 정확성이 또래에 비해 현저히 떨어지고 낮은 독해력을 보인다. 쓰기에서는 전반적으로 글자의 크기, 간격, 글자 간 조화의 불균형을 보이고, 철자 쓰기에서 불필요한 글자를 삽입하거나 생략하거나 다른 문자로 대체하거나 소리나는 대로 적는다. 유사하게 작문의 구두점, 맞춤법, 철자법의 문제를 보이며, 작문의 내용에서는 일관된 글쓰기에 문제를 보이고, 어휘 구사에 문제가 있다. 수학의 일반적 특성으로는 취학 전 기본 수학개념(크기, 순서, 양, 거리, 공간 등)의 습득 정도가 불충분하며 공간지각 능력이 미흡하다. 아울러 읽기의 어려움으로 인해 수학 문장제 문제 혹은 지시문을 이해하는 데 어려움을 보인다.

(2) 사회 · 정서적 특성

학자에 따라 다르기는 하지만, 일반적으로 25~75%의 학습장애학생들이 심각한 사회 · 정서적 문제를 보이는 것으로 나타난다(Heward, 2009; Kavale & Forness, 1996). 학습장애아동들이 가지는 사회 · 정서적 문제의 예로는 부정적 자아개념, 낮은 좌절 극복 의지, 불안, 사회적 위축, 사회적 거부, 과제의 회피, 자기관리 능력의 결함 및 수행력 지체 등이 있다. 학습장애학생 중에는 물론 사회 적응의 문제를 보이지 않고 또래에게 인기가 있고 거부당하지 않는 이들도 다수 있다. 그러나 학습장애아동은 낮은 학업성취에 따른 낮은 자아개념으로 인해 낮은 학습 동기를 보이고, 또래로부터 거부당하는 경우 사회 · 정서적 문제를 보이는 악순환을 이루게 된다(Gresham & Elliott, 1989). 또한 학습장애아의 귀인 패턴은 학교나 가정에서의 실패와 대인관계의 실패를 자주 경험하게 되어 부적절한 패턴으로 발달한다. 이러한 부적절한 귀인으로 인해 자신의 실패를 무능력 때문이라고 보고, 어쩌다 있는 성공은 운과 같은 외적 사건에 기인한다고 생각한다. 이와 같이 부적절한 귀인과 자기 충족적인 예언을 하기 때문에 스스로 노력하지 않고 무기력감에 빠지기 쉽다. 사회적으로는 사회적 상황을 잘못 이해하고 부적절한 사회적 판단으로 인해 상황에 맞지 않는 행동을 하고 다른 사람의 입장을 조망하는 능력과 감정을 이해하는 데 어려움을 보이기도 한다. 더구나 감정과 반응의 변화가 심한 경우 타인과의 관계에서 적절한 관계를 유지하는 것이 힘들거나 사회적으로 거부될 가능성이 높다(Stone & La Greca, 1990).

(3) 주의집중 및 신체 지각적 특성

흔히 학습장애아동 중에는 주의집중에 문제를 보이는 이들이 많다. 주의가 산만하거나, 중요한 개념에 집중하는 능력인 선택적 주의집중에 문제를 보이거나, 충동적 과잉행동의 문제를 보인다. 신체 지각적인 측면에서는 전반적으로 동작이 어설프고 운동기능의 통합이 잘 이루어지지 않아 손놀림이 부자연스럽고 어색해서 쓰기능력에 영향을 미치는 경우도 있다. 더불어 시각적 정보처리나 청각적 정보처리의 문제로 인해 읽기에도 어려움을 보이는 경우가 있다. 예를 들면, 시각적 정보처리의 문제로 단어에서 부분적 단서에만 주의를 기울이며, 청각적 정보처리의 문제로 글자의 소리를 기억하고 단어를 이루고 있는 각각의 소리들을 분석하고 그 소리들을 결합하여 단어를 만드는 데 어려움을 보인다.

5) 학습장애학생 지도방법

학습장애아동을 위한 교육의 지침으로는 읽기, 쓰기, 수학의 기초기술 향상에 초점을 두는 교정적 접근과 학업 영역에 필수적인 전략을 가르치는 전략교수 등이 있다.

(1) 학습장애학생 지도를 위한 교수 원칙

학습장애학생을 대상으로 한 연구들의 결과를 종합적으로 검토하고 그 효과의 크기를 조사해 본 결과, 최근 학습장애학생을 위해 가장 효과적인 교수법들의 특징과 교수 원칙은 다음과 같다(Vaughn & Linan-Thomson, 2003).

- 과제의 난이도를 조절한다. 학생들에게 너무 어려운 과제를 줘서 너무 자주 좌절을 경험할 수밖에 없게 만들거나 반대로 너무 쉬운 과제로 지루해하거나 도전감을 잃지 않게 한다.
- 소집단으로 상호작용할 수 있도록 집단을 구성한다. 소집단에서 학습장애학생들은 다른 친구들과 상호작용을 하면서 수업에 참여할 수 있을 것이다. 대집단이나 전체 집단 속에서 학습장애학생은 주눅이 들거나 자신이 할 수 있는 일을 찾기 어려울 것이다.
- 기본적인 기술을 가르친다. 음운 인식과 쓰기 속도와 같은 기본 기술을 향상시키는 것은 다른 학업 수행을 향상시키는 데 기초가 되므로 매우 중요하다.
- 고차원적 사고를 통해 해결할 수 있는 문제해결 기술을 가르쳐야 한다. 교사들은 학습장애학생이 기본 기술만을 습득하게 하고 그 기술들을 복잡한 문제나 상황에 적용할 수 있도록 가르치는 데 소홀하지 않도록 주의해야 한다.
- 초인지 전략을 사용해서 학습하는 과정을 모델로 보여 주고 명시적으로 가르친다. 학습장애학생들은 문제해결을 하기 위한 초인지 전략을 잘 알지 못할 뿐더러 그것을 언제, 어떤 상황에서, 어떻게 사용해야 하는지를 잘 알지

못한다.

(2) 기본적 기술 향상을 위한 교정적 접근

• 읽기/쓰기 음성학적 접근: 음운인식 훈련으로 주로 운율, 음절 분절과 혼합, 초성 및 개별 음소의 혼합과 분절 등과 같은 활동으로 이루어진다. 이원령과 이상복(2003)은 세 가지 유형의 음운인식 훈련을 하였다.

• 어휘 및 독해력 향상 교수: 학습장애아동들이 학년이 올라가면서 읽기를 배우는 과정(learning to read)에서 교과내용을 이해하기 위해 읽기를 하는 단계(reading to learn)에 이르게 되면, 어휘와 독해력은 더욱 중요해진다. 어휘력 전략으로는 의미중심 프로그램과 해독중심 프로그램이 있다. 의미중심 프로그램에는 단어의 의미를 읽기활동 과정에서 자연적으로 습득하거나, 단어의 형태소를 분석해서 어근의 뜻을 알아냄으로써 단어의 뜻을 파악하거나, 문맥으로부터 단어의 뜻을 유추하는 방법 등이 있다.

　독해력 향상을 위한 교수전략 중 상보적 교수(reciprocal teaching; Palinscar, & Brown, 1984)는 글의 내용을 읽으면서 학생들과 대화를 통해 요약하기, 질문 만들기, 명료화하기, 예측하기의 과정을 거쳐 내용을 이해하는 방법이다. 자기점검 독해력 전략은 초인지가 부족한 학습장애학생들이 스스로 읽은 내용을 파악하고 자신의 이해 정도를 점검하기 위해 읽기과정을 계획하고, 읽기를 수행하고, 평가하고, 이에 기초해서 잘못된 부분을 수정하는 과정을 훈련시키는 것이다(Harris & Pressley, 1991).

• 쓰기교수: 글자 쓰기지도와 같은 기본적인 기술을 가르치는 방식과 글쓰기의 과정을 중심으로 가르치는 방식이 있다. 기본적인 쓰기능력으로 글자 쓰기를 가르치기 위해서 전통적으로는 다감각적 방법으로 쓰고자 하는 글씨를 보고 따라 그리기, 말로 해 보기, 허공에 글자를 써 보기, 몸으로 표현해 보기 등의 방식을 사용하여 가르친다. 과정중심 쓰기교수는 글쓰기의 단계(준비 단계, 초고 작성 단계, 수정 단계, 편집 단계, 쓰기 결과물 게시 단계)에서 명시적으로 단계별 모델을 보여 주면서 가르치고, 학생들은 단계를 스스로 점검하며 쓰기를 배운다. 김윤옥과 전정미(2003)가 개발한 호랑이 문장작성전략은 문장/문단 작성의 필수 요소와 단계별 문장 유형을 가르치는 방식이다.

문장작성법은 문장 형식을 결정하고, 그에 맞는 단어를 선택하며, 문장을 쓰고, 문장을 확인하는 절차로 가르친다. 그리고 문장 구성의 필수 요소인 대문자, 구두점, 주어, 동사와 뜻을 확인하게 한다.

- 수학: 수개념을 비롯한 수학적 개념(일대일 대응, 대소 비교, 자릿값, 범주화, 순서 정하기 등)을 구체물—반구체물—추상물의 순서에 따라 가르치는 방식이 있다(Vaughn, Bos, & Schumm, 2007).
- 수학 문장제 문제 교수: 수학 문장제 문제는 많은 학습장애학생들이 어려움을 겪고 있는 영역이며, 많은 연구자들은 학습장애아동을 대상으로 중재를 해 왔다. 문장제 문제를 풀 때 학습장애아동은 인지 및 초인지 전략의 단계를 따라 자기교시 질문을 하면서 문제를 읽기, 문제를 수학적으로 해석하기, 시각화하기, 문제를 자신의 말로 진술하기, 가설세우기, 추측하기, 계산하고 점검하기의 7단계를 거쳐 문제를 푸는 것이다(Montague, 1992).

(3) 학습전략 교수

학습장애학생이 보이는 인지적 특성에 따라 인지적으로 비효율적 학습전략을 사용하고, 그들의 학습과정에 대한 자기조절 학습능력을 향상시키기 위해 많은 학자들은 인지전략과 초인지 전략을 활용하도록 가르치는 전략교수를 시행해 왔다(Deshler, Ellis, & Lenz, 1996). 특히 미국 캔자스 대학에서 개발한 학습전략으로 읽기, 수학, 사회, 과학과 같은 내용 교과를 위한 전략과 시험 준비, 노트 필기, 시간관리와 같은 일반전략이 있다. [그림 4-1]은 그중 독해전략 교수의 예를 보여 준다.

전통적으로 학습장애학생들에게 독해기술을 가르치기 위해서 주로 학생들이 읽은 것을 물어보는 방법을 사용했다. 반면, 학습장애학생들이 자신이 읽은 것을 더 잘 이해하기 위한 새로운 전략을 가르치는 방법은 별로 사용하지 않았다. 독해능력을 향상시키기 위한 전략은 다음과 같은 영역으로 나눌 수 있다(Bos & Vaughn, 2006).

- 배경 지식 활성화하기: 읽을 내용과 관련해서 학생들이 가지고 있는 선행 지식이나 관련 정보를 생각하게 하고 학급 전체 혹은 소집단으로 토론을 한다.
- 예측하기: 읽을 내용에서 표지, 제목, 목차 등을 보고 내용을 예측한다.
- 질문 만들기: 읽은 내용에 대한 예상 질문을 만들어 본다.

- 명확히 하기: 읽으면서 질문에 답할 수 없거나 명확하지 않은 부분은 다시 본다.
- 요약하기: 읽은 글을 요약하고 내용을 범주화한다.
- 글의 구조 가르치기(예: 수필, 설명문): 글의 종류에 따라 다른 구조를 사용하여 글의 내용을 이해한다.
- 이해를 점검하기: 학생들이 읽은 내용을 이해하고 있는지 점검한다.

독해전략의 가장 간단한 예 중의 하나는 KWL로, 학생들은 읽기자료를 더 잘 이해하기 위해 읽기 전과 후에 다음의 세 가지 질문을 하게 된다.

- 내가 알고 있는 것은 무엇인가(Know)? (배경 지식 활성화하기)
- 내가 알고 싶은 것은 무엇인가(Want to know)? (질문 만들기)
- 내가 배운 것은 무엇인가(Learned)? (요약하기)

[그림 4-1] 독해전략 교수의 예

출처: Wood (2006). *Teaching students in inclusive settings*. Upper Saddle River, NJ: Pearson, p. 97에서 수정 · 보완함.

4. 자폐성장애

1) 자폐성장애의 정의

자폐성장애는 근본적으로 사회적 상호작용 및 의사소통 기술의 결함과 제한적이고 반복적이며 상동적인 행동 특성을 보인다. 자폐범주성 장애(autism spectrum disorder: ASD)는 다섯 가지 하위 유형으로 자폐장애, 아스퍼거장애, 레트장애, 소아기붕괴성장애, 불특정 전반적 발달장애로 나뉜다. 자폐범주성 장애는 이전에 *DSM-IV*에서 사용된 전반적 발달장애로 불리었으나, 2000년대에는 학자들 간에 자폐범주성 장애가 보편적으로 사용되고 있다(이승희, 2009). 우리나라의 경우는 2008년부터 시행된 장애인 등에 대한 특수교육법의 정서 · 행동장애 영역에서 자폐성장애를 분리하여 하나의 독립된 장애로 분류하고 있다.

(1) 정신장애의 진단 및 통계 편람(*DSM-IV-TR*; APA, 2000)의 정의

자폐범주성 장애란 ① 사회적 상호작용, ② 질적인 의사소통의 문제, ③ 제한적이고 반복적이며 상동증적인 행동, 관심, 활동, ④ 사회적 상호작용, 사회적 의사소통을 위한 언어, 상징놀이나 상상놀이 중 최소한 하나 이상의 영역에서 발달지체나 비정상적인 기능이 3세 이전에 나타나는 것이다. 총 6개의 항목 중 사회적 상호작용에서 적어도 2개 항목, 질적인 의사소통과 반복적이며 상동증적인 행동에서 적어도 각각 1개 항목이 충족되어야 한다.

(2) 미국 장애인교육법(IDEA)의 정의

자폐성장애는 3세 이전에 구어와 비구어 의사소통 및 사회적 상호작용에 심각한 영향을 미침으로써 교육적 성취에 부정적 영향을 미치는 발달장애로, 반복적 활동, 상동적 움직임, 환경적 변화나 일과의 변화에 대한 저항을 보인다.

(3) 우리나라 장애인 등에 대한 특수교육법(2008)의 정의

자폐성장애는 사회적 상호작용과 의사소통에 결함이 있고, 제한적이고 반복적인 관심과 활동을 보임으로써 교육적 성취 및 일상생활 적응에 도움이 필요한 상태를 말한다.

2) 자폐성장애의 하위 유형

(1) 자폐성장애

극도의 사회적 위축, 인지적 결함, 언어장애, 상동행동의 특성을 보이는 전반적 발달장애로 30개월 이전에 발생한다.

(2) 아스퍼거장애

언어 및 인지 발달은 정상적이지만 운동기능의 발달에 있어서 지체를 보이며 정서적 · 사회적 발달에 있어서 결함을 보인다.

(3) 레트장애

최소한 5개월 정도까지는 정상적인 발달을 보이다가 4세 정도에는 두뇌 성장 속도가 느려지면서 심리운동 기술의 상실과 표현언어 및 수용언어의 손상이 나타나며, 일반적으로 중도 정신지체를 포함한다. 여아에게서만 나타나며 예후가 좋지 않은 것으로 알려져 있다.

(4) 소아기붕괴성장애

2~10세 정도까지 정상적인 발달을 보인 후에 이미 습득했던 사회적 기술, 언어, 자조기술 또는 놀이기술을 상실하게 되며, 결과적으로 사회적 상호작용이나 의사소통에서 질적인 결함과 상동행동을 보인다.

(5) 불특정 전반적 발달장애

현재의 전반적 발달장애 하위 범주에 속하지 않는 심각한 발달장애를 의미한다.

3) 자폐성장애의 평가와 진단

한국에서는 자폐증을 평가하기 위해 아동기 자폐증 평정척도(CARS), 이화-자폐아동 행동발달 평가도구, 행동평정척도 등을 사용한다.

- 자폐 선별도구로는 유아기의 문제행동 관찰 평정척도를 사용한다. 선별도구에 의해 자폐가 의심되는 경우 표준화된 진단검사를 적용하여 자폐 여부를 진단할 수 있다.
- 표준화된 진단검사 도구 중 인지능력 검사에는 웩슬러 유아지능검사, 웩슬러 아동지능검사 등을 사용할 수 있다. 그 외에도 아동의 인지수행 능력에 따라 카우프만 지능검사(K-ABC), 인물화에 의한 간편지능검사 등을 사용한다.
- 행동과 사회성 발달검사 도구로는 자폐영아검목표(CHAT), 아동기 자폐증 평정척도(CARS)와 자폐아 행동검목표(ABC) 등을 사용할 수 있다.
- 언어발달검사로는 문장이해력검사와 그림어휘력검사와 같이 그림을 사용하여 자폐아동의 수용언어 능력을 측정할 수 있다.

4) 자폐성장애의 원인

자폐성장애의 주요 원인에 대한 견해는 다양하지만 정확한 원인을 규명하는 것은 다른 장애와 마찬가지로 매우 어렵다. 다만 생물학적으로 유전적 요인, 신경학적 화학 불균형과 뇌의 구조적 이상, 신경병리학적 이상 문제가 일생 동안 지속되는 것으로 보고 있다.

(1) 유전적 요인

자폐성장애와 관련 있는 생물학적 요인으로는 유전, 신경학적인 요인, 뇌손상 등이 있다.

(2) 환경적인 요인

자폐성장애와 관련해서는 위의 유전적 요인이 환경적 요인과 상호작용하여 영향을 미친다는 의견도 있다(Sigman et al., 2006). 환경오염이나 백신 접종 등의 다양한 요인들이 자폐의 발생과 관련된 것으로 추측한다. 특히 1998년부터 MMR(홍역, 유행성 이하선염, 풍진) 백신 접종이 자폐증의 발생에 직접적인 영향을 준다고 주장하는 연구자들이 있는데, 이에 반대하는 의견도 있다(Rutter, 2005). 따라서 홍역 백신을 맞지 않아 아동이 병에 노출되지 않도록 예방 접종에 대한 안내와 주의사항을 충분히 숙지하는 것이 필요하다.

(3) 뇌의 구조와 기능의 차이

해부학 연구에 따르면 뇌구조 이상과 신경병리학적 이상 요인은 소뇌, 뇌간, 측두엽, 특히 편도체에 결함이 있기 때문이다(Schultz & Robins, 2005). 또한 계획, 조직, 자기조절, 억제 등의 실행기능을 담당하는 전두엽에 결함이 보인다는 연구도 있다(Ozonoff et al., 2005). 그러나 확실한 원인이 밝혀지지 않았고 아직도 의문이 많이 남아 있다는 것이 전반적인 의견이다(Minchew et al., 2005).

5) 자폐성장애의 특성

일반적으로 자폐성장애의 특성은 정의와 매우 밀접한 관련이 있다. 따라서 여기에서는 정의에서 제시한 특성을 중심으로 간단히 살펴본다.

(1) 사회적 상호작용의 결함

자폐성장애학생이 보이는 사회적 행동 결함은 제스처와 같은 비구어적 행동을 적절히 사용하지 않거나, 발달 수준에 맞는 또래관계를 보이지 않거나, 다른 사람들과 즐거움 또는 관심을 나누지 않거나, 다른 사람에게 반응을 보이거나 관심을 보이지 않는 사회·정서적 상호성의 결여로 나타난다(이소현, 박은혜, 2006). 예를 들면, 일상적인 사회적 상호작용이나 상호 간의 대화를 지속하는 경우가 드물며, 미묘한 사회적 단서나 말로 표현되지 않은 메시지를 잘못 이해하며, 사회적으로 용납되지 않는 습관이나 행동을 보이는 경우가 많다(Gagnon & Myles, 1999).

(2) 의사소통

약 50%의 자폐성장애학생은 거의 말을 하지 않는다(NRC, 2001). 언어를 사용하는 아동 중에서도 자연스럽지 않은 방식으로 언어를 사용한다. 몸짓을 사용하는 것과 말로 하는 것 사이에 연결이 되지 않는다. 원하는 것과 필요한 것을 표현하는 데 어려움을 보인다.

(3) 상동행동 및 제한된 관심

많은 자폐성장애학생은 행동이나 일과를 반복한다. 환경에서 같은 것 혹은 일관된 것을 고집한다. 때로는 매우 특정한 흥미에 빠져 있다. 같은 것을 계속해서 질문하거나 자신의 흥미만을 고집하여 다른 사람들과의 대화 중에 끼어들거나 대화를 지속하지 못하게 하는 특성으로 인해 사회적으로 수용되기가 어렵다(NRC, 2001).

(4) 인지 및 학업적 특성

자폐성장애학생은 보통 혹은 평균보다 높은 범위에 있는 아스퍼거장애아동들과 같은 학생도 있지만, 대체적으로는 정신지체를 지닌 것으로 알려져 있다(NRC, 2001). 지적 능력이 낮은 경우에도 인지적 학업 특성은 프로파일을 봤을 때 고르지 않은 패턴을 보여 한 가지 기술에만 강점 혹은 결함을 보이는 경우도 있다(Simpson, 2004). 특히 자폐성장애 중 20% 정도를 차지하는 고기능 자폐의 경우, 평균 이상의 능력을 지니고 있으나 학업성취에서는 고르지 않은 수행을 보이거나 사회적 판단이 부적절하여 독해력 점수가 낮은 편이다(Barnhill, Hagiwara, Myles, & Simpson, 2000).

6) 자폐성장애학생 지도방법

자폐성장애학생을 위한 교육은 근본적인 특성에 비추어 크게 사회성 기술 향상을 위한 교수, 기능적 의사소통과 기능적 행동분석을 통한 문제행동 수정방법 등을 들 수 있다.

(1) 사회성 기술 교수

자폐성장애학생의 사회성 기술을 가르치기 위해 다양한 방법이 시도되고 있다(Gagnon, 2001; Mesibov, Shea, & Adams, 2001; Myles & Simpson, 2002) 적절한 상황에서 사용할 수 있는 사회성 기술을 가르치는 방법으로는 사회적 상황 이야기 중재를 활용한다. 상황 이야기(Mesibov et al., 2001)는 다른 사람들의 관점을 기술하거나 상황을 설명하는 문장을 많이 포함한다. 예를 들면, 대부분의 아이들은 깨끗한 옷을 입었을 때 기분이 좋다. 대부분의 사람들은 다른 날에 다른 옷을 입을 때 기분이 좋다. 스크립트(Myles & Simpson, 2002)는 상황에 맞는 사회적 행위를 담은 일련의 문장으로 구성되어 있다. 교사는 학생의 이해 수준에 맞도록 문제 상황이나 목표행동을 자세히 설명하는 간단한 스크립트를 작성한다. 유사하게 파워카드 전략(Gagnon, 2001)은 명함 정도 크기의 카드에 아동이 좋아하는 캐릭터를 사용해서 문장을 만든다. 적절한 행동이나 사회적 기술을 아동의 관심 영역과 연결시키는 시각적 자극을 기초로 하는 방법이다.

(2) 의사소통 기술 교수

최근에는 일반학급이나 가정과 같은 자연스러운 환경에서 부모나 교사에 의한 의사소통 기술 교수가 강조되고 있다. 가정이나 교실과 같은 상황에서 학습한 기능적 기술을 실제 상황에 적용하여 일반화하는 데 효과적인 것으로 보고되고 있다(Goldstein, 2002). 때로는 언어치료사와 함께 가장 적절한 보완대체 의사소통 기구를 확인한다. 보완대체 의사소통 기구란 구두언어로 의사표현을 하지 않는 자폐성장애학생에게 사용할 수 있는 것으로, 그림을 활용한 의사소통판이나 음성출력 장치를 장착한 전자식 의사소통판과 같은 것을 말한다. 특히 그림교환 의사소통체계는 전자 의사소통판에 비해 간편하게 아동 자신의 생각, 욕구와 감정 등을 표현할 수 있도록 그림 카드를 제작한 것으로 아동의 의사소통 능력과 기능을 향상시킬 수 있다(NRC, 2001).

(3) 문제행동 수정

자폐성장애학생의 문제행동을 개선하기 위해서는 집중적인 행동 프로그램을 사용하여 훈련한다. 최근에는 단순한 기술을 집중적으로 가르치는 행동주의 접근법보다는 행동의 원인을 파악하고 행동의 기능을 결정하고 선행 사건이나 결과를 조작하는 기능적 행동평가를 사용한다. 기능적 행동평가를 비롯한 행동관리법에 대해서는 8장에서 자세하게 다루고 있다.

요약

정신지체는 지적 능력과 적응행동의 두 가지 측면에서 제한을 보이는 장애로 학업적인 측면에서 볼 때 기억력이나 주의집중, 학습한 내용의 일반화에 어려움을 보인다. 그러나 명시적이고 체계적으로 기본 기술을 가르치고 사회에서 적용할 수 있도록 기능적 교육과정을 중심으로 한 활동을 교육하고 자기결정 기술을 가르쳐서 사회에서 독립적으로 살 수 있도록 할 수 있다.

정서 · 행동장애는 유전적 요인과 환경적 요인이 복합적으로 작용하여 발생하고, 행동이나 정서 측정의 어려움으로 인해 공통된 진단기준이나 정의가 어려운 장애 영역이다. 다만 정서 · 행동장애는 공격성과 같은 외현화된 행동 특성과 우울증과 같은 내현화된 행동 특성으로 나타나며, 일반적으로 지능 및 학업성취에서 낮은 수행을 보이고, 주로 사회 · 정서적인 문제와 행동적인 문제를 보인다. 따라서 행동 변화를 위한 기능적 행동평가와 사회성 기술과 학업기술을 향상시키고자 하는 교육과정의 목표를 설정해서 교육시켜야 한다.

학습장애는 비교적 최근에 인식되기 시작한 영역으로 국내에서는 상대적으로 출현율이 높지 않다. 학습장애란 보통 혹은 그 이상의 지적 능력을 가지고 있지만 개인 내적 요인으로 읽기, 쓰기, 말하기, 듣기, 수학 등의 학습 영역 중 하나 이상에서 어려움을 보이는 상태를 말한다. 학습장애아동을 위한 교육적 접근법으로는 전통적으로 읽기, 쓰기, 셈하기와 같은 기본 기술을 가르치는 교정적 접근과 인지 및 초인지 전략을 명시적으로 가르치는 전략교수가 있다.

자폐성장애는 최근에 전 세계적으로 많은 관심을 받고 있으며, 우리나라에서도 2008년부터 독립된 장애 영역으로 분리되었다. 자폐범주성장애의 진단기준은 사회적 상호작용의 결함, 의사소통 발달의 결함, 반복적이고 상동적인 행동 특성이 만 3세 이전에 나타나는 경우를 말한다. 세 가지 행동 범주의 특성에 따른 사회성 기술을 향상시키기 위한 상황 이야기, 스크립트 등의 중재가 있다. 의사소통 향상을 위한 중재로는 언어적 접근과 더불어 보완대체 의사소통 기구를 활용한 중재도 많이 사용된다. 그리고 행동 중재를 위해서는 긍정적 행동지원과 기능적 행동분석 등의 방법이 있다.

학습 문제

이 장 처음에서 제시한 사례와 같은 특성을 가진 학생들을 돕기 위한 지도 방안을 기술해 보시오.

- 정신지체
- 정서 · 행동장애
- 학습장애
- 자폐성장애

관련 사이트

- 학습장애 웹사이트 http://www.ldonline.com
  미국의 교육자, 학부모, 학생, 연구자들을 위한 학습장애, ADHD 관련 정보를 지속적으로 업데이트하면서 제공하고 있다.
- 자폐학회 http://www.autism.or.kr/
  자폐 관련 국내 · 외 정보를 제공한다.
- 마음백과 http://www.sangdam.kr/encyclopedia.html
  정서와 관련된 문제의 정의와 진단, 치료에 대한 간단한 정보와 전문가 정보를 제공한다.

참고문헌

김동일, 정광조(2008). 불일치모형과 중재반응모형을 넘어서: 학습장애의 진단을 위한 새로운 통합 모형의 제안을 중심으로. 정서 · 행동장애연구, 24(1), 133-161.

김미경, 문장원, 서은정, 윤점룡, 윤치연, 이상훈(2006). 정서 및 행동장애아 교육. 서울: 학지사.

김성애(2002). 발달지체 유아의 자기결정 촉진당위성과 교수-학습원리. 특수교육학연구, 37(2), 1-23.

김윤옥, 전정미(2003). 초등학교 학습장애학생에 대한 문장작성전략 교수가 문장작성 능력과 자기효능감에 미치는 효과. 특수교육학연구, 38(3), 241-158.

이대식(2001). 학습장애 진단과 판별: 불일치 기준의 문제점과 교과별 기초학습 기능의 역할. 정서 · 학습장애연구, 17(2), 9-41.

이소현, 박은혜(2006). 특수아동교육. 서울: 학지사.

이승희(2009). 자폐스펙트럼장애의 이해. 서울: 학지사.

임은영, 김자경, 김기주, 김주영(2007). 자기결정 프로그램이 초등학교 경도정신지체 아동의 자기결정력에 나타난 효과. 정신지체연구, 9(2), 21-36.

American Association on Mental Retardation (AAMR) (2002). *Mental retardation: Definition, classification, and systems of supports* (10th ed.). Washington, DC: Author.

American Psychiatric Association (2000). *Diagnostic and statistical manual for mental disorders-Training (DSM-IV-TR)* (4th ed.). Washington, DC: Author.

Barnhill, G., Hagiwara, R., Myles, B. S., & Simpson, R. L. (2000). Asperger syndrome: A study of the cognitive profiles of 37 children and adolescents. *Focus on Autism & Other Developmental disabilities, 15,* 146-153.

Beirne-Smith, M., Patton, J. R., & Kim, S. H. (2006). *Mental retardation* (7th ed.). Upper Saddle River, NJ: Merrill/Prentice Hall.

Bender, W. (2008). *Differentiating instruction for students with learning disabilities. Best teaching practices for general and special educators* (2nd ed.). Thousand Oaks, CA: Corwin Press.

Bos, C. S., & Vaughn, S. (2006). *Strategies for teaching students with learning and behavior problems* (6th ed.). Boston: Allyn & Bacon.

Cochran, L., Feng, H., Cartledge, G., & Hamilton, S. (1993). The effects of cross-age tutoring on the academic achievement, social behaviors, and self-perceptions of low-achieving African-American males with behavioral disorders. *Behavior Disorders, 18,* 292-302.

Coleman, M., & Webber, J. (2002). *Emotional and behavioral disorders* (4th ed.). Boston, MA: Allyn & Bacon.

Das, J. P., Naglieri, J. A., & Kirby, J. R. (1994). *Assessment of cognitive processes: The PASS theory of intelligence.* Boston: Allyn & Bacon.

Deshler, D. D., Ellis, E. S., & Lenz, B. K. (1996). *Teaching adolescents with learning disabilities* (2nd ed.). Denver, CO: Love.

Individuals with Disabilities Education Act (IDEA) (1997 Amendments). Washington, DC: U.S. Government Printing Office.

Farmer, T. W., & Cadwallader, T. W. (2000). Social interactions and peer support for problem behavior. *Preventing School Failure, 44,* 105-109.

Field, M. A., & Sanchez, V. A. (1999). *Equal treatment for people with mental retardation: Having and raising children.* Cambridge, MA: Harvard University Press.

Fuchs, D., & Deshler, D. D. (2007). What we need to know about responsiveness to intervention (and shouldn't be afraid to ask). *Learning Disabilities Research & Practice, 22*(2), 129-136.

Fuchs, L. S., & Fuchs, D. (2001). Principles for the prevention and intervention of mathematics disabilities. *Learning Disabilities Research and Practice, 16*, 85-95.

Gagnon, E. (2001). *Power cards: Using special interests to motivate children and youth with Asperger syndrome and autism.* Shawnee Mission, KS: Autism Asperger Publishing.

Gagnon, E., & Myles, B. S. (1999). *This is Asperger syndrome.* Shawnee Mission, KS: Autism Asperger Publishing.

Gardner, H. (1993). *Multiple intelligence: The theory into practice.* New York: Basic Books.

Goldstein, H. (2002). Communication intervention for children with autism: A review of treatment efficacy. *Journal of Autism and Developmental Disorders, 32*(5), 373-396.

Graham, S., Harris, K. R., & Larsen, L. (2001). Prevention and intervention of writing difficulties for students with learning disabilities. *Learning Disabilities Research and Practice, 16*, 74-84.

Gresham, F. M., & Elliott, S. N. (1989). Social skills deficits as a primary learning disability. *Journal of Learning Disabilities, 22*(2), 120-124.

Gumpel, T. (1994). Social competence and social skills training for persons with mental retardation: An expansion of a behavioral paradigm. *Education and Training in Mental Retardation and Developmental Disabilities, 29*(3), 194-201.

Hallahan, D. P., Lloyd, J. W., Kauffman, J. M., Weiss, M. P., & Martinez, E. A. (2005). *Learning disabilities: Foundations, characteristics, and effective teaching.* Boston: Allyn & Bacon.

Hanson, M. J., & Carta, J. J. (1995). Addressing the challenge of families with multiple risks. *Exceptional Children, 62*, 201-212.

Harper, G. F., Mallette, B., Maheady, L., Bentley, A. E., & Moore, J. (1995). Retention and treatment failure in classwide peer tutoring: Implications for further research. *Journal of Behavioral Education, 5*, 399-414.

Harris, K. R., & Pressley, M. (1991). The nature of cognitive strategy instruction: Interactive strategy construction. *Exceptional Children, 57*, 392-404.

Heward, W. L. (2009). *Exceptional Children: An introduction to special education* (9th ed.). Upper Saddle River, NJ: Pearson.

Kauffman, J. M. (2005). *Characteristics of emotional and behavioral disorders of children and youth* (8th ed.). Upper Saddle River, NJ: Merrill/Prentice Hall.

Kavale, K. A., & Forness, S. R. (1996). Social skill deficits and learning disabilities: A meta-analysis. *Journal of Learning Disabilities, 29*(3), 226-237.

Kazdin, A. (1993). Treatment of conduct disorder: Progress and directions in psychotherapy research. *Development and Psychopathology, 5*(1/2), 357-372.

Lane, K. L., & Menzies, H. M. (2005). Teacher-identified students with and without academic and behavioral concerns: Characteristics and responsiveness. *Behavioral Disorders, 31*, 65-83.

Lerner, J. (2006). *Learning disabilities and related disorders: Characteristics and teaching strategies* (10th ed.). Boston: Houghton Miffilin Co.

McNamara, J. K., & Wong, B. (2003). Memory for everyday information in students with learning disabilities. *Journal of Learning Disabilities, 36* (5), 394-406.

Mesibov, G. B., Shea, V., & Adams, L. W. (2001). *Understanding Asperger syndrome and high functioning autism.* New York: Kluwer Academic Publisher.

Minchew, N. J., Sweeney, J. A., Bauman, M. L., & Webb. S. J. (2005). Neurological aspects of autism. In F. Volkmar, R. Paul, A. Klin, & D. Cohen (Eds.), *Handbook of autism and pervasive developmental disorders* (pp. 473-514). New York: John Wiley & Sons.

Montague, M. (1992). The effects of cognitive and metacognitive strategy instruction on the mathematical problem solving of middle school students with learning disabilities. *Journal of Learning Disabilities, 25*, 230-248.

Murray, C., & Greenberg, M. T. (2006). Examining the importance of social relationships and social contexts in the lives of children with high incidence disabilities. *Journal of Special Education, 39* (4), 220-233.

Myles, B. S., & Simpson, R. L. (2002). Asperger syndrome: An overview of characteristics. *Focus on Autism & Other Developmental Disabilities, 17* (1), 132-137.

National Research Council (2001). *Educating children with autism.* Washington, DC: National Academy Press.

Ozonoff, S., South, M., & Provencal, S. (2005). Executive functions. In F. Volkmar, R. Paul, A. Klin, & D. Cohen (Eds.), *Handbook of autism and pervasive developmental disorders* (pp. 606-627). New York: John Wiley & Sons.

Palinscar, A. S., & Brown, A. L. (1984). Reciprocal teaching of comprehensionfostering and monitoring strategies. *Cognition and Instruction, 1,* 117-175.

Pennington, B. F. (2002). *The development of psychopathology: Nature and nurture.* New York: Guilford.

Raskind, W. H. (2001). Current understanding of the genetic basis of reading and spelling disability. *Learning Disability Quarterly, 24,* 141-157.

Rhee, S. H., & Waldman, I. D. (2002). Genetic and environmental influences on antisocial behavior: A meta-analysis of twin and adoption studies *Psychological Bulletin, 128,* 490-529.

Richards, T. L. (2001). Functional magnetic resonance imaging and spectroscopic imaging of the brain: Application of fMRI and fMRS to reading disabilities and education. *Disability Quarterly, 24,* 189-203.

Richek, M. A., Caldwell, J. S., Jennings, J. H., & Lerner, J. W. (2002). *Reading problems: Assessment and teaching strategies* (4th ed.). Boston, MA: Allyn & Bacon.

Rutter, M. (2005). Genetic influences and autism. In F. Volkmar, R. Paul, A. Klin, & D. Cohen (Eds.), *Handbook of autism and pervasive developmental disorders* (pp. 425-452). New York: John Wiley & Sons.

Schultz, R. T., & Robins, D. L. (2005). Functional neuroimaging studies of autism spectrum disorders. In Handbook of autism and pervasive developmental disorders.

Sigman, M., Spence, S. J., & Wang, A. T. (2006). Autism from developmental and neuropsychological perspectives. *Annual Review of Clinical Psychology, 20,* 293-302.

Simpson, R. L. (2004). Finding effective intervention and personnel preparation practices for students with autism spectrum disorders. *Exceptional Children, 70* (2), 135-144.

Spencer, V. G., Scruggs, T. E., & Mastropieri, M. A. (2003). Content area learning in middle school social studies classrooms and students with emotional or behavioral disorders: A comparison of strategies. *Behavioral Disorders, 28,* 77-93.

Sprague, J., & Walker, H. (2000). Early identification and intervention for youth with antisocial and violent behavior. *Exceptional Children, 66* (3), 367-379.

Stone, W. L., & LaGreca, A. M. (1990). The social status of children with learning disabilities: A reexamination. *Journal of Learning Disabilities, 23*, 32–37.

Thomas, C. H., & Patton, J. R. (1990). Mild and moderate retardation. In J. R. Patton, M., Beirne-Smith, & J. S. Payne (Eds.), *Mental Retardation* (2nd ed., pp. 197–226). New York: Merrill/Macmillan.

Turnbull, H. R., Turnbull, A. P., Wehmeyer, M. L., & Park, J. (2003). A quality of life framework for special education outcomes. *Remedial and Special Education, 24*, 67–74.

Vaughn, S., Bos, C., & Schumm, J. S. (2007). *Teaching students who are exceptional, diverse, and at risk* (4th ed.). Boston: Pearson.

Vaughn, S., & Linan-Thomson, S. (2003). What is special about special education for students with learning disabilities? *The Journal of Special Education, 37*(3), 140–147.

Walker, H. M. (1997). *The acting out child: Coping with classroom disruption* (7th ed.). Longmont, CO: Sopris West.

Walker, H. M., Ramsey, E., & Gresham, R. M. (2005). *Antisocial behavior in school: Evidence-based practices* (2nd ed.). Belmont, CA: Wadsworth/Thomson Learning.

Wehmeyer, M. L., Kelchner, K., & Richards, S. (1996). Essential characteristics of self-determined behaviors of adults with mental retardation and developmental disabilities. *American Journal on Mental Retardation, 100*, 632–642.

Wehmeyer, M. L., Lattin, D. L., Lapp-Rincker, G., & Argan, M., (2003). Access to the general curriculum of middle school students with mental retardation. *Remedial and Special Education, 24*, 262–274.

Wehmeyer, M. L., Palmer, S. B., Argan, M., Mithaug, D. E., & Martin, J. E. (2000). Promoting causal agency: The self-determined learning model of instruction. *Exceptional Children, 66*, 439–453.

Zigler, E. (1999). The retarded child as a whole person. In E. Zigler & D, Bennett-Gates (Eds.), *Personality development in individuals with mental retardation* (pp. 1–16). Cambridge, UK: Cambridge University Press.

Zion, E., & Jenvey, V. B. (2006). Temperament and social behaviour at home and school among typically developing children and children with an intellectual disability. *Journal of Intellectual Disability Research, 50* (6), 445–456.

제5장
감각장애, 지체장애, 의사소통 장애 및 건강장애 학생의 교육

  감각장애와 지체장애를 가진 학생들은 다른 장애 유형의 학생들과는 달리 외형적으로 장애의 상태가 비교적 분명하게 나타난다. 감각장애는 크게 시각과 청각의 손상으로 인하여 감각 자극을 통해 정보를 수용하고 산출하는 데 어려움을 갖게 되고, 지체장애는 형태와 기능의 이상으로 인해 학습 장면에서 어려움을 겪게 된다. 의사소통장애는 언어의 수용과 표현에 있어서 어려움을 갖게 되는 상태를 말한다. 건강장애를 가진 학생들은 건강상의 문제로 인하여 학교에서 특별한 교육적 조치를 필요로 한다. 따라서 학교교육 현장에서는 이러한 장애 조건을 가진 학생들의 특징을 바르게 알고 그에 적합한 교육적 지원을 해 주는 것이 필요하다. 이 장에서는 시각장애, 청각장애, 지체장애, 의사소통장애 그리고 건강장애 학생의 특성과 교육적 지원 방안을 설명한다.

1. 시각장애학생의 교육

1) 시각장애의 정의 및 분류

장애인 등에 대한 특수교육법 제15조(특수교육대상자의 선정)에 근거하여 시각 장애학생은 특수교육대상자로 선정될 수 있는데, 동법 시행령[별표]에 규정된 시 각장애를 지닌 특수교육대상자 선정 기준은 다음과 같다.

> 시각계의 손상이 심하여 시각기능을 전혀 이용하지 못하거나 보조공학기 기의 지원을 받아야 시각적 과제를 수행할 수 있는 사람으로서, 시각에 의한 학습이 곤란하여 특정의 광학기구·학습매체 등을 통하여 학습하거나 촉각 또는 청각을 학습의 주요 수단으로 사용하는 사람

시력이 완전히 상실되어 시각기능을 전혀 이용하지 못하는 경우를 전맹 (blindness)이라 하고, 시력이 남아 있으나 보조공학기기 등의 지원을 받아야 하 는 경우를 저시력(약시)이라고 한다. 한편, 장애인복지법 시행령 제2조[별표]의 장애인 기준에는 시각장애인을 다음과 같이 정의하고 있다.

- 나쁜 눈의 시력(만국식 시력표에 따라 측정된 교정시력을 말한다. 이하 같다)이 0.02 이하인 사람
- 좋은 눈의 시력이 0.2 이하인 사람
- 두 눈의 시야가 각각 주시점에서 10° 이하로 남은 사람
- 두 눈의 시야 1/2 이상을 잃은 사람

2) 시각장애의 원인 및 시력 특성

시각장애의 원인은 매우 다양하다. 시각의 문제 중 가장 흔한 것은 근시, 원시 등의 굴절이상이다. 시각의 상이 망막보다 앞에 맺히는 근시, 너무 뒤에 맺히는

원시, 또 각막이나 수정체의 표면이 균일하지 않아 발생하는 난시는 모두 안경이나 콘택트렌즈를 사용하여 어느 정도 교정이 가능하다. 그러나 심한 경우에는 교정 후에도 시각장애를 초래할 수 있다. 굴절이상 이외에 심한 시각장애를 초래하는 대표적인 원인들을 살펴보면 〈표 5-1〉과 같다.

| 표 5-1 | 시각장애의 원인별 시력 특성

눈의 상태	신체적 특성, 의학적 처치와 원인	예측되는 결과 및 시력
백색증	• 전체 또는 부분적인 색소의 결핍 • 피부색으로 나타나지 않는 경우도 있음 • 태양 볕에 노출되는 것에 대해 민감할 수 있음	• 시력의 감퇴, 광선공포(photopobia), 높은 굴절이상, 난시, 눈부심, 중심에 황반과 사시
사시	• 한쪽 눈을 사용하는 학생들의 경우 사용하지 않은 한쪽 눈의 시력이 기능적으로 감퇴함 • 질병, 사시, 비균등 굴절이상, 각막이나 수정체의 혼탁으로부터 발생	• 단안, 심한 시지각 결함, 한쪽 눈의 실명으로 발전될 수도 있음
무홍채	• 전체적이거나 부분적인 홍채의 결함 • 유전: 일반적으로 보통염색체 우성질환이나 보통염색체 열성질환으로 나타날 수 있음	• 시력의 감소, 눈부심, 홍채가 부재한 부분의 시야 손실 • 백내장과 녹내장이 수반되는 경우가 많음 • 조명의 상태와 눈부심이 시력에 영향
무안구증	• 한쪽 또는 양쪽 안구의 손상 • 유전, 염색체 변이에 해당	• 두 눈 모두 영향을 받았다면 전맹
백내장	• 수정체의 불투명이나 혼탁 • 손상이나 외상의 원인은 약물, 영양 실조 또는 임신 중의 풍진, 노화, 눈 질환(예: 포도막염, 녹내장, 색소성 망막염)	• 시력의 감소, 시야의 흐려짐, 색각에의 어려움, 눈부심, 때때로 녹내장
색약이나 색맹	• 추체 기형, 황반 결핍, 부분적이거나 전체적인 추체의 부재 • 유전: X염색체와 관련 또는 망막질환이나 중독에서 기인	• 색 변별에 어려움을 겪음 • 광선공포, 안구진탕, 황반 결핍, 중심 부분의 맹점
황반변성	• 진행되거나 악화된 망막 추체의 중심 부분에 손상 미침	• 중심시야의 영향, 광선공포, 낮은 색각능력, 일반적인 말초시각

시신경 위축	• 시신경 위축의 기능장애는 시력의 상실을 야기하는 두뇌에 대한 전기 충격의 결과로 시신경의 역기능 • 시각신경유두는 희미해지고 동공의 반응 손상이 있음 • 시신경에 대한 압력, 녹내장, 독성이나 유전(열성유전)	• 시각 수행능력의 기복, 흐려진 시각, 색각이나 시각 수용능력의 손상
망막박리	• 망막의 일부분이 위축되어 떨어짐 • 떨어진 망막은 짧은 시간 내에 재부착 가능 • 당뇨병, 머리의 충격, 외상, 퇴행성 근시 때문에 발생	• 시야의 손상, 흐려지는 시각, 맹점, 황반 중심시력의 손상 가능성, 잔존시력이 있을 때 종종 발생되는 근시와 사시 • 망막박리가 중앙 부분에서 일어났을 때에는 황색변성증 발생 가능 • 박리가 주변 부위에서 일어났을 때에는 광선공포를 고려하여야 함

출처: Sacks, S. Z. & Silderman, R. K. (2005). *Educating students who have visual impairments with other disabilities*. Boston: Paul H. Brookes.

3) 시각장애학생의 발달 특성

발달에 있어서 시각적 문제의 영향은 학생의 전체 기능 수준, 장애가 나타난 연령, 시력 상실의 유형, 장애 정도 등에 따라 다르다. 중복장애를 가진 많은 학생들은 운동, 인지, 사회 발달 등의 지체를 보이는 동시에 시각장애를 가질 수 있다. 어린 시기에 시력 손실을 입은 경우 주변 환경의 사물에 대하여 탐구적인 관심의 정도가 미약해져 배우고 경험할 수 있는 기회를 놓칠 수가 있다. 이러한 탐구력의 부족은 능동적인 학습에 부정적인 영향을 줄 수 있고, 사회화에 지대한 영향을 주는 부모와 또래 친구들을 볼 수 없기 때문에 사회적 행동이나 비언어적 단서를 이해하는 데 어려움을 겪게 된다.

(1) 신체 및 운동 능력 발달

시각장애를 가진 영유아들은 혼자 앉기와 서기, 손을 잡아 주었을 때 걷기 등은 정상이나 서 있는 자세를 유지하기, 혼자 걷기 등에서는 지체된다. 또한 공간 속에서 자기 신체를 조정하는 영역에서 어려움을 겪는다. 대체로 앉거나 서기와 같은 정적 운동기능은 정상적인 연령에서 대부분 획득되지만 기기, 걷기와 같은 역동적 기능에서는 늦은 발달을 보이게 된다. 대근육 협응에 크게 어려움을 겪으며 부적절한 평형 반응을 나타내어 한 발로 서기, 균형 잡기, 점프하기, 발끝 걷기 등에 제한을 보인다. 발달 초기인 감각운동기부터 운동성 발달의 지연을 보이기 시작하며, 시각적 자극의 결여로 주변 환경 내에 물체가 존재한다는 사실을 자연스럽게 알아가는 것에 어려움을 겪는다. 근긴장도가 낮고 신체 · 공간 · 감각 기술 수행 수준이 낮음으로써 일반적으로 자세가 나쁘고 보행 패턴도 어색해 보일 수 있다. 그러므로 시각장애학생의 교육에 있어서 보행훈련은 매우 중요한 의미를 지닌다. 보행훈련 방법에는 흰 지팡이를 사용한 촉타법과 대각선법 등이 있으며, 실내에서는 '따라가기(trailing)' 방법을 훈련한다.

(2) 인지발달

지적 발달 수준을 가늠하기 위해서 흔히 사용되는 지능검사는 시력을 활용하여야 하는 과제가 있어 검사의 실시가 어려운 경우가 있으나, 일반적인 학업 수행 정도나 지적 발달의 진행에 있어 시각장애학생의 지능은 일반학생과 비교해 볼 때 큰 차이가 없다고 보는 것이 일반적이다. 다만 지적 구조에서는 다소의 차이를 보여, 맹학생은 사실에 대한 지식을 가지고 있으나 통합능력이 부족하고 추상적 어휘 이해의 정도에서 지체를 보이는 경향이 있다.

학업 성취 면에서는 시각적 정보에 대하여 정보 습득의 지체와 읽기 속도의 지체, 수술 등으로 인한 수업 결손, 특수교육 시작시기의 지연 등으로 학업성취에 있어 다소 낮은 성취도를 보일 수 있다. 하지만 조기 특수교육의 실시, 통합교육의 영향, 각종 학습매체 및 보조공학기기의 사용 등으로 시각 손상에도 학업성취도는 과거에 비해 낮다고 할 수 없다.

(3) 사회 · 정서적 발달

일반적으로 시각장애학생은 스스로가 제한성을 가진 존재라는 사실을 받아들이는 데 어려움이 있으며, 특히 중도(中途) 시각장애학생은 더욱 그러하다. 따라서 아동기와 청소년기 동안에 긍정적이고 현실적인 자아개념을 발달시키는 것이 필요하다. 특히 시각장애학생은 불안이나 공포, 긴장감의 그 수준이 일반학생보다 높으며, 저시력학생의 경우 전맹학생에 비해 부정적 자아개념을 지니고 있는 경향과 부적응 정도가 높다고 여겨진다.

4) 교육적 지원방법

시각장애학생은 원인 질환의 특성에 따라 교육적 고려점에 큰 차이를 보인다. 대표적인 시각장애의 원인 질환별 교육적 고려점은 〈표 5-2〉와 같다.

| 표 5-2 | **시각장애 유형에 따른 교육적 고려점**

시각장애 유형	교육적 고려점
백색증	• 확대, 물체를 가까이 놓기, 높은 대조, 착색 렌즈, 색안경과 보안용 챙 또는 캡 사용 • 학생 주위의 빛 분산, 눈부심 축소, 확대 출력, 교정 렌즈의 사용 • 원거리 시력을 위한 확대 망원경, 조명 조절
사시	• 충분한 대조 비교와 눈부신 빛의 감소 • 어릴수록 눈운동을 하고, 한쪽 눈에 안대나 폐색을 하고 외과 수술을 통해 교정하는 것이 도움이 됨
무홍채	• 미용 렌즈, 인공동공과 착색 렌즈, 색안경과 보안용 챙 사용 • 조명의 조절, 확대
무안구증	• 의안. 만일 두 눈이 모두 영향을 받았다면 촉각이나 청각 방법을 사용하게 됨
백내장	• 확대, 확장(또는 눈 가까이에 물체 가져가기, 치우쳐 보기가 도움이 됨) • 조명은 학생 주위에 위치시키고 눈부심은 피함 • 만일 백내장이 중앙에 위치한다면 근시가 중요한 요인으로 밝은 조명에 영향을 받음 • 조도는 낮게 조절하는 것이 더 좋음
색약이나 색맹	• 높은 대조, 착색 렌즈, 색안경, 보안용 챙, 눈부심을 줄인 조도 유지 • 색이나 색 식별에 의존하는 활동 피하기 • 색을 판단하기 위한 대체기술의 학습이 요구됨(예: 신호등에서의 붉은색이나 녹색빛의 위치, 옷에 색을 변별하는 표시 사용하기)
연령관련 황반변성	• 한쪽으로 치우쳐 보기, 입점 주의의 확대, 눈앞에 자료를 가까이 가져가기 • 높은 대조 선을 그리거나 템플릿을 사용하는 것이 읽기, 수학 문제 찾기, 또는 다른 중요한 정보의 위치 찾기에 도움이 될 수 있음

시신경위축	• 높은 조도, 확대 출력, 높은 대조, 점자와 촉각화된 자료 • 시각적 혼란 피하기. 그림은 단독으로 출력되고 간단하게 제시 　교사는 복잡한 패턴의 옷을 입거나 복잡한 배경 앞에 서는 것을 삼가
망막박리	• 근거리 작업을 위한 확대, 먼 거리를 보기 위한 원시경, 높은 조도 유지 • 편향적 보기(eccentric viewing), 섬광 제거 • 갑작스럽게 박리를 촉진시킬 수 있는 심한 운동 등 신체활동 피하기

출처: Sacks, S. Z. & Silderman, R. K. (2005). *Educating students who have visual impairments with other disabilities*. Boston: Paul H. Brookes.

　시각장애학생의 교수-학습 활동에서 구어만을 매개로 하는 지도나 설명은 학습의 효과를 높이기 어렵다. 따라서 실제 경험을 통한 추상적 개념학습을 충분히 하도록 하여 개념들의 통합을 높이게 된다. 따라서 교사들은 다양한 교재와 교구를 사용하여야 한다. 시각장애학생들은 촉각에 크게 의존하여 학습한다. 촉지각을 이용한 교수-학습 방법에는 사물을 실제로 촉지하는 실제 체험적인 방법과 반구상적인 사물 모형을 활용하는 등의 방법이 있다. 특히 맹학생들은 점자(點字)를 가장 주요한 학습 수단으로 사용하기 때문에 학교에서의 점자교육이 매우 중요하다.

　저시력학생들은 잔존시력이 있어서 일반 활자(묵자, 墨字)를 활용하여 교육을 한다. 묵자를 확대하여 제시해 주거나 학생이 광학도구를 이용하여 묵자 정보를 습득하게 된다. 저시력학생들이 잔존시력을 보다 효율적으로 사용하는 데는 시각적 보조도구가 유용하게 활용될 수 있다. 광학적 기구에는 확대경, 망원경, 폐쇄회로 TV(CCTV) 등이 있다. 비광학적 기구로는 큰 활자나 숫자로 쓰여 있는 책, 신문, 잡지 등이 포함된다. 그리고 화면 확대 프로그램 등도 주요한 학습 보조도구들이다. 이러한 시각 보조도구들은 안과 검진을 통하여 보조기구의 선정

```
4 ● ● 1        1 ● ● 4
5 ● ● 2        2 ● ● 5
6 ● ● 3        3 ● ● 6
점의 번호       점의 번호
 (쓸 때)        (읽을 때)
```

[그림 5-1] 점자 점의 번호

[그림 5-2] 광학기기

과 적응훈련, 보행, 기본생활동작 및 직업활동에 대한 지도와 사회생활을 위한 조언 등을 받는 것이 필요하다.

촉각적 보조도구에는 점자정보단말기, 점자도서, 점자타자기, 점판과 점필, 맹인용 주판, 촉각그림 세트, 촉각지도와 지구본, 점자측정도구, 점자 프린터기 등이 있다. 또한 청각적 보조도구 역시 유용한데, 카세트 녹음기, 녹음도서, 음성합성기, 화면판독기, 독서기 등이 있다. 최근에는 묵자로 된 도서 및 서류의 페이지에 손톱 크기의 작은 바코드를 함께 인쇄하고, 그 바코드를 읽는 간편한 도구를 사용하여 인쇄물을 음성으로 출력해 주는 도구도 많이 이용되고 있다.

2. 청각장애학생의 교육

1) 청각장애의 정의 및 분류

장애인 등에 대한 특수교육법 제15조(특수교육대상자의 선정)에서 특수교육대상자로 '청각장애'를 규정하고 있으며, 동법 시행령[별표]에 규정된 청각장애 특수교육대상자 선정 기준은 다음과 같다.

청력 손실이 심하여 보청기를 착용해도 청각을 통한 의사소통이 불가능 또는 곤란한 상태이거나, 청력이 남아 있어도 보청기를 착용해야 청각을 통한

의사소통이 가능하여 청각에 의한 교육적 성취가 어려운 사람

청각장애라는 용어는 농(聾)과 난청(難聽)을 포괄하는 것이다. 청력 손실이 심하여 보청기를 착용해도 청각을 통한 의사소통이 어려운 경우를 농이라 하고, 청력이 남아 있어 보청기를 착용하면 의사소통이 가능한 경우를 난청이라고 한다. 교육학적 관점에서는 청력 손실이 학생의 말(speech)과 언어(language)의 사용능력에 미치는 영향을 기준으로 청각장애를 지닌 특수교육대상자의 여부를 가늠한다. 한편, 장애인복지법 시행령 제2조[별표]의 장애인 기준에는 장애명을 '청각장애'로 규정하고 그 기준을 다음과 같이 정의하고 있다.

- 두 귀의 청력 손실이 각각 60dB(데시벨) 이상인 사람
- 한 귀의 청력 손실이 80dB 이상, 다른 귀의 청력 손실이 40dB 이상인 사람
- 두 귀에 들리는 보통 말소리의 명료도가 50% 이하인 사람
- 평형기능에 상당한 장애가 있는 사람

청각장애인은 청력의 상태에 따라 분류하기도 한다. 말하는 사람과 듣는 사람과의 거리가 1m일 때 평균 청력 수준(dB)으로 보아 청각장애인의 들리는 상태를 살펴보면 대체로 〈표 5-3〉과 같다.

| 표 5-3 | **청력 수준에 따라 들리는 소리**

청력 수준 (dB)	들리는 상태 (말하는 사람과 듣는 사람과의 거리가 1m일 때)
30~40	• 보통 크기의 말소리는 잘 들을 수 있음 • 속삭이듯 작은 말소리는 알아듣지 못함
40~50	• 일대일의 대화 소리는 잘 들을 수 있음 • 말하는 사람의 얼굴이 보이지 않으면 잘 알아듣지 못함 • 여러 사람이 있는 회의석상에서는 잘 알아듣지 못함
50~70	• 큰 목소리는 잘 들을 수 있음 • 여러 사람이 이야기하면 알아듣지 못함
70~80	• 큰 소리로 말해야 들을 수 있음
80~90	• 귀에 대고 큰 소리로 말해야 겨우 들음
90 이상	• 귀에 대고 큰 소리로 말해도 못 들음

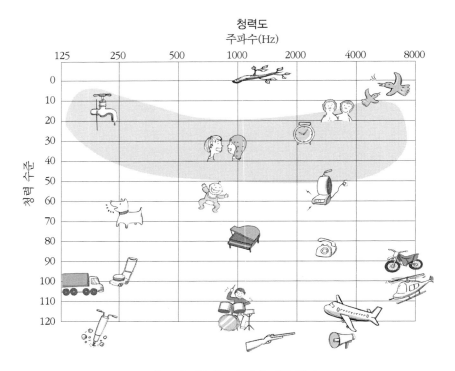

[그림 5-3] 들리는 소리에 따른 청력도

2) 청각장애의 원인 및 특성

청각장애의 원인을 살펴보기 위해서는 청각 정보를 전달하는 기관인 귀에 대해 알아볼 필요가 있다. 귀는 청각(hearing)과 균형(equilibrium)의 기관으로서 두 가지 기능을 한다. 사람이 귀로 들을 수 있는 음의 진동 수는 대략 16∼24,000Hz이며, 이를 '가청역치'라고 부른다. 소리를 전달하는 사람의 귀는 구조상 크게 세 부분(외이, 중이, 내이)으로 나뉜다([그림 5-4] 참조). 청각 정보의 경로를 외이, 중이, 내이로 구분하여 그 손상에 따른 장애와 원인을 살펴보면 〈표 5-4〉와 같다.

청각장애는 청력 손실의 유형과 손상된 시기가 교육학적으로도 매우 중요하다. 청력 손실의 유형에 따라 청각적 정보를 받아들이는 특징을 알고 그에 따른 교육적 지원방법을 달리해야 하는데(〈표 5-5〉 참조), 그것은 청력 손실시기가 선천적인지 후천적인지, 그리고 언어 경험, 즉 언어 습득 전인지 후인지의 여부를 따져 교육적으로 활용하기 때문이다. 태어날 때부터 다른 사람들의 말을 들을

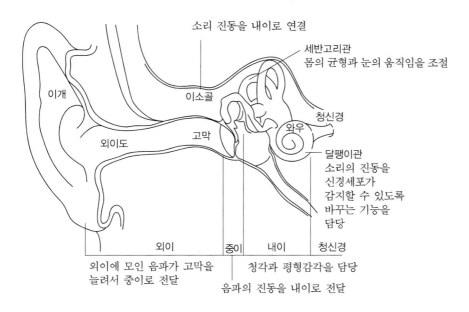

[그림 5-4] 귀의 기본적 해부학적 구조

| 표 5-4 | **청각 경로에 따른 장애와 원인**

외이의 손상	• 귓바퀴가 형성되지 않고 외청도가 생기지 않아 청각의 결함을 초래 • 청각에 있어서는 중이나 내이의 손상에 비해 비교적 덜 심각함 • 원인: 선천성 기형, 임신 초기 바이러스 감염, 외이도 종양 등
중이의 손상	• 원인: 중이염, 고막 손상, 이경화증 등 • 중이염을 그대로 방치할 경우 만성 중이염이 되어 청각장애가 됨 • 심한 경우 청신경을 파괴하여 농 상태까지 가는 합병증
내이의 손상	• 가장 심한 청각장애를 초래하며 회복이 어려움 • 청각역치 상실 이외에 소리의 왜곡, 평형의 문제, 귓속에서 응응 소리가 남 • 원인: 중이에 침범한 세균이 청신경에 영향을 준 경우와 유전성, 뇌막염, 풍진, 사이토메갈로바이러스, 미숙, 모자혈액부적합 등

| 표 5-5 | **청력 손실 유형에 따른 분류**

전음성 청각장애 (conductive hearing loss)	• 전도성이라고도 하며 일반적으로 청력 손실의 정도가 심하지 않아서 대개 난청에 해당. 외이나 중이의 이상으로 인해 내이에까지 도달하는 소리의 양이 줄어듦 • 골도 청력은 거의 정상이고 기도 청력에만 장애 • 대체로 청력이 70dB을 넘지 않음

감음신경성 청각장애 (sensor- neural hearing loss)	• 감각신경성이라고도 하며, 내이나 청신경에 손상을 입은 경우로서 전음성보다 청력 손실 정도가 심하고 예후가 좋지 않아 농으로 분류되어 청각적 의사소통에 어려움을 겪음 • 보통 저주파수대보다 고주파수대에서 청력 손실이 크고, 기도청력과 골도청력이 거의 같은 정도로 저하됨
혼합성 청각장애 (mixed hearing loss)	• 전음성 청각장애와 감음신경성 청각장애가 혼합된 상태지만 일반적으로 청력 손실 정도가 심하지 않음 • 만성 중이염에서와 같이 염증에 의하여 중이의 증폭기능이 장애를 받고, 내이에까지 염증이 번져 내이의 감각신경성 장애를 받게 되는 경우 • 골도청력보다는 기도청력이 더 큼

수 없는 아동은 말과 언어를 자발적으로 배우지 못하기 때문에 언어 습득 전 청각장애아를 위한 교육 프로그램은 일반적으로 언어와 의사소통 방법을 습득하는데 초점을 맞추고 있다. 반면에 말과 언어가 발달한 후에 청력 손실을 입은 아동은 언어 습득 전에 청각장애가 된 아동과는 다른 교육적 서비스를 필요로 하는데, 언어 습득 후 청각장애아를 위한 프로그램에서는 보통 적절한 언어발달과 명료한 말소리를 유지하는 것에 초점을 둔다.

3) 청각장애의 특성

청각장애학생은 말과 언어 발달에 있어 청력의 손실시기에 크게 영향을 받는다. 일반적으로 언어능력은 잔존청력의 정도, 지적 능력, 청각 활용 정도, 청력 손실시기, 조기교육 여부 등에 따라 개인적인 차이가 크다. 어휘발달 수준에서는 일반학생에 비하여 난청의 경우는 약 2년 정도의 지체를 보이고 농의 경우는 4~5년 정도의 지체를 보인다고 한다. 대체로 청각장애학생들은 관용적 표현의 습득과 사전적 의미를 초월한 문맥적 이해에 어려움을 겪는다. 특히 조사의 사용과 문법적 규칙의 습득에 제한을 보여 전반적으로 문법적인 오류가 잦은 것이 특징이다.

(1) 인지발달 및 학업성취

청각장애학생의 지적 능력은 대체로 일반학생보다 평균적으로 약간 낮기는 하지만 정상 범위 안에 있다고 할 수 있다. 하지만 언어와 관련된 검사에서는 평균보다 더 낮게 나타난다. 언어성 지능검사에서 경험적 언어 요인의 수준은 일반학생과 차이가 없으나 추상적인 사고의 영역은 유의하게 뒤떨어진다. 사고, 유추, 개념화, 추상력 등도 일반학생에 비해 낮은 경향이 있다. 지적 능력이 정상 범위 안에 있음에도 학업성취도가 지체되고 읽기능력이 초등학교 4~5학년 수준을 넘지 못하는 경향을 보이기도 한다. 수학에서도 이러한 경향은 확인되고 있다. 학업성취도가 일반학생에 비하여 많이 낮은 이유는 물론 청각적인 정보처리의 어려움과 표현능력에서의 제약 때문이겠지만, 구화교육을 위주로 하는 경우에 청각장애아동이 잘 알아들을 수 없어 학습 정보를 충분히 입수하지 못하게 되는 것 때문으로 유추할 수도 있다. 또한 수화나 구화 등을 모두 사용하는 종합적 의사소통법(total communication)에 의한 교육을 하는 경우에는 교사가 수화에 익숙하지 못하였을 때 학생들의 학업성취에 부정적인 영향을 미칠 수 있을 것이다.

(2) 사회 · 정서적 발달

일반적으로 사회적 성숙은 같은 또래의 일반학생에 비해 낮다고 보는 견해가 있으나 이는 절대적이라고 할 수 없다. 청각장애학생이 어떠한 환경에서 생활해 왔느냐에 따라 심리사회적 성숙에 영향을 줄 것이다. 청각장애학생은 구어를 바탕으로 원활한 의사소통을 하는 데 어려움을 겪기 때문에 환경에 대한 부정적인 반응을 보일 수 있으며, 이에 원만한 대인관계를 유지하기 어려울 뿐더러 자기중심적인 경향을 가질 수 있다. 또한 보다 신경질적이며 내성적이고 성급하고 충동적인 반응과 정서적인 미성숙, 위축감 등이 보이기도 하지만 이는 구어적인 의사소통이 우세한 환경의 문제로 보는 것이 더 타당하다.

4) 청각장애학생을 위한 교육적 접근

(1) 구화법

구화(口話)의 사용을 강조하는 교육 프로그램들에서는 청각장애학생들에게 일반인들이 사용하는 말(구어)이 필수적이라고 본다. 구화를 강조하는 프로그램에 참여하는 학생에게는 일반적으로 가능한 한 알아들을 수 있는 말을 하는 능력과 잔존청력을 발달시키기 위해 몇몇 방법들—청각, 시각, 촉각 자극을 제공하는 방법—이 사용된다. 이를 위해 청능훈련, 독화(讀話, 말하는 사람의 입 모양을 보고 읽는 것), 보청기 및 증폭기의 사용 그리고 무엇보다도 '말하는 것'에 많은 주의를 기울인다.

(2) 큐드 스피치

큐드 스피치(cued speech)는 구화 의사소통 방법을 보충하기 위한 방법이다. 뺨 근처에 수신호 형태로 단서를 추가하는 것으로, 독화만으로는 구별하기 어려운 음소들을 인식할 수 있게 함으로써 구어적 의사소통을 원활하게 한다.

(3) 종합적 의사소통법

토털 커뮤니케이션(total communication) 또는 동시적 의사소통법이라고도 불리는 종합적 의사소통법에서는 청각장애인과 건청인 간의 의사소통을 원활하게 하기 위해서 다양한 양식의 의사소통법을 사용하도록 허용한다. 종합적 의사소통법은 구화법에 대한 비판적 접근으로서 구화든 수화든 어느 특정한 의사소통 양식이 고집되기보다는 청각장애인 개인에게 가장 적합하고 사용하기 쉬운 의사소통 양식이라면 존중되어야 한다는 데에 의의가 있다.

(4) 수화

수화는 단어와 아이디어 그리고 개념을 표현하기 위해 손짓과 몸짓을 사용하는 표현법이다. 어떤 수화들은 사상적(iconic)이어서 메시지를 몸짓으로 시연하거나 모방해서 나타내거나 모양이 비슷한 손 모양 또는 동작을 통해 의미를 전달한다. 수화는 한국어와는 독립적인 문법체계를 갖추고 있어서 하나의 언어로서 '수어(手語)'라고 명명하기도 한다.

(5) 지문자

지문자는 지화(指話)라고도 불리는데, 다른 의사소통 방법들과 함께 사용되어 왔다. 한국 지문자는 24개의 손 모양으로 구성되어 있으며, 각각은 한글 자·모음을 나타낸다. 주로 한 손으로 하는 지화가 사용되어 왔다.

(6) 이중언어-이중문화 접근법

최근 농인들의 교육에 있어서 이중언어-이중문화 접근법이 큰 지지를 받고 있다. 이 접근법은 농을 장애가 아닌 문화와 언어 차이로 보고, 자연수화를 농인의 자연언어로 인정한다. 이중언어-이중문화 교육 접근법에서는 농인들이 그들의 제1언어인 자연수화를 이용하여 교수하고 2차 언어로서의 한국어를 읽고 쓰기를 가르친다. 이러한 이중언어-이중문화 교육은 두 가지 언어와 두 가지 문화(즉, 건청인의 문화와 농인의 문화)를 배우는 것이며, 농아동이 사고에 필요한 도구를 발달시키고 다른 농인들과의 관계를 통해 건강한 자아의식을 발달시키도록 수화라는 시각적 1차 언어를 갖게 하는 것이다(김영욱, 2007).

5) 청각장애학생을 위한 보조공학

(1) 보청기

보청기에는 고감도 마이크와 고출력 스피커가 내장되어 있어 외부의 소리를 받아들이고 그것을 증폭기를 통해 스피커로 내보내는 것이다. 이와 같은 원리는 전음성 청각장애인이 듣기 어려운 소리를 듣기 쉬운 소리로 전환시켜 준다. 많이 사용되는 보청기의 형태는 상자형, 귀걸이형, 귓속형 등이 있다.

- 착용 위치에 따른 유형: 상자형 보청기, 귀걸이형 보청기, 안경형 보청기, 귓속형 보청기
- 신호처리 방식에 따른 유형: 아날로그 보청기, 디지털 프로그램형 보청기, 디지털 보청기
- 청각 보조장치에 의한 유형: FM 시스템 보청기, 집단형 보청기, 유도파 보청기, 적외선 보청기
- 증폭방식에 의한 유형: 선형 보청기, 비선형 보청기
- 음전도 방식에 따른 유형: 기도보청기, 골도보청기

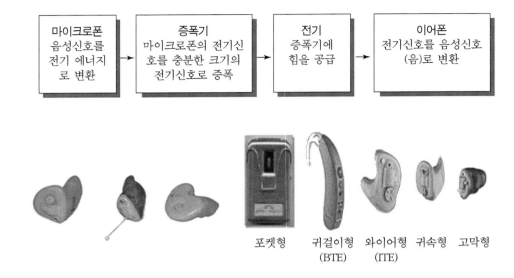

[그림 5-5] 보청기의 기본 구조 및 종류

(2) 인공와우

인공와우는 인공 달팽이관이라는 뜻으로, 양측 고도 감음신경성 청각장애인 또는 전혀 들을 수 없는 사람에게 청각을 제공해 주기 위한 전자장치다. 인공와우 수술(cochlea implant)은 외부로부터 들어오는 소리를 전기적인 자극으로 변환하여 청신경을 자극할 수 있는 전극을 와우(달팽이관)에 삽입하는 것이다. 인공와우는 언어 습득 후 중도에 농이 된 사람, 청력 손실도가 커서 보청기의 도움을 받을 수 없는 사람, 와우의 발육이 정상인 사람, 의료적 수술에 지장이 없으며 정신질환을 갖지 않는 사람, 전기자극 검사의 반응이 좋은 사람 등에게 시술한다.

(3) 기타 보조공학

- 자막: TV나 영화, 다양한 어휘와 구문을 접하게 함으로써 언어능력을 신장시킴
- 청각장애인용 전화기: 문자전화기와 골도전화기
- 컴퓨터 테크놀로지: 일반적인 컴퓨터의 사용 이외에도 발음연습, 청능훈련,

수화교육, 독화연습, 언어보충학습 등 다양한 방법으로 청각장애학생들을 위해 활용
• 알림장치: 출입문의 벨소리, 화재경보, 자명종, 전화벨 등의 소리를 듣지 못하는 청각장애인들에게 소리 대신 신호를 전달할 수 있도록 불빛이 깜빡이는 단서 등 사용

3. 지체장애학생의 교육

1) 지체장애의 정의 및 분류

장애인 등에 대한 특수교육법 제15조(특수교육대상자의 선정)에서 특수교육대상 자로 '지체장애'를 규정하고 있으며, 동법 시행령[별표]에 규정된 지체장애를 지닌 특수교육대상자 선정 기준은 다음과 같다.

기능·형태상 장애를 가지고 있거나 몸통을 지탱하거나 팔다리의 움직임 등에 어려움을 겪는 신체적 조건 또는 상태로 인해 교육적 성취에 어려움이 있는 사람

장애인복지법 시행령 제2조[별표]의 장애인 기준에는 장애명을 '지체장애'로 규정하고 그 기준을 다음과 같이 정의하고 있다.

• 신체의 일부를 잃은 사람(1~6급)
• 관절장애가 있는 사람(4~6급)
• 지체기능장애가 있는 사람(1~6급)
• 신체에 변형 등의 장애가 있는 사람(5~6급)

장애인복지법에서는 지체장애와는 별도로 뇌병변장애인(뇌성마비, 외상성 뇌손상, 뇌졸중 등 뇌의 기질적 병변으로 인하여 발생한 신체적 장애로 보행이나 일상생활의

동작 등에 상당한 제약을 받는 사람)을 규정하고 있는데, 장애인 등에 대한 특수교육법에서는 지체장애에 포함된다. 장애인복지법에 따라 지체장애인이나 뇌병변장애인으로 판정되고 나서 특수교육대상자 선정 신청을 하면 지체장애를 지닌 특수교육대상자로 선정될 수 있다.

2) 지체장애의 유형 및 특성

(1) 뇌성마비

뇌성마비(cerebral palsy)는 출생 전, 출생 시 또는 출생 후에 뇌의 선천적 기형이나 손상 또는 중추신경계의 병변에 의해 영구적이고 비진행적인 마비성 운동신경장애를 갖는 것을 말한다. 뇌성마비는 마비된 신체 부위에 따라 다음과 같이 분류할 수 있다.

- 단마비: 사지 중 어느 한쪽의 마비
- 편마비: 몸 한쪽 부분의 마비
- 삼지마비: 팔다리 세 부분만 마비
- 사지마비: 양팔과 양다리 마비
- 대마비: 양다리 마비
- 양마비: 주된 마비는 하지이고 상지는 경도 마비
- 중복마비: 주된 마비는 상지에 나타나고 하지는 경도 마비

더 보편적인 것은 뇌성마비를 근긴장도에 따라 분류하는 것이다.

- 경직형(spasticity): 뇌성마비를 가진 사람들의 50~60%가 여기에 속할 정도로 가장 흔한 유형이다. 능동운동을 조절하는 운동피질이 손상된 경우나 운동피질과 척수를 연결해 주는 추체로의 손상으로 추체로 뇌성마비라고도 한다. 근긴장도가 높아 작은 자극이나 운동에도 과잉강직과 과잉동작을 보인다. 어떤 자극에 대해서는 제어하기 어려운 경련이 일어난다. 보행이 가능한 경우는 발끝으로 걷는 첨족위 보행을 한다.

- 무정위운동형(athetosis): 뇌성마비의 약 20% 정도를 차지하며 추체외로계의 손상으로 나타난다. 자신의 의지와는 관계없이 크고 불규칙적이며 뒤틀린 동작을 하는 불수의 운동이 특징이다. 말을 할 때 얼굴이 옆으로 향하거나 찡그린 표정이 나타나 언어 표현에도 제약이 따른다.
- 운동실조형(ataxia): 뇌성마비의 5~10% 정도를 차지한다고 알려져 있다. 방향감각과 균형감각이 마비되어 보행에 많은 어려움이 있으며 보행 폭이 넓어 잘 넘어진다. 눈과 손발의 협응능력이 매우 제한적인 것도 특징적이다.
- 강직형(rigidity): 근육의 신축성이 상실되어 사지가 극도로 딱딱해져 오랜 기간 고정되어 움직이지 못한다.
- 진전형(tremor): 뇌막염과 같은 출생 후 질환에 의해 발생하고 주기적으로 나타나는 억제할 수 없는 떨림을 보이며, 떨리는 행동을 통제하려고 할 때 오히려 떨림이 증가하는 경향을 보인다.
- 혼합형(mixed): 두 가지 이상의 형태가 함께 나타나는 경우로 경직형과 무정위운동형의 혼합이 흔하다.

(2) 이분척추

이분척추(spina bifida)는 척추 발생상의 결함으로 척추의 융합이 완전하지 않은 신경관 형성의 선천 기형이다. 하반신의 근육과 감각을 조절하는 척수와 신경이 정상적으로 발달하지 못하여 척추 손상 부위가 많을수록 신체기능에 미치는 영향이 크다. 이분척추는 잠재성 이분척추, 수막염, 척추수막류로 분류한다.

- 잠재성 이분척추: 몇 개의 척추, 보통 하부 척추가 변형된 질환
- 수막염: 출생 시 후추골궁의 결손된 부위로 수막이 탈출한 상태
- 척수수막류: 척추 및 신경근이 탈출한 경우로 80~90%가 수두증을 나타냄

(3) 근이영양증

근이영양증은 대표적인 진행성 유전질환으로 골격근이 점진적으로 변성되고 위축되어 악화된다. 근이영양증이 있는 아동은 출생 시에는 정상 발육을 보이나 2~6세경이 되면 달리거나 계단 오르기에 어려움을 겪으며, 대개 10~14세에

걸을 수 없게 되고, 청소년기나 청년기에는 가슴의 근육 위축으로 심장박동 정지나 호흡기관 정지로 사망에까지 이르는 경우가 많다. 퇴화된 근육이 지방질로 변해 종아리 근육이 비대해지는 가성비대(假性肥大)를 보이기도 한다. 듀센(Duchenne)형은 가장 흔한 근이영양증인데, 이 질환의 초기에 있는 아동은 앉은 자세에서 일어날 때 한 손을 대퇴부에 위치시킨 후 손을 밀면서 일어나는 가우어 징후(Gower's sign)가 나타난다. 베커(Becker)형은 발병시기가 대개 5~20세로 듀센형보다는 늦고 진행속도도 다소 느리다. 근이영양증은 임상적으로 근위축증과는 구분되지만 특수교육 분야에서는 그 증상과 교육적 고려가 유사하여 별다른 구분 없이 사용되기도 한다.

(4) 근골격계 질환

인체를 움직이는 데 반드시 필요한 골격, 관절, 근육(골격근)의 부조화, 질환, 기능부전 또는 비정상적인 상태를 의미하는 근골격장애(musculoskeletal disorders) 역시 지체장애로 분류될 수 있다. 학령기에 있는 지체장애학생들이 보이는 근골격장애로는 척추만곡증, 사지결손, 골형성부전증 등이 있다.

척추만곡증은 척추가 기형이거나 변형되어 있어 비정상적인 자세를 갖게 한다. 척추만곡증에는 척추가 휘는 방향으로 척추측만증(옆으로 휨), 척추전만증(앞으로 돌출), 척추후만증(허리가 꼿꼿이 섬) 등이 있다. 발생학적으로 선천적인 경우와 뇌성마비 같은 질환을 포함하여 자세의 이상과 비만 등에 의한 후천적인 경우(신경근성)도 있다. 사지결손은 선천적인 기형이나 후천적인 원인으로 팔과 다리가 일부 혹은 전체가 없거나 결손되어 있는 상태다. 골형성 부전증은 희귀 유전성 질환으로 다양한 골절의 결과로 뼈가 불완전하게 생성되는 선청성 질환이다. 특히 일상생활 장면에서 다발성 골절을 겪게 되어 여러 가지 형태의 기형과 척추측만 등이 동반된다.

3) 지체장애학생의 교육적 지원

(1) 보조공학 지원과 부분참여의 원리

지체장애학생들은 운동성의 제한으로 인해 학습 장면에 일반적인 방법으로 참여하기 어려운 상황이 많이 발생한다. 교육과정이나 활동 참여에 있어서 물리적인 환경상의 제약이 따르는 경우에는 물리적 환경의 조정이 필요하다(예: 개인에게 맞춤화된 책상 제공, 스위치로 작동하는 컴퓨터 제공 등). 또한 이동, 의사소통 등의 문제로 학습활동 참여 제약이 큰 경우에는 학생에게 각종 이동 수단(예: 맞춤형 휠체어, 워커 등)과 구어적인 의사소통을 보완하거나 대체하는 보완대체 의사소통체계(augmentative and alternative communication: AAC)를 적용한다.

지체장애학생들은 그 장애의 정도가 심하고 두 가지 이상의 장애를 함께 가지고 있는 중도(severe)장애학생이 많다. 대개 지적장애(정신지체)를 동반하는 경우가 많고 지체장애를 유발하는 질환으로 인해 감각적인 결함을 동반하는 경우도 많다. 이러한 중도·중복장애를 가진 학생들의 경우에는 물리적 환경의 조정이나 교육과정의 수정 등을 통해 많은 혜택을 얻을 수 있다. 그러나 장애의 정도가 심하다는 이유로 교육활동에 참여하는 기회가 극히 제한되거나 배제되는 잘못된 사례도 종종 발생한다. 중도·중복장애를 가지고 있다 하더라도 모든 교육활동에 의미 있게 참여하는 것은 학습자로서의 권리이며, 교육자들은 그러한 활동을 제공할 책임이 있다. 교육자들은 학생의 장애가 심하더라도 교육활동에 의미 있게 참여할 수 있는 방법을 고안해야 하며, 모든 활동에 독립적으로 참여하기 어려울지라도 학생이 스스로 할 수 있는 한 활동의 일부에라도 의미 있게 참여할 수 있도록 하는 '부분참여의 원리(principle of partial participation)'를 적용하여야 한다(박은혜, 한경근 공역, 2008). 이때 부분참여의 원리는 단순한 수동적 참여, 의미 없는 과제의 일부 참여와는 명확히 구분되어야 한다.

(2) 간질에 대한 대처

간질은 하나의 장애 유형으로 분류되기도 하지만, 지체장애를 가진 학생들도 간질 증세를 갖고 있는 경우가 많이 있다. 발작이라고도 하는 간질은 뇌에서 비정상적인 전기적 배출이 이루어져 운동, 감각, 행동 또는 의식의 혼란을 수반하게 된다. 발작 증상이 만성적으로 되풀이될 때의 상태를 발작장애(간질장애)라고 한다. 간질의 원인으로는 뇌성마비, 뇌염 또는 중추신경계의 감염, 저혈당과 같은 대사장애, 알코올중독, 납중독, 머리 손상으로 인한 병변, 고열, 뇌 혈액 공급의 중단 등이 있다. 간질 증상이 있는 지체장애학생을 지도하는 교사는 학생이

| 표 5-6 | **간질에 대한 교사의 대처 요령**

발작이 진행되는 동안의 대처 요령

1. 먼저 침착하게 행동하고 주위의 학생들도 안심시킨다. 발작은 일단 발생하면 멈추게 할 수 있는 것이 아니다.
2. 발작이 일어나는 동안 생기는 변화를 관찰하고 기록한다. 발작이 발생하기 전의 일들을 함께 기록하거나 발작 전조 증상에 무엇이 있었는지를 기록하는 것도 필요하다.
3. 특히 목 주위의 옷을 느슨하게 풀어 준다.
4. 발작이 시작되었을 때 학생이 서 있거나 앉아 있다면 편하게 눕히고 쿠션 등을 이용하여 머리를 받쳐 준다.
5. 가능하면 학생을 옆으로 뉘어 혀가 기도를 막지 않게 하고 분비물에 의한 질식을 예방한다.
6. 학생의 입에 손가락이나 물체를 넣지 않도록 하고 마실 것도 주지 않는다.

발작이 멈춘 후의 대처 요령

1. 학생이 호흡하는지를 살펴보고 호흡이 없으면 즉시 응급처치를 시행한다.
2. 학생을 옆으로 굴려 눕힌 후 손수건과 같은 것을 두른 손으로 입 안의 분비물을 제거한다.
3. 학생이 각성 상태에 있는지 확인하기 위하여 말을 걸거나 상호작용을 시도한다.
4. 학생이 팔다리를 움직일 수 있는지 또는 운동능력에 변화가 있는지를 살펴본다.
5. 대소변을 실수했는지, 외상이 있는지를 살핀다.
6. 발작 이후에 한참 동안 잠을 자는 경우가 있으며, 무슨 일이 일어났는지 기억을 못하는 경우가 있다. 수면이나 휴식을 취하게 한다.

출처: 박은혜, 한경근 공역(2008). 중도장애학생의 교육. Martha E. Snell & Fredda Brown 공저. 서울: 시그마프레스.

증상을 보일 때 세심하게 대처해야 한다. 〈표 5-6〉에는 간질에 대한 교사의 일반적인 대처 요령이 제시되어 있다.

4. 의사소통장애학생의 교육

1) 의사소통장애의 정의

장애인 등에 대한 특수교육법 제15조(특수교육대상자의 선정)에서 특수교육대상

자로 '의사소통장애'를 규정하고 있으며, 동법 시행령[별표]에 규정된 의사소통
장애를 지닌 특수교육대상자 선정 기준은 다음과 같다.

- 다음 각 목의 어느 하나에 해당하여 특별한 교육적 조치가 필요한 사람
  가. 언어의 수용 및 표현 능력이 인지능력에 비하여 현저하게 부족한 사람
  나. 조음능력이 현저히 부족하여 의사소통이 어려운 사람
  다. 말 유창성이 현저히 부족하여 의사소통이 어려운 사람
  라 기능적 음성장애가 있어 의사소통이 어려운 사람

　장애인복지법 시행령 제2조[별표]의 장애인 기준에는 장애명을 '언어장애'로
규정하고 그 기준을 다음과 같이 정의하고 있다.

- 음성기능이나 언어기능에 영속적으로 상당한 장애가 있는 사람
  - 음성기능이나 언어기능을 잃은 사람(3급)
  - 음성·언어만으로는 의사소통하기 곤란할 정도로 음성기능이나 언어
    기능에 현저한 장애가 있는 사람(4급)

2) 의사소통장애의 유형 및 특성

　의사소통장애는 말장애(speech disorders)와 언어장애(language disorders)로 나
누어지는데, 여기에서는 언어장애를 중심으로 설명한다. 언어를 구상하고 이해
하는 데 관계되는 중추신경의 손상으로 발생하는 장애를 언어장애라 하며, 언어
장애는 대표적으로 언어발달지체와 실어증으로 설명될 수 있다.

(1) 언어발달지체
　보통 정상적인 발달 수준에 비해 6개월 정도 차이를 보이는 경우는 개인차라
고 할 수 있지만, 1년 이상 뒤떨어졌을 경우에는 개인차로만 볼 수는 없다. 따라
서 학생이 동년배 또래의 정상 발달에 비해 1년 이상 지체된 언어 수준을 보일
때 '언어발달지체'라고 하게 된다. 여기서 '언어'란 이해 면과 표현 면 모두를

뜻하기 때문에 말귀를 잘 이해하지 못하고 수준 낮은 문장을 사용하거나 오류를 보이고 발음까지 나쁜 경우를 말한다.

언어발달지체의 원인으로는 언어 습득에 필수불가결한 요소로 ① 인지 또는 지능 저하, ② 자폐증이나 정서장애, 애착장애 등으로 불리는 문제로 인해 정상적인 언어발달을 이루지 못한 경우, 정서 및 사회성 결손, ③ 시각 또는 청각 등의 문제로 인한 언어발달지체의 원인이 되는 감각결손 등을 들 수 있다.

(2) 실어증

실어증(aphasia)은 표현이 단순해지고, 의미 없는 말을 하며, 임의로 말을 만들고, 의사 표현에 어려움을 보인다. 또한 말과 글을 이해하지 못하는 경우가 많다. 이해뿐만 아니라 자신이 표현한 글도 의미가 맞지 않고 철자법이 틀린다. 증상에 따라 브로카 실어증(Broca's aphasia), 베르니케 실어증(Wernicke's aphasia), 전반실어증(global aphasia) 등으로 나뉜다.

① 브로카 실어증(Broca's aphasia)

말이 유창하지 못하고 전보식 문장을 사용하며 따라 말하기도 잘 하지 못한다. 문법에 맞지 않는 문장을 사용하지만 청각적인 언어이해 능력은 좋은 편이다. 쓰기능력이 손상되는 경우가 많으며 편마비가 같이 나타나는 경우도 많다. 우세반구(주로 좌반구)의 전두엽 중에서도 아래쪽 뒷부분, 즉 브로카 영역이라고 일컬어지는 영역이 손상되었을 때 주로 나타난다.

② 베르니케 실어증(Wernicke's aphasia)

발음과 억양 측면에서 보면 말이 유창하고 조음장애가 거의 없다. 문법도 규칙에 맞게 사용하지만 의미가 잘 통하지 않는다. 베르니케 실어증은 몸짓 등 행동을 사용한 의사소통은 잘하나 청각적인 처리가 필요한 말(말소리)은 이해하지 못하는 경우가 많다. 따라 말하기도 손상받으며 시각장애를 보이는 경우가 있다. 우세반구 측두엽의 위쪽 뒷부분, 즉 베르니케 영역이라고 알려진 뇌 영역의 손상으로 나타난다.

③ 전반실어증(global aphasia)

언어의 전 영역에 손상이 있어 자발적인 언어가 이해하기 어렵고 유창하지 않다. 따라 말하기, 읽기, 쓰기 등에도 모두 어려움이 나타난다. 우세 반구의 언어 산출과 언어 이해를 담당하는 영역 모두에 손상이 있을 때 나타난다.

④ 명칭실어증(anomic aphasia)

실어증 중 증세가 가장 경미한 유형으로 비교적 유창하고 청각적인 언어 이해에도 문제가 거의 없다. 따라 말하기는 가능하나 이름 대기에서 능력이 많이 떨어진다. 뇌의 어느 영역에 손상이 있더라도 관찰될 수 있는 증상이다.

⑤ 난독증 및 난서증

모두 뇌피질의 중추신경계통의 손상으로 나타난다. 시각이나 운동 장애를 수반하지 않고도 글을 잘 못 읽거나 글씨를 혼동하는 증상을 난독증이라 하며, 글을 잘 읽으면서도 글을 잘 쓰지 못하는 경우를 난서증이라 한다.

(3) 의사소통장애학생의 특성

의사소통장애학생은 일반학생에 비해 언어능력의 제한으로 사회적 상호작용을 통한 사회적 기능, 놀이기능, 의사소통 기능 등을 학습할 기회가 줄어든다. 따라서 정도에 따라 다르겠지만 교육적, 정서적, 사회적 발달 등 모든 측면에 좋지 않은 영향을 끼칠 수 있다. 또한 언어에 문제를 갖고 있는 학생의 많은 수가 정신병리를 보여 좌절이나 무력감을 갖기도 한다. 미숙한 행동이 나타나기 쉽고 주의집중력이 저하되거나 사소한 자극에도 흥분하기 쉬우며 간간이 폭발적인 난폭한 행동을 보이기도 한다. 사회적으로 어울리는 것을 꺼리고 위축된 모습을 나타내는 등 행동 및 정서 장애를 갖기도 한다.

의사소통장애학생은 특히 언어에 의존하는 학습 영역의 성취도가 낮다. 어휘의 수가 절대적으로 빈약하고 피상적이며, 학습에 필요한 기초개념의 발달이 늦어진다. 저학년에서는 읽기, 쓰기, 계산하기 등의 학습에 어려움을 겪고, 고학년에서는 추상적이고 상징적인 내용을 배울 때 상당한 곤란을 경험하게 된다.

(4) 의사소통장애학생 교육방법

의사소통장애학생을 위한 교육의 접근방식은 크게 두 가지로 나눌 수 있다. 하나는 언어의 부족한 측면에 초점을 맞추어 기술을 증진시키는 것이고, 다른 하나는 학생의 장점을 강화시켜서 언어 결함을 보충해 주는 것이다. 의사소통장애학생들은 분리된 공간에서 집중적인 언어치료를 실시하는 것도 도움이 되지만, 학교나 일상생활 장면에서 언어를 사용하여 의사소통을 하는 데 주안점을 두는 것이 좋다. 따라서 일대일 방식의 언어치료와 더불어 자연스러운 집단적 맥락에서 교육하는 것이 효과적이다. 언어나 의사소통의 문제는 학업은 물론 사회 · 정서적인 문제를 야기할 수 있으므로 충분한 학습 기회의 제공과 함께 사회성 기술 훈련을 필요로 한다.

5. 건강장애학생의 교육

1) 건강장애의 정의

장애인 등에 대한 특수교육법 제15조(특수교육대상자의 선정)에서 특수교육대상자로 '건강장애'를 규정하고 있으며, 동법 시행령[별표]에 규정된 건강장애 특수교육대상자 선정 기준은 다음과 같다.

만성질환으로 인하여 3개월 이상의 장기입원 또는 통원치료 등 계속적인 의료적 지원이 필요하여 학교생활 및 학업 수행에 어려움이 있는 사람

장애인복지법 시행령 제2조[별표]의 장애인 기준에서는 '건강장애'의 범주에 속하는 각종 장애를 다음과 같이 정의하고 있다.

- 신장장애인(腎臟障碍人): 신장의 기능부전(機能不全)으로 인하여 혈액투석이나 복막투석을 지속적으로 받아야 하거나 신장기능의 영속적인 장애로 인하여 일상생활에 상당한 제약을 받는 사람

- 심장장애인(心臟障碍人): 심장의 기능부전으로 인한 호흡 곤란 등의 장애로 일상생활에 상당한 제약을 받는 사람
- 호흡기장애인(呼吸器障碍人): 폐나 기관지 등 호흡기관의 만성적 기능부전으로 인한 호흡기능의 장애로 일상생활에 상당한 제약을 받는 사람
- 간장애인(肝障碍人): 간의 만성적 기능부전과 그에 따른 합병증 등으로 인한 간기능의 장애로 일상생활에 상당한 제약을 받는 사람
- 장루 · 요루장애인(腸瘻 · 尿瘻障碍人): 배변기능이나 배뇨기능의 장애로 인하여 장루 또는 요루를 시술하여 일상생활에 상당한 제약을 받는 사람

2) 주요 건강장애의 유형 및 교육적 고려

만성적인 질병으로 인하여 건강장애학생들은 인지적으로나 심리적으로 적응하는 데 어려움을 겪는다. 예를 들어, 당뇨병을 앓고 있는 학생이 심각한 과소혈당으로 학업 수행과 주의집중에 어려움을 갖는 것과 같이 질병 자체에 기인하는 경우, 백혈병을 앓고 있는 학생이 방사선치료나 화학요법과 같은 치료로 인해 생기는 경우가 있다. 또한 만성적 질병을 가지고 있는 학생들이 장기 결석, 장기간 입원, 가족 구성원의 기능에서의 변화 등과 같은 경험으로 인해 인지적 및 사회 · 정서적 적응에 어려움을 갖게 될 수도 있다. 다음은 주요 건강장애의 유형과 지원 방안이다(박원희 외, 2009).

(1) 당뇨병
① 특징
신진대사의 만성적 장애로 학령기 학생의 600명 중 한 명 정도의 유병률을 보인다. 치료가 제공되지 않으면 에너지의 결핍, 중요한 신체 부위(눈, 신장)의 손상을 초래할 수 있다. 초기 증상으로는 갈증, 두통, 체중 감소, 빈번한 배뇨, 쉽게 낫지 않는 상처 등이 있다.

- 소아 당뇨병: 인슐린 부족이 원인이며 매일 피하 주사로 인슐린을 투여하고, 매일 혈당치를 점검하며, 소변 물질을 점검하여 필요로 하는 인슐린 양을 결

정하여야 함
- 저혈당
  - 과도한 인슐린 투여, 격렬한 운동 또는 불규칙한 식사로 발생
  - 현기증, 졸음, 흐린 시야, 구토 증세
  - 짜증을 잘 부리고 눈에 띄게 성격의 변화를 보임
  - 농축된 설탕류(사탕, 설탕, 과일주스)를 주었을 경우 몇 분 이내에 인슐린 반응이 사라짐
- 고혈당증: 너무 적게 인슐린이 분비되어 당뇨를 조절할 수 없는 경우 점진적으로 이루어짐

② 교사의 역할
- 규칙적인 운동 프로그램 적용
- 저혈당증: 학생에게 인슐린 반응이 일어날 경우 주어야 할 적절한 음식 숙지
- 고혈당증: 당뇨혼수, 피로와 갈증, 건조하고 열이 나는 피부, 호흡 곤란, 과도한 양의 소변, 과일향이 나는 호흡 등을 보이면 의사에게 즉시 알림

(2) 천식
① 특징
- 유전과 환경의 상호작용 결과
- 일시적인 발작 증세로 숨을 가쁘게 쉬거나 기침, 호흡 곤란을 보이는 만성적 폐질환
- 천식의 발생: 알레르기 물질, 자극 물질, 운동이나 정신적 스트레스로 인해 폐로 연결되는 호흡 기도가 좁아지면서 나타남

② 교사의 역할
- 장기 결석의 주요 원인 파악
- 가정방문 교육 서비스 실시
- 운동의 종류를 신중하게 선택하여야 함

• 상담 및 천식 교육 프로그램에 참여하도록 지도
• 학생이 천식 유발 요인과 접촉하는 것을 최소화하기 위해 협조하도록 함

(3) 겸상적혈구빈혈(sickle-cell anemia)
① 특징
• '겸상적혈구병' '겸상적혈구빈혈' 등으로 불림
• 주의집중이 짧고 쉽게 지침
• 빈혈의 결과로 결석이 잦고, 연령이 증가함에 따라 결석의 횟수가 증가함
• 뇌, 심장, 폐 등의 기관을 위태롭게 함
• 감염과 탈수, 스트레스에 취약함
• 감정적 스트레스, 운동, 추위, 탈수증, 감염, 고도 변화 주의

② 교사의 역할
• 혈액의 순환에 초점
• 옷을 느슨하게 입히기
• 상처 입은 부분 따뜻하게 해 주기
• 담요로 감싸 주기

3) 건강장애학생의 지원

건강장애학생들은 질병으로 인해 학교에 자주 결석하고, 등교를 해도 낯설고 불쾌하거나 학습에 어려움이 있어 교사의 특별한 관심과 보호를 필요로 한다.

(1) 일상에서의 건강관리 및 교육지원
건강장애학생은 만성적이고 때로는 생명을 위협하는 조건의 질병으로 인해 집중적인 의학적 치료나 주기적인 치료 등 계속적인 의학적 관심을 요구한다. 특별한 영양식단, 기관절개, 호흡기의 보호, 막힌 도뇨관의 청소, 자기보호를 위한 인슐린 주사나 처방되는 의료적 치료 등에 대한 개별화 건강관리 계획이 요구된다.

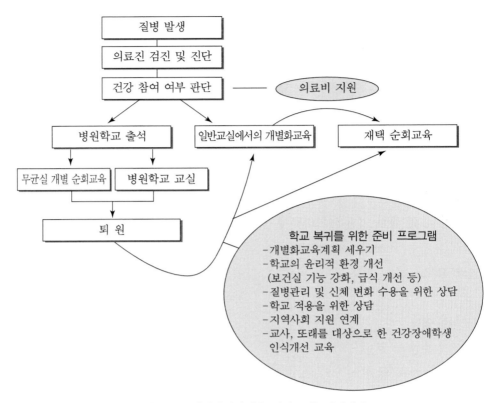

[그림 5-6] 건강장애학생을 위한 교육 전달체계

출처: 박은혜, 박지연, 노충래(2005). 교육취약계층의 학습권 보장을 위한 건강장애학생 교육지원 모형
    개발. 2004 학술진흥재단 협동연구 제2차 지정주제 지원사업 연구결과 보고서. 서울: 교육인적자
    원부 · 학술진흥재단.

건강장애학생들은 자신의 장애를 긍정적이고 현실적인 관점에서 바라볼 수 있
도록 격려해 주어야 하며, 독립심이 증진되는 방향으로 교육하고 타인에게 부드
럽게 도움을 요청하는 법 등을 학습하여야 한다. 또한 질병의 특성이나 건강장
애 친구들을 대할 때 주의해야 할 점 등을 알리고 놀림이나 오해가 없도록 하며
학교에서 해 주어야 하는 건강관리 절차에 대해 미리 파악해 두는 것 또한 중요
한 교사의 역할 중 하나다.

(2) 교육지원 형태

① 입원 중인 건강장애학생을 위한 지원 : 병원학교

병원학교란 장기 입원이나 장기 통원치료로 인해 학교교육을 받을 수 없는

학생들을 위해 병원 내에 설치된 파견학급 형태의 학교다. 현 병원학교는 교사 1인이 운영하는 파견학급 형태이나 여러 학교급, 학년의 학생이 함께 공부하기 때문에 병원학교로 통칭되고 있다.

② 통원치료 중이거나 요양 중인 건강장애학생을 위한 지원 1: 순회교육

학교에 나가지 못하는 기간 동안에도 계속적 교육 기회를 제공하기 위해 병원이나 가정으로 찾아가는 순회교육을 지원한다.

③ 통원치료 중이거나 요양 중인 건강장애학생을 위한 지원 2: 화상강의 시스템

인터넷을 통한 실시간 일대일 화상강의를 운영하여 개별학생의 학년 및 학력 수준에 적합한 개별화 학습을 지원한다.

요약

　　최근 우리나라 특수교육 현장에서는 학생의 장애 정도가 과거보다 중증·중복화되어 가는 경향을 볼 수 있다. 이에 따라 감각장애, 의사소통장애, 지체장애 및 건강장애 학생의 교육 현장에서는 기존의 교육과정과 교육방식으로 적절한 교육을 제공하는 데 어려움을 겪고 있다. 또한 통합교육 현장에 재학하는 장애학생들의 수가 매우 많아짐에 따라 일반교사와 특수교사의 협력적인 관계 및 지원의 필요성이 그 어느 때보다 크다고 할 수 있다. 장애인 등에 대한 특수교육법, 장애인 차별금지 및 권리구제에 관한 법률 등에 따라 특수교육 현장에서 교사의 책무성과 전문성이 강조되고 보다 전문화된 교육지원과 사고의 전환이 요구되고 있다. 따라서 감각장애, 의사소통장애, 지체장애, 건강장애 학생의 교육적 요구에 보다 적합한 효율적이고 효과적인 교육을 실현하고 학생의 교육권 보장에 대한 기회의 제공을 넘어서 질적 고찰을 통한 성공적인 교육을 이끌어 내기 위해서는 지속적으로 문제의식을 가지고 함께 고민하고 개선해 가는 전문가들의 노력이 이루어져야 할 것이다.

학습 문제

- 시각 및 청각 장애학생의 주요 유형별 특성을 설명하시오.
- 뇌성마비학생의 교육적 지원 방안을 고려한 수업지도안을 작성해 보시오.
- 두 가지 이상의 장애를 함께 가진 학생들을 위한 교육적 고려사항을 논의해 보시오.

관련 사이트

- 한국시각장애인연합회 http://www.kbuwel.or.kr/Main/Main.asp
- 세계농아인연맹 http://www.wfdeaf.org/
- 한국우진학교 http://www.woojin.sc.kr

참고문헌

김영욱(2007). 청각장애아동 교육의 이해. 서울: 학지사.

박은혜, 박지연, 노충래(2005). 교육취약계층의 학습권 보장을 위한 건강장애학생 교육지원 모형 개발. 2004 학술진흥재단 협동연구 제2차 지정주제 지원사업 연구결과 보고서. 서울: 교육인적자원부·학술진흥재단.

박은혜, 한경근 공역(2008). 중도장애학생의 교육(제6판). Martha E. Snell & Fredda Brown 공저. 서울: 시그마프레스.

박원희, 김기창, 김영일, 김영욱, 이은주, 신현기, 한경근, 이숙정, 김애화, 윤미선, 김은경, 송병호, 이병인, 김송석, 양경희(2009). 함께하는 사회를 지향하는 특수교육학. 경기: 교육과학사.

Sacks, S. Z., & Silderman, R. K. (2005). *Educating students who have visual impairments with other disabilities*. Boston: Paul H. Brookes.

제6장
영재학생의 교육

지은이가 1학년 때 만난 교사는 지은이를 매우 좋아하였고 지은이의 수학능력에 대해 좋게 생각했다. 또한 때때로 지은이가 도전의식을 가질 만한 문제를 제시하기도 하였다. 지은이가 3학년에 올라가면서, 교사는 모든 수학의 풀이과정을 종이에 써서 풀기를 기대하였으나, 지은이는 머릿속으로 문제를 풀기 때문에 그러한 필요성을 느끼지 못하였다. 3학년 교사는 다른 아이들이 열심히 수학 문제를 풀 때 답만 쓰고 다른 책을 뒤적거리는 지은이가 못마땅하였다.

학년이 올라갈수록 지은이는 학교에서 가르쳐 주는 수학이 시시하게 느껴졌고, 과제도 잘 해 가지 않았다. 과제를 해 오지 않는다는 말을 들은 지은이의 어머니는 지은이에게 숙제를 하도록 강요하였고, 지은이는 여전히 반복적인 계산을 해야 하는 이유를 이해하지 못하였다.

4학년에 올라가서 지은이는 새로운 교사와 만나게 되었다. 실험실에서 실험도구를 만지작거리고 있는 지은이를 본 교사는 지은이에게 실험도구 정리를 맡겼고, 지은이는 실험을 잘할 수 있도록 완벽하게 실험도구를 정리하였다. 실험이 끝난 후에 교사는 실험에 대해 지은이가 의견을 이야기할 수 있는 기회를 주었고, 지은이는 신이 나서 실습한 내용뿐 아니라 책에서 알게 된 다양한 사실에 대해서도 이야기하였다.

지은이의 우수성을 알게 된 교사의 도움으로 지은이는 개인 지능검사를 받게 되었고, 수학 및 과학 영역에서 교과 속진을 하게 되어 6학년 선배들과 함께 수업을 받을 수 있게 되었다. 뿐만 아니라 교육청에서 실시하는 영재를 위한 토요 심화학습 프로그램에 참여하여 한 달에 두 번 다른 영재아이들과 수학과 과학 영역의 심화학습을 할 수 있는 기회를 가지게 되었다.

영재성을 가졌거나 뛰어난 수행을 보일 가능성이 있는 사람은 그 성질이 평생 동안 드러나지 않을 수도 있다. 때때로 영재아동은 그들의 가족이나 교사에 의해 발견되지 않아서 혹은 영재교육을 중요하게 생각하지 않는 사회 분위기 때문에 영재교육을 체계적으로 받을 수 있는 기회를 얻지 못하는 경우도 있다. 그러나 최근 영재교육에 대한 관심이 많아지면서 다양한 공교육 및 사설 영재교육기관이 나타나고 있으며, 영재를 위한 교육 프로그램과 관련 연구가 진행되고 있다. 뿐만 아니라 교육과학기술부에서는 전체 학령기 학생의 10%까지 영재교육을 받을 수 있도록 계획하고 있다. 그러나 영재의 정의와 그에 따른 판별에 여전히 문제가 있으며, 영재만을 위한 교육이 철학적·도덕적 정당성을 가질 수 있는지 등에 대한 질문이 존재한다. 따라서 이 장에서는 영재의 정의와 그들을 어떻게 판별하는지, 영재의 지적·정의적 특성은 무엇인지에 대한 지식 기반을 제공하고, 그들을 위한 교육적 지원의 목적과 철학, 교육 프로그램 등에 대해 설명하고자 한다.

1. 영재성의 정의

영재성에 관한 정의는 다양하며, 일반과 영재(gifted) 혹은 재능(talented)을 구분짓는 선이 명확하게 존재하는 것은 아니다(Mathews, 1998). 또한 영재를 지칭하는 용어로 영재, 천재, 신동, 수재 등 다양한 종류의 단어가 사용되어 왔다. 영재성의 정의를 내리는 것에 대하여 다양한 여론이 있지만, 대부분은 영재를 정의하는 데에 지적인 요인, 즉 우수한 지능을 포함하고 있다. 이러한 이유는 영재아동에 대한 연구의 추세에서도 알 수 있는데, 연구 초기의 영재성은 '측정할 수 있는 능력', 그중에서도 주로 지적인 능력으로만 개념화되었기 때문이다. 따라서 영재아동이라 하면 지적인 능력을 측정하는 특정 검사에서 일정 수준 이상의 점수를 받은 아동을 의미했다. 그러나 지능 역시 일관된 기준을 가지고 있는 것이 아니다. Hollingworth는 지능 점수 180 이상을, Terman은 지능 점수 140 이상을 영재로 정의하고 그들을 대상으로 연구를 진행하기도 하였다.

이후 영재성은 지적인 능력뿐 아니라 다양한 능력 범주(예: 지적인 기능, 창의성, 지도력, 예술성, 학업성취력, 과제 집중력 등) 중 하나 또는 그 이상의 범주에서 일정 수준 이상의 백분위 점수에 속하는 사람을 포함하였다(Marland, 1972). 심지어 개인의 비지적(非知的) 요인뿐 아니라 환경, 그리고 우연과 같은 개인 외적 요인까지 영재의 특성 중 하나로 포함되기도 한다(Tannenbaum, 1983). 이렇듯 다양한 영재성의 정의 중 가장 자주 인용되는 미국 교육부의 정의, Renzulli의 세 고리 정의, Sternberg의 성공지능이론에 의한 정의 그리고 우리나라 영재교육진흥법의 정의를 살펴본다.

1) 미국 교육부의 정의

미국의 영재교육에 많은 관심을 일으킨 사건 중 하나는 1957년 러시아의 인공위성 스푸트니크호의 발사다. Tannenbaum(1979)은 이 사건이 미국의 총체적 재능인재 육성(total talent mobilization)의 도화선이 됨을 밝혔다. 이에 Marland는 미국 교육 현실에 대한 보고서를 제출하였으며, 이를 기초하여 미국 교육부(U.S. of Office of Education [USOE], 1978)가 1978년에 내린 영재의 정의는 다음과 같다.

> 영재아/재능아란 뛰어난 능력을 갖고 있어서 훌륭한 성취를 보일 가능성이 있다고 판별된 아동으로서 그 자신과 사회에 기여하기 위하여 정규 교육과정이 제공하는 것 이상의 변별적인 특별교육 프로그램이나 도움을 필요로 하는 아동이다. 뛰어난 성취를 보이는 아동은 다음의 한 분야 또는 여러 분야에서 이미 성취를 나타내거나 성취할 잠재능력이 있다.
>
> ① 일반 지적 능력(general intellectual ability)
> ② 특수학문 적성(specific academic aptitude)
> ③ 창의적이고 생산적인 사고(creative and productive thinking)
> ④ 지도력(leadership)
> ⑤ 정신운동 능력(psycho-motor ability)

이 정의는 영재아를 일반지능으로만 판별하지 않고, 구체적 학문 영역 및 지도력, 예술능력과 같은 비지적 능력을 함께 영재 정의의 구성 요소로 포함시키고 있다는 특성이 있다(Hallahan & Kauffman, 2003). 뿐만 아니라 성취할 잠재능력이 있는 아동을 영재에 포함시켜 미성취 영재나 환경이 불우하여 높은 성취를 보이지 못하는 영재도 영재교육의 대상이 될 수 있음을 명시하였다(박성익 외, 2003).

2) Renzulli의 세 고리 정의

미국 교육부의 영재 정의 다음으로 널리 사용되고 있는 정의는 Renzulli의 세 고리 정의다. Renzulli(1978)는 '무엇이 영재를 만드는가?'라는 질문을 제기하면서 영재 특성에 대한 연구를 고찰, 학교 현장에서 유용하면서도 연구에 의하여 지지될 수 있는 영재성의 정의를 제안하였다(Passow, 2004). 영재성을 정의하는 세 가지 요소에는 먼저 평균 이상의 능력(above-average ability)이 포함된다. 두 번째 요소는 창의성(creativity)으로 통합된 요인들로 구성된 것이다. 마지막 요소는 과제 집착력(task commitment)으로서 집중적 동기 형태를 갖춘 창의적/생산적 개인에게 지속적으로 나타나며, 특정 문제나 성취 분야에 수반되는 에너지를 나타낸다. Renzulli는 이 세 요인이 함께 상호적으로 나타날 때 영재성이 정의된다고 결론지었다. 그는 영재라면 이 세 요소를 모두 갖추고 있어야 하지만 모든 영역에서 뛰어날 필요는 없다고 강조하였다. 한 요소에서는 적어도 상위 2% 이내에 속해야 하지만 나머지 특성에서는 상위 15% 이내면 된다는 것이다(박성익 외

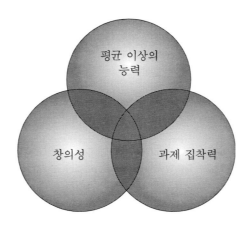

[그림 6-1] Renzulli의 세고리 정의

2003).

　Renzulli의 세 고리 정의는 과제 집착력과 같은 비지적 요인을 영재성의 한 요인으로 포함시켰다는 데 큰 의미를 가진다. Terman(1952)은 영재로 선별된 학생 중 가장 성공한 사람과 실패한 사람을 분석한 결과, 성공 여부를 결정짓는 것은 지적 능력보다 비지적 요인인 성격이라고 결론지었다. 특히 차이를 보인 성격 요인은 목표 달성을 위한 지속력과 통합력이라고 하였는데, 이러한 결과는 영재성을 정의하고 판별할 때 지적 능력 이외에 비지적 요인인 과제 집착력을 반드시 고려해야 함을 의미한다.

3) Sternberg의 성공지능이론에 의한 정의

　인간 지능의 다양한 측면을 재인식하게 되면서 지능이 '일반지능' 혹은 'g'와 같은 단일한 특성으로 이루어진 것(Spearman, 1972)이 아니라 몇 가지 다른 능력들로 구성되어 있다는 생각을 하였다. 이러한 이론가들 중 삼원지능이론을 주창한 Sternberg(1997)는 성공지능의 이론에 기초하여 영재성을 정의하였다. Sternberg가 정의한 영재성의 세 가지 측면은 다음과 같은 분석적, 종합적, 현실적 영재성이다.

- 분석적 영재성(analytic giftedness): 문제를 이해하고 정의하며, 그것들 간의 관계를 이해하여 해결책을 찾는 과정을 포함하고, 전통적인 지능검사를 통하여 측정된다.
- 종합적 영재성(synthetic giftedness): 통찰력, 직관력, 창조성 혹은 새로운 상황에서의 적응능력을 포함하며, 전통적으로 예술이나 과학과 같은 영역에서의 높은 성취와 관련되는 기술이다.
- 현실적 영재성(practical giftedness): 실생활에서 분석적 능력과 종합적 능력을 활용하여 문제를 해결하는 활동을 포함하며, 성공한 경력을 가진 사람들의 특성으로 종합할 수 있다.

Sternberg는 이런 여러 지능이 어떻게 조합되는가에 따라 다양한 형태의 영재성이 나타날 수 있으며, 영재성이란 여러 지능이 잘 조화를 이룬 상태라고 정의하였다. 지능이 다차원적인 특성을 가지고 있다고 정의한 Gardner의 경우에도 인간의 지능은 아홉 가지의 서로 다른 지능이 존재하며, 영재성 역시 아홉 가지 지능 분야마다 별도로 존재한다고 보았다(Ramos-Ford & Gardner, 1997). 그러나 지능의 다차원적 특성을 강조하는 것은 종종 모든 이들이 동일하게 지적일 수 있다는 잘못된 이해를 불러일으킬 수 있다는 점을 기억해야 한다(Hallahan & Kauffman, 2003; White & Breen, 1998).

4) 우리나라 영재교육진흥법의 정의

우리나라에서는 2000년 1월 교육기본법에 의거하여 영재교육진흥법이 재정·공포되었으며, 2008년 2월까지 세 차례 개정을 거쳐 왔다. 이 법 제2조에서는 영재를 "재능이 뛰어난 사람으로 타고난 잠재력을 계발하기 위하여 특별한 교육을 필요로 하는 자"로 규정하고 있다. 이에 따라 제5조에서는 일반지능, 특수학문 적성, 창의적 사고능력, 예술적 능력, 신체적 재능, 그 밖의 특별한 재능 분야 중 어느 하나의 사항에 대하여 뛰어나거나 잠재력이 우수한 사람을 영재교육 대상자로 선정한다고 언급하였다.

그러나 영재교육진흥법의 영재 정의에서는 특별히 학령기 아동의 어느 정도 비율을 영재로 판별해야 한다는 언급이 없다. 이는 영재교육 대상자에 대하여 유연하게 접근하여 잠재적 영재성을 지니고 있는 학생도 자연스럽게 포함할 수 있게 된다.

2. 영재아동 출현율

영재아동의 출현율은 영재를 어떻게 정의하느냐에 따라 좌우된다. 즉, 영재성이 어떤 영역에서 상위 X%라고 결정된다면 출현율 또한 결정되는 것이다. 결국 현재로서는 영재아동의 판별 기준이 불분명하기 때문에 출현율 역시 불분명하다. 그럼에도 연구자들의 견해를 간략히 제시하면 다음과 같다.

학자들은 영재를 지능지수를 기준으로 평균보다 +1표준편차 점수 이상(즉, 116점 이상; 13.59%), +2표준편차 점수 이상(즉, 132점 이상; 2.14%), 혹은 +3표준편차 점수 이상(즉, 148점 이상; 0.13%) 등 다양한 기준으로 규정한다. 20세기 초에 영재교육의 효시라고 할 수 있는 Terman은 지능지수 140 또는 2%를 기준으로 잡기도 했다(전경원, 2000). Renzulli와 Reis(1997)는 앞으로 계발해야 할 잠재성을 고려할 때 3~5%를 출현율로 본다면 많은 수의 잠재적 영재를 배제시킬 우려가 있기 때문에 그보다 높은 비율, 즉 재능풀(talent pool)의 개념을 강조하면서 15%를 기준으로 삼아야 한다고 했다. 그러나 미국의 경우 현실적으로 3~5%의 기준을 영재 및 재능아의 변별 기준으로 널리 사용하고 있다(미국 교육부 국회보고서(1993); Hallahan & Kauffman, 2003).

외국에서는 교육부에서 학자들의 의견을 반영하여 영재 출현율에 대해 법적 기준을 제시하고 있지만, 국내에서는 아직 영재아동에 대한 법적 정의가 없고 연구가 부족하여 현재로서는 외국에서 적용하는 출현율을 그대로 따르고 있다(김동일, 2002). 우리나라의 경우 영재성 정의에 따라 출현율을 예측하는 것이 아니라 반대로 영재교육 수혜를 받을 수 있는 학생의 수를 먼저 결정하는 방법을 선택하였다. 즉, 2007년 발표된 제2차 영재교육진흥종합계획(2008~2012)에서 영재교육 대상학생을 4만 명 수준(전체 학생의 0.59%)에서 2012년까지 7만 명(1%) 수준으로 늘린다고 발표함으로써 지원을 받는 영재학생의 수를 추정해 볼 수 있게 되었다.

3. 영재성의 원인

영재아동의 교육과 관련해서 논의되는 주요 주제 중 하나는 영재성의 원인에 대한 것이다. 이는 일반교육에서도 마찬가지인데, 사람은 선천적으로 타고난 유전적인 요인과 그에 영향을 미치는 환경 간의 상호작용 속에서 발달하며, 이에 따라 행동적, 정의적, 지적 특성이 발현되기 때문이다. 영재성에 영향을 미칠 수 있는 주요 요인은 유전적/생물학적 요인 및 사회적 요인으로 나누어질 수 있다. 유전적/생물학적 요인은 신경학적 기능, 영양 상태, 내적 상태 등을 포함하고,

사회적 요인은 가족, 학교, 또래, 지역사회 등을 포함한다(Hallahan & Kauffman, 2003).

일반적으로 영재의 특성은 유전적으로 타고나며 유전적 영향이 다양한 분야에서 다양한 형태로 나타난다(박성익 외, 2003). 즉, 영재의 특성은 훈련 및 교육을 통하여 나타나지는 않는다는 것이다. 물론 영재와 일반인 간에는 이러한 영재성의 특성을 공유하는 부분이 있을 수 있으나, 여전히 강도나 빈도, 지속성 등에서 차이를 보인다. 또한 개인이 가지고 태어나는 내적인 특성, 즉 성격, 심리 상태 등은 이러한 유전적 성향과 상호 역동적으로 작용함으로써 영재성의 긍정적 혹은 부정적 발현에 영향을 미친다.

두 번째 요인은 사회적 요인이다. 이는 특수교육뿐 아니라 일반교육에서도 초점을 두는 요인으로, 영재성이 일부 유전적으로 타고나기는 하지만 그것이 발현되기 위해서는 사회적인 다양한 요인들과 함께 상호작용해야 함을 강조한다. 가족, 학교, 또래, 지역사회는 분명히 영재성 발달에 큰 영향을 미친다. 자극, 기회, 기대, 요구, 보상은 모든 학생의 수행에 영향을 미치기 마련이다. Subotnik과 Arnold(1995)는 그들의 연구를 통하여 다양한 분야에서 성공하고 있는 개인은 특히 어린 시절 가정과 가족 구성원 간의 관계를 매우 중요하다고 인식하고 있었음을 보고하였다. 학교 역시 영재성에 영향을 미치는 사회적 요인 중 하나다. 특히 영재성을 판별하고, 그에 대한 교육을 제공하며, 교육과정을 설계하고, 수행에 대한 보상을 하는 과정은 아동의 성취에 매우 큰 영향을 미친다. 뿐만 아니라 학교가 모든 학생의 수행을 촉진하고, 모든 학생이 다양한 영역에서 높은 수행 수준을 보일 수 있도록 지원한다면 아동의 문화나 사회경제적 지위에 상관없이 다양한 영재성이 발현될 수 있을 것이다.

이러한 영재성의 원인 및 그 특성에 영향을 미치는 요인들은 [그림 6-2]와 같이 상호 역동적으로 영향을 미친다고 볼 수 있다. 시간이 지나면서 타고난 영재성은 개인 내적 요인과의 상호작용으로 인하여 긍정적으로 강화될 수 있으며, 나아가 영재의 지적·정의적 특성을 더 강하게 만들어 줄 것이다. 더구나 영재성은 개인을 둘러싼 중요한 타인들에게 영향을 받아 발전할 수 있으며, 물리적인 교육환경과 훈련, 연습을 통하여 계발될 수 있을 것이다.

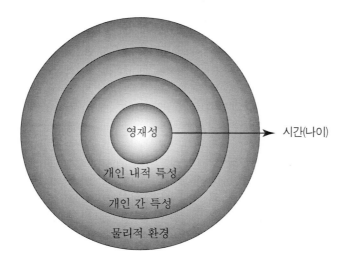

[그림 6-2] 영재성의 원인 및 영향을 미치는 요인

출처: 박성익 외(2003). 영재교육학원론. 서울: 교육과학사.

4. 영재 특성

우리는 영재에 대하여 고정된 편견을 가지고 있다. 예를 들면, 매우 높은 지능을 가지고 있지만 정서적으로 불안하다거나 신체적으로 매우 약할 것이라는 편견이 있다. 영재들은 예측하기 어려운 행동을 하고 부정적인 특성을 가지고 있을 것이라는 인상이 최근까지 계속되었다. 그러다 보니 영재에 대한 여러 가지 잘못된 믿음들이 사회에 팽배해졌다. 예컨대, '영재아동은 뭔가 다르거나 이상한 면이 있다.' '육체적으로 약하고 사회적 관계에서 부적응적이다.' '정서적인 문제가 보통 사람보다 더 심하거나 전혀 없다.' '비사교적이다.' '부진 문제가 없다.' 등이다(김동일, 1999).

또한 영재는 인지적으로 뛰어난 특성을 가지고 있기 때문에 학업에서는 전혀 문제가 없을 것이라고 생각한다. 그러나 영재성을 발현하지 못하거나 뛰어난 인지적 능력 때문에 오히려 학업에 집중할 수 없는 결과를 가져오기도 한다. 그리고 높은 자아개념과 뛰어난 자기통제 능력이 과제 집착력으로 연결될 수도 있으나, 그 장점이 오히려 고집이 세고 타인에 대한 배려가 부족한 사람으로 비춰질 수도 있다. 따라서 여기에서는 영재의 다양한 행동, 학습, 동기 등에서의 특성을 제시하고자 한다.

1) 인지적 특성

영재아동은 자신의 재능 영역에서 일차적 지각체계와 의식적 사고를 더 효율적으로 하고 뛰어난 정보저장 능력과 성취기술을 보이며, 지각 강도(perceptual strength)가 높고 내적 통제 소재의 특성을 가지고 있다(Griggs, 1983). 그들은 지적 호기심이 높아 호기심과 관련된 것에 대한 의문을 탐구하고 많은 질문을 한다. 또한 스스로 이해하거나 알 때까지 과제 수행을 하려 하며, 주의집중 능력이 뛰어나다. 그들은 언어능력이 뛰어나 사용하는 어휘량도 많고 동료에 비하여 높은 어휘 수준을 지니고 있어 지식 기반이 넓은 정보를 지니고 있다. 나아가 풍부한 상상력과 창의력을 가지고 있으며, 사고과정이 빠르고 신속하여 판단력이 높고 문제해결 과정을 즐긴다.

이러한 인지적 특성은 장점으로 작용할 수도 있지만 부정적인 행동으로 표출될 수도 있다. 〈표 6-1〉에 보면 영재아동의 높은 지적 호기심이 긍정적으로 작용한다면 정보 습득이 빠르고 다양한 정보를 보유하게 되겠지만, 부정적인 행동으로 표출된다면 과다하게 질문하거나 일반적으로 주어지는 지시를 따르는 것을 거부하게 되어 학교 상황에서 타인과 관계를 맺는 데 문제를 일으킬 수도 있다. 이 외에도 영재의 다양한 인지적 특성들, 즉 높은 언어능력, 창의적 사고능력 등이 동전의 양면과 같이 긍정적으로 혹은 부정적으로 표현될 수 있다(박성익 외, 2003).

일반적으로 학업이나 이와 관련된 정서적 문제의 많은 부분이 일반학생 및 교사와 다르기 때문에, 교사는 기본적으로 영재아동의 학습양식이 다르다는 점에 주목하고 그들의 학습양식을 이해하는 작업을 최우선으로 해야 한다. 영재아동 자신이 스스로를 좀 더 현실적으로 바라보고 이해하도록 하는 것은 물론, 교사들 역시 영재아동의 차이점을 수용하고 이해할 수 있도록 옆에서 도와줄 필요가 있다.

| 표 6-1 | 영재의 인지적 특성과 그에 따른 행동 특징

인지적 특성	긍정적 행동 특징	부정적 행동 특징
높은 지적 호기심	정보 습득이 빠름. 호기심과 궁금함이 많음. 진지함. 질문이 많음. 풍부한 양의 정보를 보유함. 다양한 책을 읽음. 높은 내재적 동기	과다한 질문. 의욕이 넘쳐 지시 따르기를 거부함. 인내심 부족. 일상적인 학교생활을 지루해함
발달된 언어능력	어휘력 풍부. 앞선 정보력. 높은 유머감각/언어발달/어휘 수준. 책을 많이 읽음. 언어적 비판능력	학교나 또래에 적절하지 않은 정교한 언어 사용으로 의사소통이나 대인관계의 어려움. 잘난 체함. 따지거나 논쟁함. 장황한 핑계
높은 창의력	상상력 풍부. 창의력, 발명과 새로운 방식 추구. 심리적이고 예술적인 감각 풍부. 독특함. 자기 해석과 스타일 추구	복잡하거나 규칙 설정으로 친구들 기피. 파괴적이거나 보조를 깨뜨리는 것으로 보임. 반복학습과 연습 기피
우수한 사고능력	사고력 우수. 사고과정이 빠르고 판단력과 문제해결 즐김. 원인-결과 관계 파악. 사물과 사람을 체계적으로 조직화시킴. 도전적임. 논리적임	단순연습 기피. 전통적 교수-학습 방법 거부. 자세하거나 세부적인 것을 놓침. 지나치게 복잡하게 생각하는 경향. 불분명하거나 비논리적인 것을 따짐. 논쟁적임
높은 주의집중력	흥미 영역 지속. 복잡함 속에서도 자기 일에 몰두. 선택적 주의집중력 우수. 목표지향 행동	하던 일을 멈추지 못함. 타인에 대한 관심 부족. 일상생활의 일들에 무관심. 제한된 시간을 넘김. 자기 일에만 몰입

2) 정의적 특성

영재는 일반적으로 인지적 능력은 높으나 정서적으로 약하거나 정신적 이상으로 성격이 괴팍하다는 등 사회나 집단에 잘 적응하지 못할 것이라는 잘못된 생각이 만연되어 있다. 간혹 극도로 뛰어나거나 극도로 창의적인 영재 중에서 정서적 장애를 가진 아동이 발견될 수 있으나, 대부분의 연구들은 사회·정서적 문제와 영재성 사이에 상관이 있다는 사실을 지지하지 않는다(김동일 외, 2002; Lehman & Erdwins, 1981; Milgram & Milgram, 1976). 오히려 영재아동의 정서·사회적 특성은 매우 긍정적으로 기술되는 경우가 많으며(Clark, 1983), 같은 나이의 다른 아동과 비교할 때 자신이나 그들의 대인관계를 편안하게 느낄 뿐 아니라 자신과 타인에 대해 더 긍정적인 시각을 가지고 있다고 보고한다(Lehman &

Erdwins, 1981).

영재아동의 다른 정서적 특징으로는 과제 집착성(intensity), 완벽주의 (perfectionism), 높은 민감성(heightened sensitivity) 등을 들 수 있다(Silverman, 1991). 우선 과제 집착성이란 어떤 일에 대한 열정을 의미하는 것으로서 수월한 경지에 도달하는 데 필수적인 요인 중 하나다. 둘째, 완벽주의란 모든 일을 자신의 기준에서 완벽하게 하고자 하는 특성으로 수월성을 추구하도록 하는 데 필요한 추동력의 역할을 한다. 끝으로 높은 민감성은 다른 사람의 어려움을 예민하게 느끼는 마음으로서 그들을 도와주려고 하는 동정심(compassion)의 기초가 되며, 자신이 성취할 목적과 생산물이 가지고 있는 사회적 의미를 깊이 느낄 수 있게 한다. 이런 세 가지 특징은 이상적인 것에 대한 비전을 중심으로 영재아동에게 독특한 성격 구조를 형성하며, 개인의 이상적 비전을 성취하도록 하는 능력의 기초가 된다. 또한 영재아동들은 내향적인 경우가 많은데, 그러한 내향성이 지능지수와 정적인 상관이 있음에도 사회적으로 잘 받아들여지지 않으면 부적절감을 느끼게 된다. 그리고 이런 자녀를 가진 부모는 자녀의 그 특성 때문에 불안해하는 경우가 있다(Silverman, 1991).

5. 영재의 판별

영재 판별은 매우 중요하면서도 복잡한 과정이다. 가장 일반적으로 활용되는 영재 판별방법으로는 지능 점수, 표준화된 검사, 교사 지명, 부모 지명, 또래 지명, 자기 지명, 아동 수행평가 등이 있다. 전통적으로는 이러한 방법들의 몇 가지를 함께 활용하여 영재를 판별해 왔다. 중요한 점은 영재 판별은 모든 문화적 · 사회적 계층에게 공정하게 실시되어야 하며, 교사는 영재성의 다양한 측면에 대하여 인지하고 학생들 행동의 여러 측면을 이해하여 판별해야 한다는 점이다(Heller, Monks, Sternberg, & Subotnik, 2000). 김홍원(2003), 조석희, 김정효, 홍용희, 조윤순(1996)은 다음과 같은 영재 판별 원칙을 제시하고 있다.

• 영재의 정의와 판별은 일관성이 있어야 한다. 영재교육이나 판별, 지도, 평

가에 앞서 가장 중요한 것은 영재성을 잘 정의하는 것이다. 판별은 정의된 영재성을 최대한 타당하고 정확하게 측정하는 것이어야 한다.

• 여러 가지 자료를 수집한다. 영재성은 다양한 영역과 상황에서 나타나기 때문에 여러 가지 검사 방법과 도구를 활용하여 다양한 정보를 수집하는 일이 필요하다.

• 여러 단계에 걸쳐 판별한다. 다단계 판별법은 체계적이고 집중적으로 학생의 영재성을 판별한다는 입장에서 효과적이며, 각 단계마다 적절한 여러 분야의 인사가 함께 참여하는 것이 필요하다.

• 지속적으로 수행되어야 한다. 다단계로 영재를 판별한다고 할지라도 어떠한 이유에서든 판별되지 않은 영재가 있을 수 있다. 그러므로 지속적으로 판별 과정이 실시되어야 한다. 이는 영재 판별 절차의 타당성 확보에도 도움이 되며, 진행되는 영재교육 프로그램의 효과성 평가에도 도움이 된다.

• 판별 대상에 따라 적합한 방법을 사용한다. 학생의 연령, 신체적 · 정신적 특성에 따라 적합한 방법과 검사도구를 활용해야 한다. 특히 학습장애영재의 경우, 읽기능력에 결함이 있으면서 수학에만 뛰어난 능력을 보인다면 언어적 설명이 많은 검사도구는 아동의 능력 평가에 적합하지 않다.

• 가급적 조기부터 실시한다. 영재성은 조기에 나타나는 경우가 많기 때문에 조기에 평가하는 것이 필요하다. 그러나 유아나 영아기의 영재성은 안정된 특성이 아닐 수 있다. 이러한 조기 판별의 목적은 영재와 비영재를 나누어 교육하기 위함이 아니라 뛰어난 재능을 일찍 발굴하여 키워 주는 데 있다.

• 충분히 수준 높은 검사를 활용한다. 일반학생을 대상으로 개발된 검사도구를 영재아동에게 실시할 경우, 천장 효과(ceiling effect)가 생겨 아이들의 능력 차이를 정확하게 변별하기 어려울 수 있다.

• 나이에 따라 판별의 초점이 달라져야 한다. 대상의 나이가 어릴수록 영재의 판별은 타고난 능력의 판별에 초점을 맞추어야 하며, 연령이 높아질수록 좀 더 분야별 특수 재능의 우수한 정도에 초점을 맞추어야 한다.

• 배타성의 철학보다는 포괄성의 철학에 입각하여 판별을 실시한다. 일반적으로 일반아동이 영재교육에 포함되는 것을 방지하기 위하여 매우 정확한 잣대로 영재를 판별하는 것을 영재 판별에서의 배타성의 철학이라고 한다. 반

면, 잠재적인 영재성을 가진 아동이 영재교육을 받지 못하는 것을 막기 위하여 가급적이면 영재 특성을 가진 아이를 포함시키려고 하는 것을 포괄성의 철학이라 한다. 포괄성의 철학을 기반으로 영재를 판별할 때는 각 아동의 관심 수준과 적성에 적절한 교육 프로그램을 제공할 수 있을 것이다.

• 영재 판별검사에서 얻은 자료, 정보는 지속적으로 활용되어야 한다. 판별과정에서 수집된 다양한 자료, 정보는 학생의 교육과 상담, 교육 프로그램의 개선, 이후 수행되는 판별검사의 개선 등을 위하여 지속적으로 활용되어야 한다.

영재 판별에서 주안점을 두어야 하는 것은 뛰어난 수행을 보일 것이라 예측되는 모든 학생들을 고려하여 학생들을 공정하게 판별하고 교육 기회를 제공하는 것이다. 영재 판별은 각 나라에서 다양하게 이루어지고 있다(〈표 6-2〉 참조).

| 표 6-2 | **국가별 영재 판별 사례**

미국의 사례: 일리노이 주의 수학 · 과학고등학교 판별(김현진, 2006)
    일리노이 수학 · 과학 고등학교의 영재 선발 준거는 수학 · 과학 교사의 추천서, 자기소개서와 부모님의 소개서, 성적증명서, SAT 시험 점수, 수학과 외국어 시험 점수, 태도와 성취도 등이다. 또한 수학 · 과학 고등학교에 지원하기 위한 기본 자격 조건은 우선 9년간의 교육이나 그에 상응하는 교육을 마치고 9학년 이하에 재학 중이어야 한다. 특히 당시에 9학년이 아닌 학생의 경우 수학, 과학, 영어 교과에서 고등학교 수준에 상응하는 학습을 끝마쳤음을 증명할 수 있는 서류를 제출해야 하며, 반드시 대수와 과학 과목을 최소 1년 이상 수강했다는 사실이 포함되어야 한다.

이스라엘의 사례: 예술과학 고등학교(박성익 외, 2003)
    이스라엘에서는 다음과 같은 영역에서 우수한 능력을 지닌 학생을 선발하여 영재교육을 실시한다.

• 일반적 학문능력이 평균 이상
• 시각예술, 음악 또는 과학에서의 우수성
• 비인지적 특성에서의 우수성

영재를 판별하는 절차는 다음과 같다.

- 1단계: 집단검사로 수학적 추론능력, 지능검사, 국어 독해 및 어휘 검사, 자전적 질문지 등을 실시하여 학생을 선발한다.
- 2단계: 사회, 정서, 학교 학습에 대한 위원회를 각기 구성하여 개인검사로 전문가들이 개인을 인터뷰하고, 오디션, 종합재능 기록부, 미니 워크숍을 실시한다. 학교생활이 요구하는 정서적, 사회적, 학문적 사항을 극복하는 능력을 측정하는 워크숍이다.
- 3단계: 시뮬레이션 단계로 학생들이 학교에 기숙하면서 지금까지 경험해 보지 못한 다양한 활동에 참여하면서 실제적인 경험을 하도록 한다. 학생들이 사용하는 학습전략, 사회적 활동 등을 관찰 · 평가한다. 전문가들은 학생들이 수행과정을 관찰 · 평가하고 각 개인의 특성에 대하여 수시로 토론하며 입학생을 선발한다.

우리나라의 사례: 영재고등학교(http://www.ksa.hs.kr/)
영재고등학교는 우리나라에서는 최초로 고등학교 수준에서 영재학교로 지정된 학교로서 전신은 부산과학고등학교다. 과학 영재성 판별을 위하여 학생 기록물 평가, 창의적 문제해결력 검사, 과학 캠프/심층면접을 거쳐 144명을 선발한다. 선발 절차는 다음과 같다.

- 1단계-학생 기록물 평가: 제출된 학생 기록물에 의해 영재성을 평가하며 1,800명 이내로 선발한다. 학생 기록물에는 자기소개서, 추천서, 교과별 학업성취도, 수학 · 과학 분야에서의 수상 실적, 기타 영재성을 입증하기 위한 실적물이 포함된다.
- 2단계-창의적 문제해결력 검사: 수학 · 과학 분야의 창의적 문제해결 능력을 평가하며, 입학 정원의 1.5배수를 선발한다.
- 3단계-과학 캠프/심층면접: 과학적 문제해결력, 창의성, 인성 등을 종합적으로 평가하기 위하여 3박 4일간의 캠프가 열린다. 학생이 문제를 해결하는 과정을 관찰하고, 심층면접을 실시하며, 연구보고서 작성 및 발표 활동이 포함된다. 이 단계에서 입학 정원 144명 이내가 최종 선발된다.

6. 영재교육 프로그램: 심화와 속진

영재아동을 위한 프로그램은 일반적으로 심화와 속진으로 이루어진다. 그러나 이 두 프로그램이 실제적으로 프로그램으로 구현되어 서비스로 제공될 때에는 완벽하게 구분하기가 쉽지 않다. 심화란 학습의 깊이와 범위를 확장시키는 방법으로서 일반적으로 교육과정(curriculum)과 관련된 문제를 포함하고 있으며, 속진이란 영재학생들에게 제공되는 학습기간을 단축하여 제공하는 방법으로서 서비스 제공(service delivery of the program)에 대한 문제를 포함한다. 일반적으로 영재를 위한 프로그램 제공에서 심화와 속진은 각 요소에서 중요 요인만 선정·통합하여 활용된다(Vaughn, Bos, & Chumm, 2007).

1) 심화

심화(enrichment)는 일반학급에서 제공되는 기본교육과정 이상의 더 풍부하고 깊이 있는 보충적인 학습의 기회를 제공하는 교육과정을 의미한다(Davis & Rimm, 1989). 심화에서 교육과정을 수정하거나 보충적인 내용을 제공하는 것은 교육과정 내용이나 교수전략을 의미하기도 하며, 이상적으로는 학습자의 특성에 적합하게 맞춤화된 프로그램을 제공하는 것을 의미하기도 한다. 심화는 방과후 학습이나 토요 프로그램, 특수학급 수업 등을 통하여 제공될 수 있다.

2) 속진

속진(acceleration)은 일반적인 정규 교육과정에 포함된 내용을 학습하는 데 요구되는 기간을 단축하거나, 아동의 현 학년 수준 이상의 학습을 허용하여 높은 상급 학년의 교과 내용을 학습하도록 하는 교육과정 운영방식을 의미한다(박성익 외, 2003). 심화가 교육과정에 관련된 영재교육 프로그램의 형태라면, 속진은 일반적으로 교육과정뿐 아니라 서비스 제공 모형으로도 이해될 수 있다(Schiever & Maker, 1991). 서비스 제공 모형(service delivery model)으로서의 속진은 조기 입학(early entrance), 월반(grade-skipping) 등을 포함하는데, 이는 하나 이상의 교과 영역에서 학교 일과시간 중 상급 학년의 수업을 듣는 것을 의미한다. 교육과정 모형으로서의 속진은 제공되는 교육내용을 빠른 속도로 학습하는 것을 의미하며, 일반학급/특수학급에서 실시되고 학년단축(telescoping), 개별진도 학습(self-paced studies) 등의 형태로 수행될 수 있다.

한편, 박성익 등(2003)은 속진을 교과에 기초한 속진과 학년에 기초한 속진으로 구분하고 있다. 교과에 기초한 속진이란 영재학생에게 특정 연령 또는 학년 수준에 기대되는 일반교육과정 수준을 넘어서는 높은 수준의 내용과 기능을 학습할 수 있도록 허용하는 속진을 의미하며, 교육과정 압축(compacting), 단일교과 속진(single-subject acceleration), 동시 등록(concurrent enrollment), AP(advanced placement), 고등학교 내 대학과목 개설(college-in-the-school)이 포함된다. 학년에 기초한 속진은 학령기 기간을 단축시키기 위한 방법으로 조기입학(대학 조기 입학), 월반, 무학년/복합학년 학급(non/multi-grade class), 학년 단축, 학점인정 시험(credit for prior learning/testing out)이 포함된다. 결론적으로 속진은 어떤 유형이든 영재학생이 일반적으로 요구되는 학업 연한보다 빠른 속도로 학업을 끝마치는 데 그 목적이 있다.

3) 보완적 프로그램으로서의 심화와 속진

심화와 속진 프로그램을 통합하여 학생들에게 제시하는 것은 교육 현장에서 흔히 볼 수 있다. 추상적이고 복합적인 개념을 학습하고자 하는 영재아동의 학습 특성(심화)과 일반 학습자보다 빠르게 학습하는 특성(속진)은 교육 프로그램을 제공하기 위해 모두 고려되어야 한다. 속진은 학습자 능력에 상응하는 속도로 학습을 하는 것을 의미한다. 이러한 빠른 학습 속도는 나아가 좀 더 추상적이고 창의적인 사고를 하게 하는 고차원적인 학습내용으로 연결된다(Fox, 1979; Schiever & Maker, 1999). Van-Tassel-Baska(1981)는 심화가 바람직한 수준의 속진과 연계되지 않는다면 그 의미를 찾기 힘들다고까지 언급하고 있으며, Davis와 Rimm(1989)은 초등학교 기간 중 심화 혹은 속진 중 한 가지만 선택한 아동의 경우 실패를 경험하는 확률이 더 높다고 보고하였다. 따라서 심화와 속진은 상호 보완적으로 적용되어야 하며, 영재아동 개인의 특성에 따라 속진 혹은 심화 중 어떤 방식을 중심으로 통합해야 할지를 결정하여 접근할 필요가 있다.

7. 소외된 영재: 학습부진, 여성 및 장애 영재

최근 경제적 문제, 인종, 장애 혹은 성별로 인하여 영재임에도 그들의 능력을 발휘하지 못하고 있는 소외된 영재에 대한 관심이 증가하고 있다. 그들은 제대로 성취를 이루고 있지 못하기 때문에 영재로 판별되지 않는 경우가 많으며, 따라서 적절한 교육적 지원을 받지 못한다. 이에 학습부진 영재, 여성영재, 장애영재에 대한 논의를 제공함으로써 학교 현장에서 그들을 소외시키지 않고 지속적인 교육적 관심을 가지도록 한다.

1) 학습부진 영재(미성취 영재)

학습부진 영재는 정서적 문제 혹은 가정에서의 방치, 학대와 같은 다양한 요인이 원인이 되어 야기된다. 그러나 가장 큰 원인은 학생에게 적절한 자극을 제공하지 못하는 학교 프로그램 때문이라고 지적된다(Hallahan & Kauffman, 2003). 영재학생은 교재 혹은 교과 진도를 대부분 이미 학습했기 때문에 학업을 지루하게 느끼며, 학교에서의 이러한 잘못된 태도로 인해 교사가 낮은 기대를 하기 때문이다. 이와 관련된 문제 중 하나로 학습부진 영재의 경우 부정적인 자기 이미지(negative self-image)와 학교에 대한 부정적인 태도를 가지게 된다. 또한 학생이 자신과 학교에 대하여 부정적인 사고를 발달시킬 때, 학교에서는 학생의 강점을 간과하게 된다(김동일, 1999; Montgomery, 2000).

영재의 학습부진을 예방하거나 그들을 교육적으로 지원하기 위한 한 가지 방법은 영재가 학습과 학교에 흥미를 가질 수 있도록 충분히 도전적인 과제를 제공하는 것이다. 가장 손쉽게 활용되는 방법은 속진이다. 그러나 모든 영재학생들에게 속진이 적합한 것은 아니며, 특히 이미 학습부진 문제를 가진 영재의 경우 미성취 문제가 더욱 두드러지게 나타날 뿐이다. 따라서 가족을 함께 대상으로 한 상담이나 정서적·동기적으로 학습자를 지원해 줄 수 있는 프로그램이 속진보다 효과적이다. 가족을 상담 프로그램에 포함시켜 부모와 함께 교육을 받는 등 학습부진 영재의 교육에 부모가 적극적으로 참여해야 한다. 이러한 프로그램에서 부모는 아이의 자기존중감을 높이면서 성취를 방해하는 여러 가지 장애 요인과 행동 패턴 형식을 인식하고 처치하는 방법을 익히는 것이 필요하다(김동일, 1999). 또한 학습자 자신뿐 아니라 교사, 부모가 아동의 단점이 아닌 강점에 초점을 맞출 필요가 있으며, 학교 성적이나 성취만을 가지고 학습자를 평가하려는 행동을 자제해야 한다(Baum, Renzulli, & Hebert, 1995).

2) 여성영재

우리 사회에서 여성에 대한 인식은 급속도로 변화하고 있다. 그러나 여전히 교육 및 영재 분야에서 여성은 소외된 계층을 이루고 있다. 영재교육 프로그램의 여학생 참여율은 남학생 참여율에 비해 상당히 저조한 수준이며, 이는 우리나라 뿐 아니라 외국의 경우에도 지적되는 문제점이다(Terwilliger & Titus, 1995). 수학 및 과학 성취도에 대한 국제 비교연구 결과에 의하면, 우리나라 학생들의 수학 및 과학의 성취도에서 성차는 크고 일관되나 여학생들의 수학·과학 성취 수준 자체는 뛰어난 것으로 확인되었다. 또 상위 5~10% 집단의 여학생들은 비율 면에서 남학생과 균형을 이루지 못하나 평균 점수는 남학생과 대등한 것으로 나타났다(정경아 외, 2004). 이 같은 결과는 아직 전체 초·중등학생의 1%에도 미치지 못하는 영재교육 참여자의 성별 불균형 현상의 원인을 능력 요인만으로 돌릴 수 없음을 말해 준다.

2006년 6월 수학 및 과학 영역 영재교육에 참여하고 있는 학생을 대상으로 한 연구(정경아 외, 2006)에서는 전체 영재교육을 받는 학생 중 여학생이 34.9%를 차지, 선발과정이 어렵고 까다로울수록 여학생 비율은 낮아졌음을 보고하였다. 더구나 영재 여학생은 영재 남학생보다 부모로부터 낮은 기대와 교육적 지원을 받고 있으며, 수학이나 과학을 좋아하고 잘하는 동성의 친구 역할 모델을 가지기 어렵고, 뛰어난 성취를 이룬 여성 과학자나 수학자와 같은 성인 역할 모델을 접하기도 어렵다는 점을 지적하였다.

Callahan(1991), Kerr(1991)가 지적한 바와 같이, 여성영재의 문제는 매우 복잡한 문제다. 이는 문화, 사회, 정치적 역학관계와 연결되어 있기 때문이다(Hallahan & Kauffman, 2003). 그러나 문제의 복잡성 때문에 소외되는 여성영재를 두고 볼 수만은 없으며, 사회의 변화에 따라 학교 역시 그들을 위한 다양한 교육적 지원을 위하여 노력해야 한다. 일반적으로 여성영재를 판별하고 교육하기 위해서는 영재교육 대상자 선발에서 성비를 고려하고, 교육 현장에서는 남성과 여성의 경험과 특성, 요구를 고려하여 교육적 지원을 제공하여야 할 것이다.

또한 미래 지도자로 성장할 수 있는 영재 여학생에게 지지적인 사회적 환경을 제공하려는 노력이 필요하다. 우리나라의 경우 여성 과학자 양성 프로그램 (Women into Science and Engineering: WISE)이 있는데, 이 프로그램은 과학기술 분야의 여성 인력을 양성하기 위한 것으로서 멘터링을 포함해 현재 인턴십 과학 실험자원봉사단 경력개발아카데미 등의 프로그램이 운영되고 있다. 뿐만 아니라 전국여성과학기술인지원센터(WIST)는 과학기술인으로 사회에 진출하고자 하는 여성들을 지원하는 곳으로, 주로 취업을 위한 교육 프로그램과 여성 석·박사급 의 일자리 창출을 위하여 노력하고 있다.

3) 장애영재

장애를 가지고 있으면서 영재성 역시 가지고 있는 학생에 대한 관심은 최근 들어 논의되기 시작하였다. 우리는 일반적으로 장애에 대한 편견 때문에 그들의 능력을 간과하기가 쉽다. 예를 들어, 청각장애를 가지고 있는 영재아동의 경우, 교사는 그 학생의 제한된 의사소통 능력 때문에 학생의 영재성을 발견하지 못할 수 있다. 또한 학습장애나 주의력결핍 과잉행동장애(ADHD)의 경우, 매우 높은 지능을 가지고는 있으나 평가가 어렵기 때문에 그들의 능력이 정확하게 측정되 지 못하는 경우가 많다. Shaywitz와 동료들(2001)은 높은 지능을 가진 소년들과 학습장애를 가진 소년들은 비슷한 행동 문제를 보이며, 영재학생들이 매우 이질 적인 성격의 집단이라고 주장하였다.

이렇듯 장애를 가지고 있으면서도 영재성을 가진 학생을 장애영재(the gifted with disability)라고 일컫는다. 장애영재는 이중 특수성을 지닌 이들로서 시각장애, 청각장애, 학습장애 등과 같은 특수교육의 대상이 되는 속성과 높은 지능, 창의 성, 과제 집착력 등 영재교육의 대상이 되는 속성을 모두 지니고 있는 이들을 뜻 한다. 그들은 일반적으로 시각장애, 청각장애, 지체장애, 학습장애, 정서장애 등 의 장애를 하나 혹은 둘 이상 중복으로 가지고 있어도 높은 수행 수준을 나타내 는 잠재력을 보인다(김동일, 1999; 이신동, 2002). 장애영재는 특이한 사례가 아니 라 장애와 영재 집단이 교차되는 영역(cross over)에 포함되며, 보다 특별한 교육 서비스가 필요한 특수교육대상자다(김동일, 1999). 실제로 장애영재는 정신지체나 아주 심각한 발달장애를 제외한다면 장애의 모든 영역에서 나타난다(Clark, 2002).

(1) 학습장애영재

학습장애영재(gifted & learning disability)는 양면특수아(twice exceptional), 교차특수아(crossover)라는 용어와 동일하게 사용되는데(Yssel, Margison, Cross, & Merbler, 2005), 모두 이중의 예외성을 보이는 경우를 지칭한다. 일반적으로 영재성을 지니면서 동시에 학습장애를 지닌 경우를 의미한다(Rizza & McIntosh, 2001).

학습장애영재는 추상적 추리력, 문제해결력, 이해력 등에서는 높은 능력을 보이지만 읽기와 같은 학업적 능력에서는 낮은 수행을 보이는 특성이 있다. 또한 WISC-R의 영재성 관련 하위검사(코드 만들기)에서는 높은 점수를 받고, 학습장애와 관련된 영역(어휘력)에서는 낮은 점수를 받는 경향을 보인다(Barton & Starnes, 1989). 언어성 검사 점수와 동작성 검사 점수의 차이가 15점 이상 되는 것은 학습장애의 가능성을 보이는 것이다.

학습장애영재아동은 지능검사의 언어적 영역에서 우수한 수행을 보이지만 단기기억, 계열화, 시지각에서 상대적으로 낮은 수행 수준을 보인다. 읽기장애 등을 지니고 있는 경우도 있으며 학업 결손으로 인하여 철자를 잘 못 쓰거나 문장을 통해 자신의 생각을 조리 있게 나타내지 못한다. 그들은 개인 지능검사에서 우수한 수행을 보이면서도 비슷한 능력을 가진 영재학생보다 덜 효율적이거나 다른 방식으로 기능하는 것처럼 보인다. 또한 높은 수준의 인지적 과제를 해결하는 데서 비효율적인 처리과정이 명백하게 나타난다(김동일, 박춘성, 홍성두, 2007).

(2) 백치천재, 서번트 신드롬

백치천재, 서번트 신드롬(idiot savant)이란 발달장애 혹은 자폐증 등의 장애와 영재성을 동시에 지녀서 스스로 독립적인 활동은 하기 어려울 수 있으나 특정 영역에서는 놀라운 능력을 발휘하는 사람을 지칭한다. 그들은 일반아동에게서는 기대하기 어려운 높은 수준의 기능을 보이며, 발달장애의 0.06% 정도의 출현율을 보이는 것으로 보고된다(Hill, 1978).

(3) 장애예술영재

장애예술영재란 영재의 다양성과 동시에 새로운 고려사항이 필요한 영역이다. 영재의 다양성이란 학습장애영재, 예술영재, 소외영재 등과 같이 복합적인 개념을 의미하며, 새롭게 고려하여야 할 사항이란 장애의 한계 설정, 예술의 한계 설정에 관한 것이다. 김동일, 박춘성, 홍성두(2007)는 장애예술영재를 예술 영역에서 뛰어난 성취를 보이거나 잠재성을 지닌 장애학생을 일컫는다고 복합적인 관점에서 정의하였다. 이 연구에서는 장애예술영재의 출현율을 전체 장애학생의 3%, 전체 학생의 0.08%로 추정하고 있다. 또한 이 연구에서는 현재 장애예술영재를 위한 센터나 교육 프로그램이 따로 존재하지는 않지만 국가적 수준에서 장애예술영재 지원센터가 설치되어 그들을 지원할 것을 제안하였다.

요 약

영재아동이란 일반적으로 뛰어난 능력을 갖고 있어서 훌륭한 성취를 보일 가능성이 있는 아동으로서 그 자신과 사회에 기여하기 위하여 정규 교육과정이 제공하는 것 이상의 차별적인 특수교육 프로그램이나 지원을 필요로 한다.

영재아동은 일반지능뿐만 아니라 특수학문 적성, 창의력, 지도성에서 이미 성취를 보이거나 성취할 잠재능력이 있는 아동이다. 영재를 일반지능으로만 판별하지 않고, 구체적 학문 영역 및 지도력, 예술능력과 같은 비지적 능력을 함께 영재 정의의 구성 요소로 포함하여야 하며, 성취할 잠재능력이 있는 아동을 영재에 포함시켜 학습부진 영재나 환경이 불우하여 높은 성취를 보이지 못하는 아동도 영재교육의 대상이 될 수 있도록 해야 한다.

영재 판별은 매우 중요하면서도 복잡한 과정이다. 가장 일반적으로 활용되는 영재 판별방법으로 지능 점수, 표준화된 검사, 교사 지명, 부모 지명, 또래 지명, 자기 지명, 아동 수행평가 등이 있을 수 있다. 영재 판별은 모든 문화적, 사회적 계층에게 공정하게 실시되어야 하며, 교사와 부모는 영재성의 다양한 측면에 대하여 인지하고, 학생의 행동의 여러 측면을 이해하여 판별해야 한다. 일반적으로 영재교육 프로그램에서는 복합적인 개념을 학습하고자 하는 영재아동의 학습 특성(심화)과 일반 학습자보다 빠르게 학습하는 특성(속진)이 모두 고려되어야 한다.

최근 경제적 문제, 인종, 장애 혹은 성별로 인하여 영재임에도 그들의 능력을 발휘하지 못하고 있는 소외된 영재에 대한 관심이 필요하다. 그들은 제대로 능력을 발휘하고 있지 못하기 때문에 영재로 판별되기 어렵고 적절한 교육적 지원을 받지 못할 수 있다. 따라서 학습부진 영재, 여성영재, 장애영재를 학교 현장에서 소외시키지 않고 교육적 지원을 제공하도록 특별한 노력이 요구된다.

학습 문제

• 단위학교에서 영재교육을 실시하고자 할 때의 적절한 영재 판별 절차에 대하여 서술하시오.
• 영재의 다양성 측면에서 소외된 영재의 유형과 각각의 교육적 접근의 예를 제시하시오.

관련 사이트

• 한국교육개발원 영재교육센터 http://gifted.kedi.re.kr
• 여성 과학자 양성 프로그램 http://www.wise.or.kr

참고문헌

김동일(1999). 학습부진 영재아동. 서울: 원미사.

김동일, 김계현, 김병석, 김봉환, 김창대, 김혜숙, 신종호(2002) 특수아동상담. 서울: 학지사

김동일, 박춘성, 홍성두(2007). 장애인 예술영재교육 기초연구. 한국문화예술교육진흥원 연구보고서.

김현진(2006). 한국과 외국의 수학영재교육에 대한 비교연구: 미국, 중국, 싱가포르를 중심으로. 단국대학교 교육대학원 석사학위논문.

김홍원(2003). 영재 교수-학습 방법의 성격과 영재 교수-학습 자료의 개발. 수학교육논문집, 17, 1-16.

박성익, 조석희, 김홍원, 이지현, 윤여홍, 진석언, 한기순(2003). 영재교육학원론. 서울: 교육과학사

이신동(2002). 장애영재의 이해와 교육적 중재. 발달장애학회지, 6(2), 189-203.

전경원(2000). 영재교육학. 서울: 학문사.

조석희, 김정효, 홍용희, 조윤순(1996). 유아를 위한 창의성 프로그램 개발. 인간발달연구, 24(1), 29-48.

Barton, J. M., & Starnes, W. T. (1989). Identifying distinguishing characteristics of gifted and talented/learning disabled students. *Roeper Review, 12,* 23-29.

Baum, S., Renzulli, J., & Hébert, T. P. (1995). Reversing underachievement: Creative productivity as a systematic intervention. *Gifted Child Quarterly, 39*(1), 29-35.

Clark, G. (2002). Screening and identifying students talented in the visual arts: Clark's drawing ability test. *Gifted Child Quarterly, 33*(3), 98-105.

Davis, G. A., & Rimm, S. B. (1989). *Education of the gifted and talented* (2nd ed.). Englewood Cliffs, NJ: Prentice-Hall

Hallahan, P. D., & Kauffman, M. J. (2003) *Exceptional Learner* (9th ed.). Boston: Allyn and Bacon.

Heller, K. A., Monks, F. J., Sternberg, R. J. & Subotnik, R. F. (Eds.) (2000). *International handbook of giftedness and talent* (2nd). New York: Pergamon.

Kaufmann, F. A., Castellanos, F. X., & Rotatori, A. F. (1986). Counseling the gifted child. In A. F. Rotatori, P. J. Gerber, & F. W. Litton (Eds.), *Counseling exceptional students.* New York: Human Sciences Press.

Lehman, E., & Erdwins, C. (1981). The social and emotional adjustment of young intellectually gifted children. *Gifted Child Quarterly, 25*(3), 134-137.

Marland, S. (1972). Education of the gifted and talented. Report to the Congress of the United States by the U.S. Commissioner of Education. Washington, DC: Government Printing Office.

Mathews, J. (1998, Jun 7). Across area, "gifted" has no clear-cut definition: School guidelines mystify many parents. *Washington Post,* pp. A1, A16

Milgram, R., & Milgram, N. (1976). Personality characteristics of gifted Israeli children. *The journal of Genetic Psychology, 129,* 185-194.

Passow, A. H. (2004). The nature of giftedness and talent. *Gifted Child Quarterly, 25*(1), 5-10. In 이정규 역(2008). 영재성의 정의와 개념. 서울: 학지사.

Ramos-Ford, V., & Gardner, H. (1997). Giftedness from a multiple intelligences perspective. In N. Colangelo & G. A. Davis (Eds.), *Handbook of gifted education* (2nd). Boston: Allyn and Bacon.

Renzulli, J. S. & Reis, S. M. (1997). *The schoolwide enrichment model: A how-to guide for educational excellence* (2nd). Creative Learning Press.

Rizza, G. M., & McIntosh, E. D. (2001). Introduction to the special issue: New perspectives in gifted education. *Psychology in the school, 38*(5), 401-403.

Shaywitz, E., & Holahan, M. (2001). Heterogeneity within the gifted: Higher IQ boys exhibit behaviors resembling boys with learning disabilities. *Gifted Child Quarterly, 45*(1), 16-23.

Silverman L. K. (1991). Family counseling. In N. Colangelo, & G. A. Davis (Eds.), *Handbook of gifted education* (pp. 307-320). Boston, MA: Allyn & Bacon.

Spearman, C. (1972). *The ability of man: Their nature and measurement.* New York: McGraw-Hill.

Sternberg, R. J. (1997). A triarchic view of giftedness: Theory and practice. In N. Colangelo & G. A. Davis (Eds.), *Handbook of gifted education* (2nd). Boston: Allyn and Bacon.

Subotnik, F., & Arnold, D. (1995). Gifted is as gifted does but what does gifted do? *Roeper Review, 18*(1), 4-6.

Tannenbaum, A. (1979). Pre-sputnik to post-Watergate concern about the gifted. In A. H. Passow (Ed.), *The gifted and the talented* (pp. 5-27). Chicago: National Society for the Study of Education.

Tannenbaum, A. (1983). *Gifted children: Psychological and educational perspectives.* New York: Macmillan.

Vaughn, S., & Bos, C. S., & Chumm, J. S. (2007). *Teaching students who are exceptional, diverse and at risk.* Boston: Pearson

Yssel, N., Margison, J., Cross, T., & Merbler, J. (2005). Puzzle, mysterious, and Picasso: A summer camp for students who are gifted and learning disabled. *Teaching for Exceptional Children, 38*(1), 42-46.

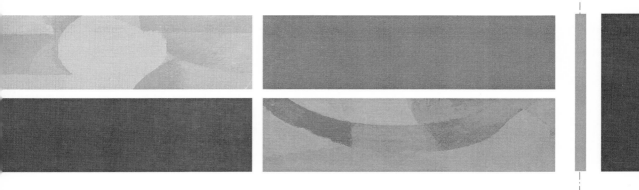

PART 03 특수교육 및 통합교육의 실제

제7장
특수교육 대상아동을 위한
교수전략

　4장에서 제시한 사례에서 박선생님 반의 특수한 요구를 가진 학생들은 수업의 일부는 박선생님과, 그리고 일부는 학습도움실에서 특수교사와 함께한다. 박선생님 반의 학생들은 장애가 없고 매우 우수한 학생에서부터 장애가 있는 학생보다 더 학습 태도가 좋지 않거나 성취도가 낮은 학생들까지 매우 다양하다.

　박선생님의 수업은 주로 중간 수준의 학생에 맞추어져 있다고 한다. 그러나 중간 수준의 학생이 정확히 누구인지는 선생님도 말하기 힘들다. 다양한 학생 중 박선생님의 수업이 너무 쉽다고 생각하는 학생도 있고, 너무 어려워서 하나도 이해할 수 없거나 혹은 선생님의 말이 너무 빠르거나 배울 내용이 많아서 수업 내내 먼 산만 바라보고 있는 학생도 있다.

　또 학생들 대부분은 수업시간 내내 선생님의 수업을 듣기만 할 뿐, 다른 친구들과 토론을 하거나 활발하게 활동을 하면서 배우는 기회가 적다. 아마도 박선생님은 교과서의 많은 내용을 정해진 시간 안에 전체 학생에게 전달해야 하는 부담이 큰 것 같다. 동기도 없고 능력도 부족한 경미나 경석, 정수는 대부분의 수업에서 소외되는 것이 누가 봐도 분명하다.

　학생들의 수업 태도는 점점 더 나빠지고, 흥미도 없으며, 수업시간에 집중을 하는 것처럼 보이는 학생들도 시험 결과를 보면 제대로 배우지 않은 것이 틀림없다. 지적 능력, 동기, 흥미, 태도, 성취 결과 등에서 차이를 보이는 박선생님 반의 모든 학생들이 좀 더 의미 있게 잘 배울 수 있는 방법은 무엇일지 오늘도 고민에 빠져 본다.

　어떻게 하면 박선생님을 도와줄 수 있을까?

성공적인 통합교육 및 장애학생을 위한 특수교육은 학교에 속한 학급 구성원 모두가 유의미한 학습을 하도록 어떻게 수업을 계획하고 실행하느냐에 달려 있다. 따라서 수업은 학생의 특성과 요구에 맞게 조정되고 적합화되어야 한다. 그러나 장애학생을 위한 모든 수업이 조절되고 적합화되어야만 그들의 요구를 충족시켜 줄 수 있다고 보기는 어렵다. 만약 모든 수업을 조절하고 적합화해야 한다면, 장애학생이 포함된 일반학급 혹은 통합학급을 맡은 교사는 부담이 너무 커서 장애학생에게 적절한 교수를 제공하고자 하는 시도 자체를 포기할지도 모른다. 따라서 이 장에서는 일반교사와 특수교사가 일반학급 혹은 특수학급에서 함께 협력하여 장애학생과 일반학생의 요구를 동시에 충족시킬 수 있는 수업과 지도 방법을 알아보고 구체적인 방법을 제시한다. 또한 장애학생을 가르치기 위해서 어떠한 조절과 조정이 필요한지 논하고 가능한 방법을 제안한다. 마지막으로 교사가 가르치고 학생이 배운 내용을 평가하는 목적과 다양한 평가방식에 대해 논의한다.

1. 장애학생을 위한 교수적 접근

1) 교수적 접근의 패러다임 변화

통합교육의 추세와 교육 패러다임의 변화로 교사들은 장애학생을 위한 교육방법도 분리된 기술을 개별적으로 가르치는 것이 아니라 일반학급에 적용하면서 다른 학생들과 함께 배울 수 있는 방법을 모색해야 한다. 따라서 기술 중심의 접근법뿐 아니라 일반적인 수업 원리 안에서 장애학생을 교육시키기 위한 방법을 논하고 있다. 조영남, 나종식과 김광수(2005), 황윤한과 조영임(2005)은 구성주의의 영향으로 일반교육이 개인의 요구에 부응하는 적응적 교육, 협동학습 전략을 더 많이 활용하고, 또래가 상호작용하고 서로 간에 도움을 줄 수 있는 또래지도 학습전략, 학습자 주도형 개별화학습 전략 등 더 다양하고 개인적 특성에 맞는 개별화된 교수 모델을 개발해야 함을 강조하고 있다. 민천식(2003)은 통합교육을 위한 교수-학습 전략의 변화와 패러다임의 변화에 따른 방향성을 논하고 있다.

아울러 특수교육에서도 일반교육과 마찬가지로 교육의 질적인 부분에 더 초점을 맞추어야 한다는 것을 논하고 있다. 김정권(1997)은 경쟁보다는 협력을, 결과보다는 과정을, 교육내용의 전달보다는 학생들의 학습을, 그리고 내용 전달자로서의 교사보다는 학생들의 학습을 격려하고 안내하는 촉진자로서의 교사 역할을 강조하고 있다.

따라서 일반교사는 장애아동들이 일반학급에서 학업기술을 배우고 연습할 수 있는 기회를 제공해야 하며, 긍정적인 학급환경을 구성하기 위한 노력을 기울여야 한다(Villa & Thousand, 1992). 반면, 특수교사의 중요 역할은 개별화교육 프로그램에 명시된 장애아동의 현행 수준을 기초로 교수 프로그램을 계획하고 실시하며 평가하는 것이다. 또한 특수교사는 통합된 교육 상황에서 장애아동이 학습하고 또래와 함께 어울릴 수 있도록 통합교실에서 배우는 학습기술과 행동기술을 준비시켜 보내도록 노력해야 한다(이소현, 황복선, 2000).

이 장에서 주로 살펴보게 될 교수전략은 학습과정을 촉진하기 위해 특수교육 요구가 있는 개개인의 학습환경을 적절히 수정하고, 교육전략을 적절히 선택·적용하여 장애학생의 실행기술, 비판적 사고, 문제해결과 자기조절 능력, 자기존중감을 향상시키기 위한 방법들을 말한다. 이러한 방법들은 장애학생의 제한성을 최대한 보완하고 학생 간 상호작용이 긴밀하게 일어날 수 있는 교수-학습 방법으로, 특수학급뿐 아니라 일반학급에서 일반교육과정에 접근할 수 있도록 도와주는 것이어야 한다. 따라서 장애학생을 위한 교육에서도 전체를 대상으로 하는 교사 주도적인 일제식 수업방법만을 고집하기보다 또래교수, 협력학습, 또래도우미 활동 등을 통해서 장애학생의 흥미와 활동을 고려하고 그들이 협력적으로 문제를 해결하는 과정을 경험하도록 해야 한다(Ellis, 1997; Udvari-Solner & Thousand, 1996).

2) 패러다임 변화에 따른 교수-학습 전략의 특성

장애학생을 위한 교수-학습 전략이 따로 있다고 보기는 어렵다. 그러나 장애학생을 일반학급에서든 특수학급에서든 더 잘 가르치기 위해, 혹은 그들이 잘 배울 수 있도록 하기 위해 충족시켜야 할 교수-학습 전략의 특성들은 다음과 같다.

(1) 의미 있는 활동 중심으로 통합된 교육과정

Mastropieri와 Scruggs(2004)는 학생들은 배우는 내용이 의미 있고, 선행 지식과 관련이 있으며, 경험과 활동이 구체적이고 참여를 촉진하는 것일 때 잘 배울 수 있다고 제안한다. 과제를 제시할 때는 의미 있고 중요한 것을 직접적으로 설명해 줄 필요가 있다.

- 학생들의 흥미를 반영하는 주제를 선택한다.
- 공부하고자 하는 내용을 학생들이 친숙하게 생각하고 중요하게 다룰 수 있는 지역의 이슈 및 문제와 관련시킨다.
- 학생들이 선택 목록에서 과제를 선택할 수 있게 한다.
- 수업에서 "이 주제는 매우 중요한 것입니다." 혹은 "이 주제를 우리가 배우는 게 왜 중요할까요?"와 같은 질문으로 시작하거나 끝낸다(Mastropieri & Scruggs, 2004: 251).

의미 있고 통합된 교육과정 접근은 과목별로 분리하여 가르치기보다 주제나 이슈, 문제를 중심으로 교육과정의 내용과 수업을 유기적으로 연계시키는 것이다. 예를 들어, 단원의 주제로 정치적, 환경적, 사회적, 역사적 혹은 개인적 문제를 나눠서 접근할 수 있다. 또한 학급, 학교, 지역사회에 적절한 다면적 프로젝트를 수행할 수 있다. 이러한 방법은 주제의 목적에 맞고 학생의 관심과 참여를 향상시킬 수 있는 방법이다. 게다가 교육과정이 주제별로 혹은 질문을 중심으로 구조화되면 다른 능력과 학습양식을 가진 학생들이 다양한 자료와 교수방법, 그리고 그들이 배운 결과를 보여 주는 다양한 방식을 사용할 수 있게 된다.

(2) 적절한 교수적 목표

들으면 잊어버리고, 보면 기억하고, 행동하면 이해한다고 한다. 따라서 현장체험, 학습환경, 실제적인 사물 체험, 표상적인 것 경험, 간접 경험, 상징적인 것 포함 등 다양한 교수적 투입을 선택하여 동기와 성취를 최대화하는 것이 필요하다. 효과적인 학교는 모든 학생들에 대해 높은 기대를 가지고(Reynolds & Teddlie, 2000), 그러한 기대에 따라 명확하게 학습의 결과를 확인하고 실행하는 학교다(Schumaker & Lenz, 1999). 가장 좋은 교수적 목표는 도전적이지만 노력을 통해 획득할 수 있는 것이다. 성취라는 것은 실제로 학생이 적절한 도전감을 느낄 때에 경험할 수 있는 것인데, 그러므로 목표는 높지만 현실적인 것이어야 한다(Ford, 1995). 통합학급에서는 모든 학생을 위해 명확하게 진술된 목표가 있어야 한다. 하지만 모든 학생이 같은 목표를 가지는 것은 아니다. 보편적 학습설계는 개별화교육 프로그램을 가진 학생을 위해 개별화된 목표를 설정하여야 한다.

(3) 적극적/능동적 학습

예시와 시뮬레이션, 실험, 응용학습 상황, 역할극, 지역사회 중심 프로젝트는 학생들이 학습과정에 적극적으로 참여할 기회를 많이 가지도록 한다. 활동중심 수업은 직접 경험을 많이 하는 활동을 포함한다. 활동중심(교재중심에 대비되는 개념으로서) 과학과와 사회과 교수 접근은 장애학생에게도 적절한 수정과 지원을 제공해 준다면 학습을 향상시킬 수 있다(Scruggs & Mastropieri, 1994).

활동중심, 경험주의 접근은 강의나 학습지 혹은 수동적인 교수적 형태를 사용하는 접근과 반대된다. 예를 들어, 컵을 사용해서 액체의 양을 측정할 때는 쿼터, 갤런의 개념을 강의와 예시를 통해 설명할 수 있다. 학생들은 '1쿼터는 _____ 컵의 물과 같다.'와 같은 문항의 학습지를 완성하고 다양한 양의 액체를 담은 용기 그림과 연결시키는 활동을 할 수 있다.

Wiggins와 McTighe(2005)는 의미 있는 학습은 손으로 경험하는 활동뿐 아니라 마음으로 경험하는 활동을 할 때 일어난다고 강조한다. 활동을 완수하는 것이 수업의 목적은 아니지만, 학생들은 그런 활동이 수단이 되어 본질적인 내용과 개념을 배우는 데 참여할 수 있다. 예를 들어, 직접 체험하는 활동으로 수족관을 채우는 것을 생각해 보면, 수족관을 채우는 활동을 하기 위해 학생들은 먼저 측정의 개념과 예, 시범을 보아야 한다. 그리고 피드백을 받고 이후에 독립적으로 연습을 해야 한다. 단순히 수족관을 채우는 것이 수업의 목적이 아니다. 바로 측정에 관해 배우는 것이다.

통합학급에서 활동중심 수업을 하는 것은 몇 가지 장점이 있다. 우선 직접 경험을 하는 적극적 학습은 수동적 학습보다 많은 학생에게 이점이 있는데, 추상적인 내용을 실제적으로 만들어 줄 뿐 아니라 학생들이 자료와 상호작용하고 일차 자료를 조작해 봄으로써 지식을 구성할 수 있도록 도와준다. 인지능력이 잘 발달되지 않은 학생과 시각자료, 촉각자료 혹은 운동 감각적 투입이 필요한 학생의 경우 구체적 활동을 통해 혜택을 볼 수 있는 것이다. 아울러 학생들의 동기와 호기심을 향상시킬 수 있으며, 활동중심 수업에서는 공통된 활동 중에서 다양한 학습목표를 달성할 수 있다. 수족관을 채우면서 두 명의 학생은 몇 쿼터가 필요한지 계산해 보거나, 몇 컵을 부으면 10갤런 수족관을 채울 수 있는지를 계산할 수 있다(Janney & Snell, 2004).

(4) 다중지능을 가정한 교수-학습의 다중 모드

Gardner(1993)는 지능의 다면적 특성을 강조하고 여덟 가지 복합지능으로 언어적 지능, 논리-수학적 지능, 공간지능, 음악적 지능, 운동지각 지능, 개인 간 지능, 개인 내 지능, 자연 친화적 지능을 제안하고 있다. 다중지능이론은 전통적인 교육과정이 언어적 지능과 논리-수학적 지능만을 강조하여 학습자 자신이 가진 고유한 강점 지능을 개발하고 약점 지능을 보완할 수 있는 기회를 부여하지 못했다고 주장한다(Gardner, 1993).

일반학급에서 교사가 가르칠 때는 듣기와 읽기가 학급에서 정보를 공유하는 주요 양식이다. 그러나 교사가 내용을 전달하면서 다양한 양식을 사용할 때 학생의 성취가 향상될 수 있다. 다양한 양식에는 그래픽 조직자(개념지도, 웹, 벤다이어그램)와 다른 시각적 전략(시간표, 그림, 사진, 그래프, 실제 모델) 그리고 음악 및 운동 감각적 활동과 같은 비언어적 활동이 포함된다(Marzano, 2003).

3) 차별화 교수

학급의 다양성을 수용하기 위한 개별화 교수 혹은 차별화 교수(differentiated instruction)란 학습자들의 다양한 필요에 대한 교사의 책임감 있는 수업으로, 학생들의 준비도, 관심사, 학습 특성, 학습양식, 학습 필요 등에서의 차이를 예상하고 그에 부응하고자 하는 교육을 말한다(Tomlinson, 2002). 즉, 학교교육에서 뒤처지는 학습자의 특성을 고려하여 학습내용과 학습과정, 학습환경에 대한 다양한 접근을 사전에 계획하고 실천하는 교육이다.

Tomlinson(2005)은 차별화 교수의 특성을 다음과 같이 제안하고 있다.

- 교사가 학생들의 요구에 그때그때 반응하기보다는 학습자마다 서로 다른 교육적 요구를 가정하고, 주도적으로 그러한 요구를 충족시키기 위한 차시 및 단원 계획을 사전에 수립하는 방법이다.
- 양보다는 질을 강조하기에 학습자들에게 과제의 양을 더 주거나 적게 주는 방법에 국한하지 않고 학생의 요구를 충족시키기 위해 과제의 질을 조정하는 방법이다.
- 학생 중심적으로 학생들의 흥미, 수준 등을 고려하고 학습방법과 학습내용이 학생마다 다를 수 있음을 가정하여 학생들의 다양한 요구에 따른 여러 가지 학습방식에 관해서 생각하고 계획을 수립하는 방법이다.
- 개별, 소집단, 전체 학급을 대상으로 한 교수를 혼합하여 융통성 있고 유동적인 집단을 편성하는 방법이다.
- 유기적인 과정으로 학습자가 어떻게 학습하는지, 학습자가 배운 것을 어떻게 적용하는지에 대해 교사가 지속적으로 관찰 및 점검하는 역동적인 과정을 포함한다.

　차별화 교수는 수업을 계획할 때 교수 내용, 과정, 결과의 차별화로 나누어 볼 수 있다. 내용의 차별화는 장애학생에 대한 수행 기대 수준을 낮추기보다 다양한 전략을 이용하여 일반학생들과 동일한 교수내용을 배울 수 있도록 지원하는 방식이다. 과정의 차별화는 학생들이 개념, 지식, 기술을 학습하는 방법이나 문제를 해결하는 방법을 다양화하는 것이다. 예를 들면, 또래 집단과 함께 학습하면서 교사나 보조교사 등으로부터 직접교수를 받거나, 수업에서 이루어지는 활동에 참여할 수 있도록 또래교수나 협동학습, 학습센터 등 다양한 집단을 구성하고 활용하는 지원을 제공해 주는 것이다. 또한 질문의 수준을 다양하게 해 주거나 학습전략 교수를 제공해 주는 것을 포함한다. 결과의 차별화는 수업을 통해 배운 결과를 학생들이 보여 줄 때 방식을 달리하는 것이다. 이를 위해서는 학생들이 보여 주어야 할 성취 기준을 명시적으로 처음부터 제시할 수 있도록 수업을 설계해야 하며(Wiggins & McTighe, 2005), 학생들의 이해 정도와 성취 수준

을 증명하기 위해 발표방식을 변경하거나 숙달 수준을 조정하거나 교육과정중심
평가 등을 사용해야 한다(McTighe & Brown, 2005).

4) 직접교수

직접교수는 학생들에게 교사가 시범을 보이고 학생들이 학습활동에 적극적으로
참여하도록 교수-학습 활동을 단계에 따라 설계하는 방법이다(Jones et al., 1997).
다음 [그림 7-1]은 Bender(2009)가 제안한 직접교수의 수업 단계를 보여 주고
있다.

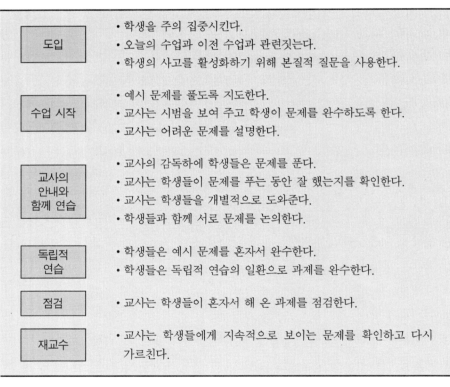

도입	• 학생을 주의 집중시킨다. • 오늘의 수업과 이전 수업과 관련짓는다. • 학생의 사고를 활성화하기 위해 본질적 질문을 사용한다.
수업 시작	• 예시 문제를 풀도록 지도한다. • 교사는 시범을 보여 주고 학생이 문제를 완수하도록 한다. • 교사는 어려운 문제를 설명한다.
교사의 안내와 함께 연습	• 교사의 감독하에 학생들은 문제를 푼다. • 교사는 학생들이 문제를 푸는 동안 잘 했는지를 확인한다. • 교사는 학생들을 개별적으로 도와준다. • 학생들과 함께 서로 문제를 논의한다.
독립적 연습	• 학생들은 예시 문제를 혼자서 완수한다. • 학생들은 독립적 연습의 일환으로 과제를 완수한다.
점검	• 교사는 학생들이 혼자서 해 온 과제를 점검한다.
재교수	• 교사는 학생들에게 지속적으로 보이는 문제를 확인하고 다시 가르친다.

[그림 7-1] 직접교수의 수업 단계

출처: Bender, W. (2009). *Differentiating math instruction*. Thousand Oaks, CA: Corwin, pp. 31-32

2. 장애학생을 위한 교육과정 수정과 교수적 수정

일반교사와 특수교사가 고등학교 1학년(10학년)까지의 모든 학생들에게 요구되는 국민공통기본교육과정을 통합학급, 특수학급 혹은 특수학교에서 장애학생을 포함한 다양한 학생들에게 효과적으로 가르치기 위해서는 교육과정을 운영할 수 있는 능력이 필요하다. 여기서 교육과정을 운영할 수 있는 능력이란 교과서와 교사지도서에 나온 대로 모든 학생들에게 똑같이 가르치는 능력이라기보다, 교재의 선택이나 교수방법을 달리하여 교육과정을 수정·조절해 장애학생을 포함한 모든 학생들이 참여할 수 있도록 하는 것이다. 이를 위한 구체적 방법을 교육과정 수정과 교수적 수정으로 나누어 살펴보고자 한다. 다음에서 제시하는 교육과정과 교수의 차이를 살펴보면, 교육과정(curriculum)이란 아동이 학교에서 배우는 모든 것을 의미하며 특정 교과학습, 일반적 지식 및 기술, 사회적 상호작용, 학습과정, 가치관과 사회규범을 가르치는 잠재적 교육과정까지 포함한다(Kugelmass, 1996). 교수(instruction)란 교육과정을 전달하는 방법이므로 무엇을 가르칠 것인가보다는 어떻게 가르칠 것인가에 더 초점을 맞추고 있다.

1) 교육과정 수정

다인수 학급에서 장애학생이 통합된 경우, 장애학생에게 교육과정을 수정하여 적용하는 것을 많은 교사들이 어렵게 생각하고 있고, 또 실제로 매우 어려운 일이다. 교육과정 수정은 장애학생과 일반학생이 같은 학급에서 같은 시간에 같은 내용이나 유사한 내용 혹은 다른 내용을 학생들의 요구에 맞게 수정하여 제공함으로써 학생들이 의미 있게 수업에 참여할 수 있게 하는 것이다(Udvari-Solner & Thousand, 1996). 일반교육과정 내용을 장애학생에게 가르치기 위한 교육과정 운영방식은 다음과 같이 다중수준 교육과정, 중첩 교육과정, 대체 교육과정으로 나누어진다(신현기, 2004).

• 다중수준 교육과정(multilevel curriculum)

- 모든 학생들은 동일한 교육과정 영역을 학습하지만 학생마다 기대하는 교육과정적 성과는 다르다(다중 수준)
- 예를 들면, 학생들이 한 소설에 대하여 토론할 때 어떤 학생들은 등장인물 분석을 통한 이야기 이해를 요구하는 활동을 하고, 다른 학생들은 이야기에 등장하는 주요 인물의 이름을 말한다.

- 중첩 교육과정(curriculum overlapping)
  - 학생들이 함께 학습하지만 다른 교육과정 영역에서 추출된 각자의 학습 성과를 보이는 활동을 한다.
  - 예를 들면, 소집단 활동에서 세 명의 학생은 작문을 이해하는 활동을 하고, 네 번째 학생은 다른 학생들의 이야기를 듣거나 반응할 때 눈을 맞추는 것과 말하는 차례를 지키는 것에 목표를 부여한다.

- 대체 교육과정(substitute curriculum)
  - 학급 내 대다수 학생의 교육과정과 완전히 독립된 교육과정을 가지는 형태다. 가령 정신지체학생의 경우에는 지역사회중심 교육과정으로 일상생활과 지역사회 이용 등에 필요한 기술을 가르치는 것이다.
  - 예를 들면, 교과 내용과 관련지어 가정생활, 여가, 교통 이용, 지역사회 이용, 개인 위생 및 자조, 사회성, 자기결정 등 기능적 학업기술을 지도한다.

2) 교수적 수정

통합교육을 실시하는 학교의 문화적 특징은 학교가 모든 학생들을 수용하고 다양한 학생들을 효과적으로 가르쳐야 하는 곳이라는 것이다. 많은 학생들이 한 가지 방식으로 가르치는 전통적 학급에서는 성공하기가 어렵다. 교수적 수정을 하지 않는 경우 모든 학생들이 같은 시간에 같은 교재에 주로 의존하고, 읽기를 반복하며, 단원이 끝날 때 질문을 하는 형식으로 수업이 진행된다. 전체를 대상으로 한 강의를 한 후 개별적으로 연습하게 하는 것도 계속해서 사용한다면 많은 학생들에게 비효과적일 수 있다.

교수적 수정의 의미는 대부분의 학생을 위해 효과적인 교육과정 접근과 교수적 전략을 사용하는 것이다. 특수교육의 관점에서 연구에 기반한 혹은 증거에 기반한 방법의 사용을 점차적으로 더 강조하는 것은 장애와 관계없이 대부분의 학생들에게 효과적인 교수전략을 정확하게 사용하려는 움직임이라는 점에서 매우 환영할 만한 일이다(Marzano, 2003).

박승희(2003)에 따르면 교수적 수정이란 "일반학급의 일상적인 수업에서 특수교육적 요구가 있는 학생의 수업 참여의 양과 질을 최적 수준으로 성취시키기 위해서 교수환경, 교수적 집단화, 교수방법(교수활동, 교수전략 및 교수자료), 교수내용 혹은 평가방법에서 수정·보완하는 것"이다.

이러한 교육과정과 교수적 실제는 또한 학습자 중심의 수업을 진행하고, 과정 중심적이고, 의사소통이 중심이 된다(Udvari-Solner & Thousand, 1996). 이러한 교실에서는 교사가 융통성이 있고, 학생들의 집단 편성 흐름을 잘 맞추며, 교수 내용을 전달하거나 학생들의 학습 결과를 평가할 때 다양한 방법을 사용한다. 그러나 융통성이 있다는 것이 학생들에게 지나치게 허용적이라는 의미는 아니다. 수업을 세심하게 구조화해서 새로운 정보가 학생들의 선행 지식과 결부되게 하고, 가르칠 때에는 명확하게 모델과 예시를 보여 주어야 한다. 학생들은 반복적으로 새로운 기술과 지식을 점점 더 독립적으로 사용하고 일반화할 수 있도록 연습해야 한다. 간섭이 적고 더 포용적인(통합적인) 수정 및 조절을 학급에서 더 많이 사용하면 할수록 개별적 수정은 더 적게 요구되는 것이다.

3. 장애학생을 위한 교수적합화

1) 교수적합화의 정의

교수적합화는 국내·외에서 여러 가지 용어를 사용하여 여러 학자들이 정의하고 개념화를 시도하였다. Glaser(1977)는 교수적합화에 대한 최초의 개념적 틀을 제공하였다. 그는 이전에 학생들에게 제공된 수업이 성공적이지 못하다고 판단되었을 때 적절한 교수행위를 선택하고 적용하는 과정을 교수적합화로 보았다. 교수적합화란 일반학급에서 장애학생의 성공 기회를 높이기 위해 교사가 자료, 과제, 시험 절차, 점수 부여 준거를 수정하거나 교수 제공방식, 교수 집단의 규모, 피드백 제공방법을 변화시키는 것으로 정의되고 있다(Scott, Vitale, & Masten, 1998).

Wong은 적응교수(adaptive instruction)라는 용어를 사용해서 교수적합화를 정의하였다. 적응교수란 개별 학생의 독특한 학습 특성과 요구를 충족시키기 위해 체계적인 교수상을 조절하여 성공적인 학교 경험이라는 종합적인 목표에 도달하도록 고안된 대안적 교육 접근이다(Wong, 1989).

박승희(1999)는 교수적 수정(instructional adaptation)이란 용어를 사용해 일반 학급의 일상적인 수업에서 특수교육적 요구가 있는 학생의 수업 참여의 양과 질을 최적 수준으로 성취시키기 위해서 교수환경, 교수적 집단화, 교수방법(교수활동, 교수전략, 교수자료), 교수내용 혹은 평가방법에서 수정하고 보완하는 것으로 정의하였다.

또한 정주영 등(2001)은 교수적합화(instructional adaptation)를 통합과정에서 일반교사와 특수교사가 직면하게 될 갖가지 교수과정상의 도전을 해결하기 위한 방안의 하나로서 장애학생들이 통합학급에서 수업에 참여할 수 있도록 돕는 교수-학습상의 전반적 지원이라고 정의하였다.

이상의 정의는 두 가지의 공통적인 요소를 포함하고 있다. 첫째, 장애학생의 수행을 향상시키거나 참여를 촉진시키려는 목적을 가진다. 둘째, 교수 자체와 환경 또는 교수 내용과 자료, 평가들을 조절하고(adjustment), 수정하며(modification), 보완(supplement)하는 과정 혹은 교사의 행동을 말한다.

2) 효과적인 교수적합화의 기본 원리

효과적인 교수적합화는 다음에서 제시하는 기능들 가운데 하나 이상을 충족시키는 것으로 그 기본 원리는 다음과 같다(Udvari-Solner, 1995).

- 개인의 지적, 신체적, 감각적, 행동적 어려움을 보상하기 위해 도움을 제공한다.
- 개인이 새로운 것을 획득할 수 있도록 촉진하는 동시에 현재의 기술을 사용할 수 있도록 한다.

- 학생이 가지고 있는 학업기술과 일반교육의 수업 내용이 맞지 않아 발생할 수 있는 불일치를 방지한다.
- 학생의 현재와 미래의 삶에 적절하도록 추상적인 정보의 수준을 낮춘다.
- 학생의 학습양식과 교사의 교수양식을 서로 잘 맞춘다.

3) 교수적합화의 유형

(1) 교육자료의 수정

통합된 장애학생을 위한 교육자료는 다양한 방법으로 수정될 수 있다. 똑같은 자료를 사용하면서 그중 일부의 내용을 가르치거나 문제를 풀게 할 수도 있고, 같은 수준의 정보를 다른 형태로 제시할 수도 있다. 예를 들어, 시각장애학생이 정보에 더욱 쉽게 접근할 수 있도록 문자를 음성으로 출력해 주는 보조공학으로서 문자 또는 그래픽의 캡션을 음성으로 출력하여 변환해 주는 소프트웨어 또는 기기를 활용할 수 있다.

이 밖에도 교육자료는 교과서 외에 다양한 교재를 사용할 때 학생들의 학습 스타일이나 특성에 따라 교육하는 것이 가능하다. 교육자료로 활용이 가능한 신문이나 잡지, 소설 등 학생들이 흥미롭게 볼 만한 자료를 선택할 수 있다. 인쇄물로 된 교육자료뿐 아니라 TV 프로그램이나 영화와 같은 영상물, 가족과 자신의 이야기를 담은 가족 앨범이나 가족 신문, 가계부 등을 사용할 수 있다. 더불어 일상생활에서 사용하는 그릇이나 시계, 음식점 메뉴판, 운동기구나 실험기구, 악기와 같은 보조도구도 교수에 사용할 수 있다(Ferguson & Jeanchild, 1992).

(2) 교수-학습 형태

교사는 학습자가 흥미를 잃지 않고 학습할 수 있도록 강의 일변도의 획일적 수업방식을 탈피하고 교수 형태를 다양하게 변화시켜야 한다. 예를 들면, 학급 전체를 대상으로 한 강의식 수업 외에도 소집단 혹은 대집단으로 학생을 나누어 토론하기, 문제해결을 위해 브레인스토밍 하기, 체험학습을 통해 생동감 있는 경험하기, 부모님이나 배우는 단원의 주제에 맞는 직업을 가진 외부 인사 초청하기 등 다양한 방법으로 가르칠 수 있다. 그중에서 또래교수와 협동학습에 대해서는 이 장의 뒷부분에서 좀 더 자세히 다루고 있다. 교사는 모든 학생의 학습을 최대화하기 위하여 아동의 능력과 학습 특성에 맞는 역할을 부여하여 적극적으로 수업에 참여할 수 있도록 수업을 계획하고 실행해야 한다.

(3) 학습 결과 및 평가방법의 수정

평가를 하는 목적은 학습자가 교사가 가르치거나 가르치고자 의도한 교육목표를 성취하였는지, 교육목표를 성취하기 위해 특별한 도움이 필요한지를 결정하는 데 필요한 정보를 수집하는 것이다. 전통적인 학교에서 사용하고 있는 점수로 학생들의 학습 결과를 평가하는 것은 학급 석차, 상급학교 진학, 입시 등에서 학생의 상대적 위치를 정하는 데는 효과적으로 사용될 수 있다. 그러나 평가가 효과적이기 위해서는 교수목표가 분명해야 하며, 평가 기준에 대해 교사와 학생 간에 분명한 의사소통의 과정이 필요하다. 교육적으로 학습자의 학습결과를 평가하는 정확한 정보를 얻기 위해 사용될 수 있는 평가방법은 다음과 같다 (Gersten, Vaughn, & Brengelman, 1996). 즉, 학습자의 특성에 맞는 평가방법의 다양화를 위해 교육과정중심 평가, 다면적 점수의 사용, 루브릭, 준거수준 점수, 계약 점수, 포트폴리오 등을 활용할 수 있다.

(4) 물리적 환경

교사는 장애학생의 학습을 향상시키기 위해 일반학급이나 특수학급에서 좌석 배치, 소음, 조명 등과 같은 교실의 물리적 환경을 수정할 수 있다. 학생의 학습 참여를 높이는 데는 집단의 크기를 달리한 협동학습이나 또래지도 학습, 일대일 개별교수 등 학습활동의 내용에 따라 적절하게 활용하는 방법이 효과적이다. 또한 집단은 능력별로 동질적이거나 이질적인 집단을 구성할 수 있으며 관심사나 조사할 주제에 따라서도 구성할 수도 있다는 것을 염두에 두어야 한다. 아울러 교실 내에 주제별 학습센터를 만들어 학생들이 자유롭게 탐구활동을 할 수 있으며, 게시판을 활용하여 학급의 규칙이나 학습과 관련하여 학생을 지원하는 내용을 게시할 수 있다(Wood, 2006).

(5) 사회적 환경

　모든 학생들은 긍정적인 환경에서 더 많은 학습의 기회를 가질 수 있고 편안하게 느끼게 된다. 즉, 학습자를 중심으로 환경을 고려해 준다면 학생들의 학습효과 내지 결과를 최대화할 수 있다. 학교와 학급이 학생들에게 위협적이지 않고 안전한 환경이 되는 데 중요한 요소로는 교사의 태도와 학생들의 태도 그리고 사회적 기술을 준비시키는 것이 있다(Wood, 2006). 학생들이 긍정적인 자기존중감을 형성할 수 있도록 교사는 모든 학생들에게 긍정적인 태도로 대해야 한다. 장애학생들이 일반학급에서 필요로 하는 또래 관련 사회적 기술과 학교 관련 사회적 기술을 발달시키는 것이 필요하다. 특히 부적절한 행동을 예방하기 위한 행동관리 방법으로 ① 동기를 유발할 수 있고, 학생의 수준에 적절한 교육과정의 선택, ② 교사의 긍정적 반응, ③ 구조화된 하루 일정, ④ 학교 직원의 훈련, ⑤ 환경 친화적 설계, ⑥ 교수 속도 조절, ⑦ 가정과의 활발한 의사소통 전달 등이 이루어져야 한다고 제안되고 있다(Wood, 2006).

　이상의 내용을 좀 더 체계적으로, 정주영과 신현기(2001)는 교수적 수정 및 교수적합화를 예와 함께 일상적/전형적 수정과 실제적/특수화된 수정 및 적합화로 나누어 교수적합화에 대한 이론적 접근을 〈표 7-1〉과 같이 요약·제시하고 있다.

| 표 7-1 |　**전형적 적합화 대 실제적 교수적합화의 비교**

특징	일상적/전형적	실제적/특수화된
교수의 수정	• 구체적인 시범 • 이해 정도에 대한 모니터링	• 학생 개인별 진도 조정 • 즉각적인 개인별 피드백의 제공 • 다양한 교수양식 사용
과제의 수정	• 모델의 제공	• 작은 단계로 과제 나누기 • 과제 줄여 주기 • 난이도의 조정
학습기술 교수	• 공부기술 가르치기 • 노트하기 가르치기	• 학습전략 가르치기 • 시험치기 전략 가르치기
교수자료의 변형		• 대안적 교수자료 사용 • 녹음 도서 사용 • 학습 보조도구 사용
교육과정의 변형		• 교육과정의 난이도 조정

교수 집단의 재구조화		• 또래교수 사용 • 협력학습 집단 사용
행동관리	• 칭찬하기 • 격려하기	• 행동 계약 활용하기 • 토큰기법 사용하기 • 부모와의 접촉 증대
진행과정 촉진	• 구두시험 실시 • 시험시간 늘려 주기 • 시험 횟수 늘리기 • 짧은 퀴즈 실시 • 공부 안내 지침 제공	• 재시험 실시 • 학업과정에 대한 직접적이고 일상적인 평가 • 점수 부여 기준의 수정

출처: 정주영, 신현기(2001). 경도 장애 초등학생의 통합교육 방법으로서 교수적합화에 대한 이론적 접근. 정서학습장애연구, 17(2), p. 260.

4) 교수적합화의 절차

박승희(2003)가 제시한 교수적합화 절차의 7단계 모형은 다음과 같다.

① 장애학생의 IEP 장단기 교수목표를 검토한다.
② 일반학급 수업 참여를 위한 특정 일반교과를 선택한다.
③ 일반학급 환경에 대한 정보를 수집한다.
④ 일반교과 수업에서 장애학생의 학업 수행과 행동을 평가한다.
⑤ 선택된 일반교과의 한 학기 단원들의 학습목표를 검토한 후 장애학생의 한 학기 개별화된 단원별 학습목표들의 윤곽을 결정한다.
⑥ 장애학생의 수업 참여를 위한 교수적 수정 유형을 결정하고 고안한다.
⑦ 개별화된 교수적 수정을 적용하고 교수적 수정이 적용된 수업 참여의 양과 질을 평가한다.

[그림 7-2]에서는 박승희의 교수적합화 7단계에 따라 장애학생을 고려한 수업 지도안 계획과정의 예시를 제시하고 있다.

1단계 장애학생의 IEP 장단기 교수목표 검토	○○○ 학생의 IEP 장기목표 중 본 교과와 관련된 목표 ① 손 씻기와 이 닦기의 올바른 방법을 순서대로 나열하며 간단한 단어로 말할 수 있다. ② 손 씻기와 이 닦기에 관심을 갖고 점심시간이나 운동장에 다녀온 후에 실천할 수 있다.
2단계 일반학급 수업 참여를 위한 특정 일반교과의 선택	1학년 1학기 바른생활 교과의 단원이 상실이의 IEP 목표와 관련성이 가장 많으므로 '바른생활'을 선택한다. 손 씻기와 이 닦기의 올바른 방법을 순서대로 간단하게 말하는 것을 강조하고자 할 때에는 말하기·듣기 교과의 '바르게 전해요.'를 선택하여 또래에게 알려 주는 활동을 선택할 수 있다.
3단계 일반학급 환경에 대한 정보 수집	• ○○○ 학생의 원적학급 바른생활과 수업은 주로 교사의 설명과 시범 후에 아동 중심으로 놀이활동을 한다. • ○○○ 학생은 교사와 가까운 자리에 배치되어 있어 아동과의 상호작용 기회가 적은 편이다. • 모둠활동이 주가 되는 1학년이기 때문에 소그룹으로 자리가 배치되어 있다. • 통합학급의 교사는 학습자의 흥미를 고려하여 다양한 컴퓨터 프로그램(PPT, 플래시)을 자주 사용하는 편이다.
4단계 일반교과 수업에서 장애학생의 학업수행과 행동의 평가	통합학급 참여 시 국어, 수학, 치료활동 시간을 제외한 모든 활동에 참여한다. 사용하는 언어가 제한적이며 발음이 부정확하다. 집중시간이 짧아 교사의 설명이 길어지는 경우 주의가 산만해진다. 통합학급 또래들도 ○○○ 학생의 산만함을 어떻게 도와줘야 할지 잘 모르며, 몇몇의 아동은 같이 산만해지는 모습을 보인다.

5단계: 선택된 일반교과와의 한 학기 단원들의 학습목표들을 검토한 후, 장애학생의 한 학기 개별화된 단원별 학습목표들의 윤곽 결정	→

○○○ 학생의 1학년 1학기 바른생활과의 단원별 학습목표 윤곽	
단원 1 알아서 척척	① 준비물 목록(사진)을 보고 스스로 가방을 챙길 수 있다. ② 학교 수업시간 전에 자리에 바로 앉을 수 있다.
단원 2 가슴을 펴요	① 여러 가지 자세 중에서 바른 자세(앉기, 서기, 걷기)에 표시할 수 있다. ② 수업시간에 바른 자세로 10분 이상 앉아 있을 수 있다.
단원 3 현장학습 가는 날	① 현장학습날 해서는 안 되는 행동에 표시할 수 있다. ② 현장학습날 지켜야 할 일의 카드를 5개 이상 선택할 수 있다.
단원 4 잘 씻어요	① 깨끗한 손과 더러운 손, 깨끗한 치아와 더러운 치아를 구분할 수 있다. ② 손 씻기와 이 닦기의 올바른 방법(사진카드)을 순서대로 나열하며 간단한 단어로 말할 수 있다. ③ 손 씻기와 이 닦기에 관심을 갖고 점심시간이나 운동장에 다녀온 후에 실천할 수 있다.
단원 5 안녕하세요	① 등교 후 교실에 들어올 때 선생님께 인사할 수 있다. ② 등교 후 교실의 친구 5명 이상에게 인사할 수 있다.
단원 6 맛있게 먹어요	① 식사 시 음식(시금치, 김치)을 골고루 먹을 수 있다. ② 식사 시 움직이지 않고 한 자리에서 먹을 수 있다.

6단계: 장애학생의 수업 참여를 위한 교수적 수정 유형의 결정 및 실제 고안	→

1학년 1학기 바른생활 단원 중 '4. 잘 씻어요' 수업에 ○○○ 학생의 참여를 위한 교수적 수정 유형의 결정 및 실제 고안	
교수 환경의 수정	현재 ○○○ 학생은 모둠학습을 위한 자리 배치에서 교사와 너무 가까운 거리에 있다. 모둠은 그대로 유지하되, 교사로부터 조금 떨어지게 자리를 배치하여 또래와 더 가까이 있을 수 있게 한다.
교수적 집단화의 수정	현재 모둠 구성원은 ○○○ 학생을 잘 이해하는 아동으로 구성되어 있다. 모둠은 그대로 유지하며 또래 파트너를 활용하여 ○○○ 학생이 모둠활동에 적극적으로 참여할 수 있도록 돕는다. 역할극을 할 시 또래 파트너가 충분히 ○○○ 학생을 일대일 교수를 할 수 있도록 시간을 제공한다.

교수 방법의 수정	• 더러운 손, 더러운 치아를 가진 아동의 경우 병원에 가는 그림 카드 제공 • 올바른 방법 말하기를 사진 순서대로 나열하며 간단한 단어(물, 비누, 수건 등)로 말하기 • 또래 파트너의 도움을 받아 점심시간 전에 손 씻기를 하고 수행평가표에 기록하기 • 또래 파트너가 대본을 귓가에서 읽어 주고 ○○○ 학생은 듣는 대로 따라 말하기
교수 평가의 수정	IEP 목표에 대한 합격·불합격 체계: 손 씻기와 이 닦기의 사진을 순서대로 나열한 것을 사진으로 촬영하여 포트폴리오로 평가, 역할극 동영상, 사진 촬영을 하여 포트폴리오로 평가

7단계: 교수적 수정의 적용과 교수적 수정이 적용된 수업 참여의 양과 질 평가	• 6단계에서 고안한 개별화된 구체적 교수적 수정들을 적용하여 수업을 실시한다. • 교수적 수정이 없는 4단계 수업 참여와 교수적 수정이 적용된 7단계 수업 참여를 비교할 수 있다. • 교수적 수정이 적용된 수업의 참여와 질을 수정된 평가방법으로 평가한다. • 관찰법을 실시하여 본 수업의 아동의 달성도와 흥미도, 참여도를 관찰하고, 수정된 평가방법인 합격·불합격 체계와 포토폴리오를 사용한다.

[그림 7-2] 교수적합화 7단계 모형에 따른 수업지도안 계획과정 예시

4. 또래교수 및 협동학습

또래교수와 협동학습은 일반적으로 교사 주도의 수업보다 학생들이 수업에서 특정한 역할을 맡게 되고, 적극적인 의사를 표현할 수 있으며 학생들 간에 상호 작용할 수 있는 기회를 더 많이 가질 수 있다. 학생들이 주도적 역할을 할 수 있는 이러한 수업방식은 장애학생들의 자기효능감 향상에 효과적이고 학생들 간에 대화를 활발하게 할 수 있다는 점에서 통합교육에서 일반학생과 장애학생 모두에게 혜택을 줄 수 있는 방법이라고 볼 수 있다.

1) 또래교수

또래교수는 장애아동을 교육적으로 통합시키기 위해 교육과정을 구성하고, 학습활동을 제안하며, 교육자료를 개발하고 교수하는 데 있어서 통합학급 또래를 참여시키는 것이다. 교사가 일반학급에 통합된 장애학생들에게 개별적으로 할애하는 시간을 줄이면서 어려움을 겪는 학생들에게 도움을 줄 수 있는 교수 절차로 또래교수가 제안되고 있다(Collins, Hall, & Branson, 1997; Delquardri, Greenwood, Whorton, Carta, & Hall, 1986; Greenwood, Delquardri, & Hall, 1989). 학생들은 다른 학생들을 관찰하고 듣고 의사소통을 하는 동안 서로에게 많은 것을 배울 수 있다. 그러나 학교에서는 학생들이 서로에게서 적절한 것을 배울 수 있도록 의도적으로 학생 간 긍정적 관계를 향상시킬 수 있는 전략을 사용해야 한다. 특히 장애학생이 포함된 일반학급에서 일반아동과 장애아동이 통합의 교육적 혜택을 보기 위해서는 또래교수를 활용하는 것이 매우 효과적이다.

효과적인 또래교수 프로그램에는 사회적 관계와 또래지원이라는 심화 프로그램과 간접적으로 사회적 환경을 개선하는 접근으로부터 시작해서 학생들 간에 긍정적 관계를 형성해 주는 프로그램까지 있다(Snell & Janney, 2000). 사회적 환경을 개선함으로써 간접적으로 또래관계에 영향을 주는 방법으로 학생과 직원들에게 충분한 정보를 제공하고 최대한 장애를 더 잘 이해하고 인식할 수 있게 한다. 그리고 우연히(때로는 명시적으로) 배울 수 있도록 적절한 모델을 해 주고 행동을 유도할 수 있도록 촉진하고 피드백을 제공하는 체계적 교수를 계획한다(Werts, Wolery, Holcombe, & Frederick, 1993).

(1) 또래교수의 효과

선행 연구에 따르면 또래교수를 받는 아동들은 읽기, 철자, 어휘, 수학과 같은 학업의 성취가 향상되고 사회성 기술과 자존감이 향상되었으며, 또래교사 역시 의사소통 기술, 사고능력, 자존감 등이 향상되었다(이은주, 2003; Maheady et al., 1998; Mortweet, Utley, Walker, Dawson et al., 1999; Pierce, Stahlbrand, & Armstrong, 1989; Villa & Thousand, 1992).

(2) 또래교수의 지침

또래교수를 효과적으로 운영하기 위해서 고려해야 할 몇 가지 지침이 있다(Salend, 1994). 먼저 또래교수를 통하여 성취해야 하거나 성취할 수 있는 구체적인 목표와 활동을 계획한 후, 교육내용을 잘 알고 있는 아동을 또래교사로 선정하고 또래교사로서의 역할을 훈련한다. 그다음에는 또래교사와 도움을 받을 아동을 짝 지어 주고, 교사는 정기적으로 또래교사를 감독하며 효율성을 평가해야 한다.

(3) 또래교수의 활용 방안

또래 개인지도(peer tutoring)는 읽기, 쓰기와 같은 기초기술 향상을 위해 기술을 먼저 습득한 학생이 교사가 되어 기술이 낮거나 더딘 아동을 개별적으로 지도해 주는 방법이다. 이는 도움을 받는 학생뿐 아니라 또래교사의 역할을 하는 학생에게도 책임감과 자존감, 학업에 대한 긍정적인 영향을 미친다(Fisher, Schumaker, & Deshler, 1995).

또래 협력학습(Peer cooperation)은 다양한 능력을 가진 아동이 문제해결 과정에 함께 참여함으로써 표현력, 의사소통, 적응행동, 상호작용 등 정서적·행동적 측면의 향상에 적용될 수 있다. 또래지원(peer support)에서 또래교수 팀의 구성은 특별히 학습목표에 따라 그 영역에서 우수한 학생이 도우미가 되는 형태로 구성하기보다는 상이한 능력을 가진 이질 집단이 더 효과적이고, 또래교수는 정규 수업시간에 협력수업의 형태로 진행되는 것이 바람직하며, 장기간 지속적으로 시행해야 한다.

전학급 또래교수(classwide peer tutoring: CWPT)는 일반학급에 통합된 장애학생들과 위험 학생들을 위한 통합전략으로 모든 학생들이 서로 또래교사와 학생이 될 수 있다. CWPT를 활용하는 수업 동안에는 모든 학생이 짝을 지어, 한 명은 미리 선정된 교재들을 활용하고 또래교사는 문제들을 불러 준다. 약 10분 후 학생들에게 역할을 바꾸도록 신호를 보낸다. 또래교수를 받는 학생들은 또래교사가 불러 준 문제에 정확하게 답함으로써 자기 팀을 위한 점수를 획득하게 되고, 가장 많은 점수를 받은 팀이 승리한다(Sideridis et al., 1997). 전 학급 또래교수는 학생들의 학업성취도가 향상되고 학급 내의 다양성과 통합이 증진되는 결과를 보여 주고 있다(Delquardri et al., 1986).

또래 보조학습전략(peer assisted learning strategies: PALS)은 전체 학급에 효과
적이고 실행하기가 쉬워 1990년대 초에 일반교사들의 많은 관심을 받은 중재로
서 구조화된 또래교수 시스템이다(Fuchs et al., 2001). PALS는 파트너와 읽기, 단
락 요약 그리고 예측하기를 포함한다. 파트너와 읽기를 하는 동안에는 높은 성
취 수준의 학생이 먼저 읽고 낮은 성취 수준의 학생이 같은 자료를 다시 읽는다.
읽기를 할 때에 오류가 발생하면 또래교사는 잘못된 부분을 말해 준다. 단락 요
약에서는 또래교사가 책을 읽은 학생들에게 단락이 누구와 무엇에 관한 것인지
물어보고 주제를 확인한다. 또래교사는 요약에서의 오류 부분을 수정해 준다.
그다음 역할을 바꾼다. 마지막 예측하기에서는 글을 읽고 다음 페이지에 나올
내용을 예측하게 한다. 예측한 내용이 현실적이지 않거나 오류가 있을 때에는
또래교사가 지적해 준다(Gersten et al., 2001).

이상의 또래교수 방법 중 어떤 것을 선택하든 간에, 또래교수는 통합학급에서
장애학생들의 학습 결손을 보충하고 수업을 따라가도록 돕기 위해 사용할 수 있
는 가장 효과적인 기법 중의 하나다.

2) 협동학습

협동학습은 서로 다른 학습능력을 가진 친구들과 함께 공부하는 협력적 학습
구조와 함께 공동으로 평가와 보상을 받는 수업방법이다(Slavin, 1991). 종종 활
동중심 학습과 다른 지원전략과 결합해서 사용할 수 있지만 여러 가지 방식으로
교수적 수정을 해야 한다. 협동학습은 동기와 학업성취, 사회적 수용에 긍정적
효과를 보여 주었기에 통합학급에서 가장 자주 추천되는 교수전략이다(Johnson
& Johnson, 1999; Nevin, Thousand, & Villa, 1994; Putnam, 1993). 협력학습에서
교사의 역할은 지식이나 정보의 일방적인 전달자가 아니라 상호작용을 통해 학
습을 촉진하는 안내자다. 협력학습을 실시할 때에는 가능하면 학습능력과 의사
소통 측면에서 이질적 집단을 구성해야 하고, 아동 간의 상호작용을 통해 사회
성을 향상시키고 공동체 의식을 형성할 수 있도록 협력적 학습 분위기를 조성해
야 한다.

(1) 협동학습의 필요성

협동학습에서는 소수 학생 위주이거나 대부분의 학생이 소외되는 일제식 수업을 지양하고, 우수한 학생뿐 아니라 평소에 자신감이 결여되어 있거나 수업 내용을 잘 따라가지 못해서 참여할 수 없는 학생에게도 학업적 참여의 기회가 더 많이 부여되고 그로 인한 학업성취의 향상을 가져올 수 있다. 교사는 각 구성원의 학습을 최대화하기 위하여 아동의 능력과 학습 특성에 맞는 역할을 부여하여 적극적으로 참여할 수 있도록 해야 한다. 협동학습은 성취 수준이 낮은 학생들도 자신의 능력에 따라 높은 수준의 학습목표를 달성할 수 있는 기회를 제공해 줌으로써 학습에 대한 동기를 향상시킬 수 있다. 학생들 간에 자신의 의사를 표현하고 상대방의 의견을 듣는 상호작용을 할 수 있는 기회를 더 많이 제공하기 때문에 학생들의 사회성 기술도 향상시킬 수 있다. 아울러 협동학습에서는 다양한 학생들에게 다양한 역할과 과제를 주므로 과제의 차별화가 가능하며 모든 학생이 공헌하고 참여할 수 있다. 학생들이 수업에 참여할 기회를 더 많이 갖기 때문에 관심이 없거나 지루한 수업에서 방해행동을 보이는 학생들이 방해를 덜 하고 과제에 집중하는 행동을 더 많이 하는 결과를 보게 된다(Gillies & Ashman, 2000; Madden & Slavin, 1983; Prater, Bruhl, & Serna, 1998; Quin, Johnson, & Johnson, 1995; Stevens & Slavin, 1995).

(2) 협동학습에서의 집단 구성

소집단으로 학생을 구성할 경우 3~6명 정도로 구성할 수 있지만 3~4명의 학생이 가장 적절하다. 집단은 동질 집단으로 구성할 수도 있으나 특정 선행 기술의 습득 여부에 따라 유동적인 능력 집단을 사용하는 것이 바람직하다. 이질적으로 집단을 구성하는 경우에도 학업능력에 따른 구성만을 하기보다는 학생들이 선호하는 학습 유형과 양식(시각, 청각, 운동감각)으로 구성하거나, 이름이나 성의 알파벳 순서와 같이 무작위로 구성하거나, 관심사나 취미가 같은 학생들 혹은 공통적 경험에 따라 구성할 수 있다. 집단의 종류와 유형은 비공식적, 공식적, 기본 집단(한 학기 혹은 일 년 동안 기본적으로 유지되는 집단) 등으로 나눌 수 있다(Vaughn, Bos, & Schumm, 2007).

5. 교수–학습 평가

통합학급과 특수학급에서의 평가도 패러다임의 변화를 겪고 있다. 앞서 살펴본 교수-학습의 변화에 대한 요구와 맞물려 평가의 방식이 변화하지 않는 한 교수-학습의 변화는 가능하지 않을 것이다. 또한 평가의 결과를 상대적으로 서열매기기 중심으로 하는 현재의 평가방식에서는 장애학생이 성취에 대한 결과를 제대로 평가받고 그에 근거하여 학습의 결과를 향상시키기 어렵다. 따라서 이 절에서는 평가의 개념과 목적을 살펴보고, 대안적 평가로 제시되는 다양한 평가의 종류에 대해 알아본다.

1) 평가의 개념

평가라는 개념과 관련하여 학생의 특성에 대한 평가를 위한 사정이라는 개념이 있다. Salvia와 Ysseldyke(2008)에 따르면 사정(assessment)이란 관심사항과 문제를 구체화하고 확인하여 대상에 대한 적절한 의사결정을 내리기 위하여 관련 정보를 체계적으로 모으는 활동을 말한다. 평가(evaluation)는 교육적 수단에 의한 학생들의 변화에 관심을 가지면서 인간 행동 특성의 변화를 판단하는 일련의 검사 절차를 의미한다(박도순, 2007). 측정(measurement)과 사정(assessment)의 개념에 비하여 평가는 검사의 결과에 대한 가치판단이 추가된다. 그리고 성적(grading)은 학생의 성취 정도에 대한 지표로서 시험이나 수행의 결과를 점수 혹은 문자로 표기한다.

2) 평가의 목적

위에서 살펴본 평가의 다른 이름으로 시행되는 측정, 사정, 성적 등을 통해 학생들이 배운 내용에 대한 성취 수준이 나타나고 학생들이 일정 기간 동안 얼마나 진보했는지를 볼 수 있다. 또한 학생들을 집단화하는 자료를 제공하며, 진학 또는 졸업 사정에서 의사결정을 위해 사용된다. 그러나 이러한 목적 외에도 평가의 근본적 목적으로 학습자의 강점과 결함을 알아내어 교수를 계획하는 데 사용하거나, 교사가 가르친 내용의 양, 난이도 및 교수방법의 적합성을 평가하는 데 학생의 평가 결과가 사용될 수 있다. 아울러 학습자가 학습한 것에 대해 성취감과 같은 보상과 자기존중감을 향상시키기 위한 동기부여를 해 주고, 학생 자신이나 가족에게는 수행에 대한 피드백의 의미를 가진다(Salend & Duhaney, 2002).

3) 학급평가 개선을 위한 지침

학생들이 가진 잠재적 역량을 키우고 모든 학생들이 환영받고 소속감을 느낄 수 있도록, 교사들은 평가를 어떻게 활용할지에 대해 고려해야 한다(Salend, 2005).

① 교사는 교실 전체를 돌아다니면서 학생들의 과제를 점검하거나 학생들이 모르는 것을 그때그때 물어볼 수 있는 기회를 줄 수 있다.

② 학생들의 활동과 교실에서의 수행에 대해 직접 관찰을 통해 학생들이 얼마나 잘 수행하고 있는지, 수업의 개념을 얼마나 잘 파악하고 있는지 알 수 있다.

③ 교사는 수업 중 학생들과 질문 및 대답을 하거나 격식 없는 대화를 하여 학생들이 자신의 능력에 대해 어떻게 느끼고 있으며 학생들의 답에 대한 이유를 알 수 있다. 교사와의 토론이나 대화를 통해 학생들은 교사가 그들에게 관심이 있다고 생각하고 좋은 감정과 자신감을 가질 수 있다.

④ 학생들이 과제에 집중하지 않는 행동을 보일 때에 학생들이 방법을 모르거나 도움이 필요하다고 판단하고, 벌을 주기보다는 어떤 도움이 필요한지 알아보고 지원해 준다.

⑤ 교사가 학생들의 모든 문제를 해결해 줄 수 있는 유일한 사람이라고 생각하기보다, 또래와 함께 문제를 해결할 수 있는 기회를 많이 줌으로써 학생들이 서로 돕고 다른 사람과 함께 문제를 해결하는 것을 배울 수 있도록 한다.

⑥ 모든 학생이 배울 수 있다는 가정하에 모든 학생에게 높은 기대를 가져야
한다. 학생들의 성취는 교사의 기대에 따라 상승하거나 하락할 것이기 때
문에 교사가 높은 기대를 가지면 학생들은 열심히 노력할 것이다. 따라서
교사는 학생들이 목표를 달성할 수 있도록 지지해야 한다.

4) 대안적 학습평가의 종류

앞 장에서 언급한 교육개혁의 일부인 낙제아동방지법과 IDEA 2004년 개정의
영향으로, 미국에서는 더 많은 장애학생이 일반학급에 통합되고 성취해야 할 표
준이 높아졌다. 전통적인 평가방법은 장애학생에게 문제를 야기할 수 있다. 특
히 일반학급에 통합된 경우, 장애학생은 상대적으로 낮은 등급을 지속적으로 받
게 되어 실패를 강화하게 된다. 그리고 석차로 제시되는 성적 등급은 학생이 가
진 강점과 약점과 같은 특성을 설명해 주지 못한다. 따라서 평가방법을 다양화
하고 학습자의 특성에 맞는 평가를 활용하는 것이 필수적이며, 학생들의 기능과
기술의 성취 수준을 평가할 필요가 있다. 그리고 학생들이 학업에 쏟은 노력의
정도나 학업에 대한 태도의 변화, 향상의 정도를 평가하는 방안도 필요하다. 따
라서 다음에서는 학생들의 노력과 진전도, 실제적인 기능 수행을 평가할 수 있
는 다양한 평가방식을 제시한다.

(1) 교육과정중심 평가

교육과정중심 평가(curriculum-based assessment) 혹은 교육과정중심 측정
(curriculum-based measurement)은 교육과정 내에서 학생의 학업기술을 직접 평
가하는 방법이다(Jones, 2001). 교육과정중심 평가에 포함되는 요소들은 다음과
같다. ① 교육계획을 위한 평가는 아동의 교육과정 내 기술들에 근거해야 한다.
② 평가는 한 학년 동안 정기적으로 자주 반복되어야 한다. 이렇게 ③ 반복된
평가들은 장애아동을 위한 교수적 결정의 토대로 사용되어야 한다. 교육과정중
심 평가와 같은 준거참조검사(criterion-referenced testing)는 학생의 학업 수행을
같은 학년이나 연령 집단의 다른 학생들과 비교하는 것이 아니라 학업 영역 내
에서 필요한 행동기술들의 목표에 대한 최적의 수행과 비교하는 것이다. 예를

들어, 읽기는 학생이 학년 수준에 맞는 한 페이지 정도의 지문을 1분 동안 소리 내어 읽고 정확히 읽은 단어의 수를 반복적으로 측정할 수 있다. 수학은 학생이 1분 동안 사칙연산이나 다른 영역의 수학 문제를 풀고 맞은 개수를 측정할 수 있다. 쓰기는 교사가 주제를 주고 학생들은 그 주제에 대해 생각한 다음 3분 동안 작문을 할 수 있다. 채점은 3분 동안 쓴 단어의 수, 철자법이 맞은 단어의 수, 문법에 맞게 쓴 문장의 수의 합 등을 세는 것이다. 반복적으로 측정한 결과는 학생들이 스스로 채점할 수도 있는데, 채점의 결과를 그래프로 그리면 결과를 쉽게 볼 수 있다. 채점한 결과는 읽기의 경우 유창하게 읽기를 잘 못 하는 학생이 얼마나 진보했는지에 대한 정보를 줄 수 있고, 기초학습 능력을 향상시키기 위한 교수적 의사결정을 내리는 데 활용될 수 있다(Pemberton, 2003).

(2) 수행평가

학생 또는 작품에 대한 평가를 목적으로 정보를 수집하는 과정에서 학생 스스로 자신의 지식이나 기능을 나타낼 수 있도록 답을 구하거나, 발표를 하거나, 산출물을 만들거나, 행동으로 나타내도록 요구하는 평가방식이다. 수행평가는 학생들이 현실 세계에서 만들어야 할 필요성이 있는 결과물과 유사한 실제 결과물을 산출해야 한다는 점에서 참평가(authentic assessment)라고도 한다. 실제적 과제를 통해 학생들은 현실 세계의 실제적 상황을 기반으로 한 현실감 있는 과제를 수행해야 한다(Wiggins & McTighe, 2005). 수행평가는 학생이 스스로 자신의 지식이나 태도를 나타낼 수 있도록 답을 작성하거나 발표하거나 행동으로 요구하는 평가방식으로, 평가가 교육과정의 목표와 통합되어야 할 필요성을 강조하며 교수와 학습 간의 긴밀한 관계를 중요시한다. 수행평가에 포함될 수 있는 과제의 예로는 역사적인 장면 그림으로 그리기, 일상적인 재료를 사용해 모형 만들기, 주제에 대해 조사하고 학생이 가르치기 등 다양한 과제를 포함할 수 있다(Salend, 2000).

(3) 루브릭

루브릭(rubrics)이란 학생들의 과제 수행 과정 및 결과를 분석할 수 있도록 안내해 주고, 작품의 질을 판단하기 위해 학생들이 이해하기 쉬운 언어로 준거와 수행 수준을 제시한 준거 척도를 말한다(Montgomery, 2000). 학습자중심 루브릭이란 수행평가가 실시되기 전에 학생들이 자신의 수행평가 과정 및 결과에 이용할 루브릭의 평가 준거와 그 수행 수준에 대해 교사와의 협의과정을 거쳐 개발한 루브릭이다. 루브릭은 다양성과 창의성을 조장하기 위한 새로운 형태의 교육방법과 함께 교육평가도 변화가 필요하다는 인식에서 출발하여 이러한 흐름 속에서 수행평가와 함께 강조되어 왔다. 수행평가에 있어서 루브릭은 학생들이 과제를 하는 과정이나 결과를 분석할 수 있도록 준거와 수행 수준을 제시한 준거 척도로서, 교수-학습 과정과 평가를 통합시켜 주고, 학생들의 교수-학습 전 과정을 안내해 주며, 교사와 학생 간 의사소통의 통로 역할을 해 준다(Goodrich, 2000).

학생들이 직접 루브릭을 개발하는 과정에 참여하여 학생들의 말로 평가의 기준을 만든다면 그들은 수행해야 할 과제를 보다 잘 이해하고 자신의 수준을 보다 명확하게 인지할 수 있으며, 스스로 학습에 대한 책임감을 가지고 학업성취도를 향상시킬 수 있다(Ainsworth & Christinson, 1998).

(4) 자기평가

자기평가는 학생들이 자신들의 학업성취 도달 정도를 다른 학생들의 성취에 관계없이 스스로 평가하는 방법이다. 이 방법을 통해 학습에 실패를 거듭하고 있는 학생들은 자신의 성취와 강점을 알 수 있다. 또한 자신의 오류 패턴을 발견하고 부족한 부분도 알 수 있다. 아울러 이 방법은 자신의 활동 정도와 향상 정도를 확인하게 해 준다(Salend, 2000).

자기평가를 활용한 학습일지 기록방법은 학생이 학습과정에 대한 중요한 정보를 스스로 확인할 수 있으며, 교사와 학생 모두 학습자의 성장에 대한 기록을 볼 수 있다. 학생들은 학습일지의 내용으로 수업을 배우기 전에 어떤 내용을 배울지 예측해 볼 수도 있다. 학습일지에는 수업에서 배운 주요 내용을 적고, 요약하고, 질문하고, 반성하고, 배운 것과 알고 있는 것을 연결시키는 등의 활동이 포함될 수 있다. 이러한 활동을 통해 학생들은 자신이 가지고 있는 지식과 능력을 평가할 수 있다(Carr, 2002). [그림 7-3]은 학습일지 양식의 예를 보여 준다.

학습일지

이　름: _____　　날　짜: _____

주　제: _____

오늘 배운 주요 내용 (최소한 두 가지)
오늘 배운 내용 중 내가 이미 알고 있는 것
여전히 내가 더 알고 싶은 것과 잘 모르겠는 것
반성 및 질문

[그림 7-4] 학습일지양식

요 약

　많은 장애학생들이 통합되고 있으며 사회와 교육의 변화에 따라 장애학생을 위한 교육적 패러다임도 변화하고 있다. 개별적이고 기본적인 기술 중심의 접근뿐 아니라 일반적인 수업 원리 안에서 장애학생을 위한 의미 있는 수업 참여와 학습을 보장할 수 있는 교수법을 고려해야 한다.

　장애아동의 교육권을 보장하기 위한 교수적합화와 교육과정 수정은 필수적인 요소다.

　통합학급에서 장애학생이 수업에 참여하고 의미 있는 학습을 이루기 위한 효과적인 방법으로 또래교수와 협동학습이 제안되고 있다. 장애아동은 일반학급 혹은 특수학급에서 또래교수와 협동학습으로 교육을 받는 동안 교과 내용을 더 잘 배울 수 있을 뿐 아니라 학생들 간에 긍정적 의사소통과 교류를 경험할 수 있다.

　교수와 학습의 결과를 측정하는 평가의 과정은 다양해질 필요가 있는데, 대안적 평가의 방법으로 수행평가와 루브릭의 적용 등이 제안되고 있다.

학습 문제

- 장애학생을 위한 교수-학습 방향의 변화 추세와 그 이유를 논하시오.
- 장애학생의 교육적 통합을 위해 가능한 교수적 수정 방안을 내용, 과정, 평가로 나누어 기술하시오.
- 또래교수와 협동학습의 장점과 고려사항을 논하시오.
- 대안적 평가방식을 기술하고 실행 시의 어려운 점과 보완할 점을 기술하시오.

관련 사이트

- 한국통합교육 연구회 http://www.inclusion.co.kr
  통합교육 관련 동영상 수업자료 및 통합교육 자료 제공. 통합교육의 효과적인 사례를 비롯해 자료실에 탑재된 통합교육에 관한 정보를 나눌 수 있다.
- 서울특별시교육청 특수교육지원센터 http://sedu.go.kr
  각종 특수교육 관련 정보 중 교수-학습자료실에는 통합교육을 위한 학교급별, 과목별 교과자료를 제공하고 있으며, 시범학교나 연구학교의 자료를 탑재하고 있다.

참고문헌

김정권(1997). 완전통합교육과 학교교육의 재구조화. 서울: 도서출판 특수교육.

민천식(2003). 통합교육을 위한 교수-학습전략: 그 방향성과 모형 고찰. 언어치료연구, 12(1), 1-22.

박도순(2007). 교육평가―이해와 적용. 서울: 교육과학사.

박승희(1999). 일반학급에 통합된 장애학생의 수업의 질 향상을 위한 교수적 수정. 특수교육학연구, 34(2), 29-71.

박승희(2003). 한국 장애학생 통합교육: 특수교육과 일반교육의 관계 재정립. 서울: 교육과학사.

신현기(2004). 교육과정의 수정과 조절을 통한 통합교육 교수적합화. 서울: 학지사.

이소현, 황복선(2000). 통합교육을 위한 특수교사·일반교사 협력모형: 구조적 측면을 중심으로. 특수교육연구, 7(7), 67-87.

이은주(2003). 또래교수 관련 논문 분석을 통한 통합교육 현장에서의 또래교수의 효과적 활용방안 탐색. 특수아동교육연구, 5(2), 63-80.

정주영, 신현기(2001). 경도 장애 초등학생의 통합교육 방법으로서 교수적합화에 대한 이론적 접근. 정서학습장애연구, 17(2), 251-283.

조영남, 나종식, 김광수 공역(2005). 수준별 개별화 교수-학습 전략. Gayle H. Gregory, Carolyn Chapman 공저. 서울: 학지사.

황윤한, 조영임(2005). 학생들의 다양한 특성을 반영한 개별화 수업: 이해와 적용. 서울: 교육과학사.

Ainsworth, L., & Christinson, J. (1998). *Student-generated rubrics: An assessment model to help all students succeed.* Orangeburg, NY: Dale Seymour Publications.

Bender, W. (2009). *Defferentiating math instruction.* Thousand Oaks, CA: Corwin.

Carr, S. C. (2002). Assessing learning processes: Useful information for teachers and students. *Intervention in School and Clinic, 37,* 156-162.

Collins, B. C., Hall, M., & Branson, T. A. (1997). Teaching leisure skills to adolescents with moderate disabilities. *Exceptional Children, 63,* 499-512.

Delquadri, J., Greenwood, C., Whorton, D., Carta, J., & Hall, V. (1986). Classwide peer tutoring. *Exceptional Children, 52*(6), 535-542.

Ellis, E. S. (1997). Watering up the curriculum for adolescents with learning disabilities: Goals of knowledge domain. *Remedial and Special Education, 18*(6), 326-246.

Fisher, J. B., Schumaker, J. B., & Deshler, D. D. (1995). Searching for validated inclusive practices. *Focus on Exceptional Children, 28*(4), 1-20.

Ford, M. E. (1995). Motivation and competence development in special and remedial education. *Intervention in School and Clinic, 31*, 70-83.

Ferguson, D. L., & Jeanchild, L. A. (1992). It's not a matter of method: Thinking about how to implement curricular decisions. In S. Stainback & W. Stainback (Eds.), *Curriculum considerations in inclusive classroom: Facilitating learning for all students* (pp. 159-174). Baltimore: Paul H. Brookes.

Fuchs, L. S., & Fuchs, D., Thompson, A., Svenson, E., Yen, L., & Al Otaiba, S. et al. (2001). Peer-assisted learning strategies in reading: Extensions for kindergarten, first grade, and high school. *Remedial and Special Education, 22*(1), 15-21.

Gardner, H. (1993). *Multiple intelligence: The theory into practice.* New York: Basic Books.

Gersten, R., Vaughn, S., & Brengelman, S. (1996). Grading and academic feedback for special education students with learning difficulties. In T. R. Guskey (Ed.), *Communicating student learning, ASCD Yearbook* (pp. 47-57). Alexandria, VA: Association for Supervision and Curriculum Development.

Gersten, R., Fuchs, L. S., Williams, J. P., & Baker, S. (2001). Teaching reading comprehension strategies to students with learning disabilities: A review of research. *Review of Educational Research, 71*(2), 279-320.

Gillies, R. M., & Ashman, A. F. (2000). The effects of cooperative learning on students with learning difficulties in the lower elementary school. *Journal of Special Education, 34*(1), 19-27.

Goodrich, H. (2000). Using rubrics to promote thinking and learning. *Educational Leadership, 57*(5), 13-18.

Greenwood, C. R., Delquadri, J., & Hall. R. V. (1989). Longitudinal effects of classwide peer tutoring. *Journal of Educational Psychology, 81*, 371-383.

Janney, R. E., & Snell, M. E. (2004). *Modifying school work.* Baltimore: Paul H.

Brookes.

Johnson, D. W., & Johnson, R. T. (1991). Making cooperative learning work. *Theory into Practice, 38*(2), 67-73.

Jones, E. L. (2001). *Integrating testing in the curriculum-arsenic in small doses.* Computer Science Education, ACM Press, 337-341.

Kugelmass, J. W. (1996). Restructuring curriculum for systematic inclusion. In M. S. Berres, D. L., Ferguson, P., Knoblock, & C. Woods, (Eds.), *Creating tomorrow's schools today: Stoies of inclusion, change, and renewal.* New York: Teachers College Press.

Madden, N. A., & Slavin, R. E. (1983). Mainstreaming students with mild handicaps: Academic and social outcomes. *Review of Educational Research, 53*(4), 519-569.

Mastropieri, M. A., & Scruggs, T. E. (2004). *The inclusive classroom: Strategies for effective education* (2nd ed.). Upper Saddle River, NJ: Merrill/Prentice Hall.

Marzano, R. J. (2003). *What works in schools: Translating research into action.* Alexandria, VA: ASCD.

McTighe, J., & Brown, J. L. (2005). differentiated instruction and educational standards: Is detente possible? *Theory Into Practice, 44*(3), 234-244.

Montgomery, K. (2000). Classroom rubrics: Systemizing what teachers do naturally. *The Clearing House, 73*(6), 324-328.

Mortweet, S. L., Utley, C. A., Walker, D., Dawson, H. L., Delquadri, J. C., Reddy, S. S., Greenwood, C. R., Hamilton, S., & Ledford, D. (1999). Classwide peertutoring: Teaching students with mild mental retardation in inclusive classrooms. *Exceptional Children, 65*, 524-536.

Nevin, A., Thousand, J., & Villa, R. (1994). Introduction to creative cooperative group lesson plans. In J. Thousand, R. Villa, & A. Nevin (Eds.), *Creativity and collaborative learning: A practical guide to empowering students and teachers* (pp. 131-125). Baltimore: Brookes.

Pierce, M., Stahlbrand, K., & Armstrong, S. (1989). *Increasing student productivity through peer tutoring programs (Monograph No. 9-1).* Burlington: University of Vermont, Center for Developmental Disabilities.

Pemberton, J. B. (2003). Communicating academic progress as an integral part of assessment. *Teaching Exceptional Children, 35*, 16-20.

Prater, M. A., Bruhl, S., & Serna, L. A. (1998). Acquiring social skills through cooperative learning and teacher-directed instruction. *Remedial and Special Education, 19*(3), 160-172.

Putnam, J. A. W. (1993). *Cooperative learning and strategies for inclusion: Celebrating diversity in the classroom.* Baltimore: Paul H. Brookes.

Quin, Z., Johnson, D., & Johnson, R. (1995). Cooperative versus competitive efforts and problem solving. *Review of Educational Research, 65*(2), 121-143.

Reynolds, D., & Teddie, C. (2000). Reflections on the critics, and beyond them. *School Effectiveness & School Improvement, 12*(1), 99-113.

Salend, S. J. (1994). *Effective mainstreaming: Creating inclusive classroom* (2nd ed.). New York: MacMillan Publishing.

Salend, S. J. (2000). Strategies and resources to evaluate the impact of inclusion programs on students. *Intervention in School and Clinic, 35*, 264-270, 289.

Salend, S. J. (2005). *Creating inclusive classrooms: Effective and reflective practices for all students* (5th ed.). Columbus, OH: Merrill/Prentice Hall.

Salend, S. J., & Duhaney, L. M. G. (2002). Grading students in inclusive settings. *Teaching Exceptional Children, 34*(3), 8-15.

Schumaker, J., & Lenz, K. (1999). *Adapting language arts, social studies, and science materials for the inclusive classroom, Vol 3.* Grades six through eight. ERIC/OSEP Mini-Library (ED429383).

Scott, B. J., Vitale, M. R., & Masten, W. G. (1998). Implementing instructional adaptations for students with disabilities in inclusive classrooms: A literature review. *Remedial and Special Education, 19*(2), 106-119.

Scruggs, T., E., & Mastropieri, M. A. (1994). The construction of scientific knowledge by students with mild disabilities. *Journal of Special Education, 28*(3), 307-321.

Sideridis, G., Utley, C., Greenwood, C., Delguadri, J., Dawson, H., Palmer, P., & Reddy, S. (1997) Classwide peer tutoring: effects on the spelling performance and social interactions of students with mild disabilities and their typical peers in an integrated instructional setting. *Journal of Behavioral Education, 7*, 435-462.

Slavin, R. E. (1991). Synthesis of research on cooperative learning. *Educational Leadership, 48* (5), 71-82.

Snell, M. E., & Janney, R. (2000). *Social relationships and peer support.* Baltimore: Brookes.

Stevens, R. J., & Slavin, R. E. (1995). The cooperative elementary school: Effects on students' achievement, attitudes, and social relations. *American Educational Research Journal, 32*, 321-351.

Tomlinson, C. (2002). *How to differentiate instruction in mixed-ability classrooms* (2nd ed.). Alexandria, VA: Association for Supervision and Curriculum Development.

Tomlinson, C. (2005). Traveling the road to differentiation in staff development. *Journal of Staff Development, 26*(4), 8-12.

Udvari-Solner, A., & Thousand, J. (1995). Effective organizational instructional and curricular practices in inclusive schools and classrooms. In C. Clark, A. Dryson, & A. Millward (Eds.), *Towards inclusive schools*. London: Fulton.

Udvari-Solner, A., & Thousand, J. (1996). Creating responsive curriculum for inclusive schools. *Remedial and Special Education, 17*(3), 182-192.

Vaughn, S., Bos, C., & Schumm, J. S. (2007). *Teaching students who are exceptional, diverse, and at risk* (4th ed.). Boston: Pearson.

Villa, R. A., & Thousand, J. S. (1992). Student collaboration: An essential for curriculum delivery in the 21st century. In S. Stainback & W. Stainback (Eds.), *Curriculum considerations in inclusive classrooms: Facilitating learning for all students* (pp. 117-142). Baltimore, PA: Paul H. Brookes.

Werts, M. G., Wolery, M., Holcombe, A., & Frederick, C. (1993). Effects of instructive feedback related and unrelated to the target behaviors. *Exceptionality, 4*, 81-95.

Wiggins, G., & McTighe, J. (2005). *Understanding by Design* (2nd ed.). Alexandria, VA: ASCD.

Wood, J. W. (2006). *Adapting instruction to accommodate students in inclusive setting*. Upper Saddle River, New Jersey: Pearson Merrill Prentice Hall.

제8장
문제행동과 긍정적 행동지원

　재영이는 자폐 성향이 강한 초등학교 2학년이다. 아직 언어로 자신의 의사를 전달하는 데 어려움이 많고 '예, 아니요, 주세요' 정도의 간단한 언어 표현만 할 수 있다. 재영이는 교실과 가정에서 과격한 행동을 보이는 바람에 담임교사와 특수교사, 부모의 걱정이 매우 많다. 통합학급에서는 수업시간에 큰 소리를 지르거나 책상을 두드리거나 엎어 버리는 등의 행동을 보이기 일쑤고, 가정에서도 자신이 하고 싶은 일을 하지 못하게 할 경우 엄마나 동생을 때리거나 심하면 자신의 머리를 바닥에 쿵쿵 찧는 등의 자해행동도 보인다. 이러한 행동으로 인해 친구들은 재영이 옆에 접근하는 것을 꺼리게 되었고, 담임교사는 재영이가 특수학급이나 특수학교로 배치되어야 할 것 같다고 생각하게 되었다. 이러한 재영이의 문제행동은 재영이를 더욱 고립되게 만들었다.

　재영이는 왜 이러한 행동을 보이는 것일까? 자폐 성향이 있는 아동들은 다 재영이처럼 많은 문제행동을 보이는 것일까? 문제행동을 감소시키거나 없앨 수 있는 효과적인 방법은 무엇일까? 혹시 재영이가 이러한 행동을 통해 무언가 하고 싶은 말이 있는 것은 아닐까? 표현하고 싶은 것이 있어도 다른 사람들이 알아들을 수 있는 방법으로 표현할 수 있는 능력이 부족한 재영이는 얼마나 답답할까?

1. 문제행동

1) 문제행동에 대한 가정

장애아동들 중에는 문제행동을 가지고 있거나 사회적 기술이 부족한 경우가 많다. 문제행동은 타인과 사회적인 상호작용을 하는 데 어려움을 가지게 하며 학습 등 생활 전반에까지 부정적인 영향을 주는 경우를 흔히 볼 수 있다. 따라서 교사는 문제행동을 적절히 중재하는 방법을 알고 있어야 한다. 교사의 중재는 아동의 문제행동이 이차적인 문제로 발전하는 것을 사전에 차단할 수 있지만, 그렇지 못하면 더 큰 문제로 발전하여 학급 운영에까지 영향을 미치게 된다.

문제행동은 자신의 바람직한 발달과 성장만이 아니라 주변 또래 친구들의 발달까지 저해할 수 있다. 다양한 문제행동으로 인해 타인과의 사회적 상호작용 기회를 방해받기도 하고, 일반교육 환경에 배치되는 데 어려움을 겪을 뿐더러, 가족들과 주변 사람들의 생활 패턴에 영향을 미치기도 한다. 더구나 문제행동을 가진 많은 아동들이 통합교육을 받게 됨에 따라 많은 교사들이 크게 스트레스를 받게 되고, 이것이 교사 이직의 가장 큰 원인으로 작용하기도 한다(국립특수교육원, 2000; Horner, Sugai, Todd, & Lewis-Palmer, 2005). 즉, 장애아동이 보이는 문제행동은 자신뿐만 아니라 주변의 많은 사람들의 삶의 질에까지 부정적인 영향을 미치게 된다(Kazdin, Mazurick, & Bass, 1993). 또한 사회적 기술에 문제가 있는 아동은 대인관계뿐만 아니라 학습에도 낮은 성취를 보이기 때문에 사회적 기술이나 상호작용 기술을 높이는 것이 학업능력을 높이는 데 영향을 주게 된다(Zirpoli & Melloy, 2001).

장애아동들이 보이는 문제행동으로는 몸을 앞뒤 또는 좌우로 흔들거나 까치발로 걷는 등 단순히 보기에 좋지 않은 행동에서부터 자리에서 빙글빙글 돌거나 갑자기 분노를 폭발하거나 자신 또는 친구, 심지어 교사들을 때리거나 할퀴는 등의 심한 행동까지 매우 다양한 양상으로 나타난다. 이러한 외현화된 문제행동 외에도 지나치게 수동적이거나 위축적인 내재화된 문제행동도 나타날 수 있다.

문제행동은 장애아동만이 아니라 일반아동에게도 나타난다. Artesani(2001)는 문제행동을 다음과 같이 가정하고 있는데, 교사는 이를 충분히 이해하고 있어야 아동의 문제행동을 이해하고 통제하는 데 도움이 될 수 있다.

첫째, 문제행동은 그 행동을 하는 아동에게 중요한 기능을 하고 있다. 즉, 문제행동은 단순히 발생하는 것이 아니라 그 아동이 문제행동을 함으로써 자신이 원하는 무엇인가를 이룰 수 있다고 가정하는 것이다.

둘째, 문제행동은 의사소통의 한 형태다. 문제행동이 의사소통적인 가치가 있다는 것은 문제행동이 중요한 의사소통 기술의 부족으로 인해 나타나는 것이라고 개념화할 수 있다. 즉, 자신의 의사를 언어로 전달할 수 있는 능력이 부족하거나 사회적으로 받아들여지는 방법으로 의사소통하기에 어려움이 있는 장애아동의 경우에는 언어가 아닌 다른 방법으로 의사소통을 시도하게 되고, 다양한 시도들 중 자신에게 가장 효과적인 방법을 선택하게 되는데 그 방법이 문제행동인 경우가 많다.

셋째, 문제행동은 기본적인 사회적 기술의 부족으로 인해 나타난다. 예를 들어, 친구들과 놀고 싶을 때 "친구야, 같이 놀자."라고 얘기하지 못하고 머리카락이나 옷을 잡아당기거나 밀어 버리는 행동으로 표현할 수 있다고 가정하는 것이다.

넷째, 모든 행동은 학습된다. 바람직한 행동과 문제행동 모두가 경험을 통해 학습된다는 것이다. 문제행동이 학습되는 것은 바람직한 행동보다는 문제행동이 더 효과적이고 주위의 반응을 빨리 이끌 수 있다는 것을 배웠기에 문제행동을 더 많이 할 가능성이 높아진다고 보는 것이다.

다섯째, 문제행동은 내적 즐거움의 근원이 될 수 있다. 장애아동들이 보이는 많은 상동행동들은 내적 즐거움을 추구하기 위한 자기 자극적인 행동일 가능성이 높다. 자폐아동들이 자동차 바퀴 등의 빙글빙글 도는 물건을 바라보며 좋아하거나 스스로 도는 행동, 뺨이나 손 등을 때려서 나는 소리를 즐기는 행동, 의자에 앉아서 앞뒤 혹은 좌우로 흔드는 행동 등은 모두 내적 즐거움이나 자신에게 부족한 자극을 보상하기 위한 행동일 가능성이 높다.

여섯째, 문제행동은 자신이 무엇을 해야 할지 모를 때 나타날 수 있다. 자신에게 기대되는 행동이 무엇인지, 자신이 어떤 행동을 해야 할지 모를 때 문제행동을 할 수 있다고 가정하는 것이다.

2) 문제행동을 다루어야 하는 이유

어렸을 때의 심각하고 지속적인 문제행동은 이후 학교에서의 성공과 사회적인 관계, 교육적·직업적 성공과 사회 적응 등에서의 문제와 직접적으로 관련된다. 문제행동이 관심의 초점이 되는 것은 어린 시절의 문제행동을 중재하지 않았을 때 그 행동들이 더 악화되거나 행동 및 정서 장애, 품행장애 등으로 고착될 가능성이 높아지기 때문이다. 문제행동으로 인하여 일반교육 환경에서 배척당하고, 의학적 위험이 증가되며, 사회적 관계로부터 고립됨으로써 강제적인 형태의 치료를 받게 될 수 있다. 또한 문제행동이 장기적으로 지속될 경우 그 중재에 훨씬 많은 시간과 노력이 요구되므로 문제행동은 가급적 조기에 중재해야 한다.

특수교육이 통합교육을 지향함에 따라 문제행동을 보이는 아동들도 통합환경에 배치되어 일반아동들과 함께 교육을 받는 비율이 급속도로 높아져 가고 있다. 이는 일반교육 환경의 교사가 언제든지 장애아동을 담당할 가능성이 높음을 의미한다. 장애가 없더라도 문제행동을 보이는 아동의 수도 나날이 증가하고 있다. 하지만 많은 교사들이 문제행동에 대한 교육이나 훈련이 부족하고, 자신이 그들의 교육에 준비가 되어 있지 않다고 생각하고 있다. 또한 80% 이상의 교사들은 아동들이 나타내는 문제행동이 자신의 직업 만족도에 부정적인 영향을 미친다고 보고하고 있다. 결과적으로 아동의 문제행동이 교사들에게 심각한 어려움을 야기하고 있음을 알 수 있다(Vaughn & Horner, 1997).

3) 문제행동 중재

역사적으로 응용행동분석의 원리에 근거한 행동 중재가 문제행동을 성공적으로 감소시킨 접근법 중의 하나였다. 문제행동의 감소나 소거에 사용된 기존의 방법들은 대부분 행동수정이론을 바탕으로 이루어졌다. 행동수정이론에서는 모든 행동이 학습에 의해 습득되고 후속 자극에 의해 유지된다고 보았다. 그래서 문제행동을 감소시키기 위해 그것이 발생한 직후에 후속 반응으로 소거나 고립, 과잉교정, 전기 쇼크 등의 벌이나 혐오 자극을 가하기도 하고 문제행동을 강화하고 있는 요인을 제거해 버리기도 하였다(조광순, 1999).

그러나 이러한 접근방법은 문제행동이 발생하고 난 다음 강압적이고 혐오적인 방법을 사용하였기 때문에 많은 연구자들에 의해 여러 문제점들이 제기되었다. 즉, 혐오적인 방법을 사용함으로써 문제행동을 다루는 사람들이 윤리적인 갈등을 겪게 되고, 문제행동을 하는 아동들은 인격적인 손상을 받았으며, 또래아동들은 그 아동에 대해 부정적인 인식을 가짐으로써 성공적인 통합교육을 저해하였다는 것이다(박지연, 오주현, 2003). 또한 후속 자극을 조작하는 반응적인 방법은 문제행동이 발생한 다음에 처치가 가해지기에 문제행동의 발생을 사전에 예방할 수 없다는 등의 문제점이 제기되었다. 벌 등의 혐오적인 방법으로는 아동에게 사회적 기술과 의사소통 기술 등 필요한 기술을 가르치지 못한다는 한계가 있으며(Bambara & Knoster, 1998), 그 기술을 가지고 있지 않은 아동에게 벌을 사용한다는 것은 불공평하고 부적절하며 윤리적인 문제를 불러일으키게 된다(Bailey & Wolery, 1992).

문제행동의 기능을 고려하지 않은 전통적인 중재방법은 효과가 없으며 사이클이 반복되기도 하고 더 심각해지기도 한다. 즉, 문제행동의 감소만을 목표로 하고 행동의 기능을 고려하지 않은 중재는 증상 대치(symptom substitution)를 유발하거나 또 다른 문제행동을 유발할 가능성이 높아지게 된다(Alberto & Troutman, 1995). 문제행동의 원인이나 기능에 대한 이해 없이 단지 문제행동 자체를 없애려는 데 목적이 있어서, 단기적으로는 효과가 있었으나 중재를 중단하면 즉시 문제행동이 다시 나타나게 된다.

이러한 문제점들을 해결하기 위하여 최근에는 문제행동 자체를 문제시하고 수정하기보다는 문제행동에 나름대로의 기능이 있다고 보게 되었다. 그리하여 기능평가를 통해 문제행동의 기능을 파악하고 다양한 환경적 변인들을 변화시킴으로써 문제행동의 발생을 예방하고, 긍정적인 방법을 사용하며, 문제행동과 동등한 기능을 가진 대체행동을 가르쳐서 아동이 스스로 환경에 적극적으로 영향을 미치도록 하는 예방 중심의 중재방법에 대한 관심이 크게 고조되었다.

과거의 행동중재가 문제행동이 발생한 후에 벌을 주는 것과 같이 결과에 초점을 맞추었다면, 최근의 행동중재는 문제행동을 막기 위한 예방적이고 긍정적인 전략이 강조되고 있어서, 문제행동을 보이는 아동을 위한 개별화된 지원을 제공하는 데 초점을 맞추게 된다.

2. 기능평가

1) 문제행동의 기능

응용행동분석에서 문제행동에 대한 가장 큰 가정은 문제행동에는 기능이 있다는 것이다. 문제행동의 기능이란 문제행동을 통해 성취하고자 하는 목적을 의미한다. 많은 연구자들이 문제행동의 기능을 분류하기 위한 연구들을 시도하였다. 문제행동의 기능은 무엇인가 가지고자 하는 것과 무엇인가 피하기 위한 것 두 가지로 나누어 볼 수 있다. 구체적으로 무엇인가 가지고자 하는 것들로는 사회적 관심, 사물, 선호활동, 감각적 자극 등을 들 수 있고, 무엇인가 피하기 위한 것으로는 혐오적 과제 및 활동, 타인으로부터의 관심, 감각적 자극 등을 들 수 있다.

2) 문제행동의 기능평가

기능평가는 문제행동에 대한 행동지원의 효율성과 효과성을 최대화하기 위한 중재계획을 위해 주변 환경에서의 요소들과 행동 간의 예측 가능한 관계를 평가하는 것이다(O'Neil et al., 1997). 1990년대 초부터 많은 연구자들이 기능평가의 개발과 효과성 평가에 많은 노력을 기울여 왔으며, 많은 연구들이 행동기능 평가의 필수 요소를 제시하였다. 필수 요소는 주로 인터뷰와 직접 관찰을 통해 관련 정보를 수집한다는 점과 문제행동을 조절하는 선행 사건과 후속 변인을 파악한다는 점, 중재는 적절한 대체행동의 교수에 초점을 둔다는 점 등이다.

기능평가의 주요 장점으로는 중재가 임의로 이루어지는 것이 아니라 과학적인 방법을 통해 수집한 다양한 정보를 기초로 한 가설에 따라 이루어진다는 점, 처벌보다는 기술교수나 적절한 행동을 지원하는 데 더 강조점을 둔다는 점, 그리고 효과의 유지와 다른 상황으로의 일반화에 대한 가능성을 증가시켰다는 점이다.

문제행동의 기능을 파악하는 것은 매우 중요하다. 교육 현장에서 문제행동을 보이는 아동들에게 자주 사용하는 일시격리(time-out) 방법을 예로 들어 보면, 문제행동의 기능과 상관없이 모든 아동에게 이 방법을 적용하는 것은 예상하지 못한 결과를 가져올 수도 있다. 문제행동의 기능이 교사나 친구들의 관심을 끌기 위한 것이었다면 이 방법이 효과적일 수 있지만, 과제가 너무 어려워 수업에 참여하기 싫은 경우라면 일시격리는 아주 좋은 정적 강화가 될 수 있다. 즉, 앞으로도 수업에 참여하기 싫을 때는 문제행동을 할 가능성이 높아지게 되는 것이다.

3) 기능평가의 목적

기능평가의 목적은 아동이 속한 환경에서 문제행동의 발생을 유지시키는 요인을 파악하는 것이다. 즉, 문제행동이 발생하는 환경과 발생하지 않는 환경의 조건을 파악함으로써 문제행동의 기능을 파악하는 것이다. 단순히 바람직하지 못한 행동의 감소나 제거뿐만 아니라 효과적인 대안을 가르치고 증진시키기 위해 그러한 행동 구조와 기능을 이해하는 것이다.

행동지원의 목적은 문제행동이 적절하지 못하고 비효과적이며 비능률적이 되도록 환경과 지원 패턴을 변화시키는 것이다. 이를 위해서는 문제행동을 조장하는 불필요한 상황을 파악하고, 보다 효과적이고 효율적인 대안 기술을 가르치고 효과적인 후속 반응을 파악해야 한다.

4) 기능평가의 절차

기능평가는 크게 다양한 사람과 방법을 통해 다양한 환경에서 정보를 수집하여 배경 사건과 선행 자극, 문제행동, 후속 반응을 이해하는 단계, 수집된 정보를 이용하여 문제행동의 기능에 대한 가설을 개발하는 단계, 가설을 근거로 중재계획을 수립하는 단계, 중재를 실행하는 단계로 나누어 볼 수 있다.

(1) 배경 사건의 이해

배경 사건(setting events)이란 문제행동의 발생에 직접적으로 영향을 미치지는 않지만 문제행동 발생에 전적으로 영향을 미치는 사건을 말한다. 예를 들어, 아침에 집에서 엄마한테 혼이 나서 기분이 나쁜 경우에는 학교에서 친구들이 조금만 괴롭혀도 과잉 반응하여 친구와 싸우거나 크게 소리를 지르는 등의 행동이 나올 가능성이 높아진다. 이 경우 엄마한테 혼이 난 사건이 배경 사건이 된다. 그 외에도 배고픔이나 수면 부족, 피로, 약물 부작용, 갑작스러운 낯선 환경에의 노출 등이 배경 사건이 될 수 있다.

(2) 문제행동을 유발시키는 선행 사건의 이해

기능평가를 통해 파악해야 할 또 하나는 문제행동을 직접적으로 유발시키는 선행 자극이 무엇인가를 아는 것이다. 선행 사건(antecedents)은 문제행동이 발생하기 직전에 일어났던 사건, 즉 문제행동의 발생과 직접적으로 연결되는 사건을 말한다.

(3) 선행 자극에 반응하여 발생한 문제행동의 이해

문제행동이 어떤 양상을 띠며 나타나는지, 그 강도나 지속시간은 어떤지에 대해 파악해야 한다. 그리고 어떤 행동들이 같이 나타나는지에 대한 파악도 이루어져야 한다.

(4) 문제행동에 뒤따르는 후속 자극의 확인

문제행동이 발생한 다음 주변의 반응은 어떤지를 확인해야 한다. 문제행동을 했을 때 주변의 관심이 주어지는지, 하고 싶은 활동을 하게 되는지, 가지고 싶은 물건을 갖게 되는지, 하기 싫은 과제를 피하게 되는지 등을 파악해야 한다.

(5) 선행 자극과 행동, 후속 자극의 분석을 통한 계획

〈가설 개발 예시〉

배경 사건	선행 사건	행 동	후속 반응
아침에 늦잠을 자서 밥을 먹지 못하였다.	교사가 수업시간에 수학 문제를 풀도록 하였다.	수학책과 연필 등을 집어 던지고 계속 찢어질 듯한 비명을 질렀다.	수학 문제를 풀지 않고 학습도움실로 보내졌다.

가 설	기 능
밥을 먹지 못하고 등교했을 때 교사가 수학 문제를 풀도록 요구하면 수학 문제를 풀지 않기 위해서 수학책과 연필 등을 집어 던지고 비명을 계속 지를 것이다.	수학 문제를 회피하기 위하여

배경 사건	선행 사건	행 동	후속 반응
없음	자기가 좋아하는 교재가 손에 닿지 않는 곳에 있다.	소리를 지르며 심하게 짜증을 낸다.	교사가 그 교재를 내려 주었다. 짜증 내지 말라고 하며 머리를 쓰다듬어 주었다.

가 설	기 능
자기가 좋아하는 교재를 가질 수 없을 때 소리를 지르며 짜증을 심하게 낸다. 아동이 심하게 짜증을 내면 교사는 머리를 쓰다듬어 주는 등의 관심을 보이거나 아동이 원하는 교재를 내려 준다.	원하는 사물과 관심을 얻기 위하여

5) 기능평가의 방법

(1) 면담

면담은 반구조화된 질문을 통해 문제행동에 영향을 주는 환경적인 사건에 대한 정보를 수집하는 방법이다. 면담 대상은 부모나 가족 구성원이 될 수 있고, 교사나 아동과 관련된 치료사 등 아동에 대해 잘 알고 있는 사람이 될 수도 있다. 의사소통 능력이 있는 경우에는 아동을 포함시키는 것도 좋은 방법이 될 수 있다.

기능평가 면담이나 질문지 등에서 얻어야 할 정보들은 다음과 같다.

- 문제행동은 무엇인가? (모든 문제행동 기술)
- 배경 사건과 물리적인 조건은 어떠한가? (약 복용, 수면 사이클, 병, 식사 유무 등)
- 문제행동이 일어나기 직전의 사건과 상황은 어떠한가? (언제, 어디서, 누구와 있을 때, 어떤 활동을 할 때, 어떤 수업시간에 등)
- 문제행동을 유지시킨다고 보이는 결과는 무엇인가? (갖기 원하는 것이나 피하

기 위한 것)

- 문제행동과 같은 기능을 하는 적절한 행동에는 어떤 것이 있는가? (대체행동)
- 이전의 중재에서 효과가 있었거나 없었던 전략들은 무엇인가?

이 외에도 중재 개발에 도움이 되는 의사소통 능력이나 효과적인 강화물 등의 정보도 수집하게 된다.

(2) 직접 관찰

직접 관찰은 1960년대 Bijou가 처음으로 시도한 방법이다. 관찰은 대상아동과 이미 친한 사람이 하는 것이 좋으며, 일상적인 일들을 방해하지 않고 집중적인 훈련이 필요하지 않아야 한다. 관찰을 통해 어떤 문제행동들이 함께 발생하는지, 언제, 어디서, 누구와 함께 있을 때 일어날 가능성이 가장 높은지, 문제행동을 유지시키는 결과는 무엇인지 등을 파악해야 한다.

(3) 체크리스트

기능평가를 할 때는 전문가가 아니거나 시간이 너무 많이 요구되는 등의 이유로 평가가 어려울 경우가 많다. 이러한 이유로 질문지 평가가 개발되어 사용되고 있다. 하지만 이 방법은 평가자에 따른 신뢰도가 낮고 수집된 정보가 정보 수집자에 따라 차이가 많이 나서 신뢰할 수 없다는 비판을 받고 있다. 그러나 이 방법은 심리측정학적 관점에서는 우려를 나타낼 수도 있지만 응용행동분석에 흥미를 느끼는 사람에게는 아주 우수한 방법으로 인식된다. Hanley, Iwata와 McCord(2003)는 체크리스트 방법이 아주 우수한 보조적 기능평가 도구라고 하였다. 최근에는 많은 연구자들이 이 방법으로 실험을 하고 있다고 한다.

문제행동이 심각한 아동에게는 기능평가가 다양한 직접 관찰과 기능분석 등의 절차로 집중적이고 많은 시간을 요한다. 그러나 경도의 문제를 보이는 경우에는 질문지나 체크리스트, 팀 중심 토론 등의 좀 더 단순한 방법이 사용되기도 한다. 두 가지 모두에서 하루의 시간, 위치 상황, 교육과정, 교사, 또래, 그리고 모든 잠재적으로 관련된 자극 등의 환경과 개별아동의 행동 사이의 관계를 효과적으로 파악하게 된다(Ryan, Halsey, & Mattews, 2003).

(4) 기능분석

기능분석은 환경을 조작하여 문제행동을 체계적으로 분석하는 방법으로 기능 평가 방법 중 가장 정확하고 엄격하며 통제된 방식이다. 즉, 실험실 등의 통제된 환경에서 문제행동의 발생과 연관된 것으로 보이는 변인들을 의도적으로 조작하여 그 변인들이 정말 행동과 연관되었는지를 확인하는 방법이다. 구체적인 변인으로는 과제 난이도, 과제 길이, 활동하는 동안 주어지는 관심 정도, 활동하는 동안의 선택 기회 유무 등이 있다.

하지만 기능분석의 경우 아동이 구조화된 환경에서는 흔히 문제행동을 잘 나타내지 않을 수 있다. 따라서 기능을 파악하는 데 많은 시간과 노력이 필요하고, 전문적인 훈련을 받지 않은 경우에는 기능분석을 수행하기가 어렵다(Kennedy, 2000).

기능분석 방법에는 직접 관찰 도구를 사용하는 기능분석(Functional Analysis)과 간편 기능분석(Brief Functional Analysis) 등의 실험적 기능분석 방법이 있다. 여러 방법 중 어느 것이 가장 좋은 방법이라고 단정하기보다는 여러 가지 검사도구를 결합하여 사용하거나 각각의 능력과 환경에 적절한 기능평가 도구를 선택해야 할 것이다. 그러나 면담과 직접 관찰이 전형적인 가정과 학교, 지역사회에서 가장 적용하기 좋은 방법이 될 수 있을 것이다.

3. 긍정적 행동지원

1) 긍정적 행동지원의 정의

기능평가를 통해 파악된 문제행동의 목적에 따라 중재를 제공하는 방법으로 최근에 가장 각광받고 있는 것이 긍정적 행동지원이다.

긍정적 행동지원은 먼저 개인의 삶의 질을 향상시키고 긍정적 행동의 증가와 문제행동의 최소화를 위해 생활환경을 재설계하기 위한 개인의 행동 레퍼토리와 시스템 변화 방법을 확대하는 교육적인 방법을 사용하는 응용과학이다. 긍정적 행동이란 정상적인 학업적, 직업적, 사회적, 여가적 지역사회 및 가정 환경에서 성공과 개인적인 만족 가능성을 증가시킬 수 있는 기술들을 말한다.

긍정적 행동지원의 기본적인 목표는 교사나 부모, 친구, 당사자 등 관계된 모든 사람들이 자신의 삶을 즐길 기회를 가질 수 있는 방향으로 생활 스타일을 바꾸도록 돕는 것이다.

2) 긍정적 행동지원에 영향을 미친 변인

긍정적 행동지원은 응용행동분석, 정상화와 통합교육의 움직임, 인간 중심의 계획과 가치 등의 철학과 실제에 큰 영향을 받았다(Carr et al., 2002).

(1) 응용행동분석

긍정적 행동지원은 응용행동분석(applied behavior anaysis: ABA)에 그 뿌리를 두고 있다. 응용행동분석이 긍정적 행동지원에 기여한 점은 크게 두 가지로 볼 수 있다(Carr et al., 2002). 우선 인간의 행동과 학습의 개념을 이해하기 위한 '자극-반응-후속 자극'의 세 용어와 배경 사건과 자극 통제, 일반화와 유지 등의 개념을 사용한 것이다. 이러한 용어와 개념들, 기능분석과 행동형성법과 용암법, 촉진, 강화 등 문제행동 감소와 바람직한 행동 증가를 위한 다양한 중재전략은 긍정적 행동지원이 하나의 분야로 발전하고 정교화되는 데 발판이 되었다. 응용행동분석에서 개발한 수많은 교수방법과 행동관리 방법들은 특수교육과 긍정적 행동지원에서 효과적으로 사용되고 있다.

(2) 정상화와 완전통합

정상화와 통합 움직임도 긍정적 행동지원의 철학에 많은 영향을 미쳤다. 정상화 원리(normalization principle)란 장애인은 장애의 정도나 유형에 상관없이 신체적·사회적으로 최대한 주류사회에 통합되어야 한다는 원리다. 이 원리는 장애인의 사회적 통합을 이끌게 되었고, 문제행동을 가진 사람들도 지역사회의 일원으로 지역사회 환경에서 살아야 한다는 의미를 가진다. 이 원리를 문제행동을 하는 아동에게 적용시켜 본다면 가능한 한 문화적으로 정상적인 행동을 하도록 하거나 그 행동을 유지시키기 위해 좀 더 정상적인 환경과 절차를 사용함을 의미한다고 볼 수 있다. 완전통합의 원리(inclusion principle)란 지역사회 내의 자연스러운 환경에 능동적으로 참여하기 위해 모든 사람들이 조건 없이 동등한 기회를 제공받아야 한다는 원리다. 정상화와 완전통합 원리가 긍정적 행동지원에 기여한 점은 주류사회에의 접근과 기회, 완전 참여와 가치 등을 가능하게 했다는 점이다.

(3) 인간 중심의 가치

인간 중심의 가치(person-centered values)는 행동지원을 위한 모든 과정과 절차에서 인간에 대한 존엄을 기초로 한다. 긍정적 행동지원의 철학은 전략의 효율성 측면과 함께 인간의 존엄성과 선택 기회를 증진시킬 수 있는 가치를 존중하기 때문에 문제행동의 감소 등의 효과만을 중시하는 것이 아니라 인간의 존엄과 선택 기회를 증진시키는 능력도 중시한다. 따라서 비인간적이거나 인간의 가치를 저하시키는 전략은 사용하지 않는다.

중재목표를 설정하고 중재계획을 실행하는 데 있어서 기존에 만들어져 있는 서비스를 그대로 제공하는 기존의 프로그램 중심의 계획(program-centered planning)과는 달리, 목표를 파악하고 중재를 실행하는 데 개인의 독특한 필요와 선호도를 이해하고 그것을 기초로 중재를 개발하는 인간 중심의 계획(person-centered plan)을 하게 된다. 즉, 대상자의 강점, 관심, 선호도 등을 기초로 하고 그의 구체적인 필요와 목표에 맞추어 새로운 계획을 세우는 것이다. 또한 인간 중심의 가치는 자기결정력을 강조하여 선택과 결정, 문제해결, 목표 설정 등에 문제를 가지고 있는 당사자가 기본적인 결정을 하도록 한다.

인간중심 계획의 구체적인 요구사항으로는 정상화와 통합 관점의 맥락에서 지역사회 참여와 의미 있는 사회적 관계, 선택 기회의 증가, 타인으로부터 존중받을 수 있는 역할 창조, 개인적인 능력 개발 등이 있다. 중재계획은 이를 반영하여야 할 것이다.

긍정적 행동지원은 행동주의 심리학과 응용행동분석 이론에 그 기초를 두고 발전해 온 방법이지만, 기관이 아닌 인간 중심의 가치관을 바탕으로 하고 있으며 개인의 요구와 선호성을 바탕으로 행동지원 전략이 설계된다는 점에서 차이가 있다(Kennedy et al., 2001). 또한 사회적으로 타당한 중재목표에 초점을 두고 서비스 전달과 지원에 있어서 개별성과 융통성을 고려하며 통합교육과 지역사회의 통합과 같은 장애아동의 전반적인 삶의 질을 향상시키는 데 목적을 둔다는 점에서 일반적인 응용행동분석과는 차이가 있는 것으로 인식되고 있다.

3) 긍정적 행동지원의 가정

긍정적 행동지원은 다음과 같은 몇 가지 결정적인 가정을 기본으로 한다.

첫째, 모든 문제행동은 기능을 가지고 있다. 기술의 부족이나 적절한 환경의 부재 등 다양한 이유로 많은 아동들이 원하는 것을 가지거나 원치 않는 것을 피하기 위해 문제행동을 사용하도록 배워 왔다는 것이다. 이러한 관점에서 문제행동을 개인의 문제나 결함으로 보지 않고 구체적인 목표를 성취하기 위해 사용되는 개인의 반응 변인으로 본다.

둘째, 가장 효과적인 중재는 예방적이고 기능적인 것이다. 즉, 문제행동을 억제하는 것이 아니라 문제행동과 똑같은 효력을 가지고 있고 문제행동의 발생 가능성을 예방하는 대체기술을 가르치는 것이 효과적인 중재인 것이다.

셋째, 중재 효과성에 대한 평가는 문제행동의 즉각적인 감소에만 두지 않는다. 문제행동의 감소와 함께 가정과 학교, 지역사회 등의 환경에서 새로운 기술을 얼마나 잘 활용할 수 있는가 하는 점과 통합의 증가, 우정의 확장, 선택과 통제 능력의 향상 등 아동의 삶의 질 증진까지도 평가에 포함시켜야 한다는 것이다.

넷째, 장애가 없는 사람들과 똑같은 사회적 기준의 존엄과 존경으로 장애인을 봐야 한다. 이 가정은 행동 중재의 사회적 타당도를 좌우하는 원칙으로, 심각한 문제행동을 보이는 사람에게 사용되던 전기 충격이나 과잉수정 등의 혐오적인 방법을 사용하지 않는다(Bambara & Mitchell-Kvacky, 1994).

4) 긍정적 행동지원의 특징

긍정적 행동지원의 주요 특징은 다음과 같다.

- 긍정적 행동지원은 문제행동의 빈도나 강도, 지속시간의 감소뿐 아니라 생

활양식의 변화를 강조한다. 이에 지역사회의 다양한 환경에 참여하고 사회적 관계, 선호활동 등에 접근할 수 있도록 구성되어야 한다.

- 기능평가를 실시하여 문제행동이 발생하거나 발생하지 않을 상황을 파악하고 그 행동을 유지시키는 후속 반응을 파악하여야 한다. 이렇게 파악된 기능평가의 결과와 실제적인 중재 프로그램이 직접적으로 연결된다.

- 긍정적 행동지원은 다중 요소적인 중재를 제공한다(Neilson, 2001). 기존의 행동 중재에서 주로 사용되던 후속 반응의 조절뿐만 아니라 선택 기회 제공이나 선호성 고려 등의 환경적 수정을 통한 예방, 대체기술 교수 등을 포함하는 포괄적인 전략을 사용한다.

- 문제행동에 직접적인 영향을 미치지는 않지만 배고픔이나 목마름, 수면 부족, 소음, 일과 예측 등 문제행동의 발생 가능성을 높이는 생태학적 사건과 배경 사건을 조절한다.

- 문제행동이 발생하기 직전에 나타난 선행 사건을 조작한다. 선행 사건을 수정함으로써 문제행동을 유발할 수 있는 자극을 감소시키거나 제거하고, 바람직한 행동을 증가시킬 가능성이 있는 선행 사건을 첨가한다.

- 문제행동을 통해 가지던 것을 적절한 행동을 통해 가질 수 있도록 대체행동을 가르치는 것이다. 새로운 대체기술 교수에 초점을 두는 것은 강제적인 방법을 사용하지 않고 문제행동을 감소시킬 수 있는 효과적이고 효율적인 방법이 된다.

- 긍정적 행동지원은 벌의 사용을 최소화하고 적절한 행동을 하도록 다시 지도한다.

- 긍정적 행동지원은 사회적 타당성과 인간의 존엄성에 기초하여야 한다. 사회적 타당도를 확보하기 위해 문제행동이 발생하는 실제 상황에서 중재가 이루어지고 이를 통해 중재의 효과가 실제 생활 속에 자연스럽게 일반화되고 유지되게 된다.

종합하여 보면, 긍정적 행동지원은 인간존엄 사상을 근간으로 하여 문제행동의 발생 가능성을 감소시킬 수 있는 환경 조성과 적절한 기술교수를 통해 바람직하지 못한 행동을 변화시키고 기술 레퍼토리를 확장하는 비혐오적인 문제행동 중재방법이다. 이 방법은 문제행동의 원인을 아동에게 두지 않고 환경에 두고, 문제행동이 발생한 후 반응을 조절하는 소극적인 행동수정 전략에서 벗어나 환경의 수정을 통해 행동 발생 전의 예방을 강조하며, 문제행동의 감소뿐만 아니라 적절한 행동을 증가시키는 것을 목적으로 하고, 사회적 타당성이 높은 긍정적인 방법을 사용한다는 점 등이 전통적인 문제행동 중재방법으로부터 크게 발전한 모습이라고 볼 수 있겠다.

4. 중재전략

긍정적 행동지원에서 사용되는 구체적인 중재전략으로는 예방전략과 새로운 대체기술의 교수, 후속 반응의 조절의 세 가지 방법이 있다.

1) 예방전략

문제행동을 중재하기에 가장 좋은 시간은 행동이 발생하기 전이다. 긍정적 행동지원의 가장 큰 특징 중의 하나는 예방 중심의 전략이라는 것인데, 이는 기존의 접근방법과 크게 대조되는 특징이다. 문제행동이 효과적이지 않도록 환경을 설계하는 방법으로는 환경 내의 물리적인 상황을 바꾸거나 환경을 풍부하게 하는 방법, 아동에게 좀 더 많은 정보나 전략을 제공하는 방법, 과제나 일과를 수정하여 아동의 요구를 감소시키는 방법, 예측성을 증가시키는 방법, 선택 기회를 많이 제공하는 방법 등이 있다.

예방전략을 그 기능에 따라 알아보면 다음과 같다.

(1) 문제행동의 기능이 탈출(회피)인 경우

기대치를 낮추거나(과제의 난이도나 양 조절, 과제의 길이 등), 좌석 배치를 바꾸고 아동의 반응양식 수정 등을 통해 탈출 요구를 감소시키거나 선택성, 선호도 고려, 또래지원, 아동 관심 등의 활용을 통해 탈출하고자 하는 아동의 욕구를 감소시키는 방법과 탈출 욕구를 갖게 만드는 산만 요인 또는 사건을 감소시키는 방법 등이 있다. 그 외에도 시각적 지원이나 활동 스케줄, 타이머 등을 사용하여 앞으로의 일정을 예상 가능하도록 만들어 주는 방법도 사용할 수 있으며, 활동 전에 강화제를 선택하게 하여 싫어하거나 바라지 않는 활동 또는 상호작용, 요구에 참여하도록 도울 수도 있다.

(2) 문제행동의 기능이 획득(관심-사물-활동)일 경우

활동이나 교수자료, 반응양식, 과제 길이의 수정 또는 기타 사항의 수정을 통해 사물, 활동 등을 요구할 필요성을 감소시키거나 또래지원, 성인과의 상호작용 계획, 관심의 빈도를 증가시켜 관심 요구의 필요성을 감소시키는 방법, 활동 스케줄, 시각적 스케줄, 스크립트 등을 사용하여 바라는 사물, 사건, 상호작용, 활동이 언제 발생할 것인지에 대한 정보를 제공하는 방법 등이 있다. 이 외에도 시각적인 자료들을 활용하여 언제 갖고 싶은 것 또는 하고 싶은 것을 할 수 있는지 이해하도록 지원하는 방법, 타이머나 강화 지연 신호를 사용하여 가지고 싶거나 하고 싶은 활동, 사물, 관심 등이 오게 되는 때를 알게 해 주는 방법도 있다. 더불어 아동이 얻고자 하는 것을 줄 수 없을 때 선택성, 조작활동, 관심 등을 사용하여 아동의 관심을 다른 데로 돌리거나 지원하는 방법도 효과적으로 사용될 수 있을 것이다.

이러한 예방전략만으로는 문제행동을 해결할 수 없지만, 아동이 대체행동을 학습하는 동안 문제행동을 할 필요성을 감소시킬 수는 있다. 예방을 위한 행동 지원 계획에 꼭 포함되어야 하는 전략으로는 긍정적인 관심과 강화가 있다. 아동이 이러한 것들을 요구하기 전에 아동의 장점이나 잘하고 있는 행동 등에 긍정적인 관심 또는 강화를 제공하는 것이 문제행동을 예방할 수 있는 좋은 전략이 된다.

2) 새로운 대체기술의 교수

대체기술이란 문제행동과 동등한 기능을 가지고 있으면서 문제행동을 대체할 수 있는 새로운 기술을 말한다. 대체기술은 하루 일과 중에 가르칠 수 있는 것이어야 한다.

문제행동과 같은 메시지를 전달하도록 대체할 수 있는 기술은 문제행동에 대한 대안적 행동기술로 문제행동과 동등하거나 그 이상으로 효율적이고 효과적이어야 한다. 그리고 대체기술을 선정할 때는 아동이 이미 갖고 있는 기술을 고려하여야 하며 적절한 행동에 대한 보상은 확실히 일관성이 있도록 해야 한다.

〈가설 개발 및 중재계획 예시 A〉

배경 사건	선행 사건	행 동	후속 반응
아침에 늦잠을 자서 밥을 먹지 못하였다.	교사가 수업시간에 수학 문제를 풀도록 하였다.	수학책과 연필 등을 집어 던지고 찢어질 듯한 비명을 계속 질렀다.	수학 문제를 풀지 않고 학습도움실로 보내졌다.

가 설			
밥을 먹지 못하고 등교했을 때 교사가 수학 문제를 풀도록 요구하면 수학 문제를 풀지 않기 위해서 수학책과 연필 등을 집어 던지고 비명을 계속 지를 것이다.			

예 방	예 방	새로운 기술	새로운 반응
가정에서 꼭 밥을 먹도록 부탁하고, 못 먹고 오는 날은 간단한 간식거리를 준비하여 아침을 먹게 한다.	• 풀기 쉬운 문제로 제시한다. • 수학 문제의 수를 줄인다. • 풀고 나면 좋아하는 활동을 할 수 있다고 미리 말해 준다.	• "도와주세요." 표현하기 • "그만 할래요." 표현하기 기능: 회피 수학 문제를 풀기 싫어서 문제행동을 할 것이다.	• 새로운 기술을 사용할 경우, 좋아하는 활동을 하게 한다. • 문제행동을 했을 경우, 새로운 기술을 사용하도록 다시 지도한다.

〈가설 개발 및 중재계획 예시 B〉

배경 사건	선행 사건	행 동	후속 반응
없음	하고 있던 컴퓨터를 교사가 그만 하라고 하였다.	소리를 지르며 짜증을 심하게 낸다.	• 교사가 컴퓨터를 계속 하도록 했다. • 짜증 내지 말라고 하며 머리를 쓰다듬어 주었다.

가 설			
자기가 좋아하는 활동을 할 수 없을 때 소리를 지르며 짜증을 심하게 낸다. 아동이 짜증을 심하게 내면 교사는 머리를 쓰다듬어 주는 등의 관심을 보이거나 아동이 원하는 활동을 하도록 해 준다.			
예 방	예 방	새로운 기술	새로운 반응
없음	• 타이머 등을 활용하여 남은 시간을 미리 알도록 한다. • 컴퓨터 활동을 그만 하면 할 수 있는 활동 두세 가지 중 하나를 선택하게 한다. • "이번 것만 하고 그만하자." "두 번만 더하면 그만 해야 한다." 등의 경고 신호 주기	• "내려주세요." 표현하기 • "저것 하고 싶어요." 표현하기 기능: 활동 습득 자기가 좋아하는 활동을 계속 유지하고 싶어서 문제행동을 할 것이다.	• 새로운 기술을 사용할 경우, 좋아하는 활동을 하게 한다. • 문제행동을 했을 경우, 새로운 기술을 사용하도록 다시 지도한다.

3) 후속 반응의 조절

후속 반응은 문제행동이 발생했을 때 문제행동이 강화되지 않고 새로운 기술이 학습되도록 하기 위해 교사가 취해야 할 행동을 의미한다. 즉, 문제행동이 비효과적이 되도록 만드는 전략이며, 문제행동을 통해서는 더 이상 원하는 것을 가질 수 없음을 알려 주는 방법이다. 문제행동을 통해서는 자신이 원하는 활동이나 사람, 사물에 대해 접근하지 못하도록 하고 그러한 것을 얻기 위해서는 대체기술을 사용하도록 촉진하는 방법들이 사용된다. 하지만 이런 반응적인 방법은 좋은 교수방법이 아님을 알아야 한다. 후속 반응을 조절하는 방법보다는 대체행동을 교수하거나 예방전략에 중점을 두는 것이 바람직할 것이다.

5. 학교 차원의 긍정적 행동지원

1990년대 후반, 미국에서는 학생들이 교내 총기난사 사건과 약물과 알코올 남용 등의 문제를 일으키면서 학교에서의 안전을 도모하며, 위험하고 심각한 방해행동을 예방하는 방법과 위험행동의 위험이 있는 학생들을 어떻게 할 것인가에 대해 국가적인 관심이 집중되었다(Scheuermann & Hall, 2008).

이러한 염려와 함께 긍정적 행동지원이 개인뿐만 아니라 그 가족들의 삶의 질을 향상시키고 문제행동을 최소화하거나 예방하는 데 효과적이라는 것이 여러 연구를 통해 밝혀짐에 따라 긍정적 행동지원의 여러 요소들 중 문제행동의 예방을 위한 노력의 하나로 학교 차원의 긍정적 행동지원(school-wide PBS)이 등장하였다. 학교에서 문제행동과 관련된 문제들이 증가함에 따라 예방적이고 선행적인 학교 차원의 접근에 대한 관심이 커지기 시작하였다. Walker 등(1996)이 제시한 행동지원 예방모형은 모든 학생들을 위한 예방의 노력과 개별학생들을 위한 집중적인 행동지원을 통합하는 모델이다.

1) 학교 차원의 긍정적 행동지원 특징

Scheuermann과 Hall(2008)은 학교 차원의 긍정적 행동지원의 특징을 다음과 같이 제시하고 있다.

• 교내의 모든 시스템에 초점을 둔다. 학교 차원의 긍정적 행동지원은 전체로 서의 학교뿐만 아니라 학교 환경의 하부 시스템 내에서의 학생 수행에도 초 점을 맞춘다.
• 3단계 예방 모델을 통해 모든 아동들의 필요에 관심을 둔다. 학교 차원 긍정 적 행동지원의 가장 큰 특징 중 하나는 기본적인 3단계 예방과 중재 접근이 다. 이 중재 모델은 영향을 받는 학생의 수와 제공되는 지원 서비스의 강도 에 따라 구분된다([그림 8-1] 참조).
• 긍정적 행동지원 활동 참가와 지원에 대한 광범위한 약속이 필요하다. 긍정

적 행동지원이 시작되기 전에 80% 정도의 교직원은 학생의 수행과 학교 분위기를 증진시키기 위해 활동 참여에 동의해야 한다. 이런 높은 참여가 학교 차원의 긍정적 행동지원 프로그램의 장·단기 성공을 이끌 수 있다.

• 중재전략은 각 학교의 독특한 요구에 맞게 설계된다. 모든 학교는 나름대로 의 독특한 요구와 자원을 가지고 있으며 학생과 교사의 수, 위치, 학교 규모, 지역사회의 기대와 가치 등 다양한 변수가 있기 때문에 학교마다 중재전략이 다를 수 있다. 또 같은 학교에서도 시간이 지남에 따라 새로운 도전에 맞게 중재전략이 수정될 필요가 있다.

• 팀 기반의 계획과 의사결정이 이루어진다. 긍정적 행동지원 팀에는 교장과 각 학년의 일반교사, 특수교사, 특수교육보조원, 부모, 학생 등이 포함되어야 한다. 이 팀에 의해 규칙의 필요성이 파악되고, 의사결정을 위한 정보가 수집되며, 전반적인 중재가 설계되기도 하고, 긍정적 행동지원 교재와 활동이 개발되기도 한다.

• 규율과 행동 조절에 대한 교수 접근에 초점을 둔다. 긍정적 행동지원에서는 학문적 기술교수와 같은 방법으로 적절한 행동기술을 가르친다. 문제행동을 기술의 결함으로 보고 학생들이 자기가 필요한 것을 가질 수 있는 적절한 방법을 학습하지 못했다고 생각한다. 그리하여 중재의 중요한 부분은 학생에게 적절한 기능적 행동을 가르치는 것이다.

• 정보에 근거하여 의사결정을 한다. 학교 차원의 긍정적 행동지원에서 두드러진 특징 중 하나는 요구를 파악하고 중재의 효과성을 평가하기 위해 다양한 정보를 찾는 것이다.

• 시스템 변화와 긍정적 행동지원 실제의 실행에 대한 장기간의 약속이다. 긍정적 행동지원은 문제행동과 규칙에 대한 색다른 접근을 하는 새로운 철학이다. 따라서 이러한 변화는 1년 만에 완성될 수 없으며 보통 3~5년 정도의 노력이 필요하다.

• 계속적인 평가와 긍정적 행동지원 중재의 개선이 필요하다. 긍정적 행동지원은 계속 진행 중인 프로그램이기 때문에 긍정적 행동지원 팀은 긍정적 행동지원 시스템의 평가와 미세한 조절을 계속해야 한다. 긍정적 행동지원은 교내의 모든 구성원들의 요구에 항상 반응할 수 있는 역동성을 가져야 한다.

학교 차원의 긍정적 행동지원 3단계 예방모형을 단계별로 제시하면 다음과 같다.

(1) 1차적 예방: 보편적인 중재 단계

전체적인 중재의 초점은 모든 학생들을 대상으로 모든 학교환경에서 일관된 행동 기대치를 결정하고 모든 교사와 교직원이 함께 지도함으로써 학생들에게 기대되는 적절한 행동을 인식하게 하여 문제행동을 예방하는 것이다. 이 단계에서는 학교 차원의 규칙과 절차 및 기대행동의 교수, 적절한 행동 인식, 부적절한 행동에 대한 일관적인 반응 등이 포함된다. 이 단계에서는 약 80~90%의 학생들에게 효과가 있다.

이 단계에서의 중재는 모든 학교환경에 적용될 학교 규칙이 필요하며, 모든 학생들에게 규칙과 학교환경에서 어떻게 그것을 따를 것인지를 가르친다. 물리적 환경과 같은 문제행동에 관련된 선행 변인을 재구성하고, 바람직한 행동을 촉진하기 위해 시각적 단서들을 사용한다. 또한 적절하지 못한 행동보다는 적절한 행동을 통해 더 많은 관심을 받을 수 있다는 것을 알게 하고, 모든 교사들이 질 높은 교재와 교수방법을 사용하며, 바람직하지 못한 행동에 대해서는 일관된 후속 반응을 한다.

(2) 2차적 예방: 표적집단 중재 단계

이 단계에서의 중재는 문제행동의 전조라고 볼 수 있는 행동 양상을 보이는 학생들에게 좀 더 집중적이고 부가적인 지원을 해 주는 것이다. 이 학생들은 1차적 예방 단계보다 좀 더 많은 지원이 필요하지만 집중적인 중재만큼의 지원을 필요로 하지는 않는다. 전형적으로 소그룹 형태의 중재가 제공되며 부가적인 기술교수와 사회적 행동과 관련된 연습 등이 제공된다. 약 5~15%의 아동을 대상으로 한다.

이 단계에서의 중재는 대상아동과 정기적으로 만나고, 개별학생을 위해 행동계약이 필요하며, 사회적 기술과 자기통제 기술, 화 조절 기술, 학문적 기술 등을 소집단으로 편성하여 가르친다.

(3) 3차적 예방: 집중적이고 개별적인 중재 단계

이 단계에서 제공되는 중재는 가장 집중적인 행동지원이 필요한 학생들, 즉 문제행동을 보이거나 문제행동을 할 위험이 매우 높은 학생에게 초점을 두게 된다. 이 학생들은 집중적이고 개별적인 지원을 받게 되는데, 이런 지원은 비교적 장기간에 걸쳐 이루어진다. 부가적인 기술 개발과 환경 수정이 필요한 영역을 파악하는 기능평가와 포괄적인 행동지원으로 이루어지게 된다. 1~5% 정도의 아동이 대상이 된다.

이 단계에서의 중재에는 문제행동에 대한 기능평가와 이를 통한 개별화된 행동지원 계획 개발 등이 포함된다.

이상의 세 단계를 도식화하면 [그림 8-1]과 같다.

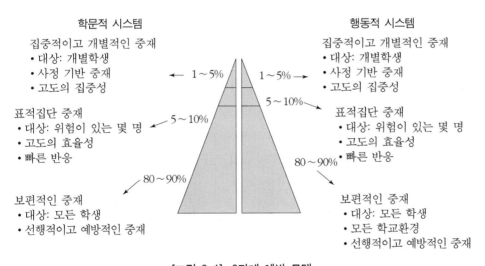

[그림 8-1] 3단계 예방 모델

학교 차원의 긍정적 행동지원의 목적은 모든 학생들의 학문적 성취와 행동적 능력을 최대화할 수 있는 효과적인 학교환경을 만들고 유지하는 것이다. 학교 차원의 긍정적 행동지원에서는 모든 학생들이 기대되는 행동을 이해하고, 사회적 기술교수를 받으며, 지속적인 행동 문제를 보이는 학생들은 개별화된 지원을 받을 수 있음을 알도록 모든 교직원들이 협력하여야 한다.

학교 차원의 긍정적 행동지원 설계와 실행의 단계

1. 긍정적 행동지원이 필요한 이유 찾기: 공격행동이나 방해행동, 무례한 행동 등의 증가, 교사나 학생들의 사기 저하, 학문수행 능력 저하 등의 이유를 찾는다.

2. 긍정적 행동지원 팀 구성: 팀은 학교 내 이해 당사자를 대표할 수 있는 사람으로 구성되어야 한다. 가능하다면 학부모와 학생도 포함시킨다.

3. 교장의 리더십과 약속: 교장은 긍정적 행동지원 실행에 필요한 시간(회의 참석, 긍정적 행동지원 팀의 회의시간 제공, 교직원 회의 때 긍정적 행동지원 팀이 최신 정보를 제공할 수 있는 기회 제공 등)과 자원(긍정적 행동지원 자료 구입에 필요한 자금) 제공을 약속한다.

4. 교직원들의 동의 구하기: 교직원에게 긍정적 행동지원에 대한 정보를 제공하고, 조사를 통해 중재의 필요성과 우선순위의 인식에 대한 정보를 수집한다.

5. 정보 수집: 프로그램을 이끌 수 있는 필요성이 수집된 정보에 의해 결정된다. 수집된 정보는 중재의 우선순위를 정하고, 중재의 효과성을 평가하며, 전반적인 중재가 잘 실행되었을 경우 좀 더 집중적인 지원이 필요한 학생을 파악하는 데 사용될 수 있다.

6. 긍정적 행동지원 프로그램의 장기계획 수립: 긍정적 행동지원은 시스템 변화에 대한 장기간의 약속이므로 긍정적 행동지원 팀이 필요의 우선순위를 정하고 시간의 흐름에 따른 필요를 평가하기 위한 스케줄을 짜야 한다.

7. 3~5개 정도의 학교 규칙 개발: 기존의 학교 규칙은 학교 차원의 긍정적 행동지원 지침에 맞는지 평가하고, 규칙이 없는 경우에는 학교의 필요를 반영하여 새로운 규칙을 개발한다.

8. 학교 전체 환경에서의 규칙을 정의하기 위한 규칙 매트릭스 개발하기: 모든 교직원이 함께 모든 학교환경에서 필요한 규칙을 개발하는 것이 중요하다.

9. 문제행동을 유발하는 환경적 변인을 평가하고 그 변인을 다루기 위한 선행 중재의 설계: 학생들이 학교 규칙을 상기하고 모든 학교환경에 적용할 수 있는 방법을 기억할 수 있도록 사인과 안내 방송, 현수막이나 깃발 등을 사용한다.

10. 학교 규칙을 학생들에게 가르치기 위한 계획 수립: 학생들과의 교수활동을 시작하기 전에 모든 교직원들에게 규칙을 가르치는 방법에 대해 교육하여야 한다.

11. 모든 학생에게 적절하고 규칙을 잘 따른 행동에 대한 관심을 제공하기 위한 강화 시스템 개발: 다른 강화 시스템처럼 사용하기 쉽고 모든 학생들의 흥미를 끌어야 한다.

12. 교사를 위한 강화 시스템 개발: 긍정적 행동지원 시스템은 어느 정도의 교사 행동의 변화를 필요로 한다. 그러나 그것이 어려운 교사가 있을 수 있기 때문에 교사와 교직원들이 긍정적 행동지원 프로그램을 잘 따르도록 격려하기 위해 교사를 위한 강화 시스템도 개발되어야 한다.

13. 교직원에게 시스템 교수: 교사와 교직원들에게 사려 깊은 감독방법과 강화 시스템 사용방법, 교실에서 다루어야 할 행동과 훈육실에서 다루어야 할 행동에 대한 전략을 가르치는 것은 직접교수를 통해 이루어져야 한다.

14. 진보를 평가하고 필요를 파악하기 위한 정기적인 모임: 최소한 한 달에 한 번 정도의 모임을 가져야 하고, 모임은 계획대로 진행되어야 하며, 팀 구성원들의 책임도 명시되어야 한다.

15. 전체 교직원을 대상으로 한 정기적인 최신 정보 제공: 교직원 신문이나 공고판, 이메일 등을 통해 긍정적 행동지원 프로그램의 모든 요소들에 대한 피드백을 제공할 수 있어야 한다.

16. 외부에 긍정적 행동지원 프로그램에 대한 정보 제공: 부모나 보조교사, 자원봉사자 등에게 긍정적 행동지원 프로그램에 대한 정보를 제공한다.

출처: Scheuermann, B. K. & Hall, J. A. (2008). *Positive behavioral supports for the classroom.* New Jersey: Pearson Education, Inc.

2) 학교 차원의 긍정적 행동지원 효과

미국의 경우 학교 차원의 긍정적 행동지원을 통해 학생들의 문제행동의 발생 빈도가 크게 감소하였으며 사회성 발달이 증가되었다. 또한 훈육실에 의뢰되는 비율이 크게 감소하였고, 학업적으로도 크게 증가하였으며, 학교 분위기가 긍정적으로 변하였다는 보고들이 많이 있다. 아울러 교직원들의 학교생활에 대한 만족도가 증가하였으며, 이로 인해 교사의 이직률도 감소하였다(Horner et al., 2005).

3) 기대되는 행동과 규칙의 게시

규칙은 3~5개 정도로 많지 않은 것이 좋으며 교직원과 아동 모두에게 적용되는 것이어야 한다. 이렇게 만들어진 규칙은 교실과 학교 여러 곳에 잘 보이도록 게시하는 것이 좋다.

규칙은 반드시 긍정적인 언어로 진술되어야 한다. 예를 들어, '복도에서 뛰지 않기' 보다는 '복도에서 걸어다니기' 가 좋고, '지각하지 않기' 보다는 '제시간에 등교하기' '친구들과 싸우지 않기' 보다는 '사이좋게 지내기' 가 좋다. 규칙은 모든 환경에 맞게 충분히 일반적이면서도 대상 환경에 대한 일반적인 규칙을 이끌 수 있도록 충분히 독특한 것이 좋다. 학교 차원의 기대행동과 규칙에는 다음과 같은 것이 있다.

학교 차원의 기대행동 예

유치원
안전하게 지내기
교실에서 걸어다니기
친구들과 사이좋게 지내기
인사 잘 하기
교실에서 조용한 목소리로 말하기

초등학교
운동장이 아닌 곳에서는 걸어다니기
차례를 잘 지키기
학교 물건을 아끼기
준비 잘 하기
함께하기
지시 잘 따르기
숙제 잘 하기
제시간에 등교하기

중학교
스스로(과제, 타인)를 존경하기
안전하게 지내기
참여하기
성공하기
책임감 가지기
준비물 잘 챙기기

고등학교
책임감 있게 살기
기회의 이점 살리기
훌륭한 시민 되기
친절하게 행동하기
존경받고 존경하기

요약

　문제행동은 자신의 바람직한 발달과 성장만이 아니라 주변 또래 친구들의 발달까지 저해할 수 있다. 다양한 문제행동으로 인해 타인과의 사회적 상호작용 기회가 방해받기도 하고, 일반교육 환경으로의 배치에 어려움을 겪을 뿐더러, 가족들과 주변 사람들의 생활 패턴에 영향을 미치기도 한다.

　문제행동은 장애아동만이 아니라 일반아동에게도 나타나는데, 교사는 문제행동에 대한 가정을 충분히 이해하고 있어야 아동의 문제행동을 이해하고 통제하는 데 도움을 줄 수 있다. 문제행동은 그 행동을 하는 아동에게 중요한 기능을 하고 있다. 즉, 문제행동은 단순히 발생하는 것이 아니며, 그 아동이 문제행동을 함으로써 자신이 원하는 무엇인가를 이룰 수 있다고 가정하는 것이다.

　기능평가는 문제행동에 대한 행동지원의 효율성과 효과성을 최대화하기 위한 중재계획을 위해 주변 환경에서의 요소들과 행동 간의 예측 가능한 관계를 평가하는 것이다. 행동기능 평가의 필수 요소는 주로 면담과 직접 관찰을 통해 관련 정보를 수집한다는 점, 문제행동을 조절하는 선행 사건과 후속 변인을 파악한다는 점, 중재는 적절한 대체행동의 교수에 초점을 둔다는 점 등이다.

　긍정적 행동지원은 먼저 개인의 삶의 질을 향상시키고 긍정적 행동의 증가와 문제행동의 최소화를 위해 생활환경을 재설계하기 위한 개인의 행동 레퍼토리와 시스템 변화 방법을 확대하는 교육적인 방법을 사용하는 응용과학이다. 긍정적 행동이란 정상적인 학업적, 직업적, 사회적, 여가적 지역사회 및 가정 환경에서 성공과 개인적인 만족 가능성을 증가시킬 수 있는 기술들을 말한다. 긍정적 행동지원에서 사용되는 구체적인 중재전략으로는 예방전략과 새로운 대체기술의 교수, 후속 반응의 조절의 세 가지 방법이 있다.

◆ 학습 문제

• 문제행동에 대한 가정 여섯 가지를 제시하시오.
• 기능평가의 절차를 제시하고 각각 설명하시오.
• 문제행동의 사례를 들어 그에 대한 예방전략, 새로운 대체기술의 교수, 후속 반응의
조절 방법을 제시하시오.

◆ 관련 사이트

• 긍정적 행동지원연합 http://www.apbs.org/

◆ 참고문헌

국립특수교육원(2000). 통합교육의 효율적인 운영방안. 안산: 국립특수교육원.

노진아(2007). 장애 혹은 장애위험 유아를 위한 긍정적인 행동지원의 고찰. 특수교육재활과
학연구, 46(2), 15-34.

박지연, 오주현(2003). 문제행동을 지닌 장애학생 행동지원의 현황과 과제: 행동지원에 대
한 국내 연구 고찰. 정서 · 행동장애연구, 19(4), 1-24.

조광순(1999). 특수아동들의 학급 내 문제행동 중재를 위한 기능평가의 현황, 과제 및 향
후 방향. 한국초등특수교육학회, 1(1), 111-140.

Alberto, P. A., & Troutman, A. C. (1995). *Applied behavior analysis for teachers.*
New Jersey: Merrill.

Bailey, D. B., & Wolery. M. (1992). *Teaching infants and preschoolers with
disabilities* (2nd ed.). New York: Macmillan.

Bambara, L. M., & Knoster, T. (1998). *Designing positive behavior support plans,
innovations.* Washington, DC: American Association on Mental Retardation.

Bambara, L. M., & Mitchell-Kvacky, N. A. (1994). Positive behavior support for
students with severe disabilities: An emerging multicomponent approach for
addressing challenging behavior. *School Psychology Review, 23*(2), 263-278.

Carr, E. G., Dunlap, G., Horner, R. H., Koegel, R. L., Turnbull, A. P., & Sailor, W.

(2002). Positive Behavior Support: Evolution of an Applied Science. *Journal of Positive Behavior Interventions, 4*(1), 4-16.

Hanley, G. P., Iwata, B. A., & McCord, B. E. (2003). Functional analysis of problem behavior: A review. *Journal of Applied Behavior Analysis, 36*, 147-185.

Horner, R. H., & Albin, R. W. (1988). Research on general case procedures for learners with severe disabilities. *Education and Treatment of Children, 11*, 375-388.

Horner, R. H., Sugai, G., Todd, A. W., & Lewis-Palmer, T. (2005). Schoolwide positive behavior support. In L. M. Bambara & L. Kern (Eds.), *Individualized supports for students with problem behaviors: Designing positive behavior plans*. New York: The Guilford Press.

Kazdin, A. E., Mazurick, J. L., & Bass, D. (1993). Risk of attrition in treatment of antisocial children and families. *Journal of Clinical Child Psychology, 22*, 2-16.

Kennedy, C. H. (2000). When reinforcers for problem behavior are not readily apparent: Extending functional assessment to complex problem behaviors. *JPBI, 2*, 195-201.

Kennedy, C. H., Long, T., Jolivett, K., Cox, J., Tang, J. C., & Thompson, T. (2001). Facilitating general education participation for students with behavior problem by linking positive behavior supports and person-centered planning. *Journal of Emotional and Behavioral Disorders, 9*(3), 161-171.

Kerr, M. M., & Nelson, C. M. (2002). *Strategies for addressing behavior problems in the classroom* (4th ed.). Upper Saddle River, NJ: Merrill/Prentice Hall.

Lane, L. K., Umbreit, J., & Beebe-Frankenberger, M. E. (1999). Functional assessment research on students with or at risk for EBD: 1990 to the present. *Journal of Positive Behavior Intervention, 1*, 101-111.

O'Neil, R. E., Horner, R. H., Albin, R. W., Sprague, J. R., Storey, K., & Newton, J. S. (1997). *Functional assessment and program development for problem behavior: A practical handbook* (2nd ed.). CA: Brookes/Cole.

Neilsen, S. L. (2001). Extending positive behavioral support to young children with challenging behavior. Unpublished doctoral dissertation. University of Minnesota.

Ryan, A. L., Halsey, H. N., & Mattews, W. J. (2003). Using functional assessment to promote desirable student behavior in schools. *Teaching Exceptional*

Children, 35(5), 8-15.

Scheuermann, B. K., & Hall, J. A. (2008). *Positive behavioral supports for the classroom.* New Jersey: Pearson Education, Inc.

Vaughn, B. J., & Horner, R. H. (1997). Identifying instructional tasks that occasion problem behaviors and assessing the effects of student versus teacher choice among these tasks. *JABA, 30,* 299-312.

Walker, H. M., Horner, R. H., Sugai, G., Bullis, M., Sprague, J. R., Bricker, D., & Kaufman, M. J. (1996). Integrated approaches to preventing antisocial behavior patterns among school age children. *Journal of Emotional and Behavioral Disorders, 4*(4), 194-209.

Zirpoli, T. J., & Melloy, K. J. (2001). *Behavior management: Applications for teacher* (3rd ed.). NJ: Merrill/Prentice-Hall.

제9장
통합교육을 위한 전문가 간 협력적 접근

소라는 초등학교 5학년 여학생으로 뇌성마비와 경도 정신지체를 갖고 있다. 상지의 기능은 스스로 식사를 할 수 있을 정도로 양호하지만 하지의 경직은 심해서 휠체어를 타고 도움을 받아 이동할 수 있다. 기능적 어휘의 의미를 이해하는 데에는 어려움이 거의 없으나 발음이나 음성의 높낮이와 크기를 바르게 조절하여 말하는 데에는 어려움이 있다.

소라는 집에서 15분 거리에 있는 일반 초등학교에 다닌다. 8시 30분쯤 도착한 교문에는 특수교육보조원이 마중을 나와 있다. 본관 건물 1층에 있는 소라의 교실 앞문 옆자리는 언제나 소라의 지정석이다. 소라의 담임 선생님과 특수학급 선생님이 함께 상의하셔서 정해 주신 자리다. 오늘은 소라가 좋아하는 도덕시간과 음악시간이 있는 날로, 다른 과목보다 특수교육보조원의 도움을 덜 받고도 음악과 이야기를 듣고 감상을 말할 수 있다. 그러나 체육시간에 소라는 특수교육보조원의 도움을 받아 운동장에 나가지만 친구들이 뜀틀을 넘는 것을 응원하며 시간을 보내야 한다. 소라는 국어(6시간/주), 수학(4시간/주)을 특수학급 선생님과 공부한다. 3월 개별화교육운영위원회에서 담임 선생님과 특수학급 선생님 그리고 엄마와 다른 여러 선생님들이 국어와 수학시간에만 특수학급에 가서 공부하도록 결정하고 소라의 장·단기 교육목표도 세워 주셨다. 특수학급에서 공부가 끝나면 특수학급 선생님은 알림장에 담임 선생님과 엄마에게 전달할 내용을 적어 주신다. 특수학급에 가면 재미도 있고 칭찬도 많이 받아 신나지만, 가끔 시간표가 바뀌거나 특수학급 선생님이 편찮으시기라도 한 날이면 국어와 수학 시간에도 교실에 있어야 하는데 공부하던 내용과 전혀 다른 내용을 공부하려니 왠지 속상한 마음이 든다. 그래도 내일은 미술시간에 소라가 좋아하는 도우미 짝꿍 창이와 찰흙 공작을 한다고 담임 선생님이 말씀하셔서 마음이 들떴다.

사회가 다면화됨에 따라 당면한 문제의 해결을 위해 한 사람의 개별적인 접근이 아닌 관련자 간의 상호 의존적인 관계 형성을 통한 해결방법이 효과적이라 여겨지고 있다. 각 분야에서는 '협력, 함께 일하는'이라는 용어가 빈번하게 제시되면서 협력에 대한 중요성이 강조됨과 동시에 협력을 실천하기 위한 다양한 방법론적인 내용들이 강조되고 있다. 구체적으로 이러한 기술을 습득하기 위한 프로그램의 개발과 적용이 활발히 이루어져 왔다(Lovelace, 2000; Nelson, 2000). 이와 같은 움직임은 특수교육 현장에도 마찬가지로 진행되고 있다. 즉, 통합교육의 질적·양적 확대로 특수교육 서비스 대상학생들이 일반학급에 통합되는 비율이 증가하고 있으며, 장애 판정을 받지 않았지만 개별적인 학습 요구에 따른 특별한 교수가 필요한 학생들을 위한 교사의 책임이 증가하고 있다(Friend & Cook, 2003; Pugach & Johnson, 1995). 따라서 교사는 과거의 마치 '독립된 섬'과 같은 교실에서 한 명의 교사와 아동들이 상호작용하던 상황에서 벗어나, 교수의 질 향상과 학생을 위한 최선의 교육적 결정을 내리기 위해 다른 전문가들과 서로 묻고 의논하는 상황이 요구되기 시작하였다. 현재 특수교육 현장에서는 효율적인 협력과정이 성공적인 통합교육의 중요 요소 중 하나로 간주되고 있다(박소영, 신현기, 2007; 이소현, 황복선, 2000).

협력은 단편적인 사건이나 행위가 아닌 서로 공유하고 있는 목표에 다다르기 위하여 함께 걸어 나가는 모든 과정을 말한다. Friend와 Cook(2003)은 협력을 동등한 관계를 가진 최소 두 사람이 공동의 목표를 위해 공유된 의사결정에 자발적으로 참여하는 직접적 상호작용의 방법이라고 하였다. 진정한 협력을 이루기 위해서는 협력과정에서 네 가지 특성이 포함되어야 한다. 첫째, 참여한 사람들이 의사결정에 있어 동등한 역할과 힘을 지니고 있어야 한다. 예를 들어, 특수교사, 일반교사 혹은 부모 간의 관계에서 일반교사는 전문가이고 다른 전문가들은 지도를 받는 입장이 아니라 모든 참여자가 대상학생을 위한 교육 프로그램 진행과정에서 동등한 역할을 지니고 있음을 의미한다. 둘째, 협력과정에 참여하고 있는 참여자 간에 상호 공통적으로 확인된 목표가 있어야 한다. 특수교사만이 장애학생을 지도하는 것이 아니라 교사 간 협력적 접근이 비장애학생과 장애학생을 포함한 모든 학생들의 교육적 지원에 긍정적인 효과를 증대시킬 것이라는 확인된 목표에서 협력적 관계를 구축할 수 있다. 셋째, 참여와 의사결정 과정에서 공유된 책임의식을 지니고 있어야 한다. 마지막으로 협력이란 서로의 자원 (예: 시간, 자료 등)을 공유하고 결과에 대해 공유된 책무성을 지녀야 한다. 협력적 과정을 통해서 대상아동의 수행능력이 향상되지 않았거나 전문가 간 관계에서 갈등이 발생되었다면 어느 한 사람만의 문제가 아니라 참여자 모두 동등한 책임의식을 느끼고 그 문제를 해결해 나가야 한다.

이 장에서는 효과적인 통합교육의 실현을 위한 협력자들의 구성과 역할, 협력 모형의 특성과 운영방법에 대하여 알아보고 효율적인 운영을 위해 요구되는 실질적인 기술에 관해 알아보고자 한다.

1. 협력 팀의 구성과 역할

장애학생의 교육적 상황에서 대상학생과 접촉이 이루어지는 모든 사람들을 협력 팀의 구성원으로 간주할 수 있다. 그들 중 아동의 수행에 직접적으로 영향을 미칠 수 있는 사람들은 핵심 팀 구성원(core member)으로서 통합학급 교사, 특수교사, 학교 관리자, 부모가 될 수 있다. 이 밖에 학생의 교육적 프로그램에 관여할 수 있는 사람들로 보조원, 언어치료사, 물리치료사, 상담자, 수화 담당자

[그림 9-1] 핵심 팀과 전체 팀의 구성원

출처: Snell, M. E. & Janney, R. (2000). *Collaborative Teaming: Teachers' Guides to Inclusive*

등이 전체 팀의 구성원이 될 수 있다.

　장애학생들이나 장애 위험 학생들에게 동등한 교육적 기회를 제공하는 것은 팀 구성원이 지니고 있는 전통적인 역할이나 책임을 바꾸어야 함을 전제한다. 통합학급 교사는 평균 수준의 학생들에게 제공하였던 표준화된 교수기술, 교과과정, 평가 절차의 형태에 변화를 주어야 하고, 특수교사 또한 학교에서 분리된 형태로 특수학급을 운영하면서 지니고 있던 자신의 역할개념을 수정해야 한다. 행정가들은 특수교육과 일반교육의 분리가 학교 예산과 교육적 결과에 비추어 더 효과적이라는 생각에서 벗어나 통합을 위한 학교 전체의 변화를 시도해야 할 것이다. 그리고 부모들은 자녀의 교육이 학교 전문가들에게 맡겨져 있다는 생각을 바꾸고 부모 스스로 자신을 자녀의 교육적 중재 팀의 구성원으로 여겨야 한다. 이러한 구성원들의 역할이 학생의 필요가 바뀜에 따라 변화될 수 있기 때문에 역할에 대한 정의가 지속적으로 이루어져야 한다. 장애학생의 교육적 프로그램 제공에서 핵심 팀 구성원의 역할과 책임은 〈표 9-1〉과 같이 정리할 수 있다.

| 표 9-1 | **협력 팀 구성원의 역할과 책임**

구성원	역할과 책임
통합학급 교사	• 대상학생을 방문객이 아닌 학급의 일원으로 여긴다. • 학생의 특별한 학습 요구를 충족시키기 위해 교수기술, 교과 내용, 평가, 성적 절차를 수정한다. • 요구되는 수정을 수행하기 위해 다른 이의 전문적인 지식을 구하고 사용한다. • 학생의 학교생활에 일차적인 책임을 지닌 교사로 활동한다. • 팀의 교수적 계획을 통해 결정된 활동을 IEP 목표에 통합시킨다.
특수교사	• 통합 촉진자와 사례 관리자(case manager)로서 활동한다. • 자문과 협력을 제공한다. • 장애아동에 관한 정보를 제공한다. • 교과과정, 자료, 자원을 수정하고 제시한다. • 행동 문제 프로그램을 개발하고 그 실행을 지원한다. • IEP 목표를 활동들에 통합한다.
행정가	• 학교 통합교육 모임을 시작하고 적극적으로 참여한다. • 통합교육 프로그램 개발에 대한 자원(전문가 교육, 타 학교 참관)을 제공한다. • 관련자들을 재교육하고, 필요할 때마다 팀 일원으로서 교사들을 지원한다. • 통합과 관련된 부모나 다른 이의 걱정을 수용한다. • 대상학생과 관련된 문제의 해결에 참여한다. • 학교 내에서 발생되는 실질적인 문제들을 해결한다.

부모	• 가족의 특성이나 학생교육 프로그램에 있어 우선시하는 것을 제시한다. • 다양한 환경에서 학생 수행능력에 관한 의견을 제시한다. • 학생의 미래에 대한 견해를 제시한다.
관련 서비스 제공자	• 가장 관련 있는 과목시간에 관련 서비스를 제시할 수 있도록 유동적인 시간표를 마련한다(예: 체육시간에 물리치료 제공). • 교수수정을 준비하여 수업시간에 어떠한 내용이 이루어지더라도 참여하도록 한다. • 수업 시 언제 머무르고 언제 떠나야 하는지 잘 알고 있다.
보조원	• 팀이 제시한 교수계획들을 실행한다(예: 학생의 읽기 · 듣기, 숙제나 다른 자료의 녹음). • 대상학생을 위한 활동 준비나 추후 활동을 한다(예: 학생을 위한 자료 배부나 수집, 학생의 구체적인 요구에 맞추어 자료 수정). • 학생들을 감독한다(예: 학생의 등 · 하교 상황 관리, 점심시간이나 휴식시간 감독). • 행동관리를 한다(예: 학생 행동을 관찰 · 기록함. 자기관리 훈련법을 사용할 수 있도록 도움). • 개인관리를 한다(예: 지체장애학생의 경우 식사 보조, 이동의 도움, 배변 시 도움). • 사무적인 일을 돕는다(예: 숙제나 보고서 입력, 복사). • 기타(예: IEP 회의 참여, 가족과의 지속적인 의사소통)

출처: Wood, J. W. (2002). *Adapting instruction to accommodate students in inclusive settings*. Upper Saddle River, NJ: Merrill/Prentice Hall, p. 181에서 재인용.

2. 협력모형의 실제

협력은 장애 위험 학생이나 장애학생들을 일반교육 환경에서 교육시키기 위해서 가장 우선시되는 요소다. 과거에는 특수교사와 통합학급 교사가 장애학생의 선별과 배치 단계에서 제한적인 범위 내 협력관계가 이루어졌으나, 현재는 학생교육의 전반적인 과정에서 팀 일원들의 협력적 관계가 강조되고 있다. 학교 현장에서 협력을 실천하기 위한 모형에는 여러 가지가 있으나, 이 장에서는 대표적인 형태인 협력적 자문과 협력교수에 대하여 알아보고자 한다.

1) 협력적 자문

협력적 자문(collaborative consultation)은 상호적으로 정의된 문제를 효율적으로 해결하기 위해 다양한 지식을 가진 전문가들이 상호작용하는 과정으로 정의할 수 있다(Idol, Nevin, & Paolucci-Whitcomb, 1994). 보통 자문이라 하면 한 명의 자문가(예: 특수교사, 언어치료사)가 3자(예: 장애학생)의 문제해결을 위해 피자문가(예: 통합학급 교사, 부모, 행정가)를 지원하는 자발적인 과정을 말한다. 즉, 자문은 대상학생이 아닌 학생을 지도하는 교사를 간접적으로 지원하는 형태다. 이러한 형태는 전통적으로 자문 촉진가가 전문가의 입장에서 피자문가를 지원하는 상하 구조의 형태로 적용되어 왔으나, 두 전문가 중 한쪽이 상위의 입장에 있을 때 발생되는 심리적 갈등으로 인하여 협력적 자문이란 새로운 개념이 등장하였다. 협력적 자문은 두 교사 모두 공동의 위치에서 동등한 책임을 지니고 함께 문제를 해결하는 방식을 의미한다(Johnson & Pugach, 1996). 다시 말하면, 협력적 자문의 형태에서는 전문가가 모두 의뢰인(예: 대상학생)의 문제해결 과정에 대해 공동의식을 가지고, 자신이 지니고 있는 전문적인 지식을 나누면서 문제에 관한 중재계획을 세우며, 효과에 대해 함께 감독·평가하는 것을 말한다. 문제해결 과정 중 학생에 대해 좀 더 다양한 정보를 얻거나, 중재과정 중 감독이 필요하다면 자문가가 관찰자나 협력교사로서 교실 수업에 참여할 수 있다. 〈표 9-2〉는 전통적인 자문과 협력적 자문의 특성을 비교한 것이다.

| 표 9-2 | **전통적 자문과 협력적 자문 특성 비교**

전통적 자문	협력적 자문
• 참여 의도가 자발적이거나 의존적일 수 있음 • 자문과정이 협력적일 수도 있고 협력적이지 않을 수도 있음 • 문제해결 과정에 전문가와 비전문가가 관계(전문가가 문제의 진단과 해결책 규정)	• 참여 의도가 자발적, 협력적, 상호 의존적임 • 상호 정의된 문제와 목표를 함께 해결함 • 공유된 역할/공유된 책무성을 지님 • 공유된 자원을 지님

출처: Wood, J. W. (2002). *Adapting instruction to accommodate students in inclusive*

West와 Idol(1990)은 협력적 자문의 주요한 목적 세 가지를 다음과 같이 언급하였다. 즉, ① 대상아동의 학습/행동 문제를 예방하기 위해서, ② 아동의 학습/행동 문제를 교정하기 위해서, ③ 아동을 위한 교수 프로그램을 조정하기 위해서다. 이 세 가지 목적을 바탕으로 하여 실제 협력적 자문의 효과로 특수교육 의뢰 수가 감소함에 따라 장애학생의 일반교육 배치가 유지되고 학생들 간의 교육적·정서적 통합이 촉진되고 낙인이 감소되었다. 아울러 교사는 교실 내 학생 모두에게 적용될 수 있는 교수지원을 제공할 수 있고, 교수 결과를 극대화시킬 수 있었다. 이러한 교수의 긍정적인 효과를 통해 교사들은 전문가로서의 만족을 증가시킬 수 있었다(Idol, Paolucci-Whitcomb, & Nevin, 1995).

(1) 협력적 자문 단계

협력적 자문의 과정은 참여자가 같은 공간에 있다고만 해서 자동적으로 이루어지는 것이 아니다. 효과적인 자문은 다음 여섯 단계의 문제해결 과정을 통해 가능하다(Walther-Thomas, 2000).

① 자문 준비

적절한 상호작용을 이끌어 가기 위해서는 편안한 물리적 환경(예: 쾌적하고 조용한 공간, 적절한 회의시간)을 마련하고 대상아동의 문제 영역에 관한 자료를 개인적으로 수집한다. 원활한 의사소통을 위해 개인적으로 요구되는 의사소통 기술(예: 눈 맞춤, 상대방의 이야기에 집중하기)이나 대화 시 주의해야 할 사항들(예: 상대방의 말을 중간에 자르지 않기 등)을 미리 생각한다.

② 자문 실시

서로 만난 후 협력적 분위기 형성을 위해 간단한 주변 이야기로 상호 라포(rapport)를 형성한다. 대상아동의 잠정적으로 정의된 문제에 초점을 두면서 구체적인 문제 확인 단계로 들어간다.

③ 문제 확인 및 진술

효과적인 문제해결을 위해서는 대상아동의 문제를 명확히 파악하여 구체적으로 서술하는 것이 중요하다. 문제가 명확히 정의되지 않으면 그에 따른 문제해결 방법 또한 적절치 못하게 된다. 예를 들어, "정민이는 친구와 어울리는 것을 힘들어해요."와 같이 문제를 표현하는 것보다는 "제 교실을 관찰한 결과, 11월 2주 동안 정민이는 매일 혼자서 점심을 먹었고, 체육시간에 옆 친구와 두 번 주먹 싸움을 했으며, 다른 친구들을 위협해서 통합학급 선생님께 꾸중을 들었어요."와 같이 육하원칙에 따른 구체적인 서술이 요구된다. 이러한 문제 정의는 문서로 작성되어야 하는데, 이때 전문적인 용어는 피하여 모든 참여자들이 이해할 수 있어야 한다. 잘 파악된 문제는 다음과 같은 세 가지의 특성을 지니고 있다 (Friend & Cook, 2003). 즉, 그것은 현재 상황과 바람직한 상황 간에 현저한 차이가 존재하고, 협력자들이 문제에 대한 인식을 공유하며, 많은 종류의 해결 방안을 추론할 수 있다. 이러한 문제 파악을 위해서는 한 가지 방법의 정보 수집만이 아닌 다양한 방법(예: 교실 관찰, 교육과정중심평가(CBA) 결과, 포트폴리오 평가, 표준화 검사, 부모와 교사 인터뷰 등)을 통해 정보를 수집하고 서술해야 한다. 참여자들은 종종 문제 확인보다는 빠른 시간 내에 문제해결 방법을 시도하여 효과적인 결과를 얻고자 한다. 그러나 충분한 시간과 정보의 준비 없이는 정확한 문제 파악이 어렵고, 정확치 못한 문제 정의는 결국 적절치 못한 방법으로 문제해결 시도를 하게 한다. 그러므로 문제 확인 단계에서 충분한 시간을 갖도록 한다.

④ 해결 방안 강구

문제 상황을 해결할 수 있는 가장 최선의 해결 방안을 찾기 위해 참여자들은 다양한 해결 방안을 제시해야 한다. 연구자들은 협력과정에서 해결 방안 산출을 위한 대표적인 세 가지 전략을 다음과 같이 제시하였다(Dettmer, Dyck, & Thurston, 1999; Okhuysen, 2001).

• **아이디어 자유롭게 제시하기**(brainstorming)   가장 일반적으로 사용되는 문제해결 과정으로 협력자들은 자신이 생각하는 문제해결 방안을 말하고 다른 사람의 아이디어를 들으면서 자신의 생각을 지속적으로 촉진·확장해 가는 전략을 말한다. 이때 참여자들은 서로 제시하는 아이디어를 긍정적 혹은 부정적으로 평가하는 것을 피해야 한다. 실현 불가능해 보이는 아이디어라도 자유롭게 제안하

는 분위기를 조성해야 한다. 이러한 전략의 적용에서 주요 목적은 가능한 한 많은 해결 방안을 산출하는 것이다.

• 아이디어 자유롭게 쓰기(brainwriting)　　이 전략은 세 가지 상황에서 적절히 적용될 수 있다. 즉, 토의되는 아이디어가 많지 않을 때, 감정적으로 반론을 불러일으킬 만한 민감한 상황이라 구두로 의견 교환을 하는 것보다 문자를 통해 아이디어를 교환하는 것이 효과적일 때, 참여자의 수가 많아 참여자 모두 아이디어를 발표할 충분한 시간이 없을 때 적용될 수 있다. 구체적인 방법으로 협력자들은 개별적으로 문제 상황에 대해 서너 개의 해결 방안을 종이에 적은 후 회의 탁자에 놓는다. 한 사람씩 돌아가면서 제출된 종이를 무작위로 한 장씩 뽑아 쓰인 내용을 발표하고, 그것을 기반으로 새로운 아이디어를 제시한다. 더 이상 새로운 아이디어가 제시되지 않을 때까지 생각을 교환한다.

• 제안된 아이디어 배점하기(normal group technique)　　위의 두 방법을 결합한 것으로 참여자들은 개별적으로 제안할 수 있는 많은 방안들을 종이에 적는다. 그 후 한 사람씩 돌아가면서 자신이 적은 아이디어를 순서대로 발표하고, 참여자들은 제시된 아이디어들을 효과성에 근거하여 배점한다(예: 가장 효과적인 방법은 5점, 가장 덜 효과적인 방법은 0점). 한 사람이 점수가 기입된 종이를 모두 수거한 후 높은 점수를 받은 아이디어들을 골라낸다. 이후 협력자들은 높은 점수를 얻은 방법들에 관해 집중 논의를 한다. 협력자 간에 동등한 지위를 가지고 있지 않거나 참여자들 가운데 몇몇 개인들이 주도하는 경우가 있을 때에 효과적으로 이용될 수 있는 방법이다.

이상의 방법들을 통해 가능한 대안들이 제시되었으면 세 가지 측면을 고려하여 가장 합리적인 대안을 선택한다(Friend & Cook, 2003). 첫째는 방해(intrusiveness) 여부다. 중재방법이 교실 일과나 관련자들의 업무와 맞지 않는다면 적절한 방안이 아니다. 둘째는 실행 가능성(feasibility)이다. 중재 방안이 무리하게 새로운 자원(예: 많은 예산, 시간)이나 많은 활동을 요구한다면 현실적으로 적용되기 어렵다. 마지막으로 고려해야 할 측면은 개인적 선호도(individual preference)다. 직접 문제해결에 참여할 참여자가 중재방법을 편안하게 느끼지 않는다면 방해 요인이 없고 실행 가능성이 있다 하여도 시도되기 어렵다. 이러한 내용을 근거로 문제에 대한 최선의 방안이 마련되어야 할 것이다.

⑤ 계획 작성과 실행

선택한 중재를 실시하기 위한 실행과정을 구체화한다. 모든 필요한 준비들을 계획하고 각 역할에 따른 책임을 분배한다. 각 단계의 일들이 완성되어야 하는 날짜를 정한다. 또한 중재나 전략이 성공적이었는지를 결정하는 데 요구되는 평가 기준과 방법을 구체적으로 마련한다.

⑥ 진전상황 평가

중재 방안의 효과성과 문제해결 과정의 감독 및 평가를 위해 정기적으로 평가시간을 마련한다. 중재과정에서 얻어진 자료 분석과 결과를 검토하여 설정한 목표가 성취되었는지를 분석한다. 결과가 성공적이라면 중재를 또 다른 시기에 계속할지 혹은 종료할지를 결정한다. 부분적으로 성공을 달성했다면 해결 방안의 어떤 요소가 불만족스럽고 수정되어야 하는지, 현재의 중재가 또 다른 시기에 계속될 필요가 있는지를 분석한다. 마지막으로 결과가 나쁘다면 성공하지 못한 원인을 찾아내기 위하여 문제해결 과정의 각 단계를 검토하여 수정한 후 다시 시도한다. 문제를 위한 중재 효과뿐만 아니라 참여자 간의 문제해결 과정에 관한 평가를 통해 서로의 노력과 참여를 격려한다. 더불어 추후 향상을 위한 지속적인 계획을 마련한다.

이상의 6단계를 통한 문제해결 과정에서는 논의되고 있는 내용을 참여자들이 모두 동의하고 있는지 수시로 확인하고 서로의 참여를 격려해야 한다. 한 사람의 참여자라도 진행과정에 동의하지 않는다면 문제해결 방안이 실제로 적절히 적용되지 않을 수 있다.

(2) 협력적 자문 실행 시 요구되는 기술

협력적 자문은 참여자가 전문적인 교수 지식 및 기술과 정서적·사회적 특성을 모든 지니고 있어야 성공적으로 진행될 수 있다(Idol, 1990). 피자문가가 언급한 문제 상황에 대한 구체적이고 적절한 피드백(예: 교수방법, 행동 중재, 교수과정, 교수전략)을 제공할 수 있는 전문적인 지식과 기술이 서로 제시되고 공유되어야 한다. 또한 정서적인 특성으로 협력과정을 촉진하기 위한 문제해결 기술, 상호 의사소통 기술과 협력을 증진시키기 위한 개인 간 태도(예: 유머를 나누고 갈등상황에 적절히 대처하고, 순향[順向]적으로 반응하는 것)를 갖추어야 한다. 두 가지 특성 모두 협력적 관계를 지속하기 위해 동등하게 주요한 요소로서 어느 한 면이 부족한 상황에서는 효율적인 자문과정이 이루어지기 어렵다.

2) 협력교수

통합학급에서 생활하는 장애학생들의 수가 증가함에 따라 통합학급 교사들은 실제적으로 교실에서 장애학생의 지원을 담당해 줄 전문가의 필요를 느끼게 되었다. 협력교수(co-teaching)는 이러한 요구를 충족시키기 위해 제시된 협력모형으로, 특수교사가 통합학급 교사와 함께 교실 상황에 참여하여 학생에게 교육적 서비스를 제공하는 교수방법을 말한다. Friend과 Cook(2003)은 협력교수를 "물리적으로 한 공간에서 두 명 이상의 교사가 다양한 능력을 지닌 학생들에게 실질적인 교수를 전달하는 것"이라 정의하였다. 협력교수는 협력적 교수(collaborative teaching; Gerber & Popp, 1999, 2000), 협동적 교수(cooperative teaching; Bauwens, Hourcade, & Friend, 1989), 팀교수(team teaching; Pugach & Johnson, 1995)이라는 다양한 용어로 불리고 있다. 이 장에서는 그것을 총칭하는 개념으로 협력교수라고 부르겠다. 국립특수교육원(2003)의 통합교육에 관한 연구에 따르면 전국의 특수교사와 일반교사 중 83%는 협력교수 방법이 통합된 장애학생들에게 적절한 교육방법으로 적용될 수 있다고 응답하였다.

(1) 협력교수의 형태

협력교수는 일반적으로 다음과 같은 다섯 가지 형태로 제공될 수 있고(최승숙 2004a; Friend & Cook, 2003), 각 모형에 따른 효과 및 고려사항은 〈표 9-3〉과 같다.

| 표 9-3 | 협력교수 모형의 효과 및 고려사항

모형	효 과	고려사항
교수-지원 모형	• 모든 주제활동에 적용 가능 • 일대일 직접 지도 가능 • 전체 교수를 담당하는 교사는 다른 협력교사가 학생들을 개별적으로 지원하거나 행동 문제를 관리하므로 전체 수업에 더욱 집중할 수 있음 • 다른 모형에 비해 상대적으로 적은 협력계획 시간이 요구됨	• 교수 역할(전체 수업 교사, 개별 지원 교사)이 고정되어 있는 경우 교사의 역할에 대한 불만족이 있을 수 있음 • 특수교사가 개별 지원 역할만을 맡는다면 장애학생에게 낙인을 지울 수 있음 • 주교사, 보조교사의 역할이 고정되어 있는 경우 진정한 협력교수라 할 수 없음
스테이션 교수	• 여러 형태의 실제 활동(hands-on activity)이 있는 수업에 적합 • 학생들 간의 모둠활동을 통한 사회적 상호작용 기회의 증가 • 소집단 학습 가능 • 독립적 학습의 기회 제공(모둠에서 독립학습 장소를 제공하는 경우) • 교사와 학생의 비율이 낮음	• 여러 학생들이 움직일 때 학생의 행동이나 소음 관리가 어려움(모둠 이동에 따른 규칙/기술 지도 필요) • 넓은 교실 공간이 필요함 • 각 모둠활동이 연계성 없는 경우 효과가 적음 • 그룹에서 상호작용하는 기술과 독립학습 모둠이 있는 경우 적절한 작업 기술 지도가 필요함
평행교수	• 복습, 시험 준비활동이나 미술활동과 같이 교사 대 학생의 비율이 낮은 활동 진행이 요구되는 경우 사용	• 두 교사가 활동을 설명하는 수준의 난이도와 수업 진행 속도가 일관성이 없는 경우가 있음(이에 충분한 공동계획이 필요함) • 소음 문제 및 행동 문제 발생 • 넓은 교실 공간 필요 • 학생들 중 어느 한 교사의 지도만을 선호하는 경우가 생길 수 있음
대안교수	• 추가적인 지원이 필요한 학생에게 지원 가능(심화수업, 보충수업) • 전체 수업을 담당하는 교사가 집중할 수 있도록 도움 제공	• 항상 소집단 교수에서 보충수업을 받는 학생이 생긴다면 다른 또래들에게 '낙인'을 받게 되는 경우가 있음 • 다양한 학생들이 소집단 교수를 받을 수 있는 기회를 계획(예: 관심 있는 주제에 관해 공부할 기회, 높은 수준의 조형활동이 적용되는 경우) • 교사의 역할도 대집단과 소집단으로 고정되어서는 안 됨

| 팀교수 | •다양한 활동을 지도하는 데 유용
•토론이 필요한 수업, 복습과정에서 활용하기에 적절함
•교사의 수업 운영을 통해 협동하는 방법을 배울 수 있는 실질적 기회 제공
•교사 간에 가장 높은 수준의 협력관계 요구 | •교사의 많은 공동 준비과정이 요구됨(내용, 전달, 교실 훈육에 관한 기준이 일치해야 함)
•교사 간의 교수 전달방법이 다른 경우 학생들의 내용 이해에 혼란이 있을 수 있음 |

출처: 최승숙(2006). 통합학급 내 장애학생의 교수-학습을 위한 특수교사와 일반교사의 협력모형과 실제. 학습장애연구, 3(2), 127.

① 교수-지원 모형(one-teach, one-assist)

한 교사가 전체 교수에 우선적인 책임을 지고 다른 교사는 학생들 사이를 순회하면서 지원이 필요한 학생에게 개별적으로 지도하는 형태다. 전체 수업과 개별 지원으로 나눈 교사의 역할은 수업 내용에 따라 수시로 바뀔 수 있고, 개별 지원도 장애학생을 포함한 모든 학생들에게 제공될 수 있다.

② 스테이션 교수(station teaching)

교사는 수업 내용을 모둠의 형태로 구성하고 학생들은 스테이션을 따라 이동하면서 각 스테이션 담당교사에게 교수를 받는 형태다. 각 모둠은 수업 내용에 따라 이야기책 읽기활동, 이야기책과 관련된 조형활동, 독립과제 활동 등 다양한 형태로 구성될 수 있다. 각 모둠 간의 활동 내용들은 연계성이 있어야 한다.

③ 평행교수(parallel teaching)

두 교사가 함께 수업을 계획한 후 학급을 두 집단으로 나눈다(예: A, B조). 두 교사는 각 집단을 맡아 지도하며, 두 집단의 학생들은 교사에 따라 전달방식에는 차이가 있으나 기본적으로 같은 수업 내용을 배우게 된다.

④ 대안교수(alternative teaching)

대안교수에서는 학급을 대집단과 다른 하나의 소집단으로 나누고 두 교사가 각각의 집단을 맡아 지도하는데, 주로 소집단의 학생들은 개별적인 도움(예: 심화교육, 보충교육)이 필요한 학생들로 구성된다. 장애학생이 늘 소집단에서 지도를 받는다면 학생들 간에 낙인이 생기에 되므로 모든 학생들이 대집단과 소집단에서 자유롭게 활동할 수 있도록 구성한다. 수준별 지도가 필요한 활동에서 적절하게 적용될 수 있다.

⑤ 팀교수(team teaching)

가장 높은 수준의 교사 간 협력을 요하는 협력교수 모형으로 두 교사가 수업 진행과정에 있어 동등한 책임과 역할을 갖고 전 학생들을 지도하게 된다. 두 교사가 수업을 함께 조직하고 설명을 주고받으며 수업을 진행하는 형태다. 앞의 교수-지원 모형이 한 교사가 설명을 하는 동안 다른 교사는 수업 진행을 지원하는 형태라면, 팀교수는 두 교사의 설명이 번갈아 가며 진행되어 두 교사 모두 내용 전달에 있어 주도적인 역할을 담당하게 된다.

활동의 주제나 교사의 수업 준비 수준에 따라 이상의 여러 형태의 협력교수 모형을 복합적으로 사용할 수 있다(최승숙, 2004a). 예를 들어, 팀교수로 활동의 도입을 하고, 평행교수로 활동을 나누어 진행한 후, 교수-지원 형태로 활동을 정리할 수 있다.

(2) 협력교수의 효과

협력교수의 실시 효과는 그동안 장애학생, 일반학생, 교사를 대상으로 연구되었다(김라경, 박승희, 2002; 최승숙, 2004a, 2004b; Garrigan & Thousand, 2005; Rea, McLaughlin, & Walther-Thomas, 2002).

① 장애학생

장애학생을 위한 가장 대표적인 효과로는 사회적 기술의 향상이 언급되고 있다. 학생들은 통합학급에서 담임교사, 또래와 어떻게 사회적으로 적절한 관계를 맺는지 배우게 되고, 그러한 과정을 통해 자존감이 형성될 수 있다. 또한 교사의 지속적인 지원으로 교실 내 문제행동이 줄어들었고 과제에 대한 집중시간이 증가되었다.

② 일반학생

일반학생들은 실제 장애학생들과 수업에 참여하면서 장애에 대한 개념이 바뀌어 장애학생을 급우로 받아들이게 되고, 함께 지내면서 그들을 어떻게 도와야 하는지 자연스럽게 배울 수 있었다. 또한 학업적인 면에서도 특수교육 대상아동은 아니나 교사로부터 개별적인 도움이 필요한 학생의 경우 두 교사로부터 지속적인 지원을 받을 수 있었다.

③ 교사

교사들을 위한 협력교수의 효과로는 통합학급 교사와 특수교사 모두 다양한 교수기술과 지식 습득의 기회를 가질 수 있다는 것이다. 통합학급 교사는 장애학생의 문제행동 지도와 교수수정 전략에 대한 지식을 얻을 수 있고, 정기적으로 함께 수업을 하면서 교사로서 더 많은 수업 준비와 수업 시 다양한 활동을 할 수 있었다. 구체적으로 협력교수 시행 전에는 장애학생이 수업 중에 문제행동을 보이는 경우 적절하게 대처하지 못해 당황하는 경우가 많았는데, 특수교사의 지원을 통해 어떻게 행동을 중재하는지를 직접적으로 배우게 되었다고 보고되었다. 특수교사는 일반교육 과정의 흐름과 전체 교수 기술을 배울 수 있다고 하였다. 특히 장애학생들이 특수학급과는 달리 통합학급에서 어떻게 학습하고 행동하는지 관찰하면서 동시에 일반학생들이 특정 연령에서 어떠한 행동 특성을 나타내는지 알 수 있었고, 이러한 지식과 경험을 기반으로 장애학생에게 요구되는 행동기술이 무엇인지를 확인할 수 있는 기회를 가질 수 있었다. 또한 학생들은 특수교사를 통합학급 교사와 같은 교사로 인식하게 됨으로써 교사로서의 자존감을 증진시킬 수 있었다.

(3) 협력교수 실시의 문제점

협력교수의 긍정적인 측면에도 불구하고 현장에서 인식되고 있는 문제점으로는 크게 협력교사 스스로가 지니는 문제점과 학교체제의 지원 미비로 나누어진다 하겠다.

① 교사

협력교사의 협력교수 과정에 대한 실질적인 지식 및 기술의 부족이 제시되었
다. 즉, 협력교수가 적용되는 수업상황에 관한 다양한 자료 및 연수 기회가 제
한적이다. 또한 특수교사의 경우 일반학생을 지도할 수 있는 전체 교수기술 및
일반교육 과정에 대한 이해가 부족하고, 통합학급 교사의 경우 장애학생 개별지
도를 위해 요구되는 교수기술이 부족하였다. 특수교사와 통합교사 간의 학생 지
도방법에 따른 교사 간 교수철학의 불일치가 나타났고, 이러한 갈등 상황을 해
결하고 동등한 협력적 교사관계를 형성하기 위해 요구되는 효과적인 의사소통
체계와 적절한 갈등해결 기술의 부족이 나타났다.

② 학교체제

효과적인 협력교수를 실천하기 위해 협력교수의 공동계획 시간을 마련하려 했
으나 특수학급과 통합학급에서 두 교사가 맡고 있는 학생 수가 많고 바쁜 행정
업무로 인해 어려움이 따랐다. 또한 특수교사의 경우 한 명 이상의 통합학급 교
사와 협력수업을 하는 경우가 많아서 시간 분배에 어려움이 있었고, 특수교사가
협력교수 실시 시 특수학급에 남아 있는 학생의 지도에도 어려움이 있었다. 마
지막으로 협력교수의 참여에 관한 학교 관리자들의 심리적·행정적 지원이 부족
한 것이 협력교수 적용의 주된 어려움으로 언급되었다.

⑷ 성공적인 협력교수 실행을 위한 방안

협력교수를 효과적으로 실시하기 위해서는 협력적 자문과 마찬가지로 교사로
서의 전문적인 기술과 지식, 협력적 관계를 유지할 수 있는 기술(원활한 의사소
통 기술, 갈등 및 문제해결 기술)이 필요하다. 기존 연구에 의하면 학생을 효과적
으로 지도할 수 있는 교수 지식의 부족과 동등한 협력적 교사관계를 형성하기
위해 요구되는 효과적인 의사소통 체계와 적절한 갈등해결 훈련의 부족이 문제
점으로 제시되었다(강영심, 전정련, 2002; 최승숙, 2004b; Austin, 2001; Weiss &
Llyod, 2002). 통합학급 교사로서는 다양한 교육적 요구를 지닌 장애학생들을 효
과적으로 지도하기 위한 교수 지식과 기술의 습득이 요구되고, 특수교사 또한
일반교육 과정에 대한 지식과 전체 수업 기술을 쌓아 수업 시 개별적 지원뿐 아

니라 다양한 역할을 맡을 수 있도록 하여야 한다. 이러한 부분들은 현재 이분법적인 교사 양성체제에서 벗어나 특수교사와 통합학급 교사가 양성과정에서부터 서로 협력하는 방법을 쌓으면서 준비될 수 있다. 협력교수를 위해서는 교사의 준비뿐만 아니라 현재의 학교 지원체계에도 큰 변화가 있어야 한다. 우선 학교 행정가는 협력교사가 안고 있는 문제점을 함께 고민하고 해결 방안을 찾는 데 지원을 아끼지 말아야 한다. 행정가 스스로 지속적인 연수과정을 통해 협력교수에 관한 지식을 쌓고 구체적으로 교사들에게 어떠한 심리적·행정적 지원이 필요한지(예: 공동계획 시간 마련, 협력교수 성과 나누기) 그 방안을 모색해야 할 것이다. 〈표 9-4〉에 제시된 것처럼 각 단계에서 갖추어야 할 요인들을 확인하고 준비하는 과정을 통해 협력교수를 실행해 나가야 한다.

| 표 9-4 | 협력교수 실시과정

협력교수 시작 전	교사 변인	• 자신의 협력교수의 목표와 이유에 대해 생각한다. • 협력교수를 실시하기 위해 자신이 지니고 있는 능력을 확인한다(협력교수 지식, 의사소통 기술, 자기 영역에서의 전문적 지식과 기술). • 협력교수를 원하는 교사를 알아보고 어떤 교사와 협력교수를 실시할지 결정한다. • 협력교수를 실시할 과목을 의논한다. • 협력교수의 효과를 어떻게 평가할 것인지 결정한다. • 협력교수에서 교사의 구체적인 역할과 책임을 결정한다. • 협력교수 실시과정에 대해 비판적인 피드백과 자문을 제공할 수 있는 동료 교사나 전문가를 구한다.
	학생 변인	• 학생의 요구를 분석하고 교실에서의 수업 운영을 준비한다. • 학생의 학업 수행을 어떻게 평가할 것인지 결정한다.
	체계 변인	• 필요한 지원과 자원을 기술한다(예: 행정적, 동료 교사, 학생 부모). • 공동계획 시간과 협력교수를 언제 실행할지를 결정한다. • 학교 관리자로부터의 공식적인 승인과 지원 과정을 형식화한다(서류 작성, 보고). • 협력교수 모형을 부모들에게 어떻게 알릴 것인지 논의한다. • 구체적인 협력교수 시간표를 계획한다.
협력교수 시행 중	교사 변인	• 두 교사 간 의사소통 과정에 문제가 없는지 서로의 의견을 정기적으로 확인한다. • 행정가와 피드백을 제공하는 전문가들(예: 동료, 전문가)과 활발한 의사소통을 한다. • 설정한 목표에 준하여 학생의 수행능력과 교사의 교수기술이 향상을 보이는지 지속적으로 평가한다.

협력교수 시행 중	학생 변인	• 전체 학생들에게 협력교수에 대해 설명한다(협력교수의 목표, 방법).
	체계 변인	• 협력교수 과정 중 수정이 요구된다면 어떠한 부분이 개선되어야 하는지 확인하고 그것을 성취하기 위한 계획을 마련한다. • 추가적으로 필요한 훈련과 지원을 확인한다.
협력교수 실시 후	교사 변인	• 의사소통과 지도받음(coaching)을 지속한다. • 동료 교사, 관리자와 함께 학생과 교사들의 결과자료를 분석하고 평가한다. • 협력교수 참여에 대해 함께 격려한다.
	학생 변인	• 협력교수 과정에 대해 학생들의 피드백을 받는다(예: 수업내용 구성, 두 교사의 설명, 훈육방식 등). • 협력교수 참여에 대해 격려한다.
	체계 변인	• 수정이 요구된다면 어떠한 부분이 개선되어야 하는지 확인하고 그것을 성취하기 위한 계획을 마련한다. • 다음 협력교수 실시를 위한 준비를 한다.

3. 효과적인 협력을 위한 의사소통 기술

상호적인 의사소통 기술은 협력자들 간의 갈등 상황을 해결하는 데 필수적이다. 의사소통 기술은 지속적인 연습이 필요하며, 효율적인 의사소통 기술은 전문가들 간에 고차원적인 상호작용을 가능하게 한다.

1) 의사소통 유형

의사소통은 단일화된 의사소통 모델의 정의가 내려지지 않을 정도로 매우 복잡한 과정이기에 다양한 방법으로 개념화되어 있다(Walther-Thomas, Korinek, McLaughlin, & Williams, 2000). Schmuck과 Runkel(1994)은 교육 현장에서 적용되고 있는 의사소통 유형을 다음과 같이 세 가지로 나누어 설명하였다.

• 일방적 대화(unilateral communication): 한 방향의 의사소통 형태다. 화자는

청자에게 정보를 제공하고, 청자는 말하는 중간에 질문할 수 없다. 화자가 긴장했을 때나 청자의 듣기기술이 부족할 때 한계를 가지게 된다. 교육방송, 청각수업, 확성방송 등이 그 예다.

- 직접적 의사소통(directive communication): 학교에서 많이 적용되는 형태다. 선생님이 설명하고 학생들은 이해하며 듣는 형태를 의미한다. 화자가 말하는 내용이 잘 이해되고 있음을 청자가 알려 주었을 때 더욱 긍정적으로 적용될 수 있다.
- 교류적 의사소통(transactional communication): 쌍방향(two-way) 의사소통 유형으로 화자와 청자 모두 정보를 공유하고 동시에 주고받을 수 있다. 받는 사람은 적극적으로 메시지 전달자를 이해하려 노력하고, 이해 수준을 전달해 주며, 메시지 전달자는 이야기를 명확히 하고 보강하기 위하여 지속적으로 대처하는 자세를 보인다.

2) 의사소통에 영향을 주는 요인

협력적 관계는 단순한 상호작용보다 훨씬 많은 요소들을 요구하고 효과적인 상호작용을 위해서는 실질적인 의사소통 기술이 요구된다. 이러한 상황에서 의사소통에 영향을 주는 요인들이 있다.

첫째는 역할에 따른 준거 틀이다(Walther-Thomas et al., 2000). 각 개인은 모두 각기 다른 경험을 하기 때문에 각기 다른 상황 속에 존재한다. 그렇기에 상황에 관한 기본 입장이나 대처 방안이 다를 수밖에 없고, 이것이 각각의 의사소통의 준거 틀이 된다. 특수교사는 개인의 다양성과 발달과정을 중시하고, 개인차를 인정하며, 학습 욕구를 파악한 후 개별화된 학습법 구성을 강조한다. 반면, 통합학급 교사는 학년별 수준, 전체 교과과정 및 교수방법, 집단지도 기술, 평균을 강조한다. 그러므로 특수교사와 통합학급 교사 간에 역할에 관한 다른 준거 틀을 지니게 된다.

둘째는 문화가 공존하는 환경과 관련된 준거 틀이다. 화자와 청자가 지닌 문화적 정체성이 다양하여 각기 다른 가치관과 세계관으로 준거를 형성하게 된다. 따라서 의사소통 전 구성원의 성별, 연령, 나이, 국적, 종교, 직업과 같은 문화적인 기원을 찾고 이해하는 것이 선행되어야 하며, 그 특징들이 의사소통에 어떻게 반영되는지를 파악한 후에 적용시켜야 한다.

셋째는 개별적으로 선택한 이해다(Lustig & Koester, 1999). 같은 상황 속에서도 개인은 시각, 청각, 후각과 같은 무수히 많은 감각을 이용하여 제공된 정보를 다르게 구성하고 선택하여 받아들인다. 개개인이 가지고 있는 준거 틀이 선택의 기준으로 작용하여 정보를 여과시키게 되는 것이다.

3) 효과적인 의사소통을 위한 듣기기술

듣기는 생활 전반에 걸쳐 필수적이며, 의사소통에 매우 중요한 요소다 (Brammer & MacDonald, 1999). 효과적인 듣기로 상대방에게 관심을 보여 주고, 들은 것을 정확히 이해함으로써 관계 정립에 도움을 줄 수 있고, 협력활동에 참여하는 데 있어 필요한 정보를 얻게 된다. 일반적으로 대화자들은 의사소통 시간 중 50%를 듣기에 할애하지만 아래에 언급된 방해 요인 때문에 들은 정보의 25%만을 효과적으로 활용하게 된다(Boyd, 2001). Devito(2001)는 효과적인 듣기를 방해하는 요인들을 다음과 같이 언급하면서, 전문가들이 꾸준한 연습을 통해 방해 요인을 최소화할 때 효과적으로 정보를 습득하거나 상호작용을 이룰 수 있게 됨을 제시하였다.

- 대답 연습: 동료가 말하고 있는 동안 그 동향을 파악해서 미리 대답을 준비하고, 말할 기회가 있을 때 준비한 내용을 말하는 것이다. 그러나 이렇게 생각하는 동안 상대방의 메시지를 놓치는 결과를 초래할 수 있다.
- 공상하기: 비교적 빠르게 상대방이 주는 정보를 얻을 수 있는데, 이때의 여유시간으로 다른 생각을 하게 되어 화자의 메시지를 놓칠 수 있다.
- 중요 단어 오해: 화자가 말하고 있는 내용 중에 중요 단어를 잘못 이해하는 경우, 그것을 올바로 이해하기 전까지는 핵심을 벗어나 이해하게 된다.
- 메시지 여과: 때때로 특정 메시지 듣기를 원하지 않을 수 있다. 예를 들어, 이미 알고 있는 주제에 관한 내용이 언급되고 있을 때 메시지를 여과해서 선택적으로 받아들여 결국 정보를 정확하게 이해하지 못하게 된다.

• 관계없는 세부적인 항목에 의한 산만함: 신체, 말, 행동, 환경 등으로 인하여
효과적으로 듣기에 곤란한 상황이 야기될 수 있다. 예를 들어, 독특한 헤어
스타일을 가진 사람이 이야기하고 있다면 이야기보다는 상대방의 헤어 스타
일에 집중하여 정보를 주의 깊게 듣기 어렵게 된다.

4) 비언어적 의사소통 기술

중요한 대화의 상당 부분도 구문 없이 비언어적으로 전달된다. 비언어적 의사
소통을 효과적으로 사용하면 상호 긍정적인 관계 유지를 도모할 수 있다(Egan,
2001). 즉, 비언어적 메시지는 언어적 메시지를 강조하거나 분명하게 한다. 대부
분의 의사소통 과정에서의 메시지는 언어가 7%, 음성이 38%, 비언어적인 메시
지가 55%로 구성되어 전달된다(Mehrabian, 1971).

비언어적 의사소통의 유형으로는 ① 신체 움직임(얼굴 표정, 눈 맞춤, 제스처, 자
세), ② 목소리(말의 흐름, 톤), ③ 공간과의 관계, ④ 최소한의 격려가 있다. 한마
디 말없이 눈 맞춤, 얼굴 표정, 제스처와 같은 신체적인 움직임으로도 많은 정보
와 느낌을 교류할 수 있다. 목소리 신호에는 목소리 톤, 억양, 크기, 리듬, 속도
가 포함되는데, 이 역시 실질적인 뜻을 가지는 것은 아니지만 의사소통에서 중
요한 의미를 전달한다. 예를 들면, 누군가에게 화가 났거나 불안한 상황에 처했
을 때는 일반적으로 말의 톤이 높아지고 말하는 속도도 빨라진다. 공간과의 관
계에서 상호작용하고 있는 사람들은 서로 서 있는 거리가 가까울수록 친밀감을
나타낸다. 마지막으로 비언어적 의사소통 기술로 최소한의 격려가 있는데, 이는
다른 사람의 말을 경청할 때 이야기를 듣고 이해하고 있다는 것을 표현하기 위
하여 최소한의 반응을 보여 주는 것이다. 머리 끄덕임, 궁금한 듯한 얼굴 표정,
손짓, '아하!' '그런데' '그래서' 등이 있다. 최소한의 격려는 상대방이 이야기
를 정리할 시간을 주며, 동시에 자신이 대화에 따른 적절한 질문과 진술을 준비
할 수 있는 시간의 마련에 도움을 준다.

5) 효과적인 의사소통 기술 개발

효과적인 의사소통 기술은 이론적인 내용의 습득뿐만 아니라 실제 현장에서 꾸준한 연습과 훈련을 통하여 개발될 수 있다(Friend & Cook, 2003; Snell & Janney, 2000). 다음은 효과적인 의사소통 기술의 적용을 위해 제안된 원칙들이다.

(1) 비언어적 의사소통 원칙

① 비언어적 표현과 언어적 의사소통의 조화를 이루도록 한다

주제에 적절한 신체 움직임, 제스처, 눈 맞춤, 미소 짓기, 말 속도 조절 등을 복합적으로 사용하면 비언어적 의사표현 방법으로 언어가 가지는 내용을 강조하는 효과를 가져올 수 있다. 또한 공간 구역의 활용도 언어적 메시지와 더불어 효과적으로 적용될 수 있다. 예를 들어, 구성원들 옆에 함께 앉아 이야기를 하거나 자신의 감정을 이야기할 때 구성원들을 향해 몸을 숙이는 행동은 개인적인 감정을 표현하면서 편안함을 느끼고 있음을 나타내는 것이다.

② 비언어적인 의사소통의 해석과 관련된 주관성에 유의하여 적용한다

예를 들면, 말하는 사람이 편안한 자세를 취하기 위하여 혹은 추위를 느껴서 팔을 꼬고 앉아 있는 것을 보고 상대방은 그 사람이 폐쇄적이라고 오해할 수 있다. 또는 상대방에 대한 관심과 주의집중을 표현하기 위한 눈 맞춤에 대해 상대방은 자신을 훑어보고 있다는 느낌을 갖게 되어 불편함을 느낄 수 있다. 따라서 의사소통에 긍정적·부정적 영향을 줄 수 있는 개인 고유의 비언어적 의사소통 유형을 분석하여 개별화하는 과정이 의사소통 기술 향상에 영향을 준다.

(2) 언어적 의사소통 원칙

① 명확한 표현을 한다

분명하지 않은 언어의 사용은 타인으로 하여금 오해를 불러일으키고, 막연한 단어의 선택은 의미를 알아차리기 힘들게 한다. 그러므로 주제와 관련된 내용을 분명하고 구체적으로 표현하여야 한다. 예를 들면, "경민이는 수업시간에 좋아졌나요?"보다는 "경민이의 참여도와 이해력이 향상되었으면 학습 수준을 상향 조정하는 것이 어떨까요?" 혹은 "과학시간에 과제 집중하지 않는 경민이의 행동은 감소했나요?"와 같은 표현이 훨씬 명확하고 구체적이다.

② 중립적인 표현을 한다

비판적인 평가 없이 상대의 의견을 수용하고 중립적으로 표현하는 것은 상호 간의 의사소통을 발전시킨다. 상황에 따라 동료를 평가하는 경우가 있을 수 있지만 그 사람의 행동에 대한 평가는 피해야 한다. 예를 들면, "나는 최선생님이 학생들에게 지시문을 설명할 때 교실을 돌아다니면서 말씀하시는 것을 봤어요." 라는 표현은 "최선생님은 교실에서 너무 많이 돌아다니더군요."라는 표현보다 더 적절하다. 중립의 의미에는 부정적인 평가뿐만 아니라 구체적이지 못하고 명확하지 못한 긍정적 평가를 삼가는 것도 포함된다. 예를 들면, "최선생님의 차분하고 조용한 목소리는 제가 이야기하고 있는 것이 무엇인지 생각할 수 있는 시간을 줍니다."라는 표현은 "최선생님의 차분한 목소리가 정말 멋지네요."라는 표현보다 더 적절하다.

(3) 의사소통 기술 증진을 위한 제언

전문가의 의사소통 기술 증진을 위해서는 다섯 가지 사항이 고려될 수 있다.

① 의사소통의 지속적인 학습이 필요하다(Friend & Cook, 2003: Walther-Thomas et al., 2000)

의사소통은 협력관계에 있어 가장 기본적인 단위가 된다. 기술을 배울수록 협력관계를 더욱 발전시킬 수 있고, 이미 완벽하게 습득한 수준이라 할지라도 새로운 사람과 상황에 직면하기 때문에 지속적으로 훈련해야 한다. 의사소통 기술과 관련하여 개별적으로 이론을 공부하기보다는 실제 상호작용을 통한 끊임없는 연습을 통하여 익혀야 한다.

② 의사소통의 개방성을 유지해야 한다

여기서 개방성이란 완전한 뜻이나 해석이 도출될 때까지 상대방의 말에 어떤 판단이나 평가도 배제해야 한다는 것을 의미한다. 위에서 언급된 중립이 인간에 대한 판단을 배제하는 것이라면, 개방성은 상황에 대한 평가를 지양하는 것이다. 그리고 주어진 메시지의 의미를 파악하기 위하여 상황의 다양한 측면을 탐색해야 한다.

③ 의미 있는 의사소통을 유지해야 한다

서로 공유하고 있는 정보가 의미 있다면 대화자들은 의사소통에 더 집중하게 된다. 반면, 기대하지 않았던 제안이나 충고는 종종 부정적인 영향을 미칠 수 있는데, 정말 유용한 정보라 하더라도 습관적인 방어적 태도를 유발하기도 한다. 따라서 늘 의미 있는 의사소통을 유지하도록 노력하고 정보의 양이 지나치게 많거나 너무 적을 때 의미가 퇴색될 수 있으므로 주의해야 한다.

④ 효과적으로 침묵(정적)을 사용한다

흔히 침묵은 교사나 부모가 아이들을 혼내거나 거부할 때 사용되나, 적절히 사용하면 관심, 걱정, 공감 등을 무엇보다 잘 표현할 수 있게 해 준다. 일반적으로 침묵은 숨을 고르고, 생각을 정리할 시간을 제공하며, 대화의 질을 향상시키고, 메시지를 더욱 강조해 주는 작용을 할 수 있다. 또한 상대방이 말을 잘 마무리할 수 있게 해 주고, 원하는 대답이 나올 수 있게 한다. 자신이 이야기하려고 다른 사람의 이야기를 끊는다거나 다른 사람이 포기할 때까지 계속 이야기하는 경우, 말이 끝나기도 전에 이야기하는 경우처럼 비효율적 의사소통을 방지하는 데도 침묵을 적용할 수 있다. 그러나 너무 긴 침묵은 효과적으로 적용되기 어렵기에 대화나 관계에 따라 적당한 시간의 조절이 요구된다.

⑤ 일과 관계 사이의 적절한 조화가 필요하다

의사소통 방법은 일의 종류, 관계, 개인 특성에 따라 변화시켜야 한다. 동료교사, 부모, 행정가, 보조교사, 혹은 만나는 빈도에 따라 적합한 의사소통을 선택하여 사용해야 한다. 의사소통 기술에 있어 단편적인 정답은 존재하지 않으나, 학습한 내용을 활용하여 적용하는 적극적인 자세가 필요하다.

6) 효과적인 협력 회의의 적용

협력을 통한 문제해결 과정에서 팀 구성원이 직접 만나지 않고 문제에 관한 지원이나 해결책을 나누는 것은 어려운 일이다. 그러나 교사들의 하루 학교 일과는 매우 빠르게 움직인다. 바쁜 일과 속에서 학생의 문제를 해결하기 위해 팀원들이 모였다 하더라도 본제에서 벗어나거나 문제에 관한 해결 방안을 마련하지 못해 비생산적인 회의로 끝나는 경우가 많다. 따라서 구성원 간에 효과적으로 의사소통을 하기 위해서는 구조화된 의사소통 체계를 마련하고 효율적인 회의시간의 사용을 계획·훈련해야만 한다. 효율적인 회의시간을 운영하기 위해서는 모든 구성원들이 회의 중에 〈표 9-5〉에 제시되는 역할들을 맡고 참여하여야 함이 제안되고 있다. [그림 9-2]는 협력적 팀의 역할을 분담하고 기록하는 체크리스트의 예다.

| 표 9-5 | **팀 구성원의 역할**

팀 역할	역할기술
촉진자	회의과정을 진척시키고 격려를 통해 모든 구성원들의 참여를 증진시킨다.
시간 관리자	시계를 보면서 각 회의의 주제사항들이 계획된 논의시간보다 초과되는 경우 조절한다.
기록자	회의시간 동안 토의된 내용들(예: 발표 내용, 회의 주제, 주어진 역할)을 적고 관련 정보와 결정 내용을 적는다.
전문용어 파괴자 (jargon buster)	다른 팀 구성원이 이해하지 못하는 용어가 나온 경우 그것을 정의하고 설명하여 구성원들을 이해시킨다.
관찰자	구성원들 간의 팀 접근과정에 주의를 기울이며 그들이 어떠한 방식으로 협력을 이루는지 관찰하고 평가한다.
다른 이들	칭찬자/지원자, 역할 정의자, 개인 간의 문제해결자, 긴장 조절자, 정보 제공자 등

출처: Snell, M. E. & Janney, R. (2000). *Collaborative Teaming: Teachers Guides to Inclusive*

역할 및 책임 분담표

학 급: _____   날 짜: _____
담임교사: _____   보조원: _____
특수교사: _____   기 타: _____

역할과 책임	책임자			
	담임교사	특수교사	보조원	기 타
단원 개발		✓		
교육과정 수정	정보 제공	✓		
교수방법 수정	✓	✓	정보 제공	
교수자료 수정	정보 제공	✓	정보 제공	
아동 진보 관찰	✓	✓ (기록, IEP)	(자료 수집)	
성적평가	✓	✓		
책임과 보조에 대한 감독	✓ (매일)	✓ (훈련)		
회의 소집계획 1. IEP 팀 2. 핵심 교수계획 팀	정보 제공	정보 제공 ✓		
부모와의 의사소통	✓	정보 제공	정보 제공	
관련 서비스 제공자와의 협력/의사소통		✓ (서비스 조정자)	정보 제공 (기록)	
또래관계와 지원 촉진	✓	✓ (또래계획)		

✓ 주요 책임자   정보 제공: 의사결정을 위한 정보 제공/실행

[그림 9-2] 협력 팀의 역할 분담 체크리스트

출처: Janney, R., & Snell, M. E. (2004). *Modifying school work* (2nd ed.). Baltimore: Paul H. Brookes, p. 14; 이소현·박은혜(2006)에서 재인용.

요 약

　특수교육 분야에서 장애학생을 위한 최선의 교육적 지원 프로그램 마련과 관련된 전문가들의 협력적 접근이 강조되어 오면서 전문가들에게 예전보다 더 많은 협력적 기술이 요구되고 있다. 이 장은 통합교육 현장에서 전문가들에게 요구되는 협력적 접근의 필요성 및 구성원의 역할에 관하여 살펴보고, 적용 가능한 협력 유형 및 적용 과정, 원활한 협력관계 구축을 위해 요구되는 의사소통 기술에 관하여 알아보았다. 협력적 관계 형성과정은 일시적인 프로그램으로 단시간에 습득되는 것이 아니라 지속적인 훈련과 주변인들로부터의 구체적이고 즉각적인 피드백을 통해 점진적으로 쌓여 가는 것이다. 특수아동에게 요구되는 다양한 교육적·사회적 지원들을 혼자만의 생각이 아닌 여러 전문가들과 함께 고민하여 결정하는 풍토가 요구되고 있는 시점이다.

학습 문제

• 통합교육 현장에서 일반교사와 특수교사의 협력적 관계모형들의 특징을 설명하시오.
• 교사 간 협력모형들의 실현을 위한 구체적인 방안을 논의하시오.

참고문헌

강영심, 전정련(2002). 초등학교 통합학급에서의 협력교수에 대한 특수교사와 통합학급 교사의 인식. 정서·학습장애 연구, 17(3), 33-47.

김라경, 박승희(2002). 협력교수가 일반학생의 학습장애의 사회과 학업성취도에 미치는 영향. 초등교육학연구회, 15(2), 19-45.

박소영, 신현기(2007). 장애유아를 위한 협력교수의 수행요소와 전제조건에 관한 연구. 특수아동교육연구, 9(1), 173-201.

이소현, 박은혜(2006). 특수아동교육. 서울: 학지사.

이소현, 황복선(2000). 통합교육을 위한 특수교사-일반교사 간 협력모형: 구조적 측면을 중심으로. 특수교육연구, 7, 67-87.

최승숙(2004a). 학습장애 등 경도장애학생 통합교육을 위한 초등학교 내 협력교수의 실

제: 모형과 전략으로서의 함의. 특수교육저널: 이론과 실천, 5(3), 323-352.

최승숙(2004b). 통합교육을 실시하고 있는 초등학교 교실에서의 협력교수 실제. 특수교육학 연구, 39(3), 269-292.

최승숙(2006). 통합학급 내 장애학생의 교수-학습을 위한 특수교사와 일반교사의 협력모형과 실제. 학습장애연구, 3(2), 127.

Austin, V. L. (2001). Teachers' beliefs about co-teaching. *Remedial and Special Education, 22*(4), 245-255.

Bauwens, J., Hourcade, J. J., & Friend, M. (1989). Cooperative teaching; A model for general and special education integration. *Remedial and Special Education, 10*(2), 17-22.

Brammer, L. M., & MacDonald, G. (1999). *The helping relationship: Process and skills* (7th ed.). Boston: Allyn & Bacon.

Boyd, S. D. (2001). The human side of teaching: Effective listening. *Techniques: Connecting Education and Careers, 76*(7), 60-62.

Dettmer, P., Dyck, N., & Thurston, L. (1999). *Consultation, collaboration, and teamwork for students with special needs* (4th ed.). Boston: Allyn & Bacon.

DeVito, J. A. (2001). *The interpersonal communication book* (9th ed.). New York: Longman.

Egan, G. (2001). *Skilled helper: A problem-management and opportunity-development approach to helping* (7th ed.). Belmont, CA: Wadswroth.

Friend, M., & Cook, L. (2003). *Interactions: Collaboration skills for school professional* (4th ed.). New York: Longman.

Garrigan, C. M., & Thousand, J. S. (2005, Summer). Enhancing literacy through co-teaching. *The New Hampshire Journal of Education, 8*, 56-60.

Gerber, P. J., & Popp, P. A. (2000). Making collaborative teaching more effective for academically able students: Recommendations for implementation and training. *Learning Disability Quarterly, 23*, 229-236.

Idol, L., Nevin, A., & Paolucci-Whitcomb, P. (1994). *Collaborative Consultation* (2nd. ed.). Austin, TX: Pro-Ed.

Janney, R., & Snell, M. E. (2004). Modifying school work (2nd ed., p. 14). Baltimore: Paul H. Brookes.

Lovelace, K. A. (2000). External collaboration and performance: North Carolina local public health departments, 1996. *Public Health Reports, 115*(3).

Lustig, M. W., & Koester, J. (1999). *Intercultural competence: Interpersonal communication across cultures* (3rd ed.). New York: Longman.

Mehrabian, A. (1971). *Silent Message.* Belmont, CA: Wadsworth.

Nelson, M. C. (2000). Capitalizing on collaboration [electronic version]. *Information Week, 855,* 109-111.

Okhuysen, G. A. (2001). Structuring change: Familiarity and formal interventions in problem solving groups [electronic version]. *Academy of Management Journal, 44,* 794-808.

Pugach, M. C., & Johnson, L. J. (1995). *Curriculum trends, special education and reform: Refocusing the conversation.* New York: Teachers College Press.

Rea, P. J., McLaughlin, V. L., & Walther-Thomas, C. (2002). Outcomes for students with learning disabilities in inclusive and pullout program. *Exceptional children, 68,* 203-222.

Schmuck, R. A., & Runkel, P. J (1994). *The handbook of organizational development in schools* (4th ed.). Prospect Heights, IL: Waveland Press.

Snell, M. E., & Janney, R. (2000). *Collaborative Teaming: Teachers' Guides to Inclusive Practices.* Baltimore: Brooks.

Walther-Thomas, C., Korinek, L., McLaughlin, V. L., & Williams, B. T. (2000). *Collaboration for inclusive education: Developing successful programs.* Needham Height, MA: Allyn and Bacon.

Weiss, M. P., & Llyod, J. W. (2002). Congruence between roles and actions of secondary special educators in co-taught and special education settings. *The Journal of Special Education, 36*(2), 58-68.

West, J. F., & Idol, L. (1990). Collaborative consultation in the education of mildly handicapped and at-risk students. *Remedial and Special Education, 11*(1), 22-31.

Wood, J. W. (2002). *Adapting instruction to accommodate students in inclusive settings.* Upper Saddle River, NJ: Merrill/Prentice Hall.

제10장
부모교육 및 가족지원

사 례

　오늘은 정수가 입학할 초등학교에서 신입생 오리엔테이션이 있는 날이다. 학교 대강당 뒤편에서 아이들을 지켜보고 있는 부모들의 마음도 마냥 들떠 있는 표정이다. 그러나 몇몇 부모들의 표정은 밝지 못하다. 그들은 이 초등학교의 특수학급에 입학하는 장애아동의 부모들이다. 1급 정신지체 판정을 받은 정수의 어머니도 그들 중 한 명이다. 현재 거주하고 있는 지역에 정수와 같은 정신지체아동들이 다닐 만한 특수학교가 없는 터라 어쩔 수 없이 일반학교의 특수학급으로 입학을 결정하게 된 정수 어머니는 정수의 단체생활 적응이 힘들 거라는 생각에 차라리 학교라는 곳을 보내지 말고 혼자 집에서 가르쳐 볼 생각도 했다. 그러나 복지관 선생님들과 주변 친·인척들의 조언에 따라 그래도 학교에 보내야 한다는 신념으로 입학을 결정했다. 그렇지만 앞으로 어떤 일이 어떻게 펼쳐질지 불안하기만 하다. 평소에도 동생과 잘 놀아 주지 않는 연년생 정수의 형 정식이가 과연 정수를 잘 데리고 등교할 수 있을지, 정수가 공격행동으로 다른 아이들에게 상해를 입히지는 않을지, 선생님의 지시를 따르지 않고 수업시간에 마구 돌아다니지는 않을지, 이런 정수를 담임 선생님이 얼마나 잘 이해하고 수용해 줄는지 알 수 없었다. 게다가 최근 남편의 봉급 삭감으로 형편이 어려워져 정수의 치료·교육비라도 벌어야겠다고 식당일을 하기로 했다. 그러나 자신이 귀가하는 시간까지 정수를 어디에 맡겨야 할지 등을 생각하면 여느 부모들처럼 아이의 학교 입학이 마냥 기쁘지만은 않다.

1. 부모교육의 개념

'장애인 등에 대한 특수교육법'의 특징 중 하나는 특수교육에서 부모의 역할을 강화하는 것이다. 특수교육 정책의 전반적인 사항을 심의하는 데 장애학생 부모의 참여가 필수적이고, 장애학생을 배치하거나 교육계획을 작성하는 경우에도 해당 학생의 부모가 의무적으로 참여하도록 규정하고 있다. 특수교육에서 점차 부모의 책임과 역할이 강화되고 있는 것이다. 장애학생에 대한 교육의 효율성을 위해서도 아동에 대한 태도를 긍정적으로 바꾸어야 하고 가정교사로서의 역할도 해야 한다. 부모가 이러한 일을 하기 위해서는 교육자로서의 역할을 수행하는 과정에서 건전한 경험적 지식을 쌓고, 그 지식을 바탕으로 부모의 합리적이고 진정한 욕구를 구체화하여야 한다.

이를 위해서는 교사와 부모 간에 적절한 협력이 이루어져야 한다. 교사는 부모의 경험을 신중히 받아들여 교육 프로그램에 적용하여야 하며, 부모는 교사를 신뢰하고 그의 지시에 귀 기울여야 한다. 이러한 상호 협조가 이루어지지 않으면, 학교교육과 가정교육의 불일치를 초래하여 아동에게 오히려 역효과를 줄 수 있기 때문이다. 부모교육은 세부적으로 부모교육, 부모 참여, 부모지원, 부모 역할 등의 용어로 나누어 볼 수 있다. 이들 용어에 대한 개념을 구체적으로 살펴보면 다음과 같다(Meyen & Skrtic, 1995).

부모교육은 부모가 자녀의 장애 특성, 발달 특성, 가정지도 방법을 정확히 이해하고 지금까지의 자녀양육에 대한 사고, 행동 등 습관적인 태도와 방법을 재검토해 보도록 하여 바람직한 자녀양육 방법을 촉진시키는 교육적 경험을 말한다. 즉, 자녀의 부정적 문제가 발생하지 않도록 하는 예방적 입장과 이미 발생한 문제를 치료하는 치료적 입장을 모두 포함한 것으로, 부모 역할에 변화를 주기 위한 일체의 교육적 활동이다. 부모 참여는 장애 관련 정책이나 개별화교육 프로그램을 구안할 때, 가정에서 교사나 치료사의 역할을 할 때, 치료실이나 교실에서 보조 역할을 담당할 때 참여하고 개입한다는 의미다. 부모지원은 장애아동의 부모가 교육이나 훈련을 통해서만 유능하고 훌륭한 부모가 되는 것이 아니므로 부모의 다양한 요구를 존중하고 지원하는 것이다. 장애를 가진 자녀의 가족들이 건강한 기능을 유지하기 위해서 내적·외적 지원이 요구된다는 의미다. 부모지원은 장애를 가진 아동을 교육하는 것이 가족이 가진 다양한 욕구 중의 한 부분이므로 다른 가족 구성원의 욕구도 존중되어야 한다는 의미에서 포괄적인 용어다. 그리고 부모 역할은 비교적 최근에 나온 용어로 자녀를 양육하고 보호하며 지도하는 과정을 의미하는데, 여기에는 어머니 역할하기와 아버지 역할하기가 있다.

　　이와 같이 부모교육이란 자녀교육에 대한 참여와 지원을 위한 방법으로 부모의 역할기능을 발달시키는 것이다. 아울러 교육 프로그램의 계획과 실천, 평가, 수정 등 모든 주요 단계에 부모가 참여하여 부모의 의사결정과 권리를 갖도록 하는 것이다. 즉, 자녀의 교육에 대해 부모가 적극적인 역할을 수행하게 하여 자녀양육의 질을 높이기 위한 것이다.

2. 부모교육의 필요성

　　현대사회는 시간이 흐름에 따라 점차 다양화되고 전문화되어 가고 있다. 가정은 이제 가족 개개인에게 성인사회에 성공적으로 진입하기 위해 필요한 경험을 완전히 제공해 준다는 것이 거의 불가능하다. 그리하여 가정은 도덕적 책임까지 학교에 전적으로 의존하려고 한다. 그 결과, 가정과 학교는 서로 책임을 지지 않으려는 경향이 있다. 특히 장애아동의 경우에는 일반아동에 비해 학교나 부모에게 그들 자녀의 교육에 대한 역할과 책임이 더 많이 주어지게 되고, 교사 또는 교육 결정자로서의 기능을 효과적으로 수행할 것을 요구하게 된다. 따라서 장애아동들의 발달을 촉진시키고 교육의 효과를 극대화시키기 위해서는 학교와 가정 간의 긴밀한 유대관계가 필수적 요건이 된다.

　　'장애인 등에 대한 특수교육법'에도 명시되어 있듯이, 특수교육에 있어서 부모들의 참여가 강화됨에 따라 일반교사나 특수교사는 장애아동의 부모들과 긴밀한 협조체제를 구축해야 한다. 장애아동 가족은 자녀들의 교육에 어느 정도 참여할 수 있는 법적 권리를 부여받고 있다. 교사들은 이에 적극적으로 대처하여야 할 필요가 있으며, 결과적으로 부모는 그들 자녀들의 교사가 되어 학교에서

배운 기능을 응용하거나 새로운 기능을 가르칠 수 있기에 부가적인 효과를 거둘
수 있다.

이에 특수교사는 부모 참여에 대한 이유를 충분히 이해하고 활용하여 특수교
육의 효과를 극대화시킬 필요가 있다. 그러기 위해서는 장애아동들의 부모나 가
족들의 기대와 욕구를 이해하고 가정의 기능과 역할에 대한 개념을 구체적으로
이해할 필요가 있다. 부모 참여를 통해 교육 프로그램의 계획과 실천, 평가, 수
정 등 모든 단계에서 부모가 의사를 표현할 수 있도록 한다. 이 과정에서 장애아
동 부모는 절망과 죄의식과 과잉보호의 악순환을 거쳐 딜레마에 빠지거나 바람
직하지 못한 육아방법으로부터 벗어나 장애에 대한 올바른 지식과 지도방법을
교육받을 수 있으며, 가정에서의 장애아동 조기교육을 위해 협력하고 정신적 위
안과 도움이 필요할 때 도움을 청할 수 있게 된다.

부모교육의 필요성은 다음과 같이 정리할 수 있다(백은희, 김삼섭, 구본권, 1994).

- 통찰력 있는 부모는 프로그램의 지속과 확장에 대한 가장 강력한 지지자가
  될 수 있다.
- 부모는 프로그램에 대해 직·간접적으로 경비를 조달해 주는 사람들로서 그
  들의 자녀가 무엇을 그리고 어떻게 배우는지에 대해서 알 권리가 있다.
- 장애아의 부모는 정상아의 부모보다 더 오랜 기간 동안 자녀에 대한 책임이
  지속되므로 정상아 부모가 필요로 하는 것 이상의 부모 노릇과 가르치는 기
  술을 필요로 한다.
- 부모를 가르치는 데에 보조자로서 참여시키는 것은 개별화된 교수법을 실행
  하는 효과적인 방법이다.
- 자녀교육에의 부모 참여는 가족의 다른 형제들에게 긍정적인 영향을 끼칠
  수 있다.
- 교실에서 부모의 참여는 장애아에게 다른 성인과의 관계를 배울 수 있는 기
  회를 제공해 준다.
- 부모는 다른 사람들보다 그들의 자녀를 잘 안다. 그러므로 자녀를 위한 교
  수목표를 발달시키는 데 있어 교사들에게 결정적인 도움을 줄 수 있다.
- 부모는 학교와 가정 사이를 연결하는 데 도움을 줄 수 있다.

- 부모는 프로그램에 유용한 교육과정 자원으로 활용될 수 있다.
- 부모 참여는 장애아의 학습을 크게 가속화시킬 수 있다.

따라서 특수교육에서 장애아동 부모의 교육과 참여는 아무리 강조해도 지나치지 않으며, 이에 대한 적절한 교육을 받아야만 그들 자녀의 유능한 교사가 될 수 있다. 교사는 부모들이 자녀의 교육 프로그램에 참여하도록 유도하여야 하고, 부모교육의 방향을 정할 때는 우선 장애아동 부모의 심리를 바르게 이해하고 그 특성에 따라 지도 방향을 정하는 것이 바람직할 것이다.

3. 부모교육의 목표 및 방법

1) 부모교육의 목표

구본권(1992)은 부모교육의 목표가 "장애아동으로 인한 심리적 긴장을 해소하고 재활 정보를 얻으며 그 재활 정보를 장애아동에게 적용하는 데 있다."라고 하였다. 따라서 부모교육의 목표는 다섯 가지로 설명할 수 있다.

① 가정교육의 질을 높일 수 있다. 부모와 아동의 상호작용은 모든 아동의 성장 · 발달에 영향을 주는데, 대부분의 부모들은 장애아동의 지도에 대한 전문적인 지식이 없으므로 부모교육이 장애아동에 대한 지식과 이해를 높일 수 있다.

② 조기교육의 효과를 높일 수 있다. 장애아의 교육은 조기에 발견하여 실행할수록 효과가 크다. 부모교육을 통하여 치료 또는 교육을 가정에서 연장할 수 있으므로 효과를 높일 수 있다.

③ 학교교육과 가정교육의 일관성을 유지할 수 있다. 학교에서 학습한 내용과 가정에서의 지도방법은 일관성이 있어야 효과를 높일 수 있다.

④ 이차적인 장애를 예방하고 도움을 준다. 조기교육실에서 배운 훈련이 가정에서 생활로 옮겨질 때 일차적인 장애에 따른 이차적인 장애 발생을 줄일

수 있다.

⑤ 가정이 사회의 긍정적인 장애인관 확립에 모범이 될 수 있다. 부모의 장애아에 대한 태도는 형제, 친척, 이웃의 장애아에 대한 태도에 영향을 준다. 따라서 부모교육을 통하여 보다 적극적인 장애인관을 확립시킬 수 있다.

2) 부모교육의 방법

(1) 전문가의 개입

전문가들이 가정이 가지고 있는 문제들을 이해하고 부모나 가족들을 치료 보조나 보조교사로 훈련시키는 것이다. 가족 구성원들은 장애자녀와의 관계가 좋으며, 협동적인 참여를 유도할 수 있기에 좋은 교사가 될 수 있다. 교사는 일정 시간이 지나면 교체되어 아동들에게 일관성 있는 교육을 하는 데 어려움이 있겠지만, 가족은 장기적으로 일관성 있는 교사로서의 역할이 가능하다. 다음은 가족들을 장애아 교육에 능동적으로 참여시키기 위한 전문가의 역할이다.

① 부모 중재

부모 중재는 장애아로 인해서 일어날 것으로 예상되는 문제들을 부모가 미리 알고 조절하게 하여 가정의 평화를 이루게 하는 가장 일반적인 방법이다. 그러나 많은 장애아 부모들은 장애자녀를 직접 가르치기를 꺼린다. 그 이유는 교수 활동에 많은 시간을 허비한다는 점, 전문가(교사)의 제안을 신뢰하지 못하는 점, 교사가 부모들의 고민 내용이 무엇인지 알지 못한다는 점 때문이다.

따라서 교사는 장애아의 능력을 솔직히 설명하고 그 가족과 협동적인 관계를 형성하기 위하여 각종 정보 교환, 각 모임의 견해 존중, 공동적인 노력에 대해 집중적으로 토의하고 지도하여 부모의 장애아 지도관을 정립해야 한다.

② 가족의 협력

형제들은 부모와 일관된 행동계획에 참여하므로 장애아에게는 부모 다음으로 교육에 중요한 변인이 된다. 또는 형제들의 노력으로 가족 전체는 일관적인 행동을 할 수 있어 장애아의 교육적 효과가 높다. 그러나 간혹 사춘기의 형제들이 장애형제를 받아들이지 않는 경우가 있는데, 우선 장애형제에 대한 장애이해 교육이 이루어져야 한다. 그렇지 않으면 오히려 장애아동의 문제를 더 커지게 할 수도 있다.

③ 교사의 역할

교사는 장애아의 욕구를 이해하고 확인하도록 도와주어야 한다. 교사는 장애아의 발전적인 전망에 대해 강조하면서 타 전문가의 정보를 많이 받는 것과 동시에 평가도 받아야 한다. 교사는 장애아 부모들이 긍정적 자아관을 갖도록 용기와 신념을 심어 주는 데 진력해야 한다. 교사는 부모와의 라포(허용적인 태도 또는 분위기) 형성이 가장 중요하며, 필요에 따라 교사는 부모의 상담 역할을 할 수 있도록 훈련받아야 한다.

(2) 집단적 접근

최근 들어, 부모교육의 중요성에 따라 부모회의 운영이 활성화되고 있다. 그러나 아직 부모회에 소극적이거나 관심이 부족한 것이 사실이다. 또한 부모회의 장점을 활용하기보다 자신의 편의만을 위해 참여하는 경우도 있다. 특수교사는 부모들에게 부모회를 적극적으로 활용하도록 유도하여야 하고, 그것이 자녀의 교육적 효과를 높이는 데 필수적이라는 사실을 알리는 데 인내와 노력을 아끼지 말아야 할 것이다. 부모회를 활성화시키면 다음과 같은 이점이 있다.

① 학교교육의 협조는 물론 장애아 부모들이 갖고 있는 문제들을 해결하려고 교사와 공통적인 문제를 토론하거나 연수하는 기회를 가질 수 있다. 그 내용은 부모의 역할, 장애의 원인과 장애 영역별 특성, 장애 영역별 가정에서의 지도방법, 문제행동의 지도방법, 진로지도 등이다.
② 장애아 부모들끼리 상호 의견을 교환하여 재활에 관한 정보를 얻을 수 있다.
③ 장애아 부모들의 정기 간행물 발행으로 경험, 느낌, 소견 등을 발표할 수 있는 통로 역할을 할 수 있다.
④ 재활 전문 지식뿐만 아니라 장애인의 법적 권리 주장을 위한 실제적인 정보를 제공해 준다.

⑤ 가정에 고립되어 있는 장애아 부모들에게 전문화의 기회를 제공하는 매체가 될 수 있다.

(3) 개인적 접근

개인적 접근은 교사가 부모와 상담하는 방법으로 다음과 같은 방법이 있다.

① 간단하게 전화로 상담하는 방법: 전화상담은 가장 쉽고 빠르게 필요한 내용을 전달하는 이점이 있으나, 단순한 정보를 교환하는 데 그칠 수 있기 때문에 다른 방법의 보조 수단으로 활용하는 것이 좋다.
② 통신문 등 공식적인 문서로 전달하는 방법: 문서 형식은 형식적으로 전달하는 경우가 많기 때문에 부모들의 관심을 집중시키기가 어렵고, 친근감 있게 전달하기가 어려운 경우가 많다.
③ 개인상담을 하는 방법: 일정 기간 간격을 두고 장애아의 발달과정을 관찰한 내용에 대하여 부모와 교사가 정보를 직접 전달하고 의견을 나눈다.
④ 특별한 일이 생겼을 때 편지나 이메일로 상담하는 방법: 최근 들어 이메일을 활용하거나 개인 홈페이지를 가지고 있는 경우가 많으므로 그것을 더 효율적인 의사소통의 장으로 활용할 수 있다.
⑤ 가정방문을 활용하는 방법: 이는 아동의 가정환경을 파악하기 위한 가장 좋은 방법이지만, 학부모가 가정방문을 거절하거나 꺼려 할 수 있기 때문에 사전에 충분한 교감이 이루어진 후에 방문계획을 세워야 한다.
⑥ 회의, 연수, 캠프 등의 참여를 위하여 학부모를 초청하는 방법: 학부모를 초청할 때는 그 목적이 분명해야 하고, 그 내용은 학부모에게 필요한 것이어야 한다. 부모는 처음 참여한 경험이 부정적이면 더 이상 참여하기를 꺼릴 수도 있기 때문이다.

이 외에 수업 참관, 보조교사제, 사례발표회, 방문교사제, 자원봉사제 등을 운영할 수도 있다. 부모들의 교육 수준도 점차 높아져 가고 있으며, 일부 부모들은 교사보다 더 전문가 수준의 지식을 가진 경우도 있다. 이에 특수교사는 특수교육의 특징인 다학문적인 관점에 따라 의학적인 지식 등 다양한 기초 지식을 갖추도록 노력하여야 하고, 장애 관련법, 관련 기관 등 다양한 정보를 습득하고 있어야 한다. 중요한 것은 정보를 제공한다는 차원보다는 공유한다는 생각으로 접근하는 것이다. 또한 부모가 자유롭게 이야기할 수 있는 허용적 분위기를 조성해 주어야 한다. 아동교육에 관한 문제점에 대해서 개선하도록 요구하기보다, 부모의 이야기를 먼저 들어주고 권고할 만한 문제점을 하나씩 이야기해서 서서히 바꾸어 나가도록 지도해야 한다.

4. 부모교육의 효과

장애아동의 부모를 교육하는 것은 부모가 아동교육에 가장 중요한 요인이 되기 때문이다. 특히 장애아동의 경우 일반아동보다 학습에 더 많은 시간이 필요하기 때문에 부모교육을 통해 학교에서 이루어지고 있는 교육 내용을 집에서도 일관성 있게 실시하면 좋다. 학교에서의 교육 내용과 방법이 집에서의 교육 내용과 다르면 아동은 혼란스러울 수 있기 때문이다. 부모교육을 통해서 일관성 있는 교육이 이루어지면 그 효과는 배가 될 것이다.

더불어 장애아동 부모의 자녀관에 대한 혼란이나 과보호로 빚어지는 아동 발달의 왜곡 현상은 부모 자신들에 의하여 시정되어야 할 과제다. 여러 연구 결과에서 부모교육은 그 자체로 부모에게 자녀의 교육관을 재인식할 수 있는 기회를 제공하는 한편, 부모교육을 통한 아동 이해에 대한 지식은 다시 아동의 바람직한 사회화를 촉진시켜 줄 수 있다.

장애아동의 사회화란 아동이 바람직한 방향으로 성장·발달해 나가는 과정을 의미한다. 그러나 장애아동 부모의 사회화란 그와는 다른 측면을 지닌다. 즉, 장애아동 부모로서의 역할을 사회 구성원들 속에서 지나친 갈등 없이 수행해 나가는 것을 말한다(Cerreto, 1981). 장애아동 부모의 사회화는 일반자녀의 학부모 역할 수행만으로는 부족하기에 부모교육을 통한 사회화가 필요하다. 장애아동 부모들은 과거와 달리 장애아 교육이나 복지와 관련된 권리 행사나 장애아 관련 서비스의 선별적 적용에 대하여 보다 폭넓은 사회화 기능을 수행해 나가야 한다.

부모교육을 실시할 경우, 학교는 교육활동 및 치료 지원에 대한 학교의 책임감을 향상시킬 수 있으며, 부모들로 하여금 학교에서 실시하고자 하는 특수교육 및 치료지원에 대한 목적을 분명히 알게 하여 긍정적인 도우미를 확보할 수 있다. 더욱이 부모들과 학교의 이해관계가 바람직한 수준에서 합의될 경우 부모를 새로운 인적자원으로 활용하여 장애아동을 위한 바람직한 방향으로 지역사회를 개선시킬 수 있으리라 생각된다. 이는 장애아동에 대한 사회적인 인식을 변화시키고 국가적인 관심을 향상시키는 역할로 연계될 수 있다. 실제로 최근 활동하고 있는 장애아동 관련 부모회는 그와 같은 많은 역할을 감당하고 있고 특수교육의 정책 변화에 일조하고 있음을 확인할 수 있다. 다만 이 과정에서 교사나 관련 기관과의 의견 불일치로 장애학생 부모에 대한 부정적인 의식이 자리 잡을 수 있다는 우려가 제기되기도 한다.

부모교육의 효과는 아동의 인지·정서적 측면에서 두드러진다. 장애아동 부모교육은 아동의 인지적 능력이나 정서발달에 미치는 부모 역할의 중요성을 알게 하고, 장애자녀의 교육적 변화 가능성에 따른 환경 조성의 주요 요인들을 알게 하며, 가족 간의 유대 및 자체 기능 강화를 통한 장애자녀의 교육 재활의 가능성을 높여 주고, 장애자녀의 인지 및 정서 발달 정도에 맞는 가정교육 환경 조성과 자녀의 특성을 파악할 수 있는 부모의 교사적 기능 향상 등을 가능케 해 준다는 점에서 효과가 있다.

5. 장애아동 부모의 심리 변화

장애를 가진 아동이 태어나게 되면 부모는 여러 가지 갈등을 겪지만 점차 바람직한 방향으로 발전해 나간다. 장애아동 부모가 겪는 여러 가지 갈등에는 자녀가 자립할 연령임에도 여전히 자녀를 돌보아야 하는 문제, 가족들이 친구를 초대하는 데 따르는 문제, 이동에 따른 문제 등이 있다. 장애자녀를 둔 부모들에게 일반적으로 나타나는 문제로 불확실성, 육체적 부담, 경제적 문제, 전문가와의 의사소통, 가족 문제 등이 있고 이러한 불편한 점을 보다 적극적으로 평가하고 대처하고 해결하는 능력을 가지는 것이 중요하다(Gammon & Rose, 1991).

Kübler-Ross(1969)는 장애아동 부모들에게 적용할 수 있는 장애 수용의 5단계를 제시하고 있다. 그것은 ① 충격, 불신, 부정 단계, ② 분노와 분개 단계, ③ 타협 단계, ④ 우울과 좌절 단계, ⑤ 수용 단계다. 〈표 10-1〉에는 각 단계의 특성 및 단계별 전문가의 지원방법이 제시되어 있다(O'Shea, O'Shea, Algozzine, & Hammitte, 2001).

| 표 10-1 | 장애 수용 단계의 특성과 전문적 지원을 위한 제안

단계/특성	전문가 지원
충격, 불신, 부정	
• 죄책감 혹은 수치심을 경험할 수 있다. • 장애가 있음을 부인하려 할 수 있다. • 의료 진단을 받으러 여러 병원을 전전할 수 있다. • 진단을 수용하거나 필요한 지원의 제공을 완전히 거부할 수 있다.	• 수용하는 태도로 경청하라. • 가족들이 감정을 표현하도록 격려하라. • 아이와 관련하여 가족들이 공유할 수 있는 강점을 찾으라. • 가족들이 준비되었을 때 필요한 자원과 서비스를 제공하라.
분노와 분개	
• 도움을 주려는 이들(배우자, 전문가, 가족)에게 화를 낼 수 있다. • 비장애아를 키우는 친구들에게 분개할 수 있다. • 진단의 정확성에 대해 전문가와 논쟁을 벌이려고 할 수 있다.	• 사려 깊은 경청의 태도를 취하라. • 가족들의 분노와 분개를 표현·표출할 수 있도록 격려하라. • 가족들의 '느낌'에 대해 논쟁하지 말라. • 공격적인 말에 방어하지 말라.
타협	
• 장애가 없어질 수만 있다면 무엇이든 하려는 믿음을 갖는다. • 신과 협상하려고 한다. '장애를 사라지게 해 준다면 무엇이든 하겠다.'	• 적극적인 경청을 하라. • 지지를 모으라. • 전문적인 견해를 부모들에게 강요하지 말라. • 비평을 삼가라.
우울과 좌절	
• 현실을 수용하기 시작하고 기대했던 아이를 잃어버렸음에 대해 슬퍼하게 된다. • 아이의 잠재력을 볼 수 없고 단지 아이의 결함만을 보려할지 모른다.	• 적극적이고 반영적인 경청을 하라. • 부모 지지집단과 같은 자원을 제안하라. • 우울증이 만성적으로 나타난다면 상담을 받을 수 있도록 의논하라. • 아이의 강점에 대해 지속적으로 의논하라.

수용	
• 아이의 요구에 초점을 맞추는 대신 아이의 강점을 보기 시작한다. • 아이의 삶을 향상시키기 위해 긍정적이고 주도적인 입장을 견지한다.	• 경청을 계속하라. • 진보에 대해 격려하라. • 아이의 강점에 대해 지속적으로 강조하라. • 가족에게 사례관리 역할을 양도하기 시작하라. • 가족들의 역량 강화를 위해 지원하라.

6. 장애아동 부모의 갈등과 대처방법

1) 장애아동 부모의 갈등

앞서 살펴보았듯이, 장애아동을 가진 부모들은 여러 단계를 거쳐 갈등에 점차적으로 적응하게 된다. 장애아동 부모가 겪는 갈등에는 자녀를 어떤 학교에 보내야 하는지에 대한 문제, 부적응 행동으로 타인에게 피해를 주는 문제, 자녀가 자립할 연령임에도 여전히 자녀를 돌보아야 하는 문제, 가족들이 친구를 초대하는 데 따르는 문제, 이동상의 문제 등이 있다. 이러한 문제는 일시적이 아니라 지속되는 경우가 많아, 그 스트레스가 기본적인 가족기능에 영향을 줄 수도 있고, 자녀의 발달이나 교육적 성과에도 영향을 미칠 수 있다. 장애아동 부모가 겪는 갈등은 내적 갈등과 외적 갈등으로 나누어 볼 수 있다(권요한, 박종흡, 박찬웅, 최성규, 홍종선, 1998).

내적 갈등에는 자녀의 장래에 대한 불확실성, 낮은 자아상, 내재된 슬픔 등이 있다. 불확실성은 지식이나 정보가 부족하거나 생소함 또는 모호함에서 나타난다. 이는 가끔 만성질환이나 장애를 가졌을 때 일어나고, 자녀가 처음으로 문제가 있음을 의심할 때부터 자녀의 장래에 대한 불확실성의 갈등을 느끼게 된다. 이러한 갈등은 진단이 내려져도 계속된다. 장애가 형제와 전체 가족에게 어떤 영향을 미칠지에 대해서도 불안해한다. 특히 자녀가 독립적으로 생활할 수 없다면 자녀의 장래에 대해 지속적인 불확실성을 경험하게 된다.

또한 장애아동 부모들은 자녀를 양육하는 데 낮은 자존감와 좌절감을 겪는 경우가 있다. 장애아동 부모나 일반아동 부모 모두는 자녀의 출생에 유사한 관심 사를 가지고 있으나, 특히 장애아동 부모는 그들 자신을 더 부정적으로 보는 경향이 있다. 사회는 아동의 발달 수준에 따라 특정한 행동을 요구하게 된다. 부모는 자녀에게 보행, 이동, 대중시설 이용, 감정 조절, 사물에 대한 주의집중 등에서 또래와 같은 정상적인 반응을 기대하게 되는데, 그 기대에 못 미치면 종종 긴장을 하게 된다. 특히 그런 긴장은 장애자녀를 가진 부모를 이해하지 못하는 사람과의 대면에서 더욱 고조될 수 있다.

마지막으로 장애아동 부모들은 일반아동 부모에 비해 일반적으로 내재된 슬픔이 더 크다고 할 수 있다. 내재된 슬픔은 자녀에 대한 거듭된 슬픈 경험으로 인하여 지속된다. 이는 저하된 분위기 속에서 장기간에 걸쳐 지속되어 내면화된 상태로서 주기적인 현상으로 나타난다. 특히 장애아동의 부모는 놀이터나 길에서 일반아동을 볼 때나 학교에 입학할 때 내재된 슬픔이 더 증가하기도 한다.

한편, 외적 갈등에는 육체적 부담이나 전문가와의 의사소통의 어려움, 직장과 양육으로 인한 시간 부족, 경제적 부담 등이 있다. 많은 부모들은 장애자녀를 돌보는 데 따르는 반복적인 수면 부족으로 육체적 피로가 누적된다. 신변 자립이 곤란한 자녀를 가진 부모들은 자녀의 체중이 증가하면서 들어올려 주고, 옷을 갈아입히거나 먹여 주고, 책을 읽어 주고, 목욕시키고, 운동시켜 주는 것 등으로 심한 육체적 부담을 겪게 된다.

장애아동의 부모들은 자녀의 문제로 전문가와의 의사소통에 많은 갈등을 겪는 경우가 많다. 때로는 전문적인 지식이나 용어를 이해하지 못하는 데 따른 부담과 전문가에게 관련 서비스 및 정보를 의존하는 데 따른 낮은 자아상이나 열등감으로 인해 죄의식, 혼란, 좌절감 등이 증가되기도 한다. 그래서 때로는 전문가의 처치를 거부하기도 한다.

대부분의 장애아동 부모는 자녀의 의료적 처치, 조기교육, 학교 적응 등으로 많은 시간을 소비하게 되며, 결국 직장을 포기하는 경우도 있다. 특히 자녀의 장애가 중증이거나 교육기관이 집과 멀리 떨어져 있는 경우에는 더욱 그렇다. 이에 대한 비용도 만만치 않아 경제적 부담이 일반아동의 부모보다 훨씬 많다고 할 수 있다.

이러한 과정에서 부모들은 방어 기제를 통하여 욕구의 저지, 현실 문제 해결의 곤란 또는 자신의 열등감이 의식될 때 상실해 가는 자아를 지키고자 한다. 방어 기제는 무의식적 또는 자동적으로 취해지는 심리적인 적응방법이다. 교사는 장애아동 부모와 많은 대화를 통해 보다 나은 적응 기제로 승화시켜 나가도록 유도해야 할 것이다.

장애아동 부모가 갖게 되는 방어 기제에는 다음과 같은 것들이 있다(여광응, 박대용, 이점조, 추연구, 2003).

- 부정(denial): 장애자녀 부모의 심리변화 과정 중 충격의 단계에서 흔히 일어나는 방어 기제다. 자녀의 장애 증상을 부인함으로써 일시적이나마 심적 안도감을 느끼려는 것이다. 그들은 모든 방법과 수단을 통하여 장애가 사실이 아니거나 그 정도가 경미하기를 바라기 때문에 정확한 판정보다도 그렇지 않다는 쪽에 더 귀 기울이게 된다.

- 투사(projection): 장애의 원인을 적극적으로 규명해 보려는 과정에서 장애의 원인이 자기 탓이 아니며 다른 곳에 요인이 있다고 생각했을 때 다소 심리적 부담을 덜 수 있기 때문에 책임 전가의 수단으로 작용하는 방어 기제라 할 수 있다. 이러한 책임 회피가 강하게 작용하면 가족 간, 이웃 간, 더 나아가 사회 전체를 원망하게 되는데, 이는 결코 자신과 자녀에게 도움이 될 수는 없다. 그럼에도 부정과 투사는 부모의 적응과정에 있어 다소 긍정적인 반응으로 간주되고 있다.

- 합리화(rationalization): 부정이나 투사 등은 장애 증상의 부인, 원인에 대한 책임 전가 등으로 일과성 안정에만 도움이 될 뿐 근본적인 심리적 갈등은 여전히 남아 있게 된다. 그것은 장애자녀에 대한 분노와 좌절 또는 거부와 같은 부정적 반응으로 나타나게 된다. 심한 경우 장애아를 배척·학대하게 되고 가족으로부터 떨어진 곳에 격리시키고자 기숙제 시설을 찾게 된다. 비교적 장애자녀를 보지 않음으로써 심적 고통에서 벗어나려고 한다. 부모는 이러한 부당한 일들을 극구 정당화하거나 합리화하려고 애쓴다.

- 반동형성(reaction formation): 합리화의 방어 기제와 상반되는 과잉보호 기제다. 장애자녀에 대한 그동안의 심한 거부와 부정적인 태도에 스스로 죄의식을 느끼게 될 때, 역으로 장애자녀의 부모에게는 보상심리가 작용하게 된다.

즉, 장애의 거부와 학대에서 지나친 연민과 동정적인 태도의 과잉보호로 자기 스스로 위안을 얻으려고 한다. 합리화 과정에서는 장애자녀가 격리·소외되어 애정 결핍으로 인한 이상심리가 형성되며, 반동형성 과정에서는 과잉보호로 인해 아동 스스로의 경험 기회가 박탈되고 장애 극복의 의지가 약해져 의존심만 길러 주게 된다. 그러므로 두 방어 기제 모두 장애자녀에게는 큰 저해 요인으로 작용한다.

2) 대처방법

최근 들어 장애아동 부모회가 활성화되면서 이상의 갈등에 대처하고자 적극적인 노력을 하고 있다. 아울러 장애 관련법이 개정 또는 새로이 제정되면서 부모의 심리적·경제적 지원이 제도화되고 있다. 그러나 아직도 많은 부모들이 장애자녀를 양육하면서 겪는 근본적인 갈등을 해소할 수 없기 때문에 이에 대한 전문적인 교육이나 상담이 필요하다. 일상생활에서 겪는 부모들의 효과적인 대처전략을 살펴보면 다음과 같다(Gammon & Rose, 1991).

- 가능하면 배우자와 이야기함으로써 정서적 문제를 완화하고 현실의 어려운 문제를 해결할 수 있는 방법을 모색한다. 이때 배우자와 함께 개인적 관심과 감정에 대해 이야기한다.
- 현실 문제에 대한 탐구와 정보의 입수에 적극적인 태도를 취한다.
- 문제에 대한 긍정적인 느낌과 부정적인 느낌, 좌절에 대한 인내 등을 자유롭게 표현한다.
- 타인으로부터의 도움에 능동적인 자세를 취한다.
- 문제를 한꺼번에 해결하려 하지 말고 다룰 수 있을 만큼의 양으로 문제를 나누어 일정한 시간 내에 해결한다.
- 가능한 한 여러 기능 영역에서 통제를 유지하고, 아울러 혼란스러움과 자신의 피로 한계에 대한 인식이 필요하다.
- 가능한 한 느낌에 대해 능동적으로 대처하고 그것이 불가능할 때는 그 불가피함 자체를 수용하며 변화에 대한 유연성과 기꺼이 받아들이려는 자세가

필요하다.

- 자신과 타인에 대한 근본적인 신뢰와 결과에 대한 기본적 낙관주의가 필요하다.
- 먼저 오렌지 주스를 주기보다 웃음을 나누는 유머감각이 유용하다.
- 비슷한 입장에 있는 다른 부모들과 그들이 경험한 것을 배우고 관심사에 대해 이야기한다.
- 전문가의 지지와 원만한 인간관계를 갖는다.
- 부모의 일관성, 지속성, 인내심, 용기, 낙관주의, 신앙은 아동에게 긍정적인 영향을 미친다.
- 가족의 통합과 협동, 낙관주의를 유지하도록 노력한다.
- 아동과 함께 일하고 발전시킬 수 있는 방법을 배운다.
- 사랑과 보호, 신체적 접촉, 다정스러운 언어적 자극, 안정된 방법을 유지하고 즐거움에 의해서 형성된 부모-자녀 관계를 이룬다.

7. 장애아동 가족지원

1) 가족지원의 개념

일반적으로 가족지원이란 가족의 기능을 향상시키기 위해 제공하는 교육 및 복지 서비스 프로그램으로, 기존의 장애아동을 대상으로 한 개인 중심 프로그램이 아닌 가족의 욕구와 필요를 중심으로 가족 구성원 모두를 돕는 프로그램을 의미한다. 가족을 어떤 프로그램이나 서비스의 수혜자로만 인식하는 것이 아니라, 가족이 가지고 있는 기능과 능력들을 고려하여 가족 스스로 그 기능들을 강화시키고 문제해결에서 중추적인 위치에 놓이도록 국가 정책적 차원이나 사회적 차원에서 가족을 지원하는 것이다.

가족지원은 가족의 구조 및 형태, 기능, 자원, 강·약점, 그리고 심리적, 교육적, 경제적, 정서적, 의학적, 신체적, 사회적, 물리적 욕구와 필요, 주거와 여가, 건강과 위생 등 삶의 질에 관한 전반적인 영역에서 개선을 도모한다. 또한 장애아동의 양육 및 교육에 따르는 여러 가지 요구들을 지원하며, 지원이 정상적으로 미치지 못하거나 불충분할 때 나타날 수 있는 가족의 위기를 예방한다. 따라서 가족지원은 치료적이기보다는 예방적인 차원에서 자원을 제공하는 일종의 복지 서비스라고 할 수 있다.

2) 사회적 지지와 가족중심 서비스 지원

장애아동의 부모는 양육과정에서 아동뿐 아니라 가족과 관련하여 정보, 지지 및 도움, 이용 가능한 지역사회 서비스, 재정적 지원, 가족기능 및 여가 등 다양한 요구를 하게 된다. 이러한 요구에 대하여 부모 스스로 자녀양육 능력을 강화할 수 있도록 국가와 지역사회의 체계적인 가족지원이 필요하다(Bailey & Simeonsson, 1988). House(1981)는 사회적 지지를 ① 정서적 지지(신뢰, 애정, 감정이입, 친밀감), ② 평가적 지지(수정, 긍정적 피드백, 긍정적 자기비평), ③ 정보적 지지(사람들이 스스로 돕도록 돕는 것, 그들이 사회적 서비스를 활용하도록 돕는 것 등), ④ 도구적 지지(실제적 도움의 교환, 욕구 충족의 효과를 가지는 실제적 도움)로 정의하였다.

이상과 같이 사회적 지지에 대한 정의는 학자들에 따라 강조하는 측면이 다르다. 일반적으로 사회적 지지에 대한 관점은 구조적 관점과 기능적 관점으로 나눌 수 있다. 구조적 관점은 개인이 사회적 조직망에 통합되어 있는 정도를 평가한다. 즉, 사회적 유대 간의 구체적이고 객관적인 특성을 측정한다. 반면, 기능적 관점은 개인이 스트레스 사건에 대하여 반응하는 것을 돕고 자원들의 이용 가능성을 평가하는 기능적 측면을 측정한다. 그러나 모든 사회적 관계를 사회적 지지 자원으로 가정하는 오류가 발생한다는 단점이 지적되어 1985년 전후로는 사회적 지지를 기능적 특성으로 연구하고 있는 추세다. 사회적 지지의 기능적인 측면은 지지자의 수나 접촉의 양을 단순히 계량화하지 않고 지지에 대한 지각된 만족이나 적절성을 강조한다.

또한 사회적 지원은 가족이나 친구, 이웃들과 같은 사적 관계에서 받는 비공식적 지원과 전문기관과 같은 공적 관계에서 받는 공식적 지원으로 구분될 수 있는데, 넓은 의미에서 타인으로부터 제공받는 도움을 의미한다. 이러한 도움은 긴장 요인으로 인해 생길 수 있는 문제를 막아 주고 위기 상태에 놓인 개인의 빠른 회복을 용이하게 해 준다. 장애아 가족의 사회적 지원을 다룬 연구들은 대부분 충분한 사회적 지원이 장애아 어머니의 성공적인 적응에 중요한 변인임을 보고하고 있다. 특히 장애아 어머니는 자녀양육에 많은 시간과 노력을 뺏김으로써 사회적 접촉 기회가 제한될 뿐더러, 장애에 대한 사회의 부정적인 태도로 인해 사회적 욕구를 경험한다고 한다. 따라서 이러한 사회적 지원은 어머니의 사회적 욕구를 충족시켜 주며 스트레스 발생을 예방할 뿐만 아니라 스트레스로 인한 부적응 상황에 도움을 줄 수 있는 효과적인 완충제가 된다. 아울러 사회적 지원은 어머니의 심리적인 적응을 돕고 좌절을 극복케 하고 문제해결의 도전을 받아들이는 능력을 강화한다는 측면에서 그 중요성이 강조될 수 있다. 이러한 사회적 지지는 가족의 욕구를 중심으로 사정하고 가족이 가지고 있는 강점과 자원을 최대한 활용하여 개입하고 지지함으로써 가족의 통합성과 능력을 최대한 증진시켜야 한다.

지역사회 안에서 성공적인 효과를 거두기 위해서는 장애아동 부모나 가족들이 경험하게 되는 장애아동의 특성 및 스트레스 상황의 유형에 따라 가족의 적응적 요구가 다르므로 그들에게 유용하다고 지각되는 사회적 서비스 지원의 유형 역시 달라져야 한다. 즉, 한 상황에서 유용한 지원이 다른 상황에서도 효과적일 수는 없다. 따라서 '장애'라는 특수한 상황에 처한 아동과 가족에게 효과적인 지원 유형은 일반아동 가정에게 효과적인 지원 유형과 달라야 한다.

장애아동에 대한 가족중심 지원(family centered support)은 가족 역량 강화(family empowerment)를 기본 철학으로 한다. 역량 강화는 모든 사람이 이미 힘과 능력을 가지고 있다는 긍정적인 인간관에서 출발한다. 다만 그 힘과 능력을 적절하게 발휘하지 못하는 것은 그들을 둘러싼 환경이 능력 발휘의 기회를 적절히 제공해 주지 못하기 때문이다. 그러므로 장애아동에 대한 개별화된 가족중심 지원 프로그램은 해당 가족이 필요로 하는 것을 직접적으로 제공해 주는 것이 아니라 부모 스스로가 자신과 아이를 도울 수 있도록 그들의 능력을 강화시키는 것이다.

3) 가족지원의 원리

Dunst(1994)에 의하면, 가족지원 프로그램은 여섯 가지 주요 원리, 즉 공동체 의식의 강화, 자원과 자원의 동원, 책임의 공유 및 협력, 가족의 통합 보장, 가족의 기능 강화, 가족을 위한 인간 서비스의 실천으로 되어 있다. 이러한 원리들은 가족지원 프로그램의 정책이나 실천, 프로그램 제공자의 역할과 책무성의 관점에서 가족의 기능을 지원하고 강화하는 방법으로 시행되고 있는지를 평가할 수 있는 체계를 제공한다.

구체적으로 가족지원 프로그램의 여섯 가지 원리를 살펴보면 다음과 같다 (Dunst, Johanson, Trivette, & Hamby, 1991).

① 가족에 대한 지원은 같은 유형의 장애가 있는 가족 모임과 같이 공동체 의식을 증진시키는 방식으로 제공되어 상호 의존적인 관계를 형성하고 서로 지지해 주도록 하여야 한다.

② 처음부터 장애인 복지와 관련된 사회제도에 의존하는 것이 아니라 가족이 이미 갖고 있는 비공식적 자원체계를 살펴야 한다. 이는 사회에 대한 불만을 감소시킬 수 있고 가족 구성원 간에 친밀한 관계를 유지시킬 수 있다.

③ 가족지원 프로그램의 목적은 가족의 기능 강화에 있으므로, 가족의 기능 강화를 유지하여 가족과 전문가 간의 존중과 책임 공유 및 중재를 위한 협력 팀 접근을 강조해야 한다.

④ 가족의 기능을 강화하기 위해서는 가족의 결점보다는 강점을 강조하는 것이 중요하다. 더불어 서비스와 관련하여 가족의 의사를 반영해야 한다.

⑤ 프로그램은 가족 전체의 통합성을 유지할 수 있도록 지원되어야 한다. 특히 가족 구성원 누군가가 희생되거나 그들의 욕구가 억제되어서는 안 된다.

⑥ 가족지원 서비스 전달 시에는 전문가의 욕구보다는 소비자인 가족 구성원의 욕구를 중심으로, 또 치료하기보다는 치료받고자 하는 의욕을 촉진시키는 데 중점을 두어야 한다.

그러므로 가족지원은 장애아동 및 그 가족의 요구를 진단하여 그것을 충족시킬 수 있는 다양한 공식적·비공식적 자원 및 서비스를 확인한 후, 그 가족으로 하여금 가족의 기능을 강화하는 방법으로 자원을 얻어서 자녀교육에 대한 효율적인 참여능력을 갖추도록 함으로써 장애자녀의 발달을 촉진하고자 하는 것이다.

가족 중심의 지원은 가족 역량 강화의 철학과 여섯 가지 지원의 원칙을 기반으로 하여 가족 욕구, 욕구의 범주화, 개입, 자원 동원, 산물의 다섯 가지 구성 요소로 이루어진다. 이러한 가족중심 지원은 전문가가 판단한 욕구가 아닌 가족의 욕구를 중심으로 사정하고, 가족이 가진 강점과 자원을 최대한 활용하여 가족 스스로가 서비스에 대한 통제력을 가질 수 있는 방식으로 개입함으로써 가족의 통합성과 능력감을 증진시키려는 것이다. 가족중심 지원을 위한 사정과 개입의 틀은 개별화가족지원계획(individualized family support plan: IFSP)으로 대표된다. IFSP를 활용한 사정과 개입 모델은 가족의 욕구와 바람, 가족의 강점과 능력, 사회적 지원과 자원, 전문가의 원조의 네 가지 구성 요소로 이루어진다. 이들 네 가지 구성 요소들은 서로 분리되어 있지 않고 사정과 개입의 단계에서 상호 의존적 관계를 가지고 있어야 한다. 여기서 전문가의 원조는 가족이 자신들의 욕구를 충족시키기 위해서 필요한 자원과 지원을 획득하도록 고양되고 힘을 갖게 하는 촉진제가 된다.

4) 가족지원 프로그램의 구성 요소

Dunst와 Trivette(1994)는 가족지원 프로그램의 구성 시 필요한 요구들을 [그림 10-1]과 같이 제시하였다(최민숙, 2002, 재인용). 그림에 제시된 바와 같이, 가족중심 가족지원 프로그램은 요구 중심의 실천, 강점 중심의 실천, 자원 중심의 실천, 능력 중심 및 도움 제공의 실천을 적용하는 프로그램이다. 요구 중심의 실천은 중재의 초점을 정의할 때 가족을 중심적인 역할에 두는 프로그램이며, 강점 중심의 실천은 가족이 기존에 가지고 있는 능력을 향상시킬 뿐만 아니라 그들의 능력 획득을 촉진하는 프로그램이다. 자원 중심의 실천은 가족의 요구를 충족시키기 위해 다양한 지역사회 주민, 집단, 조직, 기관 및 자원에 의존하는 프로그램이다. 그리고 능력 향상 및 도움 제공의 실천은 문제의 원인보다는 해결, 가족의 능력 촉진 및 가족의 기능 강화에 초점을 두는 프로그램이다.

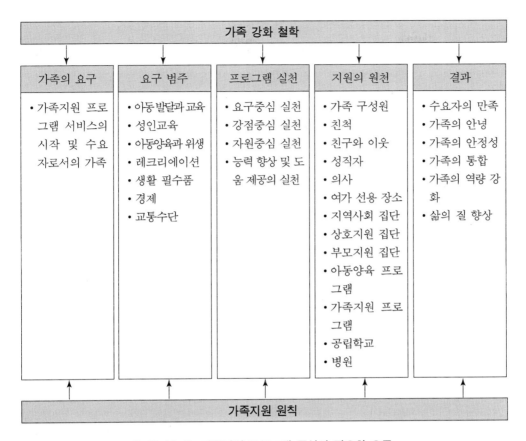

[그림 10-1] 가족지원 프로그램 구성시 필요한 요구

출처: Dunst, C. J. & Trivette, C. M. (1994). Aims and principles of family support programs. In C. J. Dunst, C. M. Trivette, & A. G. Deal (Eds.), *Supporting and strengthening families*. Cambridge, MA: Brookline Brooks, p. 42.

가족중심 가족지원 프로그램의 개발과 시행은 이러한 프로그램에 참여하는 가족들에게 긍정적인 결과를 가져와야 한다. [그림 10-1]에 기술된 결과들은 인간 서비스 프로그램에 참여하는 가족들에 의해 가장 자주 언급되는 결과들이다. 가족지원 서비스와 자원을 전달하기 위해 앞에 제시한 네 가지 유형의 실천을 적용한 가족지원 프로그램은 매우 강력한 지원방법으로 고려되어야 하며, 이러한 모델을 가족지원 프로그램의 중요 요소와 일치하도록 매일 실천하는 것이 중요하다.

그러나 프로그램 개발자와 실천가들은 이러한 가족지원 프로그램을 개발하고 시행하면서 많은 문제점에 직면하게 된다. 이제까지의 중재방식과는 달리 전문가와 가족 모두에게 기존의 사고 및 태도에 있어 변화를 요구하기 때문이다. 이제까지 결정권을 가지고 있는 전문가들은 이러한 결정 역할을 부모에게 돌려줘야 하고, 다른 전문가들과도 협력방법을 배워야 하며, 가족은 전문가와 의사소통하기 위해 필요한 기술을 학습할 필요가 있다.

5) 개별화가족지원계획(IFSP)의 구성 요소

미국 공법 99-457에서는 장애영아를 위해서 개별화가족지원계획(IFSP)을 작성하도록 요구하고 있다. 공법 94-142가 개별화교육계획(IEP)을 작성하도록 요구하였다면, IFSP는 장애아동을 위한 가족의 요구를 개별화하여야 함을 명시하고 있다. IFSP는 0~2세 장애영아를 위한 내용이지만 특수교육에서 가족의 중요성을 고려해 볼 때 더 나이 든 아동에게도 고려하여야 할 내용이라고 생각된다. IFSP를 작성할 때는 다음과 같은 사항을 명시하여야 한다(최민숙, 2002; Woods & Graffeo, 1995).

- 장애 영유아의 현재 수행능력을 기술한다. 장애 영유아의 현재의 신체적, 인지적, 언어적 발달 상황과 자조능력을 기술해야 한다. 이러한 능력을 기술할 때는 전문적인 지식에 근거하여야 한다.
- 가족의 우선순위, 관심 그리고 자원에 대해서 기술한다. 중재자 팀원들은 가족이 가족의 관심과 우선순위가 무엇인지를 결정할 수 있도록 도와주어야 하며, 활용할 수 있는 자원들을 발견하도록 도와주어야 한다.
- 가족 및 아동의 주요 성취 목표와 기준, 절차, 시한 등을 기술한다. 중재 프로그램을 통해서 장애아동과 가족이 도달해야 하는 결과에 대해서 서술한다. 예상된 결과에 도달하기 위한 기준과 방법, 시간 등을 서술하고 중재 프로그램이 변경되어야 한다면 언제 변경되어야 하는지를 제시해야 한다.
- 서비스의 시작 날짜와 예상되는 종료 날짜를 기술한다. 중재를 처음 실시하는 시기와 중재를 종료하는 시기를 제시해야 한다.
- 가족과 아동의 필요를 충족시키기 위한 서비스에 관하여 기술한다. 장애아

동과 가족의 욕구를 충족시킬 수 있는 교육 조치들을 진술하며, 그 조치들은 얼마나 자주 해 주어야 하는지를 언급한다.

• 사례 대표자를 선정한다. 사례 대표자는 가족과 아동의 욕구를 충족시킬 수 있도록 조치를 취하는 자로서 IFSP의 실시에 대한 총 책임을 진다.

• 아동의 전이계획을 세운다. 전이란 아동에게 실시된 한 프로그램에서 다른 프로그램으로 옮겨 가는 것을 의미한다. 아동에게 전이가 필요할 때는 적어도 전이 3개월 전에 전이계획이 수립되어야 한다.

6) 장애아동 가족지원의 효과

(1) 양육 스트레스의 감소

한 가정에 장애아동이 출생하면서 가족들은 지속적으로 특별한 보호와 의료 문제, 재정적·정신적·사회적 부담을 얻게 된다. 이는 가족 전체에게 스트레스로 작용할 수 있는데, 장애아동의 부모는 일상적인 양육 부담을 느낌으로써 부모 자신의 건강을 해칠 뿐 아니라 다른 가족 구성원의 정신건강과 발달을 저해할 수 있다. 특히 가정에서 장애자녀의 주요한 양육자가 되는 장애아동 어머니가 양육과 관련해서 많은 어려움을 겪게 되는데, 지금까지의 많은 연구들에서는 장애아동의 어머니들을 장애아동의 장애 발생의 원인 제공자로 인식하며 비난한 것도 사실이다(Early & Poertner, 1993). 그러나 최근에 이르러서는 장애아동의 어머니를 비난하는 입장에서 벗어나 그들의 어려움에 대한 대처 방안 지원을 위한 관점에서 장애아동 어머니가 경험하는 어려움에 관심을 기울이게 되었다.

부모의 양육 스트레스 문제가 아동의 일차적인 장애 이외에 이차적인 행동 문제를 야기할 수도 있기 때문에, 장애아동을 위한 성공적인 교육을 위해서는 장애아동 부모의 양육 스트레스에 대해 이해하고 지원을 제공하는 것이 장애아동에 대한 직접적인 교육 못지않게 중요하다. 양육 스트레스가 많은 어머니가 보일 수 있는 비일관성과 화내는 행동은 문제행동을 지닌 아동에게 부정적인 영향을 미칠 수 있다. 또한 어머니가 자녀를 양육할 때 경험하는 많은 스트레스는 자녀양육을 어렵게 하고 강압적인 양육 패턴을 형성하여 결국 아동의 자기존중감에 부정적인 영향을 미치게 된다. 따라서 부모 및 가족 전체의 삶의 질에 많은 영향을 미치는 양육 스트레스를 감소시키기 위한 적극적인 노력이 필요하다.

(2) 양육 효능감의 증진

양육 효능감이란 아동의 적절한 발달과 관계된 가치 있는 행동을 하는 부모의 능력에 대한 믿음으로 정의할 수 있다. 부모의 양육 효능감은 아동의 심리적인 적응과 관련이 있으며, 양육 효능감을 높게 지각하는 부모들은 자녀를 양육함에 있어서 높은 능력을 보이게 된다. 부모의 양육 효능감과 자녀(일반아동)를 양육하는 행동 간의 관계를 설명하는 여러 연구 문헌들에 의하면, 부모의 양육 효능감은 부모가 자녀를 대하는 행동에 영향을 미친다. 즉, 어머니의 양육 효능감이 높을수록 자녀의 신체, 인지, 사회·정서 발달에 관련된 양육행동을 더 강조하고 자녀양육에 적극적으로 참여하거나 자율을 격려하는 행동을 하는 반면, 통제적인 양육행동은 덜 한다.

어머니의 양육 효능감은 양육 스트레스가 양육행동에 주는 영향에 있어서 매개변인의 역할을 한다는 점에서 중요하다. 부모의 양육 스트레스는 부모 자신의 삶을 황폐하게 하는 것뿐 아니라 아동에게도 여러 가지 측면에서 많은 영향을 미치게 된다. 부모의 스트레스와 자녀에 대한 양육행동 간의 관련성을 살펴본 연구 결과에 따르면, 부모의 양육 스트레스는 부모가 아동에게 보이는 양육행동에도 밀접한 영향을 미치게 되어 부모가 자녀양육을 하면서 높은 스트레스를 경험할수록 아동에게 바람직하지 않은 양육행동을 보이게 된다. 이와 같이 양육스트레스가 부모의 양육행동에 영향을 미치는 데 있어서 양육 효능감은 매개적 역할을 담당한다.

부모의 양육 효능감이 부모와 자녀의 상호작용에 영향을 미치며 자녀의 사회적 능력에도 영향을 미친다는 사실은 장애아동의 부모-자녀 관계에서도 동일하게 적용될 수 있다. 장애아동 부모의 양육 효능감에 대한 연구에 의하면 장애아동 부모의 양육 효능감은 장애아동을 대하는 행동과 관련이 있다(Mainiadaki, Sonuga-Brake, Kakouros, & Karabe, 2005). 더욱이 자녀의 장애 특성으로 인해 자녀양육에 더욱 어려움을 지니게 되는 장애아동의 부모에게는 문제행동을 포함하여 자녀의 행동을 다룰 수 있다는 믿음이 실제로 자녀의 어려운 문제행동을 다루는 데 있어 중요한 요인이 된다(Mainiadaki et al., 2005).

어머니의 양육행동에 영향을 주며 궁극적으로 아동의 발달에 영향을 주게 되는 양육 효능감이 사회적 지원과 높은 정적 상관관계가 있다는 많은 연구 결과가 있다. 이러한 연구 결과는 양육에 대한 구체적인 지원을 제공하는 것이 양육 효능감 향상에 기여한다는 것을 의미한다. 어머니가 자녀를 양육함에 있어서 구체적으로 남편의 도움이나 주변 사람들의 도움은 어머니의 양육 효능감에 긍정적인 영향을 미치게 된다. 반면, 사회적 지원이 적은 경우에는 양육 효능감이 낮아지며, 결국 자녀에 대한 양육 스트레스가 심해지게 되어 강압적 양육행동으로 이어질 수 있다. 요컨대, 장애아동 부모에게 양육 효능감을 증진시키기 위한 지원을 제공하는 것은 부모의 양육 스트레스를 감소시키는 것에 긍정적인 영향을 미치며 장애아동에 대한 양육행동을 긍정적으로 변화시키고 장애아동의 사회적 능력을 향상시킬 수 있다는 점에서 매우 중요하다.

(3) 가족 역량 강화

가족 역량 강화란 가족에게 지식과 전문성을 증진시켜 자신감을 고조시키는 것으로, 지역사회 자원과 정보를 제공하여 주변 자원을 손쉽게 이용할 수 있게 하고 무력감을 제거하며 내재된 가족의 강점을 강화하여 자기효능감을 증가시키는 것을 말한다. 가족 역량 강화를 위한 지원은 크게 정보 제공을 통해 가족의 전문성 함양과 자원 이용을 돕는 지원과 가족의 자기효능감을 증가시키는 심리적인 지원으로 분류할 수 있다.

즉, 정신건강 서비스를 받는 자녀를 둔 저소득층 가족에게 장애 관련 정보와 활용 가능한 자원에 대한 정보를 제공하여 가족의 역량 강화를 꾀할 수 있고, 장애아동 부모를 대상으로 부모와 전문가 간 협력적인 중재에 참여하도록 교육함으로써 부모의 스트레스를 감소시키고 자존감을 높일 수 있다. 또한 위기 중재가 필요한 장애아동의 가족을 대상으로 가족중심 위기 중재에 참여하도록 하여 아동의 문제행동을 감소시키고 부모의 자기효능감을 증진시킬 수 있다. 장애아동 가족에게 가족 상황을 고려한 긍정적 행동지원에 대한 교육을 함으로써 가족이 아동의 행동지원에 참여하게 되는 사례들도 볼 수 있다. 이렇듯 장애아동 부모를 대상으로 하는 역량 강화 프로그램에 참가한 부모들은 서비스 정보를 얻고 대안적 정보를 교환하는 정보적 지지를 얻게 된다.

　가족의 전문성 함양과 자원 이용을 돕는 지원을 통해 장애아동의 가족들은 가정 내에서도 매우 중요한 아동의 발달 요소를 가족 스스로의 힘으로 증진시킬 수 있다.

요 약

　부모교육이란 자녀교육에 대한 참여와 지원을 위한 방법으로 부모의 역할기능을 발달시키는 것이다. 아울러 교육 프로그램의 계획과 실천, 평가, 수정 등 모든 주요 단계에 부모가 참여하여 부모의 의사결정과 권리를 갖도록 하는 것이다. 즉, 부모교육은 자녀의 교육에서 부모가 적극적인 역할 수행을 하여 자녀양육의 질을 높이기 위한 것이다. 부모교육의 방법은 전문가 부모나 가족들을 훈련하여 전문가의 역할을 하도록 하는 방법, 부모회에 적극적으로 참여하게 하는 집단적 접근방법, 그리고 교사가 상담 또는 정보 교환을 통하여 부모를 교육시키는 개인적 접근방법이 있다.

　장애를 가진 아동이 태어나게 되면 부모들은 여러 가지 갈등을 겪으면서도 점차 바람직한 방향으로 발전해 나간다. 부모의 장애자녀 수용 단계는 ① 충격, 불신, 부정 단계, ② 분노와 분개 단계, ③ 타협 단계, ④ 우울과 좌절 단계, ⑤ 수용 단계로 나누어 볼 수 있다. 이 과정에서 부모들은 방어 기제를 사용하여 욕구의 저지, 현실 문제 해결이 곤란하거나 또는 자신의 열등감이 의식될 때 상실해 가는 자아를 지키고자 한다. 이에 교사는 장애인의 부모와 많은 대화를 통해 보다 나은 적응 기제로 승화시켜 나가도록 유도해야 할 것이다.

　장애아동 가족지원이란 가족의 기능을 향상시키기 위해 제공하는 교육 및 복지 서비스 프로그램으로, 기존의 장애아동을 대상으로 한 개인 중심의 프로그램이 아닌 가족의 욕구와 필요를 중심으로 가족 구성원 모두를 돕는 프로그램을 의미한다. 특수교육에서 개별화교육계획(IEP)을 작성하도록 요구하고 있다면 IFSP는 장애아동을 위한 가족의 요구를 개별화하여야 함을 명시하고 있다. IFSP는 0~2세 장애 영아를 위한 내용이지만 특수교육에서 가족의 중요성을 고려해 볼 때 더 나이 든 아동에게도 고려하여야 할 내용이라고 생각된다. 이러한 가족지원을 통해 장애아동 부모는 양육 스트레스가 감소되고 양육 효능감이 증진되며, 더불어 가족의 역량이 강화될 수 있다.

연구 문제

- 부모교육의 방법 중 전문가 개입의 중요성과 구체적 방법을 제시하시오.
- 장애아동 부모의 장애 수용 단계의 특성을 제시하고 단계별로 적절한 지원방법을 설명하시오.
- 가족지원 프로그램의 여섯 가지 원리를 제시하시오.
- 개별화가족지원계획(IFSP)을 작성할 시 포함해야 내용을 기술하시오.

관련 사이트

- 부산 장신대학교 특수교육지원센터 http://se.bpu.ac.kr/

참고문헌

구본권(1992). 지체장애아동교육. 서울: 시그마프레스.

권요한, 박종흡, 박찬웅, 최성규, 홍종선(1998). 장애학생 부모교육 프로그램. 안산: 국립특수교육원.

백은희, 김삼섭, 구본권(1994). 중복장애아동교육. 서울: 양서원

여광응, 박대용, 이점조, 추연구(2003). 특수아동 부모교육의 이론과 실제. 서울: 양서원.

최민숙(2002). 장애아동을 위한 가족참여와 지원. 서울: 학지사.

Bailey, D. B., & Simeonsson, R. J. (1988). *Family assessment in early intervention*. Columbus, OH: Merrill.

Cerreto, M. C. (1981). Parental influences on the socialization of mentally retarded children. *Advances in special Education, 3,* 83-111.

Dunst, C. J., & Trivette, C. M. (1994). Aims and principles of family support programs. In C. J. Dunst, C. M. Trivette, & A. G. Deal (Eds.), *Supporting and strengthening families* (p. 42). Cambridge, MA: Brookline Brooks.

Dunst, C. J., Johanson, C., Trivette, C. M., & Hamby, D. (1991). Family-oriented early intervention policies and practices: Family-centered or not? *Exceptional Children, 58,* 115-126.

Early, T. J., & Poertner, J. (1993). Families with Children with Emotional Disorders: A Review of the Literature. *Social Work, 38*(6), 743-751.

Gammon, E. A., & Rose, S. D. (1991). The Coping Skills Training Program for parents of children with developmental disabilities: An experimental evaluation. *Research on Social Work Practice, 1*(3), 244-256.

House, J. S. (1981). *Work stress and social support.* California: Addison-Wesley Publishing Company.

Mainiadaki, K., Sonuga-Brake, E., Kakouros, E., & Karabe. R. (2005). Maternal emotions and self-efficacy beliefs in relation to boy and girls with ADHD. *Child Psychiatry and Human Development, 35*(3), 245-263.

Meyen, E. L., & Skrtic, T. M. (1995). *Special education and student disability: Traditional, emerging, and alternative perspectives.* Denver: Love Publishing.

O'Shea, L. J., O'Shea, D. J., Algozzine, R., & Hammitte, D. J. (2001). *Families and Teachers of Individuals with Disabilities.* Austin, TX: PRO-ED, Inc.

Woods Cripe, J., & Graffeo, J. (1995). *A Family's Guide to the Individualized Family Service Plan.* Baltimore: Paul H. Brooks Publishing Company.

제11장
장애학생을 위한
특수교육공학의 활용

　대학을 갓 졸업하고 곧바로 ○○초등학교에서 2학년 담임을 맡게 된 신임교사 김선희 선생님은 부푼 꿈을 안고 첫날 교실에 들어갔을 때 32명의 학생들을 처음 접하고는 무척 당황스러웠다. 김선생님 학급에는 저시력장애가 있는 시각장애학생, 휠체어를 사용하지는 않지만 전반적으로 신체 움직임이 부자연스러운 지체장애학생, 학습이 지체되어 특수학급에서 매주 한두 시간씩 특수교육을 받고 있는 학습장애학생과 정신지체학생이 각각 1명씩 있었기 때문이다. 이 학생들 중 일부는 국어와 수학 시간에 특수학급에서 교육을 받고 있다. 하지만 학교에서 보내는 대다수의 시간은 김선생님 수업에서 교육을 받으므로 장애학생들을 어떻게 가르쳐야 할지에 대한 걱정이 앞섰다. 김선생님은 개별적으로 수준이 다른 학습장애와 정신지체 학생들, 인쇄자료 접근이 어려운 시각장애학생, 또한 손으로 하는 활동이 어려운 지체장애학생을 한 학급에서 어떻게 하면 효과적으로 가르칠 수 있을지 고민이 되었다. 교육의 효과성 및 효율성을 향상시키기 위해서는 다양한 교수공학적 방법을 사용해야 한다는 것을 대학에서 배웠지만, 김선생님은 장애가 없는 일반학생들을 대상으로 하는 교수방법들만을 익혔을 뿐이었다. 김선생님은 개별적으로 다양한 특성과 요구를 가진 4명의 장애학생들을 일반적인 수업시간에 효과적으로 교수하기 위해서 어떻게 해야 할까? 이와 같은 상황에서 장애학생들을 위해 어떤 공학적 접근을 사용할 수 있을까?

장애학생을 포함하여 교육 현장의 모든 학생들은 자신의 특성과 요구에 따라 다양한 공학적(technology) 지원을 필요로 한다. 이러한 맥락에서 장애학생을 대상으로 하는 교육의 효과성 및 효율성을 높이기 위해 교육 현장에서 교사가 어떠한 특수교육공학 접근을 활용할 수 있는지를 살펴본다.

1. 특수교육공학의 개념

교육에 공학을 활용할 필요성과 그 효과성은 비단 장애학생뿐 아니라 학교교육 현장에서 모든 학생들의 교육에 강조되어 왔다. 즉, 교육에서의 공학은 근본적으로 교육의 필요에 의해 채택되고 적용되어 왔으며, 현재 교육의 효과성 및 효율성을 증진시키는 기술로 자리 잡고 있다(이종연, 2004). 이러한 맥락에서 공학은 특별한 요구를 가진 장애학생을 위한 교육에도 큰 잠재력을 가지고 있으며(Maccini, Gagnon, & Hughes, 2002), 장애학생의 교육 효과성 및 효율성을 높이기 위해 교육 현장에서 다루는 교수공학적 지원과 장애로 인한 특수한 요구를 반영한 보조공학적 지원을 함께 중요하게 다루어야 할 것이다.

교육에 공학을 접목시키는 의미의 교육공학(educational technology)은 교육 효과의 증진을 위해 공학적 기술과 지식을 교육의 개선을 위하여 체계적으로 활용하는 학문이다(이종연, 2004). 이와 관련하여 특수교육에 공학을 접목시킨 개념이라고 볼 수 있는 특수교육공학(special education technology)은 일반적인 교육공학의 의미에 장애로 인해서 특수성을 가진 공학적 요소들이 포함되어 그 범위 면에서 교육공학과 차이가 있다. 특수교육공학의 개념에 대해서는 여러 논문들에서 그 의미와 범위 측면을 다양하게 제시하고 있지만, 특수교육 영역에서 최근 점점 강조되고 있는 분야 중 하나라는 사실에는 예외가 없다. [그림 11-1]을 살펴보면, 위에서 언급했듯이 특수교육에 공학을 접목시킨 의미의 특수교육공학은 일반적인 교육공학의 의미에 장애로 인해서 특수성을 가지는 보조공학적 요소들이 포함되어 있음을 발견할 수 있다. 그래서 특수교육공학은 특수교육 대상학생을 위해 사용하는 일반적인 교육공학과 보조공학의 개념을 모두 포괄하는 개념이라고 할 수 있다.

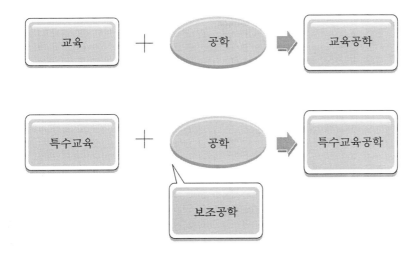

[그림 11-1] 특수교육공학과 교육공학의 개념 비교

　　Blackhurst(2005)는 특수교육 영역에 공학의 개념을 접목시켜서 특수교육공학
의 개념을 설명하였으며, 특수교육과 관련된 공학의 유형을 다음과 같이 다양
한 형태로 제안하였다.

- 수업공학(technology of teaching): 체계적으로 계획되어 수업에 적용되는 교
  수적 접근을 말한다. 이러한 접근에는 학생들이 학습하는 데 필요한 과제에
  근거한 정확한 교수 절차, 잘 정의된 목표, 계열화된 교수 단위, 교수활동,
  학생 참여, 강화 사용, 학생 수행의 모니터링 등이 해당된다. 교수-학습 과
  정에서 활용되는 매체는 여기에 포함되지 않는다.
- 교수공학(instructional technology): 교수공학의 전형적인 유형은 비디오, 컴
  퓨터 보조학습, 하이퍼미디어 교수 프로그램을 사용하는 것이다. 교수공학
  이 교수 전달을 위한 도구라는 것을 인식하고 다양한 교수 요소들을 인식
  하는 것이 중요하며, 공학의 사용이 교수 설계나 실행이 부족한 교수를 보
  완하는 것이 아님을 인식해야 한다.
- 보조공학(assistive technology): 장애학생들의 학습이나 생활을 돕도록 고안
  된 다양한 유형의 서비스와 장치들을 말한다. 이것은 기계적·전자적 기반
  의 장치, 비기계적·비전자적 장치, 특수하게 고안된 교수자료, 서비스, 전

략들을 모두 포함하는 개념이다. 보조공학은 장애를 가진 학생을 보조하고, 환경에 더 접근 가능하게 만들며, 경쟁력과 독립성을 향상시키고, 삶의 질을 향상시키는 것을 목적으로 한다. 보조공학의 예로는 의사소통 보조기, 대안적인 컴퓨터 키보드, 적응적 스위치, 서비스 등이 있다. 이러한 것들은 언어치료사, 물리치료사, 작업치료사 등에 의해 제공된다.

- 의료공학(medical technology): 장애학생들이 원활한 학습 및 생활을 할 수 있도록 사용되는 각종 의료 기기 및 서비스들이 해당되며, 보장 및 보철 기기, 각종 의료장비들이 포함된다. 예를 들어, 산소 공급기, 심폐기능 모니터, 산소 농도계 등 병원환경 밖에서 꼭 필요한 기구다. 이러한 공학을 사용해서 학생들이 학교교육, 지역사회 활동, 작업활동에 참여할 수 있도록 한다.

- 생성도구 공학(technology productivity tool): 사람들이 더 효과적 · 효율적으로 활동할 수 있도록 하는 컴퓨터 소프트웨어, 하드웨어, 관련 시스템 등을 말한다. 쓰기 구성 도구, 철자 점검기, 구어 합성기와 단어 예측 소프트웨어, 쓰기 촉진 도구, 멀티미디어 작문 도구 등이 해당된다.

- 정보공학(information technology): 정보공학은 광범위한 주제로 지식과 자원에 접근할 수 있도록 하는 것이다. 여러 형태의 지식과 자료에 용이하게 접근할 수 있도록 해 주는 가장 대표적인 정보공학의 형태는 인터넷이다.

Kirk, Gallagher와 Anastasiow(2003)도 장애학생에게 필요한 공학을 보조공학과 교수공학으로 나누어서 설명하였는데, 구체적인 공학기술의 사용에 대한 예는 〈표 11-1〉에 제시되어 있다.

국내에서 사용하고 있는 특수교육공학의 개념에 대해서 살펴보면, 한성희(1997)는 특수교육을 요하는 학생들과 특수교육 관련 인사들이 직면하는 곤란한 문제를 개선하기 위하여 착상되거나 적용되는 장치, 서비스, 전략 수단이라고 정의하였다. 강혜경과 박은혜(2002)는 지식이나 기능의 부족으로 인해 정상적인 학습이나 활동에 제한을 받는 모든 교육 대상자들에게 그들의 실제적 목적을 달성하기 위해 필요로 하는 모든 장치나 도구 및 관련 서비스라고 정의하였다. 그리고 김용욱(2005)은 특수교육공학의 개념을 장애를 가지고 있는 학습자의 효

| 표 11-1 | **특수교육에서 공학의 사용 예**

보조공학	교수공학
신체나 감각 장애가 있는 학생들의 일상적인 기능을 향상시켜 주기 위한 기구 • 의사소통판 • 컴퓨터 화면 읽기 프로그램 • 점자 프린터 • 헤드포인터 • 시각장애를 위한 확대기기	교수 전달과 지원을 위한 기술 • 컴퓨터와 소프트웨어 • 전화/팩스 • 인터넷 • 자료 압축 • 비디오디스크

출처: Kirk, S. A., Gallagher, J. J., & Anastasiow, N. J. (2003). *Educating exceptional Children*. 강창욱 역(2003). 특수아동의 이해와 교육. 서울: 박학사.

율적인 교육과 생활을 위해 사용하는 공학기기, 서비스, 수업의 전략과 실제라고 정의하면서, 장애학생들에게 적절한 교수방법 및 관련 공학 서비스를 제공하여 특수교육의 질적 효율을 제고할 수 있는 체계적이고 종합적인 서비스라고 설명하였다. 이러한 정의들을 통해서 볼 때, 국내에서 특수교육공학은 교수설계나 교수방법을 강조하는 교수공학의 의미보다는 장애학생들에게 필요한 장치나 도구 그리고 관련된 지원 서비스의 의미가 더 많이 강조되고 있음을 알 수 있다. 즉, 특수교육공학의 특징은 일반적인 교육공학과 달리 보조공학이 많은 부분에서 강조되고 있다.

김용욱(2005)은 특수교육공학을 구성하는 주요 요소를 공학기기, 서비스, 전략과 실제의 세 가지로 구분하여 제시하였다. 이는 특수교육공학을 기기나 서비스 수준에서만 보는 관점을 더욱 확장시켜서 그것들을 어떻게 활용할 것인가를 다루는 전략과 실제까지 특수교육공학의 영역으로 포함시킨 것이다.

- 공학기기: 디지털 및 컴퓨터를 기반으로 하는 첨단 공학기기에서부터 휠체어와 같이 일반적으로 많이 활용되고 있는 기계류 중심의 일반 공학기기, 개조된 책상 및 식사도구와 같이 간단한 개조 및 도움 장치만으로 장애를 가지고 있는 학습자들의 독특한 요구를 수용할 수 있는 기초 공학기기 등이 포괄적으로 포함된다.
- 서비스: 교수-학습을 위한 관련 소프트웨어가 포함된다. 또한 각종 공학기

기를 운용하려고 하면 관련 소프트웨어가 필요한 경우가 있는데, 이러한 소프트웨어를 활용하는 것에서부터 공학기기의 준비, 사용, 사후 관리까지 일련의 과정이 포함된다.

- 전략과 실제: 언제, 어떻게 활용하면 좋을지에 대한 전문가의 선택 및 실제 적용이라고 할 수 있다. 교수–학습 장면에서는 기기나 소프트웨어를 수업 시간 전체에 걸쳐 학습의 전 구성원에서 활용할 수도 있고 특정 영역 및 시간 그리고 특정 집단만 활용할 수도 있는데 이러한 전략과 실제를 일컫는다.

지금까지 제시한 특수교육공학의 유형들과 요소들은 단독으로 사용되기도 하지만, 일반적으로 특수교육 서비스라는 큰 전달체계 내에서 여러 유형들이 혼합되어 사용된다. Blackhurst(2005)가 언급한 여섯 가지의 공학 유형들 중에서 수업공학은 교육공학의 학문적 개념과 정의를 고려해 볼 때 교수공학으로 합쳐질 수 있으며, 의료공학과 생성도구 공학, 정보공학은 특수교육공학의 주된 유형이라기보다는 간접적으로 활용되고 영향을 미치는 영역이라고 볼 수 있다. 그래서 이 연구에서는 [그림 11-2]와 같이 특수교육공학의 개념을 크게 교수공학과 보조공학의 두 영역으로 범주를 분류했으며, 추가적으로 다른 공학의 영역들이 간접적으로 영향을 미치는 것으로 구성하였다. 이렇게 특수교육공학이 교수공학과 보조공학으로 이루어진다는 것은 이미 선행 연구들(Blackhurst,

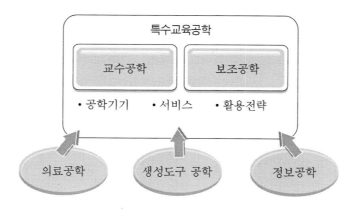

[그림 11-2] **특수교육공학의 개념**

2005; Kirk et al., 2003; Maccini et al., 2002)에서도 언급하였으나, 이 장에서는 여러 구성 요소들의 관계를 더욱 구체화시켰다. 또한 김용욱(2005)이 제시한 공학기기, 서비스, 전략과 실제라는 요소는 교수공학과 보조공학의 각 영역의 세부 요소들에 모두 포함될 수 있는 것이므로, 이를 반영하여 다음과 같이 특수교육공학의 개념을 범주화하여 제시할 수 있다.

흔히 교육 현장에서 활용되는 공학적 요소를 기계장치나 시스템, 컴퓨터 등에 국한하는 경우가 있는데, 이것은 교수공학의 개념을 매우 제한적으로 보는 것이다. 여기에서 교육에 활용하는 교수공학의 의미는 효율적인 교수전략 및 교수매체, 공학적 기법, 평가도구들을 교수-학습의 과정에 체계적이며 효과적으로 개발, 활용, 운영하는 것을 모두 포함하는 개념이다. 그리고 보조공학은 집에서 손쉽게 만들 수 있는 장난감 같은 것에서부터 컴퓨터와 같은 하이테크를 이용한 장치들에 이르기까지 장애인의 기능적 능력을 유지 · 향상시켜 그들의 학습과 사회생활에 도움을 주는 모든 장비 및 기계장치, 더 광범위하게는 서비스와 전략까지를 포함하는 것이다. 교육에 활용하는 공학의 의미는 효율적인 교수전략 및 교수매체, 공학적 기법, 도구, 장치들을 교수-학습의 과정에 체계적이며 효과적으로 개발, 활용, 운영하는 것을 모두 포함하는 개념이다. 따라서 특수교육공학은 어떤 프로그램이나 장치를 구비하는 것에서 끝나는 것이 아니라 그것을 어떻게 수업에 활용하고 효과적으로 운영할 것인지까지 모두 포함하는 것이고, 더 나아가 해당 공학기술이 앞으로 어떻게 수정되어야 할지에 대한 개발에서의 시사점까지도 포함해야 한다.

2. 장애학생을 위한 공학의 필요성

특수교육공학의 필요성에 대해 논하기 위해 장애학생들의 교육에 공학이 미치는 영향을 제시하면 다음과 같다(손지영, 2008).

첫째, 특수교육공학은 수업의 개별화를 촉진한다. 특히 컴퓨터나 하이퍼미디어를 이용한 수업 상황에서 컴퓨터는 모든 학습자에게 똑같은 방식으로 똑같은 수준의 내용을 제시하는 것이 아니라 학습자의 능력을 프로그램이 파악해서 적절한 제시방식과 학습내용을 선정하여 제공할 수 있다(박성익 외, 2001). Williams(1996)는 컴퓨터를 기반으로 하는 수업환경에서 적용할 수 있는 다양한 수업 통제 유형을 제시하였는데, 학습자가 일련의 학습활동을 직접 선택하고 스스로 관리할 수 있는 학습자 통제적 학습환경을 제공해 줄 수 있다고 했다. 즉, 학습내용의 순서와 계열화, 정보나 사례의 양, 질문의 유형, 피드백의 형태 등을 개별 학습자에게 적응적으로 제시해 주어서 학습의 개별화가 가능하게 되는 것이다. 이러한 개별화의 장점은 학습능력이나 주의집중, 학습전략 면에서 특별한 요구를 가진 장애학생들이 각자 자신이 기대하는 성취 수준에 도달하도록 체계적으로 개별화된 교수를 제공할 수 있게 해 준다.

둘째, 특수교육공학은 동기유발을 촉진한다. 컴퓨터 및 다른 공학매체들은 학습내용의 진행방식과 화면 제시방식에 있어서 다양한 기법을 사용함으로써 학습자들의 동기를 유발시킬 수 있다(Lee & Vail, 2005). 다양한 그래픽과 이미지, 애니메이션과 같은 학습 자극들은 학습자들의 흥미를 유발시킬 수 있으며, 학습자들의 선호도에 따라서 원하는 것을 선택해 가며 학습하도록 허용해 주는 학습환경은 학습자들로 하여금 자신감과 친밀감을 갖고 수업에 임할 수 있도록 도와줄 수 있다. 이러한 공학의 장점으로 장애학생들의 동기유발과 학습 태도가 향상될 수 있다. 즉, 주의집중 시간이 짧고 산만한 장애학생들에게 새롭고 매력적인 학습도구로 흥미를 더욱 유발시킬 수 있으며, 학습 동기를 증진시켜서 오래 과제를 수행하도록 이끌 수 있다.

셋째, 특수교육공학은 실제 상황과 유사한 간접 경험의 기회를 제공할 수 있다. 다양한 시청각 매체를 통한 멀티미디어는 습득된 지식을 실제 상황에서 접하게 되는 여러 과제를 수행하는 과정에서 활용할 수 있는 기회를 제공한다(박성익 외, 2001). 학교에서 배운 지식이 필요한 상황에서 활용될 수 있으려면 실제 상황에서 접할 수 있는 과제를 수행하고 그 과정에서 당면한 여러 가지 문제를 해결하는 간접 경험을 쌓을 수 있어야 하는데, 시뮬레이션과 같은 멀티미디어에서 제공되는 현실감 있는 내용과 정보들이 바로 그러한 간접 경험을 쌓을 수 있도록 해 준다. 이러한 장점은 이동이 어려운 지체장애학생들이나 지식의 전이와 일반화를 위해 실제 상황에서 많은 반복 연습을 필요로 하는 정신지체 및 학습장애 학생들에게 긍정적인 영향을 발휘하게 된다. 따라서 장애학생들이 실제 상황과 유사한 간접 경험을 원하는 만큼 반복해서 연습할 수 있는 효과적인 학습방법을 특수교육공학이 제공해 줄 수 있을 것이다.

넷째, 특수교육공학은 장애학생들의 긍정적 태도와 자신감을 길러 줄 수 있다. 공학이 특수교육 분야에 제공하는 가장 큰 장점은 무엇보다도 장애를 가지고 있는 학생들의 능력 신장과 더불어 자아에 대한 긍정적 태도와 자신감의 회복이다(김용욱, 2005). 특수교육에 공학을 적절히 활용하게 되면, 장애학생들은 또래, 교사, 가족으로부터 유능한 것으로 인식될 수 있으며, 공학을 활용하기 이전에 불가능했던 일이나 역할을 함으로써 새로운 자신과 능력을 발견하게 된다. 따라서 특수교육공학은 교사들이 수업에서 장애학생들의 특별한 요구들을 더 잘 충족시킬 수 있도록 할 것이다. 교사들은 교실 안에서 공학을 사용하게 되면서 특별한 요구를 지닌 장애학생들을 더 많이 수업에서 통합하고 개별화된 적절한 교수를 제공해 줄 수 있다(Heinich, Molenda, Russell, & Smaldino, 2002). 그러나 수업에서 새로운 공학의 적용에만 급급하면 더 중요한 효과적 활용에 대해서는 간과할 수 있다. 그러므로 교육 현장에서 장애학생에게 특수교육공학을 활용하는 것의 효과성과 적절한 활용 방안에 대한 연구들이 계속적으로 이루어져야 할 것이다.

3. 장애학생을 위한 특수교육공학의 활용 유형

장애학생을 대상으로 하는 특수교육공학의 활용을 살펴보기 위해 보조공학과 교수공학으로 유형을 분류하여 구체적으로 제시하면 다음과 같다.

1) 보조공학의 활용

보조공학의 정의는 미국의 과학기술 관련 장애인지원법과 전장애아교육법(PL 101-476)에 명시되어 있다. 이 두 법에서는 "보조공학 도구는 구입한 것이든, 수정한 것이든, 개별적으로 맞춤 제작한 것이든 간에 기능적 능력 개발에 필요한 개인에게 그들의 기능적 역량을 증진하거나 개선하는 데 사용되는 품목, 장비, 제품들"이라고 규정하고 있으며, 이러한 지원을 받기 위한 서비스까지도 포함하여 무상으로 지원함을 보장하고 있다(강혜경, 박은혜, 2002). 이러한 보조공학은 교육, 일상생활, 직업생활, 지역사회생활, 여가생활 등 생활 전반에 걸쳐 사용될 수 있으며, 이 중 주로 교육 분야에서 사용하는 보조공학은 특수교육의 영역에 포함시키고 있다(육주혜, 전경일, 2004). 이와 같이 장애학생을 위한 공학의 적용은 매우 광범위하게 시도되어야 하며, 물리적이고 장치적인 도구뿐 아니라 그것의 활용 및 서비스까지 포함되는 것으로 인식해야 한다.

장애학생들이 학습환경에서 비장애 또래들과 같이 학습하고 참여할 수 있도록 돕는 보조기기들이 여기에 포함된다. 보조공학은 인쇄된 글을 구어로 전환시키는 매우 복잡한 기계에서부터 헤드밴드나 헤드포인터와 같은 단순한 것에 이르기까지 다양하고 포괄적이다. 이러한 보조공학은 정보를 주고받는 개별학생의 능력을 극적으로 향상시켜 주며 장애학생들을 위해 자주 사용된다(Kirk, et al., 2003). 구체적으로 착석 및 자세 유지를 위해서는 휠체어에 프레임을 끼워 넣는 것, 착석 받침과 등받이를 포함하여 특정 개인의 필요에 따라 휠체어를 디자인하는 것 등이 포함된다. 그리고 청각장애학생을 위한 문자 서비스, 비디오폰, 시각 경보장치 등이 있을 수 있고, 시각장애학생을 위한 화면 확대기, 음성정보, 점자 프린터 등이 있다(이근민, 1999).

장애 영역별로 활용 가능한 대표적인 보조공학의 예를 제시하면 다음과 같다.[1] 이 장에서는 주로 시각, 청각 및 지체 장애 영역을 중심으로 보조공학을 소개하며, 이 외에 인지장애 영역의 경우는 교수공학적 접근에서 중점적으로 제시한다.

(1) 시각장애

시각장애학생이 정보에 더 쉽게 접근할 수 있도록 문자를 음성으로 출력해 주는 보조공학으로서 문자 또는 그래픽의 캡션을 음성으로 출력하여 변환해 주는 소프트웨어 또는 기기가 포함된다. 음성합성 보조공학의 한 유형으로 화면 읽기 소프트웨어가 있는데, 이것은 시각장애학생이 자판을 입력하면 개개의 글

---

1) 그림 출처: 한국장애인고용촉진공단 보조공학센터 http://www.atc.or.kr

화면읽기 소프트웨어—센스리더(SenseReader)
(제조사: 엑스비전테크놀로지)

음성 합성장치—보이스아이 PC 메이트
(제조사: 에이디정보통신)

자나 단어를 음성으로 출력해 주는 것이다. 커서와 마우스를 따라서 화면에 있는 대상을 음성으로 변환해 준다. 그리고 인쇄물에 기기를 가져다 대면 음성으로 변환해 주는 보조공학기기로서 음성 합성장치가 있다. 이것은 녹음 도서를 따로 만들 필요 없이 인쇄 및 출판물에 기기를 대어 음성 출력이 가능하도록 한 것으로 컴퓨터에 연결하여 바로 사용 가능하다.

저시력장애학생이 글자를 확대해서 학습할 수 있도록 하는 보조공학은 소프트웨어나 확대기기를 사용하여 모니터에 문자를 확대해서 볼 수 있도록 하는 것이다. 그러나 이것은 한 화면에 제시할 수 있는 정보의 양이 제한적이기 때문에 전체적인 내용을 검토하는 데 시간이 많이 소요된다는 단점이 있다. 우리나라에서 많이 사용하고 있는 확대 보조공학으로는 줌텍스트(ZoomText) 소프트웨어와 독서 확대기가 있다.

확대 소프트웨어—줌텍스트(ZoomText)
(제조사: Aisquared)

독서 확대기—스마트뷰 익스텐드
(제조사: HumanWare)

점자정보 단말기—브레일노트(mPowerBT32)
(제조사: HumanWare)

한편, 시각장애학생이 쉽게 사용할 수 있도록 설계된 점자기기인 점자정보단
말기는 촉각과 음성, 시각장애인 정보 접근 인터페이스에 기반한 것으로서 컴
퓨터에 연결하여 묵자나 점자로 전환할 수 있다. 즉, 점자로 출력이 가능하여
읽으면서 교정할 수 있고 점자로 입력한 내용을 묵자로 전환할 수도 있다.

(2) 청각장애

청각장애학생을 위한 보조공학에는 잔존청력을 증폭시키거나 시각 정보로 대
체해서 일상적인 환경에서 학습할 수 있도록 돕는 기기가 포함된다. 청각장애
학생에게 큰 소리로 말하지 않아도 들을 수 있도록 음을 확장시키는 보조공학
기기도 있으며, 영상폰을 사용하여 음성 대신에 영상으로 내용을 전달하거나
노트북 컴퓨터, 프로젝터 등을 사용하여 문자로 의사소통을 할 수 있다.

소리 증폭장치—하하(HAHA)
(제조사: 건융아이비시)

화상전화기—비주폰(CIP)
(제조사: C&S네트워크)

(3) 지체장애

지체장애학생의 경우 학습과정에서 손을 사용하는 활동에 대해 대안을 마련해 주거나 정확하게 작업할 수 있도록 보조하는 장치가 보조공학에 포함된다. 우선 지체장애학생이 컴퓨터를 사용할 수 있도록 하는 대체 키보드와 마우스가 있으며, 기타 전자기기 및 전기제품을 통제할 수 있게 해 주는 스위치가 있다. 또한 지체장애학생이 손의 움직임을 조절해서 필기할 수 있도록 보조해 주는 다양한 보조기기가 있다. 그 외에도 음성입력 시스템이나 터치스크린 시스템 등이 지체장애학생들이 편하게 사용할 수 있는 대체 입력기기다.

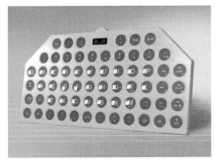

대체키보드—킹키보드
(제조사: Tash)

특수 선택장치—조글 스위치
(제조사: Penny-Giles)

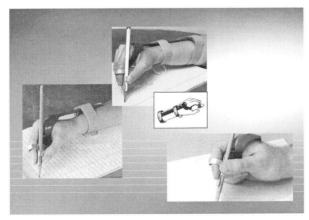

필기 보조도구
(제조사: Samons Preston)

2) 교수공학의 활용

특수교육에서 교수공학을 활용하는 배경과 현황을 간략히 살펴보고, 장애학생의 교육과 연관시켜 교수공학의 활용 유형을 제시하면 다음과 같다.

(1) 특수교육에서 교수공학의 활용 현황

미국에서는 1960년대부터 장애학생 교육에 오디오와 비디오 같은 멀티미디어를 활용하는 교수활동이 대두되었으며, 이러한 교수공학적 도구들이 교수에 미치는 잠재적인 장점들이 강조되기 시작했다. 1960년대 후반에는 교수공학의 개념과 범위가 확장되어 특수교육 교수자료를 위한 국가센터가 설립되었고 장애학생들을 위한 공학적 지원이 이루어졌다(Blackhurst, 2005). 그리고 1980년대부터는 특수교육 분야에서 보조공학이 강조되면서, 더불어 보조공학 연구와 컴퓨터 소프트웨어가 직접적으로 등장하게 되었다. 1986년에 개정된 미국의 '전장애아교육법(All Handicapped Children Act, PL 99-457)'에서는 특별한 요구를 가진 학생들에게 공학적 장치의 지원을 규정하였고, 이에 공학은 모든 수준의 공교육 체제에서 그 범위가 점점 확대되었다(Maccini et al., 2002). 또한 '장애인공학관련 지원법(Technology-Related Assistance for Individuals with Disabilities Act, PL 100-407)'과 같은 장애인을 위한 공학적 지원 법령이 만들어졌고(Blackhurst, 1997), 1990년대 이후에는 인터넷의 발전으로 보조공학적 지원과 관련 연구활동이 더욱 활발히 이루어졌다(김동일, 손지영, 2008).

특수교육에서 교수공학의 활용에 대한 연구는 미국에서 1980년대 이후부터 활발하게 이루어졌고, 국내의 경우는 1990년대 이후부터 보조공학과 컴퓨터 보조학습을 중심으로 이루어지기 시작했다. 선행 연구들에서 다루어진 교수공학의 주된 유형으로는 비디오나 음성 자료와 같은 시청각 매체의 활용(Bottge & Hasselbring, 1993; Kelly, Carnine, Gersten, & Grossen, 1986), 컴퓨터 보조학습(김수진, 한경임, 2001; 안미혜, 박재국, 2003; Bahr, & Rieth, 1989; Horton, Lovitt, Givens, & Nelson, 1989; Lee & Vail, 2005), 인터넷 및 하이퍼미디어를 활용한 학습(Higgins, Boone, & Lovitt, 1966; 김윤옥, 김수희, 2000) 등이 있었다. 이러한 선행 연구들에서는 공학이 기초 학습 영역에서 장애학생들의 학업성취 향상, 학습 동기 향상, 사회성 기술 향상 등의 효과가 있다고 보고하고 있지만, 일부 연구들에서는 일반화가 부족한 제한점을 제시하기도 하였다(김동일, 손지영, 2008).

(2) 장애학생을 위한 교수공학의 활용 유형

교수공학을 기반으로 하는 중재에 대한 필요성과 장애학생 교육에 미치는 커다란 잠재력에도 불구하고 국내 특수교육 현장에서는 공학에 대한 제도적 지원과 인식이 여전히 부족하고, 특정 장애 영역에 국한해서 연구들이 이루어지고 있는 편이다. 특히 그동안 지체장애나 감각장애 등 일부 장애 유형의 학생들을 대상으로 하는 보조공학에 특수교육공학을 국한해 옴으로써 전반적인 장애학생들의 학습 효과성과 효율성을 증대할 수 있는 잠재력을 적절히 인식하지 못하고 있다. 따라서 그동안 감각장애나 지체장애 및 중복장애 학생들의 제한점을 보완해 주는 도구로서 보조공학의 활용 연구에 주력하였다면, 앞으로는 일반적인 통합환경에서 학습을 위한 특별한 도움을 필요로 하는 경도장애학생들의 학습 효과성과 효율성을 향상시키는 방법으로 교수공학적 접근을 적극적으로 활용해야 할 것이다.

여기에서는 학습장애 및 인지장애 영역을 중심으로 수업에서 활용할 수 있는 교수공학의 유형에 대해 간략히 소개한다. 1990년대에 활발히 연구가 이루어졌던 시청각 매체 기반의 유형보다는 2000년대 전후로 최근에 강조되고 있는 교수공학 프로그램을 중심으로 장애학생에게 효과적인 교수공학의 유형을 소개한다.[2]

① 하이퍼텍스트/하이퍼미디어 프로그램

하이퍼미디어(hypermedia)는 시간상으로 정지된 상태가 아닌 매체 형태를 포함한다(Tolhurst, 1995). 즉, 하이퍼미디어는 하이퍼텍스트와 멀티미디어가 합성된 매체라고 볼 수 있는데, 이것은 하이퍼텍스트의 개념에서 좀 더 발전된 것으로 학습자에게 텍스트뿐 아니라 비디오, 그림, 음성, 애니메이션, 컴퓨터그래픽

---

2) 김동일, 손지영(2008)의 연구를 일부 수정함.

등과 같은 형태의 각종 데이터를 컴퓨터를 통하여 연결한 것이다. 이러한 하이퍼미디어 학습 프로그램의 목적은 학습자가 사전에 계획한 구조나 순서를 활용할 필요 없이 특정 정보의 모음 속에서 자유롭게 움직일 수 있는 가능성을 제공해 주는 것이다(Heinich et al., 2002).

　하이퍼텍스트(hypertext)를 활용한 연구들에서는 하이퍼텍스트 소프트웨어를 활용하여 텍스트에 다양한 수준의 단서를 제공해 주었으며, 정의, 학습전략 등과 같은 추가적 전략을 제시하였다. 그리고 하이퍼미디어를 활용한 연구인 Higgins, Boone과 Lovitt(1996)의 연구에서는 그래픽, 디지털 비디오, 음향 효과 등을 사용하는 하이퍼미디어 학습 가이드(hypermedia study guides)를 학습장애학생들에게 제공하여 사회과 과목의 학습을 향상시키도록 하였다. 구체적으로 하이퍼미디어 학습 가이드는 장애학생들이 스스로 진도를 맞추고 속도를 조절할 수 있는 구조로 되어 있어서 필요할 때마다 중간에 여러 번 반복학습을 할 수 있으며 긍정적이고 교정적인 피드백을 제공함으로써 정보 기억에 효과적이었다고 보고되고 있다. 그리고 Lancaster, Schumaker와 Deshler(2002)의 연구에서는 상호적 하이퍼미디어 프로그램(Interactive Hypermedia Program)을 개발하였다. 이 프로그램은 자기주장(self-advocacy) 전략에 대한 내용을 비선형적 구조의 하이퍼미디어로 구성하여 전략에 대한 오디오 설명, 전략교수 및 학생들의 모델링을 위한 동영상, 퀴즈와 피드백 등을 제공하고 있다. 이러한 하이퍼미디어/하이퍼텍스트 프로그램과 비교하여 기존에 연구가 많이 이루어졌던 컴

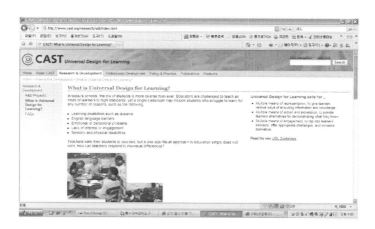

하이퍼텍스트의 예(http://www.cast.org/research/udl/index.html)

하이퍼미디어의 예(http://www.edunet4u.net)

퓨터 보조수업(computer-assisted instruction: CAI)의 차이점에 대해, Higgins와 Boone(1990)은 정보 제공의 다양성으로 설명하였다. 즉, 하이퍼텍스트 프로그램은 독립적인 기술에 대한 반복적인 학습만을 제공하는 CAI와 달리 다양한 수준의 학습 단서 및 정보를 함께 제공해 줄 수 있다. 또한 그래픽, 동영상, 음성 등 여러 자극들을 동시에 제공하면서 학습자 스스로 자료를 조절할 수 있도록 하는 것이 CAI와 하이퍼미디어 학습 프로그램의 차이점이라고 할 수 있다(이종연, 2004). 그래서 학습자가 다양한 학습 과제의 구조와 내용을 조직할 수 있기에 전통적으로 정보가 제시되는 방법에서 정보 전달의 한계를 극복하고 학습을 하는 새로운 기회를 제공하게 되는 것이다.

② 워드프로세서

장애학생들은 작문활동 및 학습활동을 수행하기 위해서 워드프로세서(word processor)를 사용할 수 있다. 장애학생들은 워드프로세서 사용에 대한 훈련을 받은 후에 읽기자료를 읽고 컴퓨터로 노트 필기를 수행할 수 있으며, 다양한 차트를 사용하여 텍스트 내용을 필기하면서 흥미롭게 학습할 수 있다. 더불어 이러한 워드프로세서를 사용함으로써 작문이나 학습 수행을 더욱 효과적·효율적으로 수행하도록 보조할 수 있으며, 철자 점검기, 구어 합성기, 단어 예측 소프트웨어, 쓰기 촉진 도구, 멀티미디어 작문 도구 등도 함께 사용할 수 있다. 이것은 장애학생 교육에서 단순히 장애를 보완하는 특수한 보조기기 또는 컴퓨터 보조수업이나 하이퍼미디어 학습 프로그램 이상으로 교수공학의 활용 범위를 확장시킨 것이라고 할 수 있다.

③ 컴퓨터 튜토리얼

컴퓨터 튜토리얼(tutorial)은 주로 컴퓨터 보조수업(CAI)에서 사용하는 프로그램 유형이다. 이것은 하이퍼미디어 학습 프로그램처럼 학습자 조절이 가능한 상호작용적 학습 프로그램이 아니라 선형적으로 구조화된 순서에 따라 컴퓨터로 수업이 이루어진다. 그래서 주로 학습자가 주도적으로 학습을 진행하는 것이 아니라 컴퓨터 프로그램 자체가 학습을 이끌어 나간다. Horton, Lovitt과 Slocum(1988)의 연구에서 사용된 컴퓨터 맵 튜토리얼(computerized map tutorial)은 지리학 수업에서 컴퓨터 스크린에 지도를 제시하고 각 도시의 위치를 화살표로 지적하면서 이름이 함께 제시된다. 그리고 스크린에 화살표가 없어지고 도시 이름만 남으면 학생들이 마우스를 사용해서 도시 이름을 움직여서 적절한 위치를 지도에서 찾는 과제를 수행한다. 이때 위치가 정확할 경우에 다음 과제가 제시되고, 정확하지 않을 경우에는 같은 도시가 반복적으로 제시된다. 이러한 컴퓨터 튜토리얼 프로그램은 계열화된 교수 접근, 주의집중을 위한 그림 사용, 반복 연습, 교정적인 피드백, 필요한 부분의 재교수가 포함된다.

④ 맵핑 소프트웨어

최근에는 장애학생들이 맵핑(mapping) 소프트웨어를 활용하여 작문활동을 실시하는 연구도 이루어졌다(Sturm & Rankin-Erickson, 2002). 이 연구에서는 인스퍼레이션(Inspiration)이라는 전문적인 맵핑 소프트웨어를 사용하였는데, 이 소프트웨어는 학생들이 손쉽게 개념도를 제작할 수 있도록 보조하는 도구로서 워드프로세서와 함께 장애학생 교육에 활용될 수 있는 저작도구 유형의 공학으로 분류될 수 있다(Blackhurst, 2005). 인스퍼레이션 소프트웨어는 컴퓨터로 개념을 결정하고 관련된 상징이나 그림을 함께 제시할 수 있으며, 각 개념들을 연결하는 연결선과 관계 설명을 통해 개념들 간의 관계를 규정짓는 것을 돕는다. 이것은 손으로 작성하는 개념도와 달리 컴퓨터로 손쉽게 생성, 수정, 삭제가 가능하고 데이터베이스에 있는 다양한 상징과 그림을 쉽게 삽입할 수 있어 개념

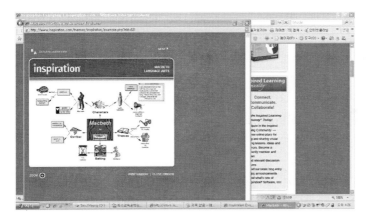

맵핑 소프트웨어의 예—인스퍼레이션(http://www.inspiration.com)

도를 더욱 명확히 제시할 수 있다는 장점을 가진다.

(3) 장애학생 수업에서 교수공학의 적용

학교 수업에서 교수공학을 활용하려면 먼저 대상학생의 학습 수준과 특성에 맞게 수업활동을 계획한 후에 활용방법을 선정해야 한다. 이것은 교수전략을 수립한 후 또는 구체적인 교수방법을 고안하는 과정에서 동시에 진행되어야 한다(박성익 외, 2001). 즉, 일반적인 요구분석, 학습자 분석, 학습과제 분석 등을 통하여 추출된 장애학생의 개별화된 교수목표를 확정한 다음, 교수목표를 달성하기 위한 교수 전략 및 방법을 수립하고 그 교수 방법과 내용을 가장 효과적으로 전달할 수 있는 공학 요소를 선정하거나 개발해야 하는 것이다.

Rekrut(1999)는 특별한 요구를 가진 장애학생들에게 인터넷과 같은 공학 기반의 교수방법을 선정하고 실행하는 과정에서 다음과 같은 점을 고려해야 한다고 제시하고 있다.

- 학생의 교수목표를 충족시키는 효과적인 매체와 풍부한 자료를 제공하는 공학기기를 평가하고 결정해야 한다.
- 일반교육과정으로 공학 기반 학습을 적절히 통합해야 한다.
- 장애학생의 특징과 요구사항을 공학의 특징과 연결 짓고, 학생의 어려움(예: 혼란스럽거나 어려운 부분, 어려운 어휘 사용)을 지속적으로 점검해야 한다.

• 교수목표를 개발하고, 각 공학 기반의 학습이나 수업에 문서화된 과제를 통합해야 한다.

Lee와 Vail(2005)은 장애학생들을 대상으로 수업시간에 컴퓨터를 활용하여 학습하는 경우 속도의 변화, 즉각적이고 차별적인 오류 교정 등에 의해 융통성 있는 교수를 제공해야 한다고 제시하였다. 즉, 컴퓨터를 활용한 교수 프로그램이 학생들의 수준이나 요구에 따라 융통성을 가지고 있지 않다면 장애학생들에게 효과적이지 못하다는 것이다. 따라서 컴퓨터를 활용한 중재 프로그램은 장애학생들의 요구를 충족시키도록 수정되어야 하고, 개별 학생의 요구에 맞추어 조정할 수 있도록 미리 고안되어야 한다. Lee와 Vail(2005)은 장애학생들을 위한 융통성 있는 교수를 위해서 ① 학생들이 대답해야 하는 다양한 난이도 수준의 질문들, ② 다른 오류 교정 절차, ③ 다양한 결과, ④ 속도 조절, ⑤ 다른 선행 사건(예: 특정한 주의집중 단서, 적극적인 주의 반응), ⑥ 사운드의 활용 가능성 등 다양한 변인들이 장애학생들이 조정 가능하도록 설계되어야 한다고 제시하였다.

특수교육공학을 통한 학생 수행의 변화는 교사가 실시하는 상황에 적절한 교수방법의 결과이지 공학적 요소나 매체 자체의 결과는 아니다(Clark, 1994; Lee & Vail, 2005). 즉, 공학적 소프트웨어나 장치가 제공된다는 것 자체만으로 효과를 가져올 수는 없으며, 그것은 상황이나 대상, 조건 등에 따라 항상 달라질 수 있다. 따라서 어떠한 공학적 요소는 어떤 효과를 가진다는 인과적 연구 결과보다 공학적 요소를 어떻게 적절하게 교수방법으로 융합해서 전체적으로 효과를 얻을 수 있는 수업을 설계하는가를 고찰해 보고 그것을 안내해 줄 수 있는 지침을 교사들에게 제시하는 것이 중요하다. 그리고 특수교육공학을 단순히 자극-반응 패러다임에서 공학의 효과성을 보려고 하기보다, 총체적인 특수교육의 효과성과 효율성 측면과 수업설계와의 관련성을 통한 실제적 연구가 이루어져야 할 것이다.

4. 장애학생을 위한 인터넷 활용과 웹 접근성[3]

장애학생은 수업시간에 인터넷을 활용하여 학습하고자 할 때 일차적으로 보조공학을 활용하지만, 웹(web)을 통해 제공하는 콘텐츠 자체에 보조공학을 사용하고도 접근할 수 없는 경우가 있다. 웹에 제시된 시각적 정보가 시각장애학생이 사용하는 음성출력 소프트웨어와 호환되지 않도록 설계되었을 경우, 영상자료에 자막이 제공되지 않는 경우, 웹에 제시된 평가가 모두 마우스를 사용해서 선택해야 하는 경우가 이러한 상황이다. 이런 인터넷 환경에서 장애학생들은 완벽하게 학습을 할 수 없으며 또다시 학습의 제한을 경험하게 된다.

웹 접근성(web accessibility)은 웹 콘텐츠에 접근하는 모든 사람들이 어떤 컴퓨터나 운영체제 또는 어떠한 환경에 처해 있는지에 구애받지 않고 접근할 수 있는 것을 의미한다(한국정보통신기술협회, 2004). Henry(2002)는 웹 접근성을 사용자의 요구와 선호에 따라 정보를 얻고 상호작용할 수 있도록 웹 페이지를 설계하는 것이라고 설명하였다. Roh(2004)는 웹 접근성을 장애 유무나 보조공학의 사용 여부에 상관없이 광범위한 사용자의 요구를 충족시킬 수 있도록 설계가 이루어졌는지를 나타내는 지표로 정의하였다. 이를 통해 볼 때, 웹 접근성의 확보는 웹을 사용하는 사람의 신체적 능력, 지적 상태, 보조공학 사용 여부, 사용환경에 상관없이 자신에게 필요한 정보를 얻고 상호작용할 수 있도록 웹을 구성하는 것이다. 이것은 웹 사용자를 기존 범위보다 더 확장하여 장애인, 노인을 포함하여 가능한 한 모든 사용자들에게 접근의 제한을 두지 않는 것이다.

이러한 웹 접근성 준수를 위하여 세계의 몇몇 국가들과 국제 표준화 기구에서 구체적인 지침을 개발하기 위해 노력하고 있다. 주요 국가인 미국은 웹 인터페이스(interface)에 대한 접근성 제고를 위해 다양한 법안 및 제도들을 마련해왔다. 1998년에 개정된 미국 재활법(The Rehabilitation Act) 제508조에서는 장애인들이 전자 및 정보 기술에 일반인과 동등하게 접근할 수 있도록 보장해야 한다고 명시하고 있다. 이 법안의 준수를 위해 제정된 기술 표준 '웹 기반 인트라

---

3) 손지영(2008)의 연구를 일부 수정함.

넷과 인터넷 정보 및 응용 프로그램(web-based intranet and internet information and applications, 1194, 22)'에서는 웹 인터페이스의 접근성 제고를 위해 15개 지침을 제정·공포하여 미국의 모든 연방정부 홈페이지가 이를 준수하도록 하고 있다(http://www.section508.gov/index.cfm). 이러한 지침은 미국의 재활법 제508조의 법적 강제력을 현실화하기 위하여 개정된 것으로, 이 지침에 의해 IBM, 마이크로소프트 등 세계 각국의 기업들은 접근성 전담 부서를 신설하여 자사의 제품이 재활법 제508조에 해당되는지를 점검하고, 제시된 기준에 맞추어 제품을 수정하였다(이성일, 2001). 이와 같이 재활법 제508조는 국제적인 웹 관련 제품의 접근성 향상에 큰 영향을 발휘하고 있다.

영국, 호주, 뉴질랜드, 유럽연합 등의 주도적 참여로 결성된 국제 표준화 기구 W3C(World Wide Web Consortium)에서는 장애인에게 필요한 웹 접근성에 대한 인식을 확산시키기 위해 1997년 W3C 내에 WAI(Web Accessibility Initiatives)를 출범시켰다. WAI는 웹의 보편적 접근성을 강조하여 물리적·인지적 능력이 부족한 사람들의 인터넷 이용을 위해 노력하였으며, 이를 위한 구체적인 권장 지침으로 1999년에 웹 콘텐츠 접근성 지침 1.0(Web Contents Accessibility Guidelines 1.0: WCAG 1.0)을 발표했다. WCAG 1.0 지침은 크게 14개의 권장 지침과 65개의 체크리스트로 구성되어 있다. 그리고 W3C에서는 보조공학 발전이 크게 진전됨에 따라 WCAG 1.0을 개정하기로 결정하고, 2007년 11월에 WCAG 2.0 초안을 발표하였다(http://www.w3.org/TR/WCAG20/).

국내에서는 2001년 1월 '정보격차해소에 관한 법률'을 제정함으로써 정보 격차의 해소 및 웹 접근성 실태조사의 근거를 마련하였다. 그리고 2004년 12월에는 국제 표준화 기구 W3C의 WCAG와 국내 실태조사를 토대로 하여 '한국형 웹 콘텐츠 접근성 지침 1.0'을 개발하였다(한국정보통신기술협회, 2004). 한국형 웹 콘텐츠 접근성 지침은 WCAG 1.0과 WCAG 2.0 초안을 참고하였으며, 부분적으로 미국 재활법 제508조를 참고하여 개발되었다. 이 지침은 인식의 용이성, 운용의 용이성, 이해의 용이성, 기술적 진보성의 네 가지 지침으로 분류되어 있다. 각 지침들은 〈표 11-2〉에 제시되어 있다.

이와 같이 국내·외에서 장애인을 위한 웹 접근성 확보의 중요성을 강조하고 있는 추세에 인터넷을 활용하는 학습을 위해 웹 접근성이 중요한 요소로

| 표 11-2 | 한국형 웹 콘텐츠 접근성 지침 1.0

지 침	항 목
1. 인식의 용이성 웹사이트에서 서비스하고 있는 모든 콘텐츠는 누구나 쉽게 인식할 수 있도록 설계되어야 한다.	1.1. 텍스트 아닌 콘텐츠 중에서 글로 표현될 수 있는 모든 콘텐츠는 해당 콘텐츠가 가지는 의미나 기능을 동일하게 갖추고 있는 텍스트로 표시되어야 한다. 1.2. 시간에 따라 변화하는 영상매체는 해당 콘텐츠와 같이 연동되는 대체 매체를 제공해야 한다. 1.3. 콘텐츠가 제공하는 모든 정보는 색상을 배제하더라도 인지할 수 있도록 구성되어야 한다.
2. 운용의 용이성 웹 콘텐츠에 포함된 모든 요소들의 기능은 누구나 쉽게 사용할 수 있어야 한다.	2.1. 이미지맵 기반이 필요할 경우에는 클라이언트 측 이미지맵을 사용하며, 서버 측 이미지맵을 사용할 경우에는 동일한 기능을 하는 텍스트로 구성된 대체 텍스트를 제공해야 한다. 2.2. 콘텐츠를 구성하는 프레임의 수는 최소한으로 하며, 프레임을 사용할 경우에는 프레임별로 제목을 붙여야 한다. 2.3. 콘텐츠는 스크린의 깜빡거림을 피할 수 있도록 구성되어야 한다. 2.4. 키보드(또는 키보드 인터페이스)만으로도 웹 콘텐츠가 제공하는 모든 기능을 수행할 수 있어야 한다.
3. 이해의 용이성 사용자들이 가능한 한 쉽게 이해할 수 있도록 콘텐츠나 제어방식을 구성해야 한다.	3.1. 데이터 테이블은 테이블을 구성하는 데이터 셀의 내용에 대한 정보가 충분히 전달될 수 있어야 한다. 3.2. 콘텐츠의 모양이나 배치는 논리적으로 이해하기 쉽게 구성하여야 한다. 3.3. 온라인 서식을 포함하는 콘텐츠는 서식 작성에 필요한 정보, 서식 구성 요소, 필요한 기능, 작성 후 제출과정 등 서식과 관련된 모든 정보를 제공해야 한다.
4. 기술적 진보성 구성한 콘텐츠는 웹 브라우저의 종류, 버전 등에 관계없이 사용될 수 있어야 한다.	4.1. 스크립트, 애플릿, 플러그인 등과 같은 프로그래밍 요소들은 현재의 보조기술 수준에서 그 프로그래밍 요소들의 내용을 사용자에게 전달해 줄 수 있을 경우에만 사용하여야 한다. 4.2. 콘텐츠가 항목 1.1에서 4.1에 이르는 13개 검사 항목을 만족하도록 최대한 노력하였으나 해결되지 않는 부분이 남아 있다면 텍스트만의 콘텐츠를 제공하는 웹 페이지(또는 웹사이트)를 별도로 제공해야 한다.

떠오르게 되었다. 최근의 선행 연구들(김용욱, 2000; 윤광보, 김용욱, 권혁철, 2002; Roh, 2004)에서는 장애학생을 위한 온라인 학습에서 웹 접근성이 중요시되어야 함을 제안하고 있다.

5. 특수교육공학과 보편적 설계

1) 보편적 설계의 개념 및 원리

보편적 설계(universal design: UD)의 정의는 '장애를 가지고 있거나 그렇지 않은 모든 사람들에게 매력적이고 기능적인 건물이나 시설을 별도의 비용이 거의 없이 설계하는 방법' 이다(Mace, 1985). 노스캐롤라이나 주립대학의 보편적 설계 센터(Center for Universal Design: CUD)의 설립자인 Mace는 실제 소아마비 장애인으로 살아가는 어려움을 겪으면서 이 개념을 제안하게 되었다. 보편적 설계란 어떤 건물이나 환경에 특별한 조정이나 개조 없이 장애인을 포함한 모든 사람들이 편리하게 시설이나 기능을 사용할 수 있도록 하는 것이다(Center for Universal Design, 1997). 보편적 설계 센터(1997)에서는 이러한 보편적 설계의 개념을 실제 환경에 적용하는 것을 돕기 위해 일곱 가지 원리와 30개의 지침을 〈표 11-3〉과 같이 제시하였다.

| 표 11-3 | 보편적 설계의 원리와 지침

원 리	지 침
1. 공평한 사용 다양한 능력을 가진 사람들에게 유용하게 사용될 수 있는 설계	1a. 모든 사용자들이 똑같이 사용할 수 있는 방법을 제공한다. 가능하면 동일한 것으로, 그렇지 못할 경우에는 동등한 것으로 제공한다. 1b. 어떤 사용자도 분리되거나 낙인이 되지 않도록 한다. 1c. 모든 사용자들에게 사적 자유, 보호, 안전이 똑같이 확보되는 설비를 제공한다. 1d. 모든 사용자에게 매력적으로 설계한다.

2. 사용시 융통성 개별적으로 다양한 선호와 능력에 따라서 조정할 수 있는 설계	2a. 사용방법에서 선택사항을 제공한다. 2b. 오른손잡이나 왼손잡이 학생 모두 접근해서 사용할 수 있도록 한다. 2c. 사용자의 정확성을 촉진한다. 2d. 사용자의 속도에 맞추어 적용된 양식을 제공한다.
3. 단순, 직관적인 사용 사용자의 경험, 지식, 언어기술, 현재 관심의 수준에 관계없이 이해하기 쉬운 설계	3a. 불필요한 복잡성을 제거한다. 3b. 학습자의 기대와 직관에 일관되게 제시한다. 3c. 문해 및 언어 능력의 다양한 수준에 맞게 조정하도록 한다. 3d. 일관된 중요도로 정보를 배열한다. 3e. 과제 수행 동안과 이후에 효과적인 촉진과 피드백을 제공한다.
4. 인식가능한정보 상황이나 사용자의 감각 능력에 상관없이 필요한 정보가 효과적으로 전달되는 설계	4a. 필수 정보는 여러 형태(그림, 구어, 촉각 등)를 사용하여 중복적으로 제시한다. 4b. 필수적 정보와 배경 간에 적절한 대비가 이루어지도록 한다. 4c. 필수 정보의 가독성(legibility)을 최대화한다. 4d. 요소들의 제시방법을 차별화하여 중요한 정보가 명확하게 전달될 수 있도록 한다. 4e. 감각장애학생들이 사용하는 다양한 기술이나 장비들과 호환성을 갖도록 한다.
5. 오류에 대한 포용성 우연적이거나 의도하지 않은 행동에 의한 부정적 결과나 위험을 최소화하기	5a. 위험이나 오류를 최소화하도록 요소들을 배치한다. 많이 사용하는 요소는 가장 근접하게 배치하고, 오류 요소들은 제거, 분리, 가리도록 한다. 5b. 위험이나 오류에 대해 경고한다. 5c. 오류를 방지할 수 있는 도움을 제공한다. 5d. 주의해야 하는 과제에서 무의식적인 반응이 나오지 않도록 한다.
6. 적은 신체적 노력 최소한의 노력으로 효율적이고 편리하게 사용될 수 있는 설계	6a. 신체 자세를 바르게 유지할 수 있도록 한다. 6b. 조작을 위해 적절한 힘을 사용하도록 한다. 6c. 반복적인 행동을 최소화한다. 6d. 지속되는 신체적 노력을 최소화한다.
7. 접근과 사용을 위한 크기와 공간 사용자의 신체 크기, 위치, 이동성에 상관없이 접근, 도달, 조작, 사용할 수 있는 적절한 크기와 공간	7a. 앉거나 서 있는 사용자에게 중요한 요소들이 명확하게 보이도록 한다. 7b. 앉거나 서 있는 사용자가 모든 요소들에 편리하게 접근할 수 있도록 한다. 7c. 손의 크기와 손을 쥐는 정도에 따라 조정할 수 있도록 한다. 7d. 보조장비나 개인적 지원을 사용할 수 있는 적절한 공간을 제공한다.

출처: Center for Universal Design (1997). Environments and products for all people. Raleigh: North Carolina State University, Center for Universal Design. Retrieved May 15, 2006, from http://www.design.ncsuedu/cud/univ_design/ ud.htm.

보편적 설계는 소수의 장애인들에게만 개별적으로 제공되는 보조공학과는 달리 동시에 많은 사람들이 편리하게 사용할 수 있도록 제공되는 것이다(Bowe, 2000). 보편적 설계 원리가 적용된 상품이나 환경의 예는 주변에서 많이 찾아볼 수 있다. 구체적으로 TV에서 자막(caption)을 제공하는 것은 청각장애인뿐만 아니라 소음이 많은 장소에 있는 사람들에게도 유용하다. 또한 인도의 턱을 낮추는 것은 휠체어를 사용하는 장애인뿐만 아니라 유모차를 끄는 사람에게도 유용하다. 이와 같이 보편적 설계 원리에 의해서 만들어진 시설이나 환경은 모든 사람들에게 더 기능적인 환경을 제공해 주게 된다(정해진, 2004; Center for Universal Design, 1997; Scott, McGuire, & Foley, 2003).

2) 특수교육공학에서 보편적 설계 원리의 적용[4]

보편적 설계 개념이 건축학에서 시작하여 1990년대에 사회적으로 강조되기 시작하면서 다양한 상황에 보편적 설계가 적용되기 시작하였다. 이러한 상황에서 교육자들은 장애학생들의 통합교육을 위한 방안 중 하나로 보편적 설계의 원리를 고려하게 되었다(McGuire, Scott, & Shaw, 2006). 최근 미국에서는 국가보고서 및 관련법 제정을 통해 장애학생의 통합교육을 위한 보편적 설계의 적용을 강조하고 있다. 2002년 특수교육에 대한 대통령위원회(President's Commission on Excellence in Special Education)의 보고서에서는 일반교사와 특수교사가 장애학생을 위한 효과적인 교수를 위해 서로 협력해야 함을 강조하면서, 교사 책무성과 학생 진전도 측정방법이 모두 보편적 설계 원리에 근거해 개발되어야 한다고 권고하였다(McGuire et al., 2006). 또한 미국에서 2004년에 통과된 장애인교육향상법(Individuals with Disabilities Education Improvement Act of 2004: IDEIA)에서는 장애학생이 일반교육과정에 최대한 접근할 수 있도록 하기 위해 보편적 설계 원리를 근거로 공학을 사용해야 한다는 요건이 있다. 또한 이 법에서는 장애학생을 위해 보편적 설계 원리 기반의 대안적 평가를 개발하고 실행해야 함을 요구하고 있다.

---

4) 김동일, 손지영, 윤순경(2008)의 연구를 일부 수정함.

미국의 응용특수공학센터(Center for Applied Special Technology: CAST)에서는 장애인을 포함한 모든 사람들에게 교육의 기회를 확장시키기 위해 공학을 사용할 것을 주장하였고, 일반교육과정에의 접근, 참여, 진전도를 촉진시키기 위한 교육과정 설계방법으로서 '학습을 위한 보편적 설계(universal design for learning: UDL)'를 제안하였다(Rose & Mayer, 2002). CAST는 UDL을 '새로운 뇌 연구와 매체공학에 근거하여 다양한 학습자들을 위한 교수, 학습, 평가의 새로운 접근방법'이라고 정의하고 있다. 〈표 11-4〉에는 CAST가 제안한 UDL의 필수적 원리와 Rose와 Mayer(2002)가 제안한 UDL 원리를 구현하는 교수방법이 제시되어 있다.

| 표 11-4 | UDL의 원리와 교수방법

UDL의 세 가지 원리	UDL 원리를 적용한 교수방법의 예
1. 복합적인 내용 제시방법 (multiple methods of presentation)	• 복합적인 예 제공 • 정보의 중요한 특징 강조 • 복합적인 매체와 형태 제공 • 배경 지식 및 맥락에 대한 정보 제공
2. 복합적인 표현방법 (multiple methods of expression)	• 융통성 있는 수행 모델 제공 • 연습을 지원하는 기회 제공 • 지속적이고 관련된 피드백 제공 • 기술 시연을 위한 융통성 있는 기회 제공
3. 복합적인 참여방법 (multiple options for engagement)	• 내용과 도구의 선택사항 제공 • 적절한 목표 수준 제공 • 보상의 선택 제공 • 학습 상황의 선택 제공

출처: Rose, D. & Mayer, A. (2002). *Teaching every student in digital age: Universal design for learning*. Alexander, VA: Association for Supervision and Curriculum Development (ASCD).

CAST는 교사가 다양한 능력과 학습양식을 가진 이질적인 학생들을 가르칠 수 있도록 멀티미디어 학습도구 개발에 초점을 두는 가운데 UDL을 적용한 읽기·쓰기 지원 소프트웨어를 개발하였다. 이 소프트웨어는 내레이션 텍스트와 시각적 강조의 읽기 지원을 전자 텍스트와 결합한 형태이며, 이를 통해 다양한 능력을 가진 학습자들이 교육과정에 접근할 수 있도록 하였다(CAST, 2004). 또한 CAST는 UDL을 교육과정에 통합하는 방법에 대한 교사용 지도서 및 지침서

들을 개발하였다(McGuire et al., 2006).

UDL과 맥을 같이하면서 보편적 설계 원리를 학령기, 대학교육, 평생교육 단계에 적용하여 일반적으로 실행할 수 있는 교육방법을 제안하고 있는 것이 Bowe(2000)의 '교육에서의 보편적 설계(universal design in education: UDE)'다. Bowe는 UDL처럼 특정 대상이나 상황을 초점으로 하는 적용 모델을 제안한 것은 아니지만 보편적 설계의 원리를 일반적인 교육환경에 적용하고 그 구체적인 실례를 제공해 주고 있다. 특히 보편적으로 설계된 교육 실현을 위해 공학을 활용하는 구체적 방법에 초점을 맞추었다. 그래서 원격교육, 디지털 매체, 전자 텍스트, 웹 접근성 등을 보편적 설계의 각 요소들과 연관시켜 설명하면서 공학을 통한 보편적 설계의 교육을 강조하였다.

UDE의 원리는 〈표 11-5〉와 같이 보편적 설계의 일곱 가지 원리를 큰 틀로 하고 그에 대한 구체적 예를 제시하고 있으며, 교육환경에서의 적용 실례들을 각 원리들마다 제시하고 있다. UDE를 살펴보면, UDL의 예와 달리 디지털 매체, 전자 텍스트 등에 더 중점을 두어 적용하고 있음을 발견할 수 있다. UDL이 학령기 학생들 대상의 교수방법 및 수업 교재 개발에 초점이 맞추어져 있는 데 반해, Bowe가 제안한 UDE의 실례들은 원격교육, 보조공학 사용, 온라인 그룹, 웹 접근성 등을 강조하고 있어 교육환경에서 감각 및 지체 장애학생들의 통합에 더 초점이 맞추어져 있다고 해석할 수 있다.

| 표 11-5 | UDE의 원리와 적용 예

원 리	정 의	UDE 적용 예
1. 공평한 사용	다양한 능력을 가진 사람들에게 유용하게 사용될 수 있도록 설계하기	• 모든 학생들이 접근 가능한 웹사이트 제공하기 • 중요한 정보를 교실에서 구어로만 제시하지 않고, 다른 매체로 정보를 함께 제공하기 • 원격교육을 적절히 사용하기
2. 사용 시 융통성	개별적으로 다양한 선호와 능력에 따라 조정할 수 있는 설계	• 다양한 문화의 학습자를 고려하여 문화에 따른 선택권 제공하기 • 컴퓨터를 사용하여 텍스트 크기나 색상 변경, 텍스트를 음성으로 듣기, 강조기법 등 사용하기 • 온라인 그룹을 사용하여 학습자 간의 상호작용 기회 증가시키기 • 화면 크기 조절하기 • 음성 인식 또는 음성 합성 프로그램 사용하기

3. 단순하고 직관적인 사용	사용자의 경험, 지식, 언어기술, 현재의 관심 수준에 관계없이 이해하기 쉬운 설계	• 온라인 사전 제공하기 • 핵심 내용을 강조하는 선행 조직자 제공하기
4. 인식 가능한 정보	주위 상황이나 사용자의 감각능력에 상관없이 필요한 정보가 효과적으로 전달되는 설계	• 동일한 내용에 대해 그림, 텍스트, 음성을 복합적으로 제시하기 • 동영상에 자막 제공하기 • 텍스트 강조기법 사용하기 • 스크린 리더에 의해 읽힐 수 있도록 메뉴에 텍스트 설명 제공하기
5. 오류에 대한 포용성	우연적이거나 의도하지 않은 행동에 의한 부정적 결과나 위험을 최소화하기	• 키보드를 잘못 누르는 것을 방지하는 장치 사용하기 • 되돌리기, 자동 저장, 오류 수정, 맞춤법 및 문법 교정 프로그램 등을 통해 오류를 방지하기
6. 적은 신체적 노력	최소한의 노력으로 효율적이고 편리하게 사용될 수 있도록 하기	• 학생들의 상황에 맞게 시간 활용을 할 수 있고 소그룹 토론의 참여 기회를 증가시키기 위해 원격교육을 사용하기
7. 접근과 사용을 위한 크기와 공간	사용자의 신체 사이즈, 위치, 이동성에 상관없이 접근, 도달, 사용할 수 있도록 크기와 공간을 만들기	• 손의 사용능력에 상관없이 버튼이나 스위치를 조작할 수 있도록 만들기

출처: Bowe, F. G. (2000). *Universal design in education: Teaching nontraditional students.* Westport, Connecticut: Bergin & Garvey.

3) 특수교육공학에서 보편적 설계의 필요성

Bowe(2000)는 최근의 공학 발전이 장애학생을 대상으로 학습 경험 측면에서 유의미한 영향력을 가질 것이며, 다양하고 이질적인 학생들을 통합적으로 교육하는 데 크게 기여할 것이라고 했다. 이러한 맥락에서 공학의 장점을 활용한 보편적 설계의 원리는 모든 학생들에게 접근 가능한 교육환경을 만들 수 있으며, 다양한 배경과 능력을 가진 학생들이 더 효과적으로 학습하도록 하는 데 크게 영향을 미칠 것이다.

앞서 언급한 것과 같이, 특수교육공학은 장애학생을 위해 개별화된 수업을 촉진시키고, 장애학생의 동기 유발을 증가시키며, 실제 상황과 유사한 간접 경험의 기회를 충분히 제공해 줄 수 있고, 장애학생들의 긍정적 태도와 자신감을 길러 줄 수 있다. 그러나 이 특수교육공학이 이와 같은 긍정적 영향력을 가졌어도 접근성 및 보편적 설계를 고려하지 않고 설계된 공학적 접근은 장애학생에게 또 다른 장벽을 가져다주게 된다. 예를 들어, 전맹 시각장애학생은 시각적 정보를 볼 수 없으므로 음성 변환 소프트웨어를 사용해야 하는데, 그것이 수업에서 사용하는 학습 소프트웨어나 인터넷 자료와 호환되지 않을 경우 특수교육공학의 긍정적 영향력을 얻을 수 없게 된다. 따라서 장애학생을 고려하지 않고 보편적 설계를 기반으로 개발되지 않은 특수교육공학적 접근은 또 다른 정보 격차(digital divide) 환경을 제공할 뿐이다(Roh, 2004).

다음은 하이퍼미디어를 기반으로 하는 온라인 학습 프로그램에 장애학생을 위해서 보편적 설계 원리를 적용한 예를 제시하고 있다(손지영, 2008).

(1) '공평한 사용' 원리의 적용

다양한 학습자료 제공, 시각·청각적으로 학습내용 전달하기   내레이션의 제시 속도에 맞춰서 자동적으로 자막이 제시되도록 개발하였으며, 자막을 보기 원하지 않는 학생들을 위해서 자막을 선택할 수 있도록 했다. 학습자료는 시각장애학생이 학습내용을 따로 저장해서 음성으로 변환하거나 크게 확대해서 다시 학습할 수 있도록 디지털 파일로 제공했으며, 학생이 사용하기 편리한 컴퓨터 환경에서 학습할 수 있도록 다양한 형식(한글, 워드, PDF)으로 내용을 제공했다.

(2) '사용 시 융통성' 원리의 적용

학습 정보의 크기 및 형태 조절, 다양한 학습방식 제공   장애학생들이 학습내용의 텍스트를 자신이 가장 잘 보이는 크기와 색상, 배경색으로 변경해서 학습할 수 있도록 텍스트 설정을 선택하게 하였다. 학습내용에서 사용되는 이미지 자료(예: 사진, 그림, 표, 그래프 등)를 기존보다 크거나 전체 화면 크기로 쉽게 조절해서 학습할 수 있도록 개발하였다.

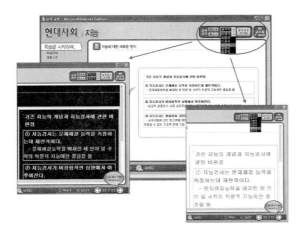

[그림 11-3] 텍스트의 색상, 배경색, 크기를 변경한 화면

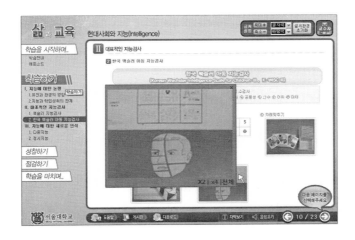

[그림 11-4] 그림 크기를 확대해서 보는 화면

(3) '단순과 직관성' 원리의 적용

중요한 정보를 직관적으로 알 수 있도록 강조하기   학습과정에서 가장 많이 사용하는 주요 기능(네비게이션, 목차 등)들은 크기, 모양, 색상을 뚜렷이 다르게 해서 그 위치를 강조했다. 그래서 필수적인 메뉴나 학습 정보들이 명확하게 구분이 가능하도록 크기나 모양을 변화시켜 제시했고, 중요한 메뉴는 쉽게 구분할 수 있도록 관련 이미지를 함께 제시하여 설계하였다.

(4) '인식 가능한 정보' 원리의 적용

시각 정보에 대한 텍스트 설명, 다양한 형태의 학습내용 제시   시각장애학생이 이미지 정보를 학습할 수 있도록 이미지 자료에 대체 텍스트(alt-text)로 그림 설명을 제공했고, 멀티미디어(동영상, 플래시애니메이션 등)를 통해 효과적으로 학습할 수 있도록 구체적인 화면 설명을 텍스트로 제공했다.

[그림 11-5] 동영상에 텍스트 설명을 제공한 화면

(5) '오류에 대한 포용성' 원리의 적용

학습 진행에 대한 지침 제공 및 학습 진행의 조절기능   온라인 학습 프로그램 진행 시 필수적으로 알아야 할 사항들을 텍스트와 내레이션으로 동시에 안내하였다. 그리고 장애학생들이 프로그램을 조작하거나 메뉴를 선택할 때에 따라가지 못하거나 놓치는 부분이 있을 수 있는데, 이러한 경우에 다시 듣거나 되돌아가서 학습할 수 있는 학습 진행의 조절기능을 제공하였다.

(6) '적은 신체적 노력' 원리의 적용

학습 과정 및 평가에서 다양한 참여방법 제공   지체 및 뇌병변 장애학생들이 답안을 작성하거나 글을 입력하는 과정에서 여러 방법이 가능하도록, 학습평가에서 선다형일 경우에는 키보드로 숫자를 입력하는 것과 마우스로 보기를 선택하는 것이 모두 가능하게 구성했다. 그리고 단답형 및 서술형일 경우에는 직접 입력창에 타이핑하는 것과 다른 환경에서 문서를 작성해서 파일을 첨부하는 것

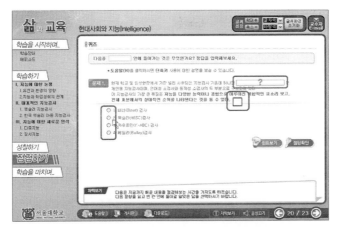

[그림 11-6] 직접 입력 및 선택의 방법으로 평가하는 화면

이 모두 가능하도록 구성했다.

(7) '접근과 사용을 위한 크기와 공간' 원리의 적용

쉽게 선택하고 조작할 수 있는 크기로 학습하도록 설계하기   네비게이션 버튼의 경우에 텍스트로만 이루어진 작은 버튼보다는 뚜렷이 구별되는 색과 이미지를 함께 사용해서 쉽게 구분되도록 설계했다. 그리고 메뉴들이 전체적으로 커지면 자연스럽게 학습 화면이 작아지고 복잡해지므로 학습자가 원하는 메뉴와 중요한 메뉴들만 선별해서 크기를 확대할 수 있도록 했다.

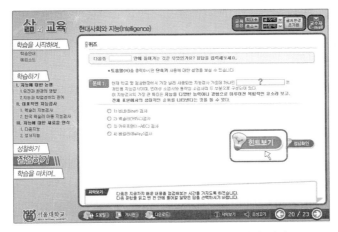

[그림 11-7] 마우스로 메뉴 크기가 확대된 화면

요 약

특수교육공학이 실제로 활용되는 곳은 교실이다. 교실에서 교수와 학습이 이루어지며, 특수교육공학은 이러한 과업을 효과적으로 수행하기 위한 하나의 수단이다. 즉, 교사는 교실에서 교수-학습의 전달 수단과의 조화를 훌륭히 연출해 내야 하는 책임을 갖게 된다. 교사가 이러한 책임을 무시하거나 소홀하게 된다면 특수교육공학이라는 수단은 단지 쓸모없는 값비싼 기계나 프로그램으로 전락하고 만다.

교사는 특수교육공학이 장애학생들에게 어떻게 사용되는지, 그리고 특수교육공학의 교육매체들이 장애학생 개개인에게 어떤 혜택을 줄 수 있는지를 알아야 한다. 이러한 결정은 특수교육공학에 대한 어느 정도의 이해와 지식 없이는 불가능하다. 그러므로 교사는 장애학생의 개별화교육계획(IEP)과 교과과정에 맞추어서 적절한 특수교육공학을 활용할 수 있도록 하는 이론과 지식을 갖고 있어야 한다. 효과적인 특수교육공학의 활용은 공학기기 자체에 있는 것이 아니라 교사가 활용하는 교수-학습 방법과 이론에 의존되는 것이다. 따라서 교사들은 장애학생 개개인의 필요성과 특성에 맞게 다양한 특수교육공학을 활용할 수 있는 전문성을 높여야 한다.

학습 문제

- 신체적 장애와 인지적 장애의 장애 영역별로 어떠한 특수교육공학 접근을 활용할 수 있는지 설명하시오.
- 수업에서 사용하는 교수공학적 접근에서 보편적 설계의 원리가 어떻게 적용될 수 있는지에 대해 예를 제시하시오.

관련 사이트

- 마이크로소프트 보조공학(Microsoft Accessibility Showroom) 소개 동영상
  http://blog.seattlepi.nwsource.com/microsoft/archives/151525.asp
- 미국 워싱턴 주립대학 DO-IT 센터 http://www.washington.edu/doit

참고문헌

강혜경, 박은혜(2002). 장애아동을 위한 특수교육공학의 활용 및 지원방안. 특수교육연구, 9(2), 3-25.

김동일, 손지영(2008). 중등 학습장애학생을 위한 테크놀로지 기반 중재에 관한 고찰. 특수교육저널: 이론과 실천, 9(3).

김동일, 손지영, 윤순경(2008). e-러닝에서 보편적 설계의 적용에 대한 사용성 평가—시각, 청각, 지체장애 대학생을 중심으로. 특수교육저널: 이론과 실천, 9(2), 97-127.

김수진, 한경임(2001). 구어 장애를 수반한 지체부자유 학생의 의사소통을 위한 컴퓨터 보조 수업(CAI). 중복지체부자유아교육, 38, 7-18.

김용욱(2005). 장애학생을 위한 특수교육공학의 활용. 서울: 집문당.

김윤옥, 김수희(2000). Effects of a hypermedia CAI reading program for elementary students with and without learning disabilities. 특수아동교육연구, 1, 13-32.

박성익 외(2001). 교육방법의 교육공학적 이해. 서울: 교육과학사.

손지영(2008). 장애 대학생을 위한 e-러닝 전략 연구—보편적 설계를 중심으로. 서울대학교 대학원 미간행 박사학위논문.

안미혜, 박재국(2003). CAI 적용이 뇌성마비아의 기초연산능력에 미치는 효과. 중복지체부자유아교육, 42, 241-263.

육주혜, 전경일(2004). 미국의 특수교육공학 관련 제도 연구. 특수교육학연구, 39(1), 169-187.

윤광보, 김용욱, 권혁철(2002). 장애학생의 학습을 위한 보편적 설계의 시행 방안. 특수교육학연구, 37(3), 263-282.

이근민(1999). 장애인을 위한 보조공학적 접근방안. 중복·지체부자유아 교육, 33(1), 1-28.

이성일(2004). 정보통신 접근성 현황과 보편적 접근 방법의 설계. 한국정보문화진흥원 이슈리포트.

이종연(2004). 교육공학의 이해와 적용. 서울: 원미사.

정해진(2004). 학습에 있어서의 보편적 설계. 장애아동과 테크놀로지, 4, 16-18.

한성희(2002). 재활에서의 컴퓨터 테크놀로지의 활용. 특수교육학연구, 36(4), 287-310.

Bahr, C., & Rieth, H. (1989). The effects of instructional computer games and drill practice software on learning disabled students' mathematics achievement. *Computers in the Schools, 6,* 87-101.

Blackhurst, E. (1997). Perspectives on technology in special education. *Teaching*

Exceptional Children, 29(5), 41-48.

Blackhurst, A. E. (2005). Perspectives on applications of technology in the field of learning disabilities. *Learning Disability Quarterly, 28*(2), 175-178.

Bottge, B., & Hasselbring, T. S. (1993). A comparison of two approaches for teaching complex, authentic mathematics problems to adolescents in remedial math classes. *Exceptional Children, 59*, 556-566.

Bowe, F. G. (2000). *Universal design in education: Teaching nontraditional students.* Westport, Connecticut: Bergin & Garvey.

Center for Applied Special Technology (2004). CAST products. Retrieved May 15, 2006, from http://www.cast.org/products.

Center for Universal Design (1997). Environments and products for all people. Raleigh: North Carolina State University, Center for Universal Design. Retrieved May 15, 2006, from http://www.design.ncsuedu/cud/univ_design/ud.htm.

Clark, R. E. (1994). Media will never influence learning. *Educational Technology Research and Development, 42*(2), 21-29.

Heinich, R., Molenda, M., Russell, J. D., & Smaldino, S. E. (2002). *Instructional media and technologies for learning.* [설양환 외 역(2004). 교육공학과 교수매체. 서울: 피어슨 에듀케이션 코리아.]

Henry, S. L. (2002). Understanding Web accessibility. Retrieved November 20, 2006, from http://www.macromedia.com/macromedis/accessibility/pub/acc_sites_chap01.pdf

Higgins, K., & Boone, R. (1990). Hypertext computer study guides and the social studies achievement of students with learning disabilities, remedial students, and regular education students. *Journal of Learning Disabilities, 23*, 529-540.

Higgins, K., Boone, R., & Lovitt, T. C. (1996). Hypertext support for remedial students and students with Learning disabilities. *Journal of Learning Disabilities, 29*, 402-412.

Horton, S. V., Lovitt, T. C., Givens, A., & Nelson, R. (1989). Teaching social studies to high school students with academic handicaps in a mainstreamed settings: Effects of a computerized study guide. *Journal of Learning Disabilities, 22*, 102-107.

Horton, S, V., Lovitt, T. C., & Slocum, T. (1988). Teaching geography to high school students with academic deficits: Effects of a computerized map tutorial. *Learning Disabilities Quarterly, 11*, 371-379.

Kelly, B., Carnine, D., Gersten, R., & Grossen, B. (1986). The effectiveness of videodisc instruction in teaching fractions to learning-disabled and remedial high school students. *Journal of Special Education Technology, 8*, 5-17.

Kirk, S. A., Gallagher, J. J., & Anastasiow, N. J. (2003). *Educating exceptional children.* 강창욱(2003). 특수아동의 이해와 교육. 서울: 박학사.

Lancaster, P. E., Schumaker, J. B., & Deshler, D. D. (2002). The development and validation of an interactive hypermedia program for teaching a self-advocacy strategy to students with disabilities. *Learning Disabilities Quarterly, 25*, 278-302.

Lee, Y., & Vail, C. O. (2005). Computer-based reading instruction for young children with disabilities. *Journal of Special Education Technology, 20*(1), 5-18.

Maccini, P., Gagnon, J. C., & Hughes, C. A. (2002). Technology-based practices for secondary students with learning disabilities. *Learning Disability Quarterly, 25*(4), 247-261.

Mace, R. L. (1985). Universal design: Barrier free environments for everyone. *Designers West, 33*(1), 147-152.

McGuire, J. M., Scott, S. S., & Shaw, S. F. (2006). Universal design and its applications in educational environments. *Remedial and Special Education, 27*(3), 166-175.

Rekrut, D. (1999). Using the Internet in classroom instruction: A primer for teachers. *Journal of Adolescent & Adult Literacy, 42*(7), 546-557.

Roh, S. Z. (2004). Designing accessible web-based instruction for all learners: Perspectives of students with disabilities and web-based instructional personnel in higher education. Unpublished doctoral dissertation, Indiana University Bloomington.

Rose, D., & Meyer, A. (2002). *Teaching every student in the digital age: universal design for learning.* Alexandria, VA: Association for Supervision and Curriculum Development (ASCD).

Scott, S. S., McGuire, J. M., & Foley, T. E. (2003). Universal design for instruction:

A framework for anticipating and responding to disability and other diverse learning needs in the college classroom. *Excellence & Equity in Education, 36*, 40-49.

Sturm, J. M., & Rankin-Erickson, J. L. (2002). Effects of hand-drawn and computer-generated concept mapping on the expository writing of middle school students with learning disabilities. *Learning Disabilities Research & Practice, 17*(2), 124-139.

Williams, M. D. (1996). Learner control and instructional technology. In D. H. Jonassen (Ed.), *Handbook of research for Educational Communication and Technology* (pp. 957-983). New York: Macmillan.

제12장
성공적인 사회 통합과
삶의 질 향상을 위한 전환교육

사 례

인문계 고등학교의 특수학급에 다니고 있는 윤우는 내년이면 고등학교를 졸업하게 된다. 윤우의 어머니는 그동안 윤우가 학교생활을 원활히 해 준 것에 감사하면서도 앞으로 졸업 후 삶과 진로에 대한 걱정과 자신이 나이가 들어감에 따라 언제까지고 윤우를 돌봐 줄 수 없다는 사실에 밤잠을 설치고 있다. 윤우는 다운증후군을 갖고 있지만 특별한 신체적 장애가 없으며 사교성이 좋아 다른 사람과 어울리기를 좋아한다. 그러나 윤우는 인지 발달이 지체되어 초등학교 1학년 또는 2학년 수준의 기능적 어휘를 사용하며 부정확한 발음으로 다른 사람들이 윤우의 말을 이해하는 데 어려움이 있다. 계산기를 사용하여 여러 물건을 구입하고 지불할 때 틀리는 경우가 있는 등 일상생활에 필요한 기술들에 미숙한 점이 많아 주변의 도움을 늘 필요로 한다.

윤우의 특수교사는 윤우의 능력과 적성을 고려하여 어머니에게 지역사회 내에 있는 장애인복지관에 의뢰하여 직업훈련 프로그램에 참여할 것을 권유하였다. 현재 윤우는 학교와 연계한 장애인복지관의 직업훈련 프로그램의 일환으로 동네의 패스트푸드점에서 현장실습을 하고 있다. 윤우는 패스트푸드점에서 일하는 것을 매우 즐거워하고 있으며, 정식 직원이 되어 돈을 벌게 되면 같은 특수학급에 다니고 있는 정은이와 결혼하는 것이 꿈이다. 윤우 어머니의 바람은 윤우가 고등학교 졸업 후 사회로 나가 큰 돈은 벌지는 못하더라도 자신이 즐기는 일을 하고 다른 사람들과 잘 어울리며 사회 구성원으로서 독립적인 삶을 살아가는 것이다.

윤우가 10여 년간 받아 온 학교교육의 최종적인 교육목표는 무엇인가? 윤우가 자신의 희망대로 패스트푸드점 직원이 되기 위해서는 어떤 준비가 필요한가? 윤우가 성공적으로 학교에서 사회로 전환하는 데 필요한 지원 서비스에는 어떤 것들이 있을까?

고등학교 졸업 후 사회로의 전환은 모든 학생들이 겪어야 하는 중요한 하나의 과정이다. 대부분의 학생들에게 졸업 후의 전환과정은 기대와 흥미의 시간일 것이다. 그러나 불행하게도 장애학생들의 경우 신체적·정신적 장애로 인하여 진로의 선택과 기회의 폭이 좁은 것이 현실이며, 기대와 흥미보다는 학교의 울타리를 벗어나는 것에 대한 불안감과 두려움이 클 것이다. 장애학생들은 학령기 이후의 삶에 대한 준비를 남들보다 일찍 시작해야 하며 졸업 시까지 개인적 능력과 적성에 맞게 다양한 전략들을 수정·보완해 나가는 노력이 필요하다. 또한 장애학생의 미래의 삶에 대한 준비라는 관점에서 교육 주체(학생, 교사, 학부모)들뿐만 아니라 장애학생이 생활하고 있는 지역사회 내의 관련 기관 및 인사들의 노력과 협력도 필요하다. 이 장에서는 이러한 전환교육의 개념을 이해하고 전환교육 실천에 필요한 내용과 기관 간의 협력을 살펴보고자 한다.

1. 전환교육의 개념

전환(transition)이란 한 가지 조건이나 장소에서 다른 조건이나 장소로 변화해 가는 과정이며, 개인은 생애를 통해 이러한 전환의 다양한 형태를 경험하게 되고 그 과정을 통해 발전해 나간다(조인수, 2005). 전환이라는 의미 속에는 변화가 내포되어 있다. 장애학생들은 학교과정과 학교 이후 성인으로 성장하는 과정에서 끊임없는 변화와 새로운 역할을 경험하게 된다. Patton과 Dunn(1998)은 〈표 12-1〉처럼 전환을 수직적 전환과 수평적 전환으로 구분하여 제시하고 있다. 즉, 전환은 나이에 따라 성숙해 가며 겪는 변화에 대처하기 위한 종적 전환(예: 영유아기에서 초등학교로, 중·고등학교에서 성인사회로)과 상황과 환경의 변화에 따라 대처하기 위한 횡적 전환(예: 분리교육에서 통합교육, 병원에서 가정, 전학, 이사, 이직, 결혼)으로 나눌 수 있다.

| 표 12-1 |　수직적 · 수평적 전환과정

수직적 전환	수평적 전환
↑	가족관계 → 독립
청소년(후기)	
↑	가족부양 → 대안적 부양 거주 배치 → 지역사회 생활
청소년(중기)	
↑	독신 → 결혼/배우자 가족과 동거 → 독립생활/다른 사람과의 생활
청소년(초기)	
↑	분리학교 → 이웃학교 특수/일반교육 → 대안교육
학령기(중등)	
↑	분리학교 → 이웃학교 특수학교 → 일반학교
학령기(초등)	
↑	가정 → 유치원 공공장소 → 사적 장소
취학 전	
↑	병원 → 가정 공학적 지원 → 비공학적 지원
출생	

1) 전환교육의 배경

　　일반교육에서 보편적으로 사용되고 있는 용어인 '진로교육'을 특수교육 분야에서는 1980년대부터 '전환교육'이라는 용어로 사용하는 경향을 볼 수 있다. 1980년대 중반 미국에서 특수교육의 결과(results) 측면에서 특수학교 중등과정을 졸업한 장애학생들의 사회생활 적응 정도와 공교육 프로그램의 효과를 알아보기 위한 여러 연구들의 결과에서 특수교육의 효과가 회의적으로 나타났다. 이러한 특수교육의 성과에 대한 비판적 시각은 특수교육의 목표를 재설정할 것과 함께 그에 적합한 교육과정이 무엇인지를 고민하게 하였으며, 재설정된 특수교육의 목표는 삶의 중요한 전환기에 있는 학생들의 교육을 위하여 전환교육 중심의 교육과정과 활동이 필요하다는 공감대를 형성하였다고 할 수 있다(한경근, 2007). 우리나라에서는 1990년 '장애인고용 촉진 등에 관한 법' 제정 이후 장애인의 고용과 이에 대한 특수교육의 역할을 모색하는 과정에서 전환교육의 개념이 본격적으로 등장하기 시작하였다(김동일, 김언아, 2003).

2) 직업교육과 진로교육 및 전환교육의 관계

직업교육과 진로교육 및 전환교육은 서로 독립적인 개념이라기보다는 상호 관련된 요소를 포함한 협의의 개념과 포괄적 개념을 내포하고 있다고 볼 수 있다.

직업교육은 장애학생의 졸업 후 직업인으로서 요구되는 직업의 기능적 능력과 더불어 직장인으로서 갖추어야 할 소양교육까지를 그 범위에 포함시키고 있다. 반면, 진로교육은 장애학생의 졸업 후 자신의 독립적인 삶과 연관된 진로의 탐색과 선택 그리고 수행을 원활히 할 수 있도록 지원하는 종합적이고 전체적인 접근이라 할 수 있다.

전환교육은 이러한 직업교육과 진로교육의 개념을 모두 포괄하는 개념으로서 학교과정뿐만 아니라 학교 이후 활동으로의 이동을 증진하는 결과 중심의 일련의 지원활동을 의미한다. 이에는 고등교육, 직업훈련, 통합고용(지원고용 포함), 계속적인 성인교육, 성인 서비스, 독립생활, 지역사회 참여가 포함된다고 할 수 있다. 결국 직업교육은 진로교육의, 그리고 진로교육은 전환교육의 일정한 부분집합이고 직업교육 훈련은 직업교육과 진로교육 그리고 전환교육의 내용을 구체적으로 장애학생들에게 지도하는 지도전략이라고 할 수 있다(국립특수교육원, 2003).

2. 학교에서 성인생활로의 전환: 전환교육 및 서비스의 모델

전환교육 모델은 전환교육의 의미와 범위를 어떻게 설정하는가에 따라서 고용에 초점을 둔 Will의 전환교육 모델과 같은 협의의 전환교육 모델과 전환과정에 초점을 Halpern의 전환교육 모델과 같은 광의의 전환교육 모델로 구분할 수 있다.

1) Will의 전환교육 모델: 학교에서 직업으로의 다리 모델

가장 광범위하게 알려져 있는 전환 모델 중 하나로 미국 교육부의 차관이자 특수교육 및 재활서비스국(OSERS)의 책임자인 Madeline Will에 의해서 개발되었다.

1983년 미 공법 98-199를 실시함에 있어서 책임 기관인 특수교육 및 재활서비스국은 전환교육 프로그램에 세 가지 가정을 두었다. 첫째, 전환교육 프로그램은 적절한 지역사회 기회와 서비스 협력이 개개인의 환경과 욕구에 부합되도록 개발되어야 한다는 것이다. 둘째, 전환교육 프로그램은 장애학생들에게 초점을 둔다는 것이다. 셋째, 전환교육 프로그램의 목적은 지속적인 것에 두어야 한다는 것이다. 이러한 세 가정으로 Will(1984)은 학교에서 직업으로의 원활한 전환을 위한 세 가지 전환교육 프로그램을 제시한다. 첫째, 일반적 서비스(no special service)는 특별한 전환 서비스가 필요하지 않은 장애학생들을 대상으로 한다. 주로 적절한 중등 특수교육을 받은 경도장애학생들이 이에 해당되는데, 그들은 지역사회에서 비장애인들에게 제공되고 있는 일반적인 직업 서비스를 통하여 직업 적응이 가능한 경우다. 둘째, 시간 제한적 서비스(time-limited service)는 장애학생이 직업재활 기관이나 성인서비스 기관에서 장애인들을 대상으로 지역사회의 일반 직업에 적응하도록 특별하게 만든 서비스 프로그램을 제한된 시간 동안에 제공하는 것이다. 셋째, 지속적 서비스(on-going service)는 주로 중도(重度)장애인들이 직업 적응을 할 수 있도록 계획된 계속적인 직업재활 서비스를 제공받는 것이다.

이러한 전환교육 프로그램의 구성 요소를 도식화하면 [그림 12-1]과 같다.

Will의 모델은 장애인의 복잡하고 다양한 요구에 따라 성공적인 고용이 이루어지도록 하기 위해 학생들에게 필요한 수준의 지원을 제공하도록 한다는 데 그 특징이 있다. Will의 전환교육 모델은 장애학생의 전환교육을 주로 중등학교 단계에서 중등 후기 단계로만 한정하였고, 취업을 중심으로 한 준비교육 및 훈련에 중점을 둔 점에서 협의의 전환교육 모델로 이해된다(박석돈, 2002).

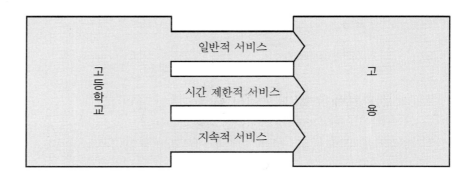

[그림 12-1] OSERS의 전환교육과정의 구성 요소

출처: Will, M. (1984). *OSERS programming for the transition of youth with disabilities: Bridges form school to working life.* Washington, DC: U.S. Department of Education of

2) Halpern의 전환교육 모델

Halpern(1985)은 전환교육의 주요 결과는 고용이라는 Will의 주장을 확대하여 전환의 목적은 학생들을 지역사회에서 성공적으로 생활하도록 준비시키는 것이라고 주장하였다. 이는 고용 이외의 질적인 가정환경과 만족스러운 사회적 조직망의 확립이 이루어져야 한다는 의미가 된다. Halpern(1993)은 신체적 · 물질적 안녕, 성인 역할의 수행, 개인적 실현 등이 장애인의 삶의 질 향상에 영향을 준다고 보았고, 이러한 요인들을 습득하지 못하면 만족스러운 삶의 질적 수준에 도달하지 못한다고 하였다. Will의 모델로부터 도출된 일반적 서비스, 시간 제한적 서비스 및 지속적 서비스라는 지원 수준도 이 모델에 포함된다. 그러나 이 모델은 Will의 모델과는 달리 작업 프로그램에 그 내용을 제한하지 않으며, 가정과 사회기술 프로그램 등을 포함한다. 이러한 모든 영역에서 성공이 이루어져야만 성공적인 지역사회 적응이 이루어진다는 주장이다. Halpern의 모델은 전환교육을 단순히 취업의 측면에서만 강조할 것이 아니라 지역사회 통합을 위한 전체적인 측면에서 보아야 한다는 점을 강조한 데 그 의의가 있다.

이처럼 Halpern(1985)은 전환교육 개념을 직업훈련에 초점을 맞추기보다는 지역사회 적응이라는 개념으로 보았다. 장애아동의 지역사회 적응은 사회 내에서 다른 사람과 함께 살아갈 수 있는 기술과 거주 및 취업에 능숙해야만 가능한

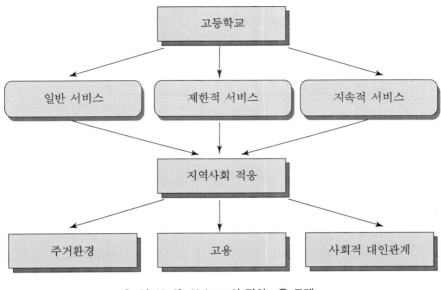

[그림 12-2] Halpern의 전환교육 모델

출처: Halpern, A. S. (1985). Transition: A look at the foundation. *Exceptional Children, 51*, 481.

것으로 본 것이다. 그는 장애인들이 사회 내에서 다른 사람과 함께 살아가는 데 필요한 사회적 및 대인관계 기술이 전환교육에서 가장 중요한 요소라고 믿었다.

Halpern의 전환교육 모델은 전환교육을 지역사회에서 성공적으로 생활하도록 준비시키는 것으로 이해하고, 단순히 취업의 측면에서만 강조할 것이 아니라 지역사회의 통합을 위한 전체적인 측면에서 보고 있기 때문에 광의의 전환교육 모델이라 할 수 있다(박석돈, 2002).

3) Kohler의 전환교육 모델: 성공적인 전환교육 프로그램의 계획

중등과정 이후 학생의 개별화전환교육 프로그램(Individualized Transition Program: ITP)에서 구성 요소와 참여자 간 역할과 책임의 관계를 연구한 Kohler(1996)는 학생의 전환교육 프로그램이 학생의 능력과 바람을 바탕으로 실제적인 성과 달성을 계획적으로 그리고 다양한 인적자원의 연계 협력 속에서 추구하는 분류체계를 제안하였다([그림 12-3] 참조). 이 분류체계에 의하면 성공적인 전환교육 프로그램의 다섯 가지 주요 범주들—학생 중심의 계획, 학생에 대한

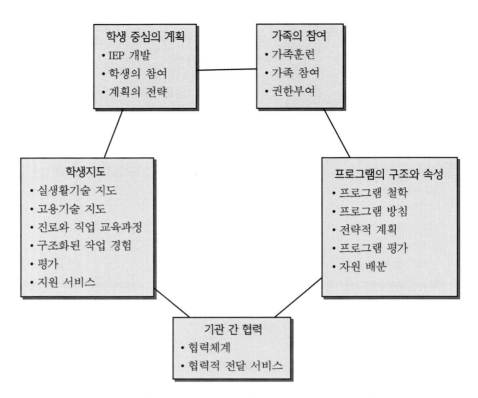

[그림 12-3] Kohler의 전환교육 프로그램 계획을 위한 주요 범주와 하위 범주의 분류체계

출처: Kohler, P. D. (1996). *Taxonomy for fransition Programming*. Champaign: University of
Illinois, Transition Research Institute.

지도, 부모/가족의 적극적 참여, 관련 기관들 간의 협력, 프로그램의 구조와 속
성—은 서로 유기적으로 관련되어야 한다.

　　Kohler는 이 분류체계를 바탕으로 전환교육 계획의 주요 참여자들(장애학생,
가족/부모, 특수교사, 일반교사, 직업 담당교사, 전환교육 담당 전문인력, 교육 행정가,
지역사회 기관 인력 등)이 이런 다섯 가지 범주에서 어떠한 역할을 할 수 있는지
를 구체적으로 제시하였다. 각각의 범주에 대한 교사의 역할을 보면 다음과 같
다(한경근, 2004, 재인용).

(1) 장애학생의 지도

　・학교 정규 교육과정 이외의 시간에 습득이 필요한 기술들을 위해 다양한 방

과 후 활동에 참여할 수 있게 한다.

• 장애학생이 자기의 학습활동에 대해 책임의식을 가질 수 있도록 지도한다.

• 필요한 도움을 적절하게 요구하는 기술을 가르친다.

• 자기에게 필요한 지원이 무엇인지 스스로 알게 한다.

(2) 실질적인 장애학생 중심의 계획으로서 전환기 교육계획

• 장애학생이 자기 삶의 현재와 가까운 미래의 목표를 알게 한다.

• 장애학생이 자기의 흥미와 좋아하는 것들을 알고 표현할 수 있게 한다.

• 교육 프로그램의 전 과정 동안 학생 스스로가 목표 달성을 위한 진전을 평가할 수 있게 한다.

• 장애학생 스스로 자기에 관한 주요한 의사결정 과정에 참여할 수 있게 한다.

(3) 기관 간 협력

• 프로그램 성공을 위해 관여하는 기관들 간의 협력체계에 참여하게 한다.

• 장애학생 자신에 관한 정보를 제공하고, 그 정보의 공유에 관한 자신의 의견을 제시하게 한다.

(4) 가족 참여

• 부모에게 필요한 정보를 제공한다.

• 장애학생이 자신의 프로그램에서 부모/가족의 역할이 무엇인지 알게 한다.

• 부모교육 활동에 함께 참여한다.

• 부모/가족의 요구가 무엇인지 알게 한다.

(5) 프로그램의 구조와 속성

• 자신의 교육 프로그램에 대한 평가과정에 참여하게 한다.

• 자신의 프로그램 운용을 위한 인적자원 개발에 참여할 수 있게 한다.

• 필요한 자원 배분에 관한 결정에 참여하게 한다.

• 자신의 교육 프로그램 계획활동에 참여하게 한다.

이와 같은 특수교사의 역할은 실제로 장애학생에게 요구되는 역할들과도 매우 밀접하게 이해되어야 한다. 요구되는 역할들이 학교나 직업 교육 현장에서 이루어질 수 있는 것들과 더불어 가정과 타 기관과의 유기적인 연대 속에서 채워질 수 있는 것이기에, 특수교사는 가족 및 부모 그리고 장애학생의 전환교육에 참여하고 있는 모든 참여자들과의 유기적인 협력적 관계 형성을 중요시할 필요성이 있다. 특히 제공되는 지원의 강도가 높은 중도장애학생의 경우는 이러한 협력적 관계가 더욱 필요할 것이다.

이상과 같이 미국을 중심으로 서구사회에서 1980년대 이후부터 제기된 특수교육의 성과에 대한 비판적 시각으로부터 시작된 전환교육은 특수교육의 목표에 변화를 초래하였으며, 졸업 후 장애학생들의 삶의 질에 관심을 두고 있다. 하지만 Will(1984)의 모델에서 알 수 있듯이, 초창기 전환교육의 중점은 학교 졸업 후 고용이라는 단선적인 전환이었다고 할 수 있는데, 지금에 이르러서는 직업뿐만 아니라 성인생활의 모든 측면을 교육의 성과로 고려하여 그것을 체계적인 계획으로서 교육과정에 반영하는 전환교육 중심의 학교교육 계획 서비스를 구안하여야 한다는 의견이 폭넓은 지지를 받고 있다(한경근, 2007).

또한 장애학생의 삶의 질에 대한 관심은 장애학생의 전환교육 계획 수립에 있어 장애학생과 학부모의 적극적인 참여의 필요성을 증가시켰으며, 이러한 관점에서 학생 자신의 요구와 희망이 전환 서비스 계획과 실행 그리고 평가 전 과정의 중심에 있다는 학생중심 전환교육계획(person-centered planning: PCP)이 개발되었다. PCP는 장애인의 삶을 변화시키기 위한 보다 구체적인 실행전략으로 고안되었으며, 학생 자신의 현재와 미래의 삶에서 가장 중요한 사람들이 한데 모여 현재 보다 나은 삶에 대한 비전을 개발하고 그것을 도모하는 방법을 개발하는 과정인 것이다. 즉, PCP는 그 자체로서 독립적인 접근법이라기보다는 속성을 공유하는 접근법들의 집합체라고 할 수 있다(한경근, 2007).

3. 전환교육의 과정

현재 장애학생을 담당하고 있다면 그 학생들이 졸업 후 생활하게 되는 환경과 무엇을 할 것인지를 예상하고 그것을 지금 돕는 방법이 무엇인지를 생각하여 수업에 반영하는 것이 바로 전환교육의 시작이다. 특수교육은 전환교육의 관점을 토대로 장차 지역사회에서 한 성인으로서 자립하여 살아갈 수 있도록 목표를 설정하고 이를 체계적으로 실시할 수 있어야 한다. 전환교육의 과정에서는 학교뿐만 아니라 지역사회 각 기관의 다양한 서비스를 포함하며, 전환교육과 서비스를 위한 사정, 개별화전환계획, 훈련, 배치, 추수지도 순의 단계로 구성된다. 각 단계들은 특정한 시점에서만 일어나는 분리된 교육과정이 아니라 서로 영향을 주고받는 연속된 과정이며, 일정한 시점을 중심으로 반복적으로 수정·보완되어야 한다.

1) 전환교육과 서비스를 위한 사정

전환 사정(transition assessment)은 학생에 대한 현재의 성취수준 결정을 목적으로 자료를 모으는 과정이다(Salvia & Ysseldyke, 1995). 장애학생의 현재의 성취수준을 통하여 그들의 미래의 삶과 삶을 영위하는데 필요로 하는 기술과 능력을 예측할 수 있다는 점에서 전환 사정은 전환교육과 서비스에 있어서 매우 중요한 단계로 인식되고 있다. 장애학생을 위한 전환 서비스는 전환 사정이라는 구체적인 계획을 통하여 제공되어야 하며, 전환 사정은 합당한 절차를 통해 정보를 수집한 후 학생을 전환계획으로 투입하는 조직적인 접근을 말한다(조인수, 2005).

(1) 전환 사정의 정의

전환 사정은 진로평가와 직업평가를 포함하는 포괄적 용어로, 모든 삶의 역할들과 관계가 있으며, 성인생활로의 전환 이전·중·이후에 필요한 지원과 관계가 있다. 전환 사정은 현재와 미래의 직업활동, 교육, 생활, 개인적 및 사회적 환경 등과 관련되는 개인의 강점, 요구, 선호, 흥미 등에 관한 지속적인 정보 수집

의 과정이다. 평가 자료는 전환과정에서 공통적 이해의 근간으로 작용하며, IEP
에 포함되어야 할 목표와 서비스를 결정하는 기초가 된다(Sitlington, Neubert, &
Leconte, 1997).

　　Sitlington(1996)은 논의한 시점에 따라 전환 사정, 진로 평가 그리고 직업 평
가 간의 관계를 [그림 12-4]와 같이 설명하였다.

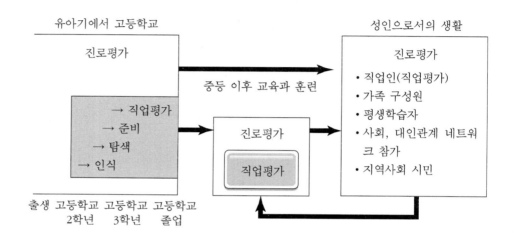

[그림 12-4] 전환 사정

출처: Sitlington, P. L. (1996). Transition assessment: Where have we been and where should we
　　be going? *Career Development for Exceptional Individuals, 19*, 163.

(2) 전환계획을 위한 주요 사정 영역

　　사정과정에서 수집되는 정보의 형태는 교사와 나머지 IEP 팀이 전환계획 과정
에서 필요하다고 요구하는 영역들과 직접적으로 관련되어야 한다. 즉, 전환계획
에서 제기되는 질문에 답할 수 있도록 정보가 수집되어야 하며, 평가과정에서
수집된 정보는 IEP의 '현재의 교육성취 수준'을 기술할 때 통합되어 활용됨으로
써 IEP 개발과 전환계획 과정에 도움을 준다. [그림 12-5]는 앞서 언급한 종합적
전환교육 모델에서 제시한 지식 및 기술 영역으로서 전환 사정과정과의 관계를
제시한 것이다.

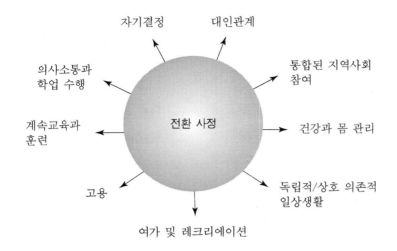

[그림 12-5] 전환 사정을 위한 지식과 기술 영역

출처: Sitlington, P. L., Neubert, D. A., & Clark, G. M. (2009). *Transition Education and Services for Students with Disabilities, 5,* 77.

2) 개별화전환계획의 수립과 실행

학생 개별적인 요구와 기능에 대한 사정 후 수집된 정보는 전환교육 팀에 의해 학생의 IEP에 포함될 개별화전환교육계획(ITP) 수립에 활용된다. IEP의 한 부분으로 포함되는 ITP에는 장애학생이 학교에서 성인사회로 전환하는 것을 지원하는 교육활동이나 지원자료 또는 관련 서비스 등이 기술되도록 한다.

우리나라의 경우 개정된 장애인 등에 대한 특수교육법 제22조의 개별화교육에 해당되는 사항에 진로 및 직업 교육 담당교원이 개별화교육지원 팀의 구성원으로 포함되도록 하고 있으며, IEP 안에 ITP가 포함되도록 하고 있다(경기도교육청, 2008).

| 표 12-2 | 학생의 IEP에 포함될 수 있는 전환교육과 관련된 네 가지 영역의 교육활동의 예

	가정생활 영역	지역사회 영역	여가 영역	직업 영역
초등 학교	• 장난감과 물건 줍기 • 가족과 설거지하기 • 침대 정리 • 옷 입기 • 몸단장 • 식사기술 • 용변기술 • 옷 정리 • 식탁 차리기	• 음식점에서 식사하기 • 음식점에서 화장실 사용하기 • 쓰레기 버리기 • 시내버스 차비를 동전으로 준비하기 • 물건 구입하기 • 도로의 안전 표시에 적절하게 반응하기 • 이웃집에서 점심 식사하기	• 보드 게임 • 술래잡기 • 전쟁놀이 • 색칠하기 • 볼 놀이 • 자전거 타기 • 인형놀이와 나이에 맞는 장난감으로 놀기 • 지역사회 축구 팀에 참여하기 • 닌텐도 게임하기	• 장난감과 물건을 보관 장소에 되돌려 놓기 • 방과 후에 교실 청소하기 • 정해진 시간 동안 과제 수행하기(10 ~ 15분) • 식사 후 식탁 치우기 • 전화 받기 • 쓰레기통 치우기 • 메시지 전하기
중학교	• 세탁하기 • 간단한 음식 만들기 • 침실을 청결하게 유지하기 • 간식 만들기 • 낙엽 청소하기 • 구입할 식품목록 만들기 • 목록에 따라 물품 구입하기 • 청소기 사용과 먼지 털기 • 밤에 알람시계 맞추고 사용하기 • 땀냄새 제거제 사용하기	• 안전하게 길 건너기 • 백화점에서 물건 구입하기 • 패스트푸드점 이용하기 • 레크리에이션 센터에 가기 위해 대중교통 이용하기 • 지역 스카우트 단체에 참여하기 • 토요일에 이웃집에서 점심 식사하기 • 가족이나 친구와 같이 시내버스 타기	• 배구하기 • 에어로빅 강습 듣기 • 장기 두기 • 농구경기 구경 가기 • 쇼핑하기 • 지역의 레크리에이션 센터에서 공예강습 수강하기	• 걸레질/왁스칠 하기 • 창문 닦기 • 옷 정리하기 • 테이블 치우기 • 주말에 가족과 한두 시간 일하기 • 싱크대, 욕조, 비품 청소하기 • 기계 작동하기(식기세척기) • 학교 관리인 인턴십 하기 • 학교 사무실에서 인턴십 하기 • 일상 스케줄 지키기
고등 학교	• 방청소 하기 • 주간 예산 짜기 • 음식 만들기 • 냉·난방기의 온도 조절하기 • 정원 손질하기 • 개인의 욕구 유지하기 • 옷을 손질하고 보관하기	• 지역사회에서 운행하는 버스 이용하기 • 은행 통장에 입금하기 • 지역의 백화점 이용하기 • 지역의 식료품점 이용하기 • 지역의 의료기관 이용하기(의원이나 약국)	• 조깅하기 • 보트 타기 • 농구경기 시청하기 • 비디오 게임 하기 • 카드 게임 하기 • YMCA에서 수영강습 받기 • 정원 꾸미기 • 휴가 가기	• 관리일 하기(백화점 등에서) • 객실 정리하기(모텔 등에서) • 지역대학의 캠퍼스 관리 작업하기 • 음식점 시중 들기 • 지역 세탁소에서 일하기 • 지역 은행에서 사진 찍기

고등 학교	• 생리 처리하기		• 테이프, CD 수집하기 • 잡지나 만화책 보기 • 친구 집에 놀러 가기	• 식료품 가게에서 식품 정리하기 • 회사에서 수위 업무 하기

출처: Wehman, P., Moon, M. S., Wood, J. M., & Barcus, J. M. (1998). *Transition from school to work: New challenges for youth with severe disabilities*. Baltimore: Brookes, pp. 140-142에서 수정함.

(1) 개별화전환교육계획 구성

체계적인 전환교육이 이루어지기 위해서 계획하는 ITP는 다음의 특징들을 포함할 수 있다.

- 전환계획은 장애학생과 장애가족이 중등 이후 교육과 고용, 지역사회 생활에 참여할 수 있는 프로그램을 포함한다.
- 전환계획 수립 시 학생에 관해 잘 아는 사람(부모/후견인)을 포함한다.
- 계획에는 지역사회에서 기능적으로 활용할 수 있는 기술을 습득하기 위한 연간 목적과 단기목표가 포함되어야 한다.
- 전환계획에는 적절한 기관 의뢰, 직무 배치, 직업 현장에서의 훈련, 직무에 대한 것을 포함한다. 또한 학생들의 전환과정의 각 단계에서 책임을 질 사람에 대해 명시한다.
- 전환계획은 졸업하기 5~7년 전에 개발되어야 하고, 그에 따른 종단적인 계획이어야 한다.
- 전환계획은 학령기에는 IEP의 일부분이 되며, 지역사회 서비스를 받을 때는 개별화재활계획의 일부분이 된다.
- 전환계획에서는 전환 서비스에 참여하는 모든 기관의 협력이 이루어지도록 계획한다.
- 장애학생과 부모가 쉽게 이해할 수 있도록 친숙한 용어로 서술한다.

(2) 개별화전환교육계획 작성방법

ITP는 크게 다음과 같은 다섯 가지 부분으로 구성될 수 있다.

① 일반적인 사항

장애학생이나 보호자에 관한 일반적인 정보를 기록한다.

② 장기목표

주거생활, 사회생활, 여가생활, 직업생활에서 단위를 중심으로 기록할 수 있다. 장기목표는 일반적인 용어로 단기목표를 포괄할 수 있게 진술한다.

③ 단기목표

주거생활, 사회생활, 여가생활, 직업생활에서 과제를 중심으로 기록할 수 있다. 장기목표에 기초하여 단기목표, 구체적인 일정, 책임자, 평가 기준 등을 설정하며, 전환계획 시행과정에서 각 책임자의 역할을 구분한다.

④ 학생의 향상을 기반으로 하여 전환계획을 수정·보완

최소 연 1회 전환 팀 회의를 소집하여 장기목표, 단기목표, 기타 구체적인 내용에 대한 향상 정도를 평가해야 한다.

⑤ ITP 작성과 시행과정에서 얻은 정보 공유

ITP 작성과 시행과정에서 얻은 정보를 관련 기관이나 인사과와 공유함으로써 전환교육의 팀 접근이 이루어질 수 있도록 한다.

(3) 전환교육계획 과정의 기본 원리

- 학교 졸업 이후의 성과(목표)에 초점을 둔다.
- 전환교육을 계획하는 과정에서 학생들의 권한을 강화한다.
- 전환교육을 계획하는 과정에서 학생 가족의 직접적인 참여를 보장한다.
- 전환교육을 계획하는 과정에서 지역사회의 참여를 확대한다.
- 종합적으로 학교 졸업 후의 학생 욕구에 초점을 둔다.

개별화전환교육계획서(장기목표)

작성일자: 2010년 3월 19일   작성자: 이 ○ ○ (인)

<table>
<tr><td rowspan="4">인적사항</td><td colspan="2">이 름</td><td>○○○</td><td>학년/반</td><td colspan="2">3-1</td></tr>
<tr><td colspan="2">생년월일</td><td></td><td>장애 등급</td><td colspan="2">○○장애 2급</td></tr>
<tr><td rowspan="2">보호자</td><td>성명</td><td>○○○</td><td>관계</td><td colspan="2">모</td></tr>
<tr><td>연락처</td><td>031)000-3000</td><td>휴대전화</td><td colspan="2">010-0000-0000</td></tr>
<tr><td>기간</td><td colspan="2">시작일</td><td colspan="2">2010. 4. 01.</td><td>종료일</td><td>2011. 2. 09.</td></tr>
<tr><td rowspan="2">요구조사</td><td colspan="2">학부모</td><td colspan="4">학교 규칙을 이해하고 잘 지킬 수 있도록 지도해 주시고, 졸업 후에 쉬운 일이라도 일할 수 있는 곳에 취업했으면 함</td></tr>
<tr><td colspan="2">학생</td><td colspan="4">조립 및 포장 작업을 하는 업체에 취업하였으면 함
선배들처럼 사회적 기업이나 보호작업장에 취업했으면 함</td></tr>
<tr><td rowspan="3">진단평가결과</td><td colspan="2">검사명</td><td>검사일</td><td colspan="2">검사 결과</td><td>검사기관</td></tr>
<tr><td colspan="2">취업준비 체크리스트(ERCD)</td><td>2009. 3. 20.</td><td colspan="2">직업 재활을 위한 언어, 학습, 기억력에서 성취도가 높게 나타남</td><td>○○○
복지관</td></tr>
<tr><td colspan="2">종합 의견</td><td colspan="4">수지협응 능력 및 문제이해 능력이 뛰어나 지시에 따른 작업을 작업 순서에 맞게 성취할 수 있으며, 작업활동에 필요한 기본적인 시간개념과 수개념, 크기개념, 모양 분별력에서 우수한 능력을 가지고 있음</td></tr>
<tr><td rowspan="3">지도계획</td><td>영역</td><td>가정생활</td><td>사회생활</td><td>여가생활</td><td>진로 탐색</td><td>직업 준비</td><td>직업생활</td></tr>
<tr><td>현재수행능력</td><td>개인 신변처리 능력이 우수하며, 가정에서 역할을 이해하고 스스로 맡겨진 역할을 이행할 수 있음</td><td>대중교통을 이용하여 원하는 장소까지 이동할 수 있으며, 각종 문화시설을 자유롭게 이용할 수 있음</td><td>원하는 시간에 다양한 오락과 취미 활동을 스스로 선택해서 즐길 수 있음</td><td>여러 가지 직업의 종류 및 하는 역할을 알고 있으며, 직업을 가져야 하는 이유를 말할 수 있음</td><td>취업 관련 정보를 여러 매체를 통해서 얻을 수 있으며, 자신의 요구에 맞는 직업을 선택할 수 있음</td><td>작업활동 중 지시에 따른 활동을 이해하고 바르게 수행할 수 있음</td></tr>
<tr><td>장기목표</td><td>깨끗함과 더러움의 차이를 이해하고 계절과 공간에 따른 의복을 바르게 입을 수 있다.</td><td>성에 대한 바른 이해를 통해서 사회 및 학교에서 이성 친구를 친구로서 대할 수 있다.</td><td>인터넷 사용의 통신예절을 이해하고 인터넷을 목적에 맞게 사용할 수 있다.</td><td>각종 직업의 종류를 이해하고 직업에 필요한 기능 및 태도를 이해할 수 있다.</td><td>취업에 필요한 기본 서류(자기소개서, 이력서등)를 스스로 작성할 수있다.</td><td>작업활동 중 불량품을 구별해 낼 수 있으며, 불량품이 나오지 않기 위해 필요한 사전 방법이 무엇인지 알 수 있다.</td></tr>
</table>

[그림 12-6] 개별화전환교육계획 예시 1

출처: 경기도교육청(2008). 개별화전환교육계획(ITP)의 이해와 실제(경기도교육청 장학자료). 경기도교육청 제2청사.

연간 개별화전환교육계획(단기목표)

주거생활 장기목표		집 안에 있는 가전제품을 자유롭게 사용하며 집안을 정리정돈하고 관리한다.						
학기	월	단기목표	관련 교과	평가				
				1	2	3	4	5
1학기	3	세탁기를 사용하여 옷을 세탁하고 마무리를 깔끔하게 한다.	사회, 직업			∨		
	4	계절과 상황에 맞는 옷차림을 한다.	국어, 사회 직업					∨
	5	물건을 사고 제값에 맞게 지불하며 거스름돈을 받는다	사회, 수학			∨		
	6	재활용품 분리 배출을 바르게 한다.	사회, 직업				∨	
	7	집 안을 깨끗하게 정리정돈한다.	국어, 사회				∨	
종합평가		• 상황에 어울리는 옷차림을 하며 자신의 물건을 바르게 정리정돈함 • 물건 값을 알고 지불하나 수 계산이 정확하지 않아 거스름돈을 받는 데 어려움이 있음 • 지속적으로 화폐계산에 대한 지도와 수 계산에 대한 학습이 필요함						
사회생활 장기목표		다른 사람의 취향이나 감정을 살피며 분위기와 상황에 맞는 적절한 대화를 나눈다.						
학기	월	단기목표	관련 교과	평가				
				1	2	3	4	5
1학기	3	대중목욕탕을 이용하고 미용실을 사용한다.	사회, 직업			∨		
	4	상황이나 상대에 맞는 대화를 나눈다.	국어, 사회,				∨	
	5	대중교통 수단을 자유롭게 이용한다.	국어, 사회, 직업			∨		
	6	자신의 의견을 상대방이 기분 상하지 않게 말하고 상대방의 의견에 귀 기울인다.	국어, 사회				∨	
	7	시간관리를 하고 계획을 세워 실천한다.	국어, 수학, 사회				∨	
종합평가		시간, 날짜, 요일, 달을 구분하여 계획을 세우며, 자신의 의견을 부드럽게 내세우고 상대방과 다투지 않고 대화를 나눔						

※ 평가란 작성 준거: 1. 많은 노력 요함 2. 노력 요함 3. 보통임 4. 잘함 5. 아주 잘함

[그림 12-7] 개별화전환교육계획 예시 2

출처: 경기도교육청(2008). 개별화전환교육계획(ITP)의 이해와 실제(경기도교육청 장학자료). 경기도교육청 제2청사.

4. 전환교육 관련 인사와 주요 역할

전환교육은 독립생활, 진로 설정, 지역사회 참여 등 성인기의 요구사항들에 대하여 장애학생을 준비시키는 데 그 목적이 있다. 이를 위해서는 교육, 의료, 직업, 복지, 심리 서비스 등 다양한 분야의 지원이 필수적이다. 장애학생들에게 효과적인 전환 계획과 서비스를 촉진, 개발, 지원하고 구조화된 서비스를 제공하기 위해서는 장애학생의 현재 및 미래의 삶과 관련 있는 모든 이들의 긴밀한 연계와 협력이 이루어져야 한다. 전환교육 관련 인사와 주요 역할을 살펴보면 〈표 12-3〉과 같다.

| 표 12-3 |　전환교육 관련 주요인사와 역할

인 사	역 할
장애학생	독립적 생활을 위한 요구와 능력 표현, 과목 및 직업 관련 흥미 표현, 선호하는 학습 유형 표명, 향상시킬 필요가 있는 개인적·사회적 기술 확인, 선호하는 여가 표명, 흥미 있는 지역사회 활동 확인, 중등 이후 교육목표 및 고용목표 표명
가족 구성원	가정에서 구체적인 책임을 부여하여 독립생활 형성, 지역사회 내 지원, 훈련, 고용 가능성 탐색, 미래 목표와 성인으로서의 삶에 대해 학생과 상의, 학생과 함께 IEP 회의 참석, 학생의 직업생활·건강·여가·이동 등에 대해 다른 인사와 공동으로 계획하기, IEP와 전환교육 프로그램을 보다 잘 수행토록 격려 및 지원
특수교사	가족 및 학생 면담, 다양한 환경 내에서 학생의 수행 정도 관찰하는 상황평가 실시, 교육과정중심 평가 시행, 공식 평가 실시, 다른 전문가로부터 수집한 평가 결과 해석, 전환평가 자료 해석과 IEP 목표 수정
중등/중등 이후 교육자	교과목 및 교과목 선택에 관한 정보 제공, 프로그램 자격 요건과 최소 요구 기술 등에 관한 정보 제공, 시험/평가/성적처리 방법에 관한 정보 제공, 학생의 협동적 행동 관찰 및 정보 제공, 학생의 과제 완수 정도에 관한 정보 제공, 학업목표 및 기술 향상 정도 관찰 및 정보 제공
학교 상담교사	공식적/비공식적 흥미검사 실시, 평가 실시 후 상담, 학생의 흥미와 요구 및 학습 선호에 알맞게 중등 과목을 수강하도록 돕기, IEP 과정에 참여, 중등 이후 교육과 고용 및 지역사회 내 참여와 같은 미래 계획에 관한 정보 제공

성인 서비스 제공자	16세 이상 학생의 전환 사정 활동 참여, 장애인과 성인 서비스 제공 기관에 관한 정보 교환, IEP와 평가 팀에 협력하는 등 학교와의 연계, 학생이나 가족과 함께 IEP 회의 참석
고용주, 직업재활 관계자	초보 수준의 직업기술 정보 제공, 작업장 내 지원 가능한 보조공학 및 편의시설 등에 관한 정보 제공, 지원고용에 대한 정보 제공, 작업장 내에서 학생의 준비도 및 협력 정도 관찰 및 기록, 학생의 직업 윤리와 행동 및 생산 수준에 관해 관찰 및 기록, 학생의 직업에 대한 흥미와 동기 관찰 및 기록
지원 서비스 제공자	전환평가 과정에 참여, 학생의 특별한 요구(심리검사, 물리치료, 재활치료, 지역사회 지원 서비스 등)에 관한 정보 제공

출처: Sitlington, P. L., Neubert, D. A., Begun, W., Lombard, R. C., & Leconte, P. J. (1996). *Access for Success: Handbook on Transition Assessment*. Reston, VA: CEC, pp. 63-64

요약

장애인의 삶의 주기에서 가정에서 학교로, 학교에서 지역사회로 이어지는 전환은 그 단계의 효율성과 적합성 여부에 따라 삶의 질을 좌우하는 중요한 요인으로 작용한다. 특수교육의 결과에 대한 반성적 접근으로 시작된 전환교육은 장애학생이 학교교육을 마치고 가능한 한 생산적이고 자립적인 성인생활을 할 수 있도록 학령기 동안 필요한 교육 프로그램과 지원을 제공하는 것이다. 어떤 정형화된 교육과정이라기보다는 성인생활 적응이라는 특수교육의 궁극적인 목표를 이루어 가는 교육의 과정이라고 이해할 수 있다. 전환교육은 전환의 초점을 고용 혹은 전환과정의 어디에 두는가에 따라 그 범위와 내용에 차이가 있으며, 전환교육과 서비스를 위한 사정, 개별화전환계획, 훈련, 배치, 추수지도 순의 단계로 구성된다. 각 단계들은 특정한 시점에서만 일어나는 분리된 교육과정이 아닌 서로 영향을 주고받는 연속된 과정이며, 일정한 시점을 중심으로 반복적으로 수정·보완되어야 한다. 마지막으로 전환교육이 성공을 거두기 위해서는 전환교육을 담당하는 전문 인력뿐만 아니라 장애아동의 미래 삶의 질과 관련이 있는 모든 사람들 간의 긴밀한 연계와 협력이 필요하다.

- Will의 전환교육 모델을 설명하고, Halpern의 전환교육 모델과의 차이점을 설명하시오.
- 체계적인 개별화전환교육계획(ITP)을 수립하기 위해 전환 사정에서 고려해야 할 사항들을 설명하시오.
- 전환교육 관련 인사들과 그들의 역할에 대해 설명하시오.

■ 관련 사이트

- 국립특수교육원 http://www.kise.go.kr/html/
- 한국장애인고용촉진공단 http://www.kepad.or.kr/
- 경기도교육청 직업전환교육지원센터 http://tedu.org/script/main/main.asp
- 강원직업교육지원센터 http://www.gwte.org/page/sub1_2.html
- 충남전환교육연구회 http://freekd.oranc.co.kr/
- 한국고용정보원 http://www.work.go.kr/
- 장애인 고용 포탈(워커 투게더) http://www.worktogether.or.kr/
- 희망경기 특수교육 키세넷 http://www.kysenet.org/

■ 참고문헌

경기도교육청(2008). 개별화전환교육계획(ITP)의 이해와 실제(경기도교육청 장학자료). 경기도교육청 제2청사.

국립특수교육원(2003). 특수교육기관의 직업교육 운영 내실화 방안. 국립특수교육원.

김동일, 김언아(2003). 우리나라 전환교육 연구의 동향과 전망, 제10권, 제1호. 특수교육연구.

김진호 외(2002). 특수교육학개론. 서울: 시그마프레스.

박석돈(2002). 전환교육의 모델에 관한 일 연구. 직업재활연구, 12(2), 107-128.

조인수(2005). 장애인 삶의 질 향상을 위한 전환교육. 대구대학교 출판부.

한경근(2004). 장애학생 전환기 교육 계획과 실행에서의 부모의 역할. 특수교육재활과학연구, 43(2), 165-191.

한경근(2007). 중등기 이후 중도장애학생을 위한 전환교육 모델 연구. 중복·지체부자유연구, 50(1), 21-45.

Amado, A. N., & Lyon, P. J. (1991). *Listen, lady, this is my life: A book of stories about personal futures planning in Minnesota.* St. Paul, MN: Human Services Research and Development Center.

Beirne-Smith, M., Ittenbach, R., & Patton, J. R. (1998). *Mental retardation* (5th ed.). Upper Saddle River, NJ: Merrill/Prentice Hall.

Brolin, D. E. (1983). Life-centered Career Education for Exceptional Children. *Focus on Exceptional Children, 14* (7), 1-15.

Halpern, A. S. (1985). Transition: A look at the foundation. *Exceptional Children, 51*(6), 476-486.

Halpern, A. S. (1993). Quality of life as a conceptual framework for evaluating transition outcomes. *Exceptional Children, 59,* 486-498.

Kohler, P. D. (1996). *Taxonomy for transition programming.* Champaign: University of llinois, transition Research Institute.

Lewis, J. (1992). Interlinking technology education and Tech-Prep: One school system's approach. *The technology teacher, April,* 26-28.

Patton, J. R., & Dunn, C. (1998). *Transition from school to young adulthood for students with special needs: Basic concepts and recommended practices.* Austin, TX: Pro-ED.

Petersson, K. (1998). *Transition from School to work.* Briefing Book for the meeting of Network B of the OECD indicators project. Franscati, Rome, Italy.

Salvia., J., & Ysseldyke, J. E. (1995). *Assessment* (6th ed.). Boston: Houghton Mifflin.

Scholss, P. J., & Sedak, R. A. (1986). *Instructional methods for students with learning and behavior problems.* Boston: Allyn & Bacon.

Sitlington, P. L. (1996). Transition Assessment Where Have We Been and Where Should We Be Going? *Career Development for Exceptional Individuals, 19,* 163.

Sitlington, P. L., Neubert, D. A., Begun, W., Lombard, R. D., & Leconte, P. J. (1996). *Assess for success: Handbook on transition assessment.* Reston, VA:

Council for Exceptional Children.

Sitlington, P. L., Neubert, D. A., & Clark, G. M. (2009). *Transition Education and Services for Students with Disabilities, 5*, 77.

Sitlington, P. L., Neubert, D. A., & Leconte, P. J. (1997). Transition assessment: The position of the Division on Career Development and Transition. *Career Development for Exceptional Individuals, 20* (1), 69–79.

Smith, D. D., & Luckasson, R. (1995). *Introduction to special education: Teaching in an age of challenge.* Boston: Allyn and Bacon.

Wehman, P., Moon, M. S., Wood, J. M., & Barcus, J. M. (1998). *Transition from school to work: New challenges for youth with severe disabilities* . Baltimore: Brookes.

Will, M. (1984). *OSERS Programming for the Transition of Youth with Disabilities: Bridges from School to Working Life.* Washington, DC: U.S. Department of Education, Office of Special Education and Rehabilitation Services.

2009학년도 1학기

개별화교육계획(IEP)

성 명	박 ○ ○
성 별	여
생년월일	1997년 10월 7일

서울 ○○초등학교

〈기본사항 및 위원회 승인〉

개별화교육계획

인 적 사 항			위 원 회 승 인		
학 교 명	서울○○초등학교		구 분	이 름	확 인
학년/ 반	제5학년 3반		교 장		
이 름	박 ○○		교 감		
성 별	여		교육과정부장		
생년월일	1997년 10월 7일		담임교사		
주 소			특수교사		
			특수교사		
전 화			보건교사		
입급년월일	2004. 3. 2.		학부모		
IEP 시작일	2008. 3. 17.		IEP 종료일	2009. 2. 28.	

아 동 상 황	장애 유형	학습장애		장애 등급		
	장애 원인			특이사항		

가 정 환 경	관 계	부	모	기타 가족	본교 형제	생활 정도	특이사항
	성 명	박 ○○	박 ○○	—	—	하	
	직 업	건설업	자영업				

진단검사 결 과	검사도구	검사일	검사 결과
	K-ABC	2006. 4. 10.	인지처리과정 98(동시처리척도 95, 순차처리척도 102)
	기초학습기능검사	2006. 3. 29.	평균 1.8학년

현 재 성 취 수 준	강 점	약 점
	자신의 생각이나 의견을 정확하게 표현할 수 있다. 집중력이 높아지고 수업에의 참여가 적극적이다.	수업 중 혼잣말을 중얼거린다. 수업활동에 대한 이해 속도가 떨어져 참여에 어려움이 있다.

행동 특성	또래 사이에서의 주도적 역할을 좋아하고 잘함 질문이 많아 교사에게 자주 질문함 활동적인 것을 좋아하고 미술활동에 적극적으로 참여함

교육활동 계 획	구분	교 과	기 간	주당 시간	장 소	지도교사
	특수 교육	국어, 수학 재량활동 (생활중심 교육활동)	2007. 3. 19. ~ 2008. 2. 28.	12시간	특수학급	
	통합 교육	그 외 교과	2007. 3. 2. ~ 2008. 2. 28.	18시간	5-3	

통합학급 담임 의견	
부모 요구	

평가계획	평가시기	평가 항목	평가방법	결과 처리
	수시	연간 개별화교육목표 (학습 요소)	수행평가	교과 및 행동 발달 상황표

현재 수행 수준 및 연간 교육목표

초등학교 2008년도 5학년 1학기 진달래반 박 ○ ○			
교과	현재 수행 수준		연간 교육목표
	우수한 점	부족한 점	
국어	• 글씨가 바르고 글쓰기를 좋아한다. • 정확한 발음과 적절한 목소리로 글을 읽을 수 있다. • 자발적으로 적극적인 발표를 할 수 있다. • 전략 사용의 장점을 알고 적극적인 자세로 전략 활용의 의지를 보인다.	• 문장의 구성이 단순하고 문장의 종류가 한정되어 있다. • 글을 읽고 요약하는 능력이 부족하다. • 어휘력이 부족하여 글에 대한 이해가 떨어진다. • 어떤 전략을 어디에 사용해야 하는지를 헷갈려 한다.	• 글을 읽고 글의 주제와 소재를 찾을 수 있다. • 글을 읽고 알맞은 전략을 사용하여 글을 요약·정리할 수 있다. • 여러 가지 종류의 글의 특징을 알고, 특징을 살려 글을 쓸 수 있다. • 문장을 확장하여 다양한 문장의 종류를 쓸 수 있다. • 낱말 퍼즐을 이용하여 어휘력을 쌓을 수 있다.
수학	• 구구단을 다 암기하고 있다. • 간단한 덧셈, 뺄셈 연산을 정확하게 해결할 수 있다. • 수학적 개념에 대한 이해력이 뛰어나다.	• 구구단을 활용하는 곱셈과 나눗셈 문제 풀이가 어렵다. • 학습 기회 부족과 누적된 학습지체로 학년 수준의 수학적 개념 획득이 안 되어 있는 상태다. • 수학 기본개념의 이해가 부족하고 개념 간의 오류를 많이 가지고 있다.	• 단순연산 문제를 매일 시간을 재어서 정확성을 점검하여 기계적인 연산 속도를 높일 수 있다. • 곱셈과 나눗셈의 관계를 알아 곱셈을 활용한 나눗셈을 해결할 수 있다. • 분수와 소수의 관계를 알고 분수와 소수의 연산을 할 수 있다. • 자료를 보고 전략을 사용하여 수학적 개념을 이용하여 자료를 해석·정리할 수 있다.

〈국어과〉

2008학년도 1학기

월	단 원	영역	교육목표	평가
3월	첫째 마당. 마음의 빛깔 1. 이처럼 생생하게 2. 경험 속으로	말하기 듣기	• 시를 읽고 비유적인 표현을 찾을 수 있다. • 비유적인 표현을 활용하여 창의적인 비유 표현을 나타낼 수 있다.	
		읽기	• 이야기를 읽고 인물의 성격과 사건의 전개를 파악할 수 있다. • 글을 읽고 전략을 사용하여 중심 문장을 찾아 쓸 수 있다.	
		쓰기	• 비유적인 표현을 활용하여 시나 글을 쓸 수 있다.	
4월	둘째 마당. 사실과 발견 1. 찬찬히 살피며 2. 알리고 싶은 내용	말하기 듣기	• 낱말의 뜻을 생각하여 짧은 글짓기를 할 수 있다. • 분석의 방법을 이해하여 찾을 수 있다. • 글을 읽고 전략을 사용하여 글의 종류를 구별할 수 있다.	
		읽기	• 글을 읽고 적절하지 않은 표현을 찾을 수 있다.	
		쓰기	• 분류 기준을 정하여 내용을 정리할 수 있다. • 어휘를 이용하여 짧은 글짓기를 할 수 있다.	
5월	셋째 마당. 삶의 향기 1. 감동의 울림 2. 무지개를 찾아서	말하기 듣기	• 인물의 생각과 인물이 처한 환경을 이해하고 발표할 수 있다.	
		읽기	• 글을 읽고 인물들의 삶이 어떻게 다른지 발표할 수 있다. • 인물의 삶을 비교하여 발표할 수 있다.	
		쓰기	• 시의 일부분을 바꾸어 쓸 수 있다. • 문장의 종류에 맞춰 문장을 쓸 수 있다.	
6월	넷째 마당. 이리 보고 저리 보고 1. 분명하고 적절하게 2. 숨어 있는 의미	말하기 듣기	• 의견을 뒷받침하기 위한 예를 듣고 이해할 수 있다.	
		읽기	• 전략을 사용하여 글의 종류를 생각하며 알맞은 방법으로 글을 읽을 수 있다. • 읽는 목적에 따라 읽기의 방법이 달라짐을 알고 차이를 발표할 수 있다.	
		쓰기	• 주어진 주장에 의견이 드러나도록 문장을 쓸 수 있다.	
7월	다섯째 마당. 행복한 만남 1. 손을 맞잡고 2. 따뜻한 눈길로	말하기 듣기	• 이야기를 들을 때 메모할 수 있다. • 친구 자랑을 방송하듯 발표할 수 있다.	
		읽기	• 전략을 사용하여 글의 흐름을 이해하고 이어질 내용을 예측하여 발표할 수 있다. • 추천하는 글을 읽고 특징을 말할 수 있다.	
		쓰기	• 중요한 내용이 잘 드러나게 글을 쓸 수 있다. • 두 문장을 하나로 합할 수 있다.	

〈수학과〉

2008학년도 1학기

월	단 원	영역	교육목표	평가
3월	1. 배수와 약수	수와 연산	• 구구단을 완벽하게 암기할 수 있다. • 구구단을 이용한 나눗셈을 할 수 있다. • 배수와 약수의 개념을 전략을 통해 쉽게 비교하여 특징을 알고 간단한 수의 배수와 약수를 구할 수 있다. • 받아올림과 받아내림이 있는 네 자리 덧셈과 뺄셈을 해결할 수 있다.	
4월	2. 무늬 만들기	도형	• 규칙적인 무늬를 이해하여 여러 가지 모양을 만들 수 있다. • 규칙을 찾아 다음에 올 모양을 찾을 수 있다.	
	3. 약분과 통분	수와 연산	• 1을 여러 개의 조각으로 나눈 분수를 보고 읽을 수 있다. • 간단한 분수를 소수로 바꿀 수 있다. • 진분수, 가분수, 대분수를 알고 바꿀 수 있다. • 분모가 같은 분수의 덧셈, 뺄셈을 할 수 있다.	
5월	4. 직육면체	도형	• 도형별 특징을 분류하고 전략의 틀에 맞게 넣어 쉽게 구별하고 특징을 발표할 수 있다. • 이등변삼각형을 이해하고 특징을 찾을 수 있다. • 컴퍼스를 이용하여 삼각형을 그릴 수 있다. • 예각과 둔각 삼각형을 그릴 수 있다. • 각기둥과 각뿔의 차이를 알고 분류할 수 있다. • 직육면체의 특징을 알고 만들 수 있다.	
	5. 분수의 덧셈과 뺄셈	연산	• 자를 이용하여 상자의 길이를 잴 수 있다. • 분 단위로 시각을 읽을 수 있다. • 시간과 무게의 덧셈, 뺄셈을 할 수 있다. • 달력의 구성을 알고 일주일 뒤, 특정 날의 요일 등을 말할 수 있다.	
6월	6. 평면도형의 둘레와 넓이	측정	• 자료를 표로 정리할 수 있다. • 표를 보고 그래프로 나타낼 수 있다. • 넓이에 대한 개념을 이해하고 간단한 도형의 넓이를 구할 수 있다.	
	7. 분수의 곱셈	연산	• 여러 가지 종류의 그래프로 나타낼 수 있다. • 받아올림과 받아내림이 있는 네 자리 덧셈, 뺄셈 연산 문제를 해결할 수 있다.	
7월	8. 문제 푸는 방법 찾기	문자와 식	• 문제를 읽고 힌트 단어를 찾을 수 있다. • 힌트 단어를 이용하여 문제의 식을 세우고 계산할 수 있다. • 문장제 문제를 읽고 전략을 사용하여 중요한 내용을 찾아 식을 세울 수 있다.	

대상학생 배경 정보

작성일자: 2009년   월   일   작성자:

이 름		성 별	남·여	생년월일	

현 주 소	

연 락 처	자택( ) 휴대폰( )

가족사항	관계	성명	생년월일	직업	학력	비 고

장애 상황	주장애	( )급	수반장애	
	보장구			

생 육 력	임신 중 병력	특이사항 없음( )
	출생 시 특이사항	정상 분만( ) 난산( ) 조산( ) 제왕절개 수술( ) 출생 시 몸무게(kg) 산소호흡기(유, 무) 인큐베이터(유, 무)
	출생후 병력	고열( ) 경기( ) 황달( ) 기타( )
	신체 발달사항	• 기기: 할 수 있음( ) 보조받아 할 수 있음( ) 하지 못함( ) • 앉기: 할 수 있음( ) 보조받아 할 수 있음( ) 하지 못함( ) • 서기: 할 수 있음( ) 보조받아 할 수 있음( ) 하지 못함( ) • 걷기: 할 수 있음( ) 보조받아 할 수 있음( ) 하지 못함( )
	가족력	질환명( ) 학생과의 관계( )

치료 경력	치료명	치료기관	치료기간	비고

교육 경력	교육기관		교육기간	

교육 진단 및 검사	검사명	검사일	검사 결과	검사자

학생 특성

영 역	내 용
행동 특성	• 밝고 건강하며 예의 바름 • 구어로 의사소통하는 데 어려움이 없음 • 읽고 쓰기를 할 수 있으며, 3~4문장을 쓰는 데 20분 이상 소요되지만 자신의 생각이나 느낌을 표현할 수 있음 • 휠체어를 스스로 밀 수 있으나 편마비(우측)로 인해 시간이 오래 걸림
기타 특이사항 (간질 발생 빈도 및 현재 복용약)	
흥미 영역 및 교과	• 책 읽기 및 음악 감상
특 기	• 책 읽기, 친구 돕기(학급 우유 가져오기)
희망 진로	• 간호사
기 타	• 하지의 슬관절 구축이 심하여 지지하고 서는 데 도움이 필요함 • 시지각적 문제가 예견되어 휠체어를 밀 때 원거리를 보기보다는 바닥을 보고 가기에 똑바로 가기 어렵고 두려움을 가짐

학부모 교육 요구조사

학 습 면	• 시각을 알 수 있었으면 함
생 활 면	• 휠체어를 밀 때 고개를 들고 바르게 밀고 다녔으면 함
기타 요구사항	• 읽고 내용 파악하기, 읽고 문장 쓰기, 띄어쓰기 등의 지도가 지속적으로 이루어졌으면 함

2009년 3월 18일   학부모: 홍미순 인

학습 수행능력 기초조사

학년도	과 정	학 년	반	학생명	담임교사
2009	고등	1	2	권다솜	박경옥 · 윤효준

1. 기초학습 능력(해당란에 ○표)

영역	평가 항목	현재 수행 수준			비고
		수행함	도움받아 수행함	수행하지 못함	
듣기	소리에 반응하기	○			
	자신의 이름에 적절히 반응하기	○			
	얼굴 부위 지적하기	○			
	일상용품(컵, 전화기) 기능 이해하기	○			
	'없어' '아니' '싫어'의 부정형 언어 이해하기	○			
	그림, 사물의 이름 듣고 지적하기	○			
	그림책 보며 의문사를 사용한 질문에 대답하기	○			
말하기	단모음(아) 발성하기	○			
	소리나 단어 모방하기	○			
	몸짓, 손짓을 통해 원하는 것 표현하기	○			
	'예' '아니요' 대답을 요하는 질문에 적절한 소리로 반응하기	○			
	사물(교실 내 구체물)의 이름 말하기	○			
	친숙한 사물 그림의 이름 말하기	○			
	이야기책 보며 내용 말하기	○			
	기분을 표현하는 단어 사용하기	○			
	일상의 경험 말하기	○			
	주제에 맞는 말 하기	○			
	자기의 의견 표현하기	○			
읽기	낱말 읽기	○			
	간단한 문장 읽기(예: 나는 공부를 합니다.)	○			
	문장 읽고 내용에 맞는 그림 찾기	○			
	짧은 글을 읽고 이해하기	○			
	동화 소설 읽기	○			
쓰기	자유롭게 낙서하기	○			
	점선 따라 선 긋기	○			
	점선 따라 모양 그리기	○			
	점선 따라 단어 쓰기	○			
	자기 이름 쓰기	○			
	단어나 문장 보고 쓰기	○			
	단어나 문장 받아쓰기	○			
	짧은 글 짓기	○			
	일기 쓰기	○			
	주제에 맞는 글 쓰기	○			

영역	평가 항목	현재 수행 수준			비고
		수행함	도움받아 수행함	수행하지 못함	
수개념	구체물 일대일 대응시키기	○			
	1~3까지 수 따라 읽기	○			
	1~10까지 수 읽기	○			
	합이 9 이하인 수의 덧셈하기	○			
	한 자릿수끼리의 뺄셈하기	○			
	두 자릿수의 가감산하기		○		
	세 자릿수의 가감산하기			○	
	같은 모양 찾기	○			
	그림 보고 두 물체의 길이 비교하기	○			
	모양 이름 말하기	○			
	더 많고 더 적은 것 알기	○			
	시각 읽기		○		
	곱셈구구 활용하기			○	
	두 자릿수와 한 자릿수의 나눗셈하기			○	
	화폐의 단위 알기	○			
	문장으로 된 문제 해결하기		○		
예능	여러 가지 악기 소리를 듣고 구분하기	○			
	동물 울음소리 흉내내기	○			
	노래에 맞추어 자유롭게 신체 표현하기	○			
	노래에 맞추어 악기 연주하기	○			
	음악을 듣고 느낌 이야기하기	○			
	반주에 맞추어 노래 따라 하기	○			
	자연미, 조형미 발견하기(예쁜 것에 반응)	○			
	기본 미술용구(크레파스, 물감, 색종이, 도화지) 쓰임새 알기	○			
	좋아하는 색 고르기	○			
	사람 그리기(얼굴, 몸체)	○			
	지점토로 선 빚기	○			
	형, 색, 질감, 양감 알기	○			
	서로의 작품에서 표현 특징 찾기	○			
건강	차려, 열중 쉬어 하기	○			
	손으로 집어 손바닥으로 풍선 들기	○			
	공 굴리기	○			
	간단한 놀이 규칙을 지켜 게임하기	○			
	한 가지 이상의 스포츠 경기 규칙 알기	○			

2. 개인생활 능력

영역	평가 항목	현재 수행 수준			비고
		스스로 함	약간의 도움 요함	전적인 도움을 요함	
식사	음식물이 입 근처에 가면 입 벌리기	○			
	음식물 씹기	○			
	빨대 사용하여 음료수 마시기	○			
	컵 사용하여 음료수 마시기	○			
	손가락으로 간식 집어 먹기	○			
	수저나 포크 사용하기	○			
착·탈의	양말 신고 벗기		○		
	신발 신고 벗기		○		
	하의 입고 벗기		○		
	상의 입고 벗기		○		
	단추/지퍼 여닫기			○	
용변 처리	용변 또는 기저귀 교환 의사 표현하기	○			
	변기 사용하기	○			
	용변 후 뒷처리하기		○		
몸단장	세수하기	○			
	이 닦기	○			
	빗으로 머리 빗기	○			
	수건 사용하기(수건으로 몸 닦기)	○			

3. 사회생활 능력

영역	평가 항목	현재 수행 수준			비고
		수행함	가끔 수행함	전혀 수행 하지 못함	
감정에 대한 의식	시야에 있는 사람 관찰하기	○			
	이야기하고 있는 사람의 얼굴 주시하기	○			
	감정 표현하기(놀람, 흥분, 기쁨, 불만, 요구)	○			
	다른 사람에게 관심 나타내기	○			
자아 개념	이름 말하기	○			
	나이 말하기	○			
	전화번호 및 주소 말하기	○			
	간단한 자기 소개하기(흥미나 취미)	○			
놀이	혼자서 놀이하기(놀이활동 시작과 유지)	○			
	주위에 있는 사람과 놀이하기	○			
	역할 놀이하기	○			
	또래 학생과 놀이하기	○			
대인 관계	거울에 비치는 자신의 모습 주시하기	○			
	인사에 응하기	○			
	부모와 떨어지기	○			
	친구들과 대화하기	○			
	낯선 사람에게 눈짓이나 몸짓, 언어 인사하기	○			
	낯선 사람에게 자기 소개하기	○			
상호적 행동	자신의 물건 알기	○			
	장난감이나 음식물 나눠 갖기	○			
	물건 선택하기	○			
	과제 지속하기(2분 이상 적목놀이)	○			
	물건 치우기		○		
	지시 따르기		○		
사회적 기술 (안전)	필요한 사항의 요구나 도움 표현하기	○			
	보호반응 보이기(넘어질 때 손 짚기, 잡기)		○		
	미닫이문 열고 닫기		○		
	여닫이문 열고 닫기		○		

4. 신체활동 능력

영역	평가 항목	현재 수행 수준			비고
		혼자 수행함	보조 받아 수행	수행하지 못함	
대근육 운동	엎드려서 목 가누기	○			
	바로 누워서 목 가누기	○			
	앉아서 목 가누기	○			
	엎드리거나 누운 자세에서 몸 뒤집기	○			
	자세를 잡아 주면 바닥에 팔을 짚고 앉기	○			
	의자에 앉아서 자세 유지하기	○			
	스스로 바닥에 앉아서 팔 사용하기	○			
	혼자 일어나 앉기	○			
	네발 기기	○			
	혼자 무릎 서기		○		
	보조받아 혹은 지지물을 잡고 서기		○		
	혼자 서기			○	
	손을 잡아 주면 5~7m 이상 걷기			○	
	워커 사용하여 혼자 걷기			○	
	평지에서 혼자 걷기			○	
	선 자세에서 무릎을 구부려 앉기			○	
	상지를 이용하여 계단 오르내리기			○	
	상지를 이용하지 않고 계단 오르내리기			○	
	일어나 선 자세에서 달리기			○	
소근육 운동	손들고 내리기	○			
	손들고 유지하기	○			
	앞에 있는 사물을 향해 손 뻗기	○			
	손바닥을 사용하여 물체 움켜잡기	○			
	손가락을 사용하여 작은 물건 집기	○			
	손뼉치기	○			
	양손으로 공 잡기	○			
	구슬 끼우기		○		
	3개의 컵 포개기	○			
	색연필이나 크레파스로 낙서하기	○			
	종이를 반으로 접기	○			
	가위로 자르기		○		

발성 기관	※ 발성기관 항목은 ○, ×로 조사	양호함 (○)	미흡함 (×)		
	호흡이 규칙적인가?	○			
	침을 흘리지 않는가?	○			
	턱, 입술의 움직임이 자유로운가?	○			
	혀의 움직임이 자유로운가?	○			
	얼굴 주위에 경직이 일어나지 않는가?	○			

● 담임 소견

종합 소견	예의 바르고 건강한 학생임. 글을 읽고 쓰는 활동에 참여할 수 있으며, 책을 읽고 그 내용을 정확하게 전달할 수 있음. 쓰기를 통해 자신의 생각이나 느낌을 전달하는 지도가 필요함

개별화교육계획

고등학교   1학년   1반   이름: 홍길동

개별화교육지원 팀	성 명	확 인	
		1학기 초	1학기 말
담 임	김○○		
담 임	이○○		
보 호 자	홍○○		
교육연구부장	박○○		
교 감	정○○		
교 장	한○○		

○ ○ 학교

개별화교육계획

2009학년도 1학기

고등학교　1학년　1반　이름: 홍길동

교과(영역)	수학
현재 수준	시계의 구조와 시간이 흐르는 원리를 이해할 수 있으며 100까지 수를 읽을 수 있음
연간 목표	시각을 보고 몇 시 몇 분으로 읽을 수 있다.
1학기 목표	시각을 읽고 1~12의 수를 분 단위로 읽을 수 있다.

월	교육목표	교육내용	교육방법/서비스 지원 계획	평가	비고
3	• 시계의 구조를 알고 다양한 시계의 종류를 찾을 수 있다.	• 벽시계와 손목시계를 관찰하기 • 전자시계를 관찰하고 바늘시계와 다른 점 이야기하기	• 교실이나 특별실에 있는 시계 찾기 • 교과서에서 바늘시계와 전자시계를 구분하기		
4	• 하루의 일과를 순서대로 나열하고 각각의 일들이 일어나는 시간을 말할 수 있다.	• 하루의 일과를 말로 나열하기 • 각각의 일과를 카드에 적기 • 각각의 사건이 일어난 시간을 적기	• 하루의 일과를 시간 순서대로 나열하기 • 말한 내용을 카드에 적기 • 카드를 하루 일과를 나타내는 시계 위에 옮겨 놓기		
5	• 시계를 보고 하루가 24시간임을 알고, 각 시간을 오후로 구분하며, 각 일들을 하는 시간을 시계 그림에서 찾을 수 있다.	• 같은 시간이지만 하는 일이 다른 것에 대해 이야기하기 • 하루가 모두 몇 시간인지 말하기	• 하루 일과를 시간 순으로 나열하고 시각을 맞추기 • 24시간짜리 생활계획표 짜기 • 오전과 오후에 하는 일들을 구분하기		
6	• 시각을 몇 시로 읽을 수 있다.	• 바늘시계와 전자시계를 보고 시각을 읽기 • 오전과 오후를 구분하여 몇 시로 읽기	• 전자시계로 시각 읽기 • 바늘시계와 전자시계의 같은 시각 찾기 • 바늘시계로 시각 읽기 • 오전과 오후 구분하기		
7·8	• 1~12의 수를 10분과 5분 단위로 읽을 수 있다.	• 시각을 읽고 1~12의 수를 분 단위로 읽는 방법 익히기 • 시계의 작은 눈금의 크기 살피기 • 1~12의 수를 보고 10분 그리고 5분 단위로 읽기	• 시각을 읽는 방법 설명 듣기 • 1~12의 수를 10분 단위로 읽기 • 1~12의 수를 5분 단위로 읽기		

1학기 말 평가

찾아보기

《인 명》

《내 용》

저자 소개

김동일

서울대학교 교육학과 및 동 대학원 수료
미국 미네소타대학교 교육심리학과 석사·박사
Developmental Studies Center, Research Associate(박사추수과정)
한국청소년상담원 상담교수
경인교육대학교 교육학과 교수
현 서울대학교 교육학과 교수

주요 저서
특수교육학서설(공저, 교육과학사, 1999)
학교상담과 생활지도(2판, 공저, 학지사, 2009)
학습장애아동의 이해와 교육(2판, 공저, 학지사, 2009)
BASA: 기초학습기능 수행평가체제(학지사, 2009)

학회활동
한국학습장애학회 회장
한국특수교육학회 이사
한국상담학회 법인이사
한국교육심리학회 학술상위원장
한국청소년상담원 법인이사

손승현

고려대학교 교육학과 문학사(교육학전공)
고려대학교 일반대학원 문학석사(교육학전공)
Columbia University, Teacher College, 문학석사(학습장애전공)
The University of Texas at Austin, Ph. D.(특수교육, 자폐전공)
인제대학교 전임강사
현 고려대학교 교육학과 조교수

주요 논문
"아스퍼거 장애아동을 위한 통합교육전략"(특수아동교육연구, 10(1), 191-213, 2008)
"학습장애 학생의 교과교육을 위한 개념교수 적용 방안"(학습장애연구, 5(2), 1-22, 2008)
"대학생 보조교사제가 교육봉사에 주는 함의: K대학교의 학습부진아 실습 사례연구"(공동연구, 한국교육학연구,
   15(2), 181-204, 2009)
"읽기 전략 교수가 중학생의 읽기 성취도와 학습만족도에 미치는 영향"(공동연구, 교육방법연구, 21(2), 143-161, 2009)
"SRSD(자기조절전략)를 활용한 쓰기교수가 ADHD 아동의 쓰기능력에 미치는 효과"(공동연구, 학습장애연구,
   6(2), 43-67, 2009)

전병운

단국대학교 대학원 특수교육학 박사
현 공주대학교 특수교육과 부교수

주요 저서 및 논문
특수교육학의 이해(개정판, 공저, 교육과학사, 2005)
특수교육과 교과교육(공저, 교육과학사, 2008)
통합교육(2판, 학지사, 2009)
"장애아전담 보육시설의 장애유아 보육실태와 장애유아 보육 활성화 방안 연구" (공동연구, 유아특수교육연구 제1
    권, 2001)

한경근

단국대학교 사범대학 특수교육과 학사
미국 펜실베이니아 주립대학교 대학원 특수교육과 석사(M.S.)
미국 일리노이대학교 대학원 특수교육과 박사(Ph.D.)
서울 강일중학교 특수교사
삼육재활학교 특수교사
현 단국대학교 사범대학 특수교육과 부교수
    단국대학교 특수교육대학원 중등특수교육전공 주임교수

주요 역서 및 논문
중도장애학생의 교육(시그마프레스, 2008)
"중도중복장애 학생의 성공적인 통합교육을 위한 협력적 지원에 대한 초등학교 교사들의 인식" (중복 · 지체부자유
    연구, 52(4), 271-297, 2009)
"중도중복장애의 개념, 진단평가 및 교육적 지원 관련 연구 동향 분석" (중복 · 지체부자유연구, 52(1), 287-316,
    2009)

특수교육학개론: 장애·영재아동의 이해

2010년   3월 10일   1판   1쇄 발행
2020년   4월 20일   1판 12쇄 발행

지은이 • 김동일 · 손승현 · 전병운 · 한경근
펴낸이 • 김진환
펴낸곳 • (주) **학지사**
　　　　　121-837   서울특별시 마포구 서교동 352-29 마인드월드빌딩 5층
대표전화 • 02)330-5114   팩스 • 02)324-2345
등록번호 • 제313-2006-000265호

홈페이지 • http://www.hakjisa.co.kr
커뮤니티 • http://cafe.naver.com/hakjisa

ISBN 978-89-6330-342-0 93370

정가 19,000원

출판 · 교육 · 미디어기업 **학지사**
간호보건의학출판 **학지사메디컬** www.hakjisamd.co.kr
심리검사연구소 **인싸이트** www.inpsyt.co.kr
학술논문서비스 **뉴논문** www.newnonmun.com
원격교육연수원 **카운피아** www.counpia.com